古典文獻研究輯刊

十六編

潘美月・杜潔祥 主編

第13冊

趙翼年譜長編（第三冊）

趙興勤 著

國家圖書館出版品預行編目資料

趙翼年譜長編（第三冊）／趙興勤　著 — 初版 — 新北市：花
木蘭文化出版社，2013〔民 102〕
目 4+240 面；19×26 公分
（古典文獻研究輯刊 十六編；第 13 冊）
ISBN：978-986-322-164-7（精裝）
1.（清）趙翼　2. 年譜
011.08　　　　　　　　　　　　　　　　102002355

ISBN-978-986-322-164-7

9 789863 221647

古典文獻研究輯刊
十六編　第十三冊　　　　　　　ISBN：978-986-322-164-7

趙翼年譜長編（第三冊）

作　　者　趙興勤
主　　編　潘美月　杜潔祥
總 編 輯　杜潔祥
企劃出版　北京大學文化資源研究中心
出　　版　花木蘭文化出版社
發 行 所　花木蘭文化出版社
發 行 人　高小娟
聯絡地址　235 新北市中和區中安街七二號十三樓
　　　　　電話：02-2923-1455／傳眞：02-2923-1452
網　　址　http://www.huamulan.tw 信箱 sut81518@gmail.com
印　　刷　普羅文化出版廣告事業
初　　版　2013 年 3 月
定　　價　十六編 30 冊（精裝）新台幣 50,000 元

趙翼年譜長編（第三冊）

趙興勤　著

目次

第三冊

第四冊

乾隆四十三年戊戌（1778） 五十二歲

【時事】 正月，閩浙總督兼福建巡撫滿洲鑲藍旗人鍾音，以事未及時上奏。乾隆帝嚴加申飭，曰：「朕嘗謂滿洲進士出身之人無一好者，鍾音平日似覺稍優，何以近來亦復如此？即此一節而論，其餘亦不足信矣。嗣後務須實力痛改，毋再踵仍惡習，姑息市恩邀譽，致干咎戾。」又稱其「平日狃於滿洲科甲陋習，自號文人，惟注意地方文員簿書期會之事，而於綠旗官弁之孰為優劣，營兵技藝之是否嫻熟，一切置之不問。」（《清史編年》第六卷）二月，授鍾音禮部尚書，充經筵講官，三通館、四庫全書館副總裁，兼正藍旗蒙古都統。（《欽定八旗通志》卷一八三《人物志六十三‧鍾音》）三月，以李湖為湖南巡撫。四月，王爾揚撰《李範墓誌》稱「皇考」案發。山西巡撫覺羅巴延三奏：「本月初四日接據武鄉縣知縣江廷泰、教諭王廷詔稟稱，訪得縣屬生員李掄元之爺李範物故，所刻墓誌內於『考』字上擅用『皇』字，實屬悖逆。係遼州舉人原任靈石縣訓導王爾揚所作，該縣舉人趙擴所書。現將李掄元密拿監禁，一面關提王爾揚到案質訊，其趙擴現在赴部會試等因到臣。臣閱之不勝驚駭憤恨，當即與司道等公同看視。李掄元等膽敢於『考』字上擅用『皇』字，刻於墓誌銘內，實屬悖逆不法」，並曉諭各級官府沿途訪拿，加意嚴緝。乾隆帝批曰：「此係迂儒用古，並非叛逆。」未幾，又諭曰：「『皇考』之字見於《禮經》，屈原《離騷》及歐陽修《瀧岡阡表》俱曾用之，在臣子尊君敬上之義固應迴避，但迂腐無知，泥於用古，不得謂之叛逆。」還稱：「朕理事務得其平，如王錫侯之實係叛逆，斷不肯稍為寬縱，若此事並非叛逆，亦不肯漫無區別，率予嚴懲，此事竟可無庸查辦，將此通諭知之。」（《清代文字獄檔》上冊）至二十五日，本科會試、殿試揭曉。江右大庾戴衢亨、松江南匯縣吳省欽、徽州歙縣人吳紹浣、常州武進管世銘、浙江會稽人章學誠等一百五十餘人進士及第，出身有差。五月，劉翺呈繳悖逆書本案。湖南安化縣歸化鄉民劉翺，八十六歲，「衰憊龍鍾，兩耳重聽」，「自幼窮苦攻書，沒得成就」，遂將平時陸續所集文彙為一編，請人謄寫，數次進獻各級衙門，均被駁回。此次聽說各地呈繳遺書，又瞞著家人，假稱去益陽就醫，令工人挑負行李進城者，呈此供狀書於兵部侍郎顏希深衙門。顏審訊後稱：「劉翺以一介小民，輒敢妄談國政，已屬狂誕，且捏造聖祖仁皇帝諭陳鵬年之諭旨，並妄論世宗憲皇帝由藩邸續承大統之語，毫無忌憚，其指

斥呂留良、曾靜、唐孫鎬之處又係從何考據，書尾所稱『接續之際妄生議論，何代蔑有』，又云『是非之心人皆有之』，其居心更不可問，似茲不法之徒喪心病狂，實堪髮指，且恐另有悖逆字蹟及主使幫著之人，非徹底究明重治其罪，不足以遏邪說而正人心。」乾隆帝閱後，責顏辦事不力，諭曰：「顏希深所辦未爲得當，此等狂誕之徒敢妄談朝政，即此外別無不法字蹟，亦當予以外遣，不可復留內地滋事。」並諭繼任湖南巡撫李湖，「審擬此案時，如查其家別無悖逆書籍，即將該犯發遣烏魯木齊等處以示懲儆，不得因其年已八旬稍爲姑息」。（《清代文字獄檔》上冊）閏六月，命搜查明人袁繼咸所著《六柳堂集》及版片。山西巡撫覺羅巴延三奏，「山西省自行查獲之《六柳堂集》二本，係明人袁繼咸所著，張自烈編輯，語多悖逆，其書本及版片俱當搜繳銷毀。臣查袁繼咸原籍宜春，係江西省所轄，現在飛咨該省及各省一體查辦外，理合將現獲書本粘簽封固進呈」。乾隆帝諭曰：「袁繼咸既籍隸江西，則其所刊書籍本省必有留存，著傳諭郝碩留心訪覓，務將其書本及板片悉行查出解京銷毀。至《六柳堂集》一書，既久經刊刻，流播山西，其餘各省自必有流傳之本，而江南、浙江尤書籍所彙聚，更宜訪查，著傳諭江、浙兩省督撫實力查繳，毋稍疏漏，並令各省督撫一體確查，均無以具文塞責。」（《清代文字獄檔》上冊）七月，帝諭藩臬兩司，「督撫有贓私不法之事，兩司原可據實密陳，若皆畏懼督撫，不敢一言，豈大吏劣蹟必待科道糾劾，及朕親爲訪問，則又何必有兩司奏事之例？」（《清史編年》第六卷）八月，江蘇東臺徐述夔《一柱樓詩》案發。本年四月，東臺監生蔡嘉樹因與徐氏有怨隙，遂舉其詩文有違礙字句。至本月，如皋人童志璘又將述夔已刊詩呈送江蘇學政劉墉處，案遂發。據載，「東臺舉人徐述夔有《一柱樓編年詩》，多詠明末時事，《正德杯》云：『大明天子重相見，且把壺兒擱半邊。』又有『明朝期振翮，一舉去清都』之句。乾隆戊戌，東臺令上其事，廷旨謂：『壺兒即胡兒，含誹謗意，借朝夕之朝作朝代之朝，且不言到清都而言去清都，顯有興明朝去本朝之意，餘語亦多悖逆，實爲罪大惡極。』時述夔已卒，乃並其刊刻遺詩之子懷祖皆戮屍，其孫食田、食書及校對之徐首發、沈成濯並江蘇藩司陶易之改稿幕友陸炎均處斬，陶易及揚州守謝啓昆、東臺令涂耀龍均革職。而以沈德潛曾爲述夔作傳，贊其品行文章，亦大怒，同褫其官爵銜諡，毀其祭葬碑文，撤其鄉賢祠牌位。」（《清稗類鈔・獄訟類》）其實，此案直至本年年底始審結。九月，錦縣生員金從善，以上言「建儲」、「立后」、「納諫」、「施德」忤旨，被斥爲妄肆詆斥，處斬。十月，大學士、管兩江

總督高晉、閩浙總督楊景素合詞奏請乾隆再次南巡，帝諭略曰：「今高晉等既有此奏，著照所請於乾隆四十五年正月諏吉啓鑾巡幸江浙，便道親閱河工、海塘，所有各處行宮坐落，俱就舊有規模畧加葺治，毋得踵事增華，致滋煩費。至該督等以庚子年適逢朕七旬萬壽，欲就近舉行慶典，則斷不可。朕本意以庚子年爲朕七旬慶辰，越歲辛丑，恭逢聖母九旬萬壽，斯則敷天同慶，自當臚歡祝嘏，以抒萬姓悃忱。今既不能遂朕初願，尚復何心爲己稱壽？況朕蹕途所經，老幼歡迎，扶攜恐後，未嘗不顧而樂之。若經棚戲臺，侈陳燈彩，點綴紛華，飾爲衢歌巷舞，深所不取，且非所以深體朕意也。不特江浙臣民不當爲祝釐之舉，即凡內外大小臣工於朕七旬萬壽時，亦均不得請行慶典以及進貢獻詩。若伊等謂欲藉以申其尊敬之誠，是轉增朕心之不悅，尚得謂之忠愛乎？」（《清朝通典》卷五六《禮·嘉六》）十二月，就八旗孤女養贍一事，帝諭曰：「朕思八旗孤寡並無依倚，甚屬可憫。是以從前俱加恩給與錢糧以爲養贍，是孤女即寓於孤子內，自應一體辦給。今所有孤女並未入於孤子之內給與錢糧者，係八旗大臣原辦時遺漏。著不必交八旗王大臣議奏。嗣後八旗所有無依孤女，即照孤子一體給與錢糧米石，俟出嫁後裁汰。」（《欽定八旗通志》卷首之十二《勅諭六》）

本年，吳江徐爔刻所著《鏡光緣》傳奇二卷。

海州吳恒宣所著《義貞記》傳奇刊行。

甘泉江藩著《爾雅正字》。

嘉定錢大昕遊紹興，還經杭州，與邵晉涵會，同登吳山。主南京鍾山書院。

旗籍朱孝純官鹽運使，駐揚州，命黃文暘至桐城，延姚鼐主講梅花書院。丹徒王文治來會。

直隸舒位隨父宦寓廣西永福，以其地有鐵雲山，自號鐵雲。

袁枚側室鍾氏生子，名阿遲，時枚六十三歲。（《隨園先生年譜》）

以乾隆帝數次詢問蔣士銓近況，彭元瑞疊書促入京。士銓乃攜二子（知廉、知讓）北上，遊廬山，過揚州，運使朱孝純爲畫《攜二子游廬山圖》。本年，蔣士銓題《嘉福堂觀劇》詩，劇演建文帝失國事。又題《康山草堂觀劇》，觀演士銓自制《四弦秋》及其他戲劇。爲龍燮（字理侯，號石樓）所作《芙蓉記》傳奇題詞、爲胡業宏《珊瑚鞭》傳奇作序。（《忠雅堂詩集》、《清容居士行年錄》、《明清江蘇文人年表》）

顧光旭讀禮家居，守父喪，名此時所作詩爲《吾廬漫稿》。（《響泉年譜》）

張塤出遊陝西，作有《渡渭》、《次咸陽》、《茂陵》、《霍光墓》等紀遊詩多種。（《竹葉菴文集》卷一五）

【本事】春，汪時齋承霈奉母喪歸里，道經常州來會，囑甌北代爲編定其父汪由敦公遺集。

《汪時齋民部奉太夫人喪歸里，道經常州，相見道故，兼以文端師遺集囑余編訂付梓。即事感懷，泫然有作》：「十載驚相見，停舟古驛旁。麻衣俱似雪，蓬鬢各成霜。曉闔尚書履，宵燈弟子床。前塵重撥觸，灑淚滿河梁。」「歸田吾奉母，辭郡汝娛親。共此循陔願，俱悲削杖身。瀧岡阡未表，防墓殯空陳。家運眞同厄，人間兩鮮民。」「屈指論交舊，眞逾骨肉情。十年同筆研，兩世互師生。書館依劉蹟，詩壇說項名。重逢歐叔弼，能不話深更？」「吾師遺集在，今喜付雕鐫。牛耳盟原長，雞林價久懸。雅裁詞館式，割愛諍臣權。無可酬恩處，憑茲慰九泉。」（《甌北集》卷二四）

《戊戌春日》（《甌北集》卷二四）亦寫於此時。

甌北不負所托，挑燈攤卷，仔細審閱，謹愼去取，以酬恩師生前厚愛。

《編校文端師集感賦》：「悵別音容二十年，今朝重幸讀遺編。感深難忘三條燭，才大曾推萬斛泉。我欲往從瞠在後，人思得睹快爭先。寒燈攤卷閒相對，還似摳衣絳帳前。」「久推勳德冠班行，餘事仍看各擅場。眞草淵源王內史，文章臺閣李東陽。獨扛健筆探孤詣，不立專門攬衆長。藝苑他年論古學，醉翁門是一津梁。」「年時曾爲輯鴻裁，侍坐頻叨勸舉杯。後世誰知定文者，老夫合讓出頭來。笑言未遠公如在，漢落無成我不才。今日總歸存歿感，淚和殘蠟瀉盈堆。」「忍辭校勘夜窗幽，神理須從象外求。與可畫先胸有竹，庖丁解在目無牛。名將後輩添描畫，味要門生議去留。他日九原相見處，此心或可證千秋。」（《甌北集》卷二四）

【按】「後世誰知定文者，老夫合讓出頭來」句後自注曰：「公在日，余曾爲編輯文稿，公頗許可。二語皆酒間戲笑之詞也。」

生口日多，拙於籌算，家計艱難，遂賣田百畝，以濟時艱。

《鬻田》：「香山歷官十五政，屢道買宅兼林泉。晚年居貧鬻駱馬，並擬斥賣洛下田。坡公出守七大郡，餘力僅足資南邊。儋州絕糧至食芋，彊名玉糝誇羹鮮。況我作吏僅四載，銖積能得幾俸錢？初歸貧兒詫驟富，求田問舍方喧闐。豈知腐儒拙生計，日漸折閱將罄懸。書券遂去一百畝，免被債家子

母權。村鄰竊笑溝澮水，才盈便涸非原泉。我本山中藜莧腹，倘來富貴特偶然。自我得之自我失，捫心亦復何憾焉。」（《甌北集》卷二四）

【按】據《甌北集》，此詩編排於《編校文端師集感賦》之後。可知，此次賣田百畝，或與其籌措出書資費有關。

徐秋園培年方六十，即預製斂具，可謂達人。甌北賦詩以調之。

《秋園預製斂具，詩以調之》之三曰：「自我歸田來，抽帆幸到岸。君已臥林下，家事悉禁斷。相顧輾然笑，兩個都散漢。從此蚩蚷交，蹤蹟不可判。遊爲同隊魚，飛作一繩鴈。忽然君戒行，毋乃太荒幻。無病何必呻，當饗豈須歎。吾尚貪吾生，期君作老伴。君勿遽爲此，使我驚背汗。」（《甌北集》卷二四）可知甌北歸田後，與秋園交情最深厚。

《肇璜歿後，其子以君手植杜鵑一本見貽，感賦》、《齒痛》（《甌北集》卷二四），均寫於此時。

平姚海聖臺掌教平江書院，有書相招，詩以相酬。

《同年平姚海別已十六七年，忽接手書，知在平江掌教，兼招余姑蘇之遊，先以詩答》：「一封書慰廿年思，知在吳門絳帳披。勝地遂開鹿洞學，名流例有虎丘詩。十科回數稀同輩，四海難忘只故知。歷歷前塵重觸緒，寄園燈火夜深時。」「官程曾共粵江邊，遲早偏慳一晤緣。天祿舊交爲屬吏，君辭前輩講同年。老思見面因垂白，事最關心是草玄。百里郵程欣不遠，刺篙擬泛葦間船。」（《甌北集》卷二四）

【按】「天祿舊交爲屬吏，君辭前輩講同年」句後自注曰：「君官粵時，曾攝廣州之東莞縣，及余守廣州，君已謝事歸矣。」平聖臺，字瑤海，一作姚海，浙江山陰人，見本譜乾隆二十九年考述。

李侍堯賞甌北之才，時來書詢問。

《使相李公屢書垂問，敬賦三律寄呈》：「屢頌芳訊到蒿廬，遠自滇雲萬里餘。此意益增知己感，當年況忝薦賢書。籌邊共仰猷方壯，健飯遙知鬢未疏。獨愧未酬期望切，不才身已混樵漁。」「廿年嶺嶠浹恩膏，又見滇南駐節旄。將相官兼韓魏國，華夷地控蜀韋皋。鐵橋有路蠻輸贐，銅鼓無聲盜賣刀。半壁西南資坐鎮，紀功應勒點蒼高。」「南戒山河只手擎，身兼德望與威名。遇疑能斷惟如晦，爲治從嚴本孔明。閱歷已深逾近道，豐裁雖峻自多情。卻憐滇徼曾遊地，不及追隨聽履聲。」（《甌北集》卷二四）

【按】使相，指李侍堯。清代稱兼大學士的總督爲使相。在這幾年，李侍

堯先後任兩廣總督、武英殿大學士,故稱。《清史稿》卷三二三《李侍堯傳》載:「四十二年,雲貴總督圖思德奏緬甸投誠,籲請納貢。上命大學士阿桂往蒞其事,並調侍堯雲貴總督。緬甸頭人孟幹謁侍堯,請緩貢。侍堯偕阿桂奏:『孟幹等語反覆,遵旨斷接濟,絕偵探,示以威德,不予遷就。』上召阿桂還。緬甸歸所留守備蘇爾相,侍堯遣詣京師。緬甸乞遣孟幹等還,侍堯諭令歸所留按察使銜楊重英,上嘉其合機宜。四十三年,奏獲緬甸遣騰越州民入關為諜,送京師。尋奏:『永昌、普洱界連緬甸,擬每歲派兵五千五百,在張鳳街、三臺山、九龍口諸地防守。』上諭以『揆度邊情,不值如此辦理』。侍堯復請於杉木隴設大汛,撥騰越兵五百;千崖設小汛,撥南甸兵二百,輪駐巡防;並分守虎踞、銅壁等關。從之。」李侍堯先後任兩廣總督、雲貴總督等職,故本詩有「半壁西南資坐鎮」等語。

邑令蕭懷圃為政寬容,催科而不擾民,離任歸里,甌北詩以送之。

　　《送邑侯蕭懷圃去任》:「五載琴堂俗漸移,一尊何意遽歌驪。催科不擾恩斯寓,在任無名去有思。笠傘就途稀長物,蓬萊觀海計歸期。臨分不盡攀轅意,聊紀循良代口碑。」(《甌北集》卷二四)

　　【按】蕭懷圃,據甌北該詩自注「君家登州之福山」,知其乃山東登州福山人。

疎於應酬,閉門苦讀,並刪改所作舊詩,深感「詩文無盡境」。

　　《刪改舊詩作》:「食筍愛其嫩,食蔗愛其老。愛嫩則棄根,愛老則棄杪。非人情不常,物固難兩好。何況詩文境,所歷有遲早。少時擅藻麗,疵纇苦不少。老去漸剗除,又覺才豔槁。安得美並存,病處又俱掃。晚作蔗根肥,少作筍尖小。」「少日所得意,老去覺弇陋。奮筆擬刪之,謂今學始就。焉知今得意,不又他日疚?詩文無盡境,新者輒成舊。漫勒鐵函藏,行復醬瓿覆。笑同古煉師,燒丹窮昏晝。一火又一火,層層去麤垢。及夫燒將成,所存僅如豆。未知此豆許,果否得長壽?」(《甌北集》卷二四)

　　《閒居讀書作》之一謂:「閉門謝時人,日與古人戰。戰退一輩輩,自詫力未倦。突然逢大敵,長槍大羽箭。不覺豎降旗,焉敢張空拳。古來傳世人,出於爆雷電。譬如關張流,神勇本獨擅。吾曹才力弱,漫詡當八面。惟應整一軍,軍實自討練。雖難堅必摧,庶幾奔可殿。」(《甌北集》卷二四)

同年,親翁沈倬其卒於萬安縣任所,欠債累累,眷屬不得歸。

《哭沈偉其之訃》:「居憂半年來,慣爲人哭死。一哭黃江夏,再哭徐孺子。兩哭淚未乾,今日又哭爾。哭爾尤傷神,結交弱冠始。鄉會皆同年,更締門楣喜。夜雨聽對床,京塵躡芒履。屈指三十年,如此素心幾。送君出岫雲,期君還鄉水。尚擬成二老,來往娛暮齒。何期一面難,永訣在寸紙。後我出作官,先我去作鬼。白首不同歸,嗚呼我知己。」「我有結髮妻,所生惟一女。君亦有佳兒,遂以女相許。我昨官廣州,訛傳君仙舉。正擬呼君兒,了此向平緒。君忽攜兒來,入門趣炊黍。相顧一大喀,人間尚有汝。我女方向隅,破涕亦笑語。遂擇花燭期,一雙好仙侶。我歸君謁選,官程指江楚。兒婦相隨行,吾謂女得所。忽焉君溘逝,家累孰區處?婚嫁君已畢,吾苦乃更茹。」「讀書三十年,中歲始一第。需次又十載,臨老方作吏。謂可營饘粥,兼爲買山計。百畝十具牛,此亦非妄覬。豈期落衝要,未嘗一臠味。應付紛舟車,供張到庾廁。豹胎猩猩唇,饋人未當意。俸錢支已空,衙齋啖虀糗。死尚逋累累,眷屬羈彼地。傷哉書生命,黔婁亦何異。貧不離一生,累更延後嗣。我亦一腐儒,因君益自悸。」(《甌北集》卷二四)

四月初,幼女以痧症殤。未幾,姪兒阿恩亦以此症殤。

《幼女以痧症殤,哭之》:「多女雖多累,生之則欲存。慧深先醒夢,年小或無魂。恰是春歸後,空餘花落痕。桐棺三寸薄,聊畢阿爺恩。」(《甌北集》卷二四)

《是夕葬女畢,忽吾姪阿恩隨母在舅家亦以痧殤櫬至。此姪吾家千里駒也,痛之尤甚》:「一女才埋玉,俄驚汝櫬旋。禍眞有雙至,哀乃動多連。不費先生力,能令後母憐。傷心多鳳慧,頭角已森然。」「吾子多頑鈍,期渠讀五車。常因數行下,時爲一餐加。從伯生官舍,隨娘死舅家。去來俱不著,信有缺曇花。」(《甌北集》卷二四)

此時尚寫有《獨坐》、《山茶》(《甌北集》卷二四)諸詩。

王夢樓文治邀遊鎮江北固山、蒜山諸名勝。甌北乘舟前往,盤桓竟日。

《舟泊京口,王夢樓前輩邀遊北固山、蒜山諸勝。置酒江閣,流連竟日,即席有作》:「握別京華十五年,故鄉重喜履綦聯。人曾泛海隨星使,家住臨江作水仙。老境風流猶顧曲,儒門淡泊忽逃禪。故應海岳菴邊路,不可無人繼米顛。」「滇嶠歸來鬢未秋,萬簽高擁一窗幽。詩名尚愛稱才子,官位幾忘是故侯。碧海鯨魚傳麗作,楊枝駱馬遣閒愁。羨君天與無花眼,燈下蠅頭寫更遒。」「孤亭俯瞰大江濱,箕踞狂談岸幘巾。此樂動論千百載,素心豈易兩

三人。筍輿度嶺遊終日，蒲酒移尊勸幾巡。又破先生杖頭物，蘆碕小閣荷留賓。」（《甌北集》卷二四）

夏，德定圃保六十壽辰，夫人亦同壽。甌北賦詩為賀，追敘當年交往之情，並詢問其愛子近況。

《德定圃中丞六十壽宴詩，時公自淮南漕帥移節撫閩，夫人亦同壽》之四：「第一關心荷析薪，記從嶺表慶生申。曾餐湯餅教摩頂，想讀經書已等身。階有崇蘭香自遠，山榮文梓景長春。遙知戲彩堂前宴，紫鳳天吳別樣新。」

之五：「衙鼓趨塵憶往年，斯文臭味荷深憐。狂容傲吏頻揮麈，貧識儒官不愛錢。青史勳名公作督，白頭著述我歸田。雲泥無分隨班祝，剩托心香到海天。」（《甌北集》卷二四）

【按】《清代七百名人傳·德保》略曰：德保，字仲容，一字閏亭，號定圃，又號龐村，索綽絡氏。內務府滿洲正白旗人。乾隆二年進士，改庶吉士。散館，授檢討。九年十月，充順天鄉試副考官。十一月，充日講起居注官。十年五月，入直南書房。三月，充會試同考官。十一年，擢侍講。十二年，充山東鄉試正考官，提督山西學政。十三年，轉侍讀。十五年六月，遷右庶子。八月，調山東學政。十一月，擢翰林院侍講學士，尋升內閣學士。十七年，遷工部侍郎，兼總管內務府大臣，仍直南書房。十八年九月，上以德保射箭生疎，命革去侍郎，專在內務府總管行走。二十六年，授正黃旗漢軍副都統。十月，充經筵講官。十一月，授吏部侍郎。二十七年，奏從前旗人崇尚質樸，不事奢靡，遇奉差隨圍，爭先恐後。衣服食用，皆知撙節。今凡有派差隨圍、出兵人員，俱蒙賞給官馬，幫貼銀兩，仍不免窘迫者，皆因不顧生計，鮮衣美食，妄行糜費。訪得八旗當差人等，前往正陽門外戲院酒館，以數月之用度，供一時之糜費，於風俗人心，大有關係。昔世宗憲皇帝，因八旗漸改舊習，不守本分，曾經嚴加懲創。皇上軫念旗員，不令在前三門外居住，實恐習染奢靡，先事防閑至意，但因循日久，不免仍蹈故轍，請嗣後仍照舊例，交八旗大臣步軍統領衙門，不時稽查，違者官員參處，兵丁責革。再查八旗官兵服式，前經世宗憲皇帝定有章程，今罔知舊制，服飾越分，請交禮部將前定章程，刷印傳示。俾各按品級服用。得旨，如所請行。二十八年三月，充會試副考官。五月，教習庶吉士。三十年，管理國子監事，充江西鄉試正考官，提督順天學政。十月，奏江西大省，

向分十四房，《易》四、《書》三、《詩》五、《春秋》、《禮記》各一。除《書》、《春秋》、《禮記》卷數不甚相遠，毋庸更改外，惟《易》一千七百餘卷。而《詩經》五房，每房分校九百餘卷，多寡懸殊，請《易經》裁去一房，添入《詩經》，則多寡適均，校閱較易，從之。三十二年，丁母憂，百日期滿，補吏部侍郎，仍兼管內務府大臣，正黃旗漢軍副都統。三十四年，調鑲黃旗滿洲副都統。三月，充會試副考官。十一月，兼翰林院掌院學士，管理盛京官學生事。十二月，授廣東巡撫。三十六年二月，兼署兩廣總督。四十一年正月，丁父艱，百日期滿，署吏部侍郎。十月，署福建巡撫，尋奉命暫署漕運總督。四十三年九月，擢禮部尚書。十二月，賞戴花翎。四十四年正月，兼署吏部尚書。三月，署翰林院掌院學士，教習庶吉士。十二月，命纂《音韻述微》。四十五年三月，充會試正考官。十一月，兼署都察院左都御使。四十六年正月，兼管太常寺事。三月，充會試正考官。五月，充纂辦《日下舊聞考》總裁，旋充上書房總師傅。四十九年八月，總辦《樂律全書》。五十四年八月卒。漢代御史大夫下，分別設有御史丞、中丞。清代各省巡撫例兼右都御使銜，故稱巡撫為中丞。甌北稱德保為中丞，知其當時兼右都御使銜，可補史書記載之不足。

《清代人物生卒年表》據《國朝耆獻類徵初編》，謂德保生年未詳，卒於乾隆五十四年（1789）。袁枚《隨園詩話》補遺卷五謂：「觀補亭總憲保，與弟德定圃尚書保昆季，皆丁巳翰林，前余一科。觀督學皖江，適余宰江寧，每秋闈到省，必長夜深談。余服其明達，有古大臣風，勗以尹文端公，而先生意猶未愜，其胸襟可想。德公少余一歲，風采奕奕。都門別後十餘年，丁丑天子南巡，余以迎駕故，握手宮門，遂成永訣。今抄得觀公《送人守杭州》云：『當年使節小勾留，惜別時時作夢遊。何日移家鄰葛嶺，幾人出守得杭州？文忠遺蹟詩千卷，武穆精靈土一丘。惟有孤山林處士，梅花開落不曾休。』德公《春曉燕郊》云：『初日出嶺晨霞明，一鞭款段春郊行。煮茶野店試新汲，叱犢隔林聞曉耕。前溪浩淼新漲滿，遠塢斷續荒雞鳴。盤山尺咫望不到，浮嵐暖翠生遙情。』」據「昆季皆丁巳翰林」，知觀保、德保兄弟均為乾隆二年進士。袁枚言「德公少余一歲」，袁生於康熙五十五年（1716）丙申，結合甌北賀詩，可知德保生於康熙五十六年（1717）丁酉之四、五月間，至乾隆四十一年

（1776），年恰六十。而上引甌北詩《德定圃中丞六十壽宴詩，時公自淮南漕帥移節撫閩，夫人亦同壽》寫於乾隆四十三年（1778），顯屬後來追憶，或係該詩編年有誤。其所言「時公自淮南漕帥移節撫閩」，由上引《清代七百名人傳》可知，德保乾隆四十一年十月署福建巡撫，亦可證袁枚所記無誤。由此可知，德保康熙五十六年（1717）生，乾隆五十四年（1789）卒，享年七十三歲，可補年表之未備。又，上引賀壽詩，稱「律轉薰風晝景長」，薰風，指初夏時之東南風。《呂氏春秋・有始覽・有始》：「東南曰薰風。」夏日，晝始轉長，故將此詩繫於夏日。

讀書、賦詩之際，對自身遭際時有回思，為詩亦以性靈為要。

《書懷》：「少賤苦窮餓，求官藉饘粥。及夫仕官成，又想林下福。此意殊不良，未可對幽獨。其如才分劣，自審久已熟。同乎俗吏為，吾意既不欲。異乎俗吏為，吾力又不足。是以訕然止，中歲返初服。敢援老氏戒，謂知足不辱。庶附風人義，坎坎歌伐輻。」「既要作好官，又要作好詩。勢必難兩遂，去官攻文詞。僮僕怨其癖，親友笑其癡。且勿怨與笑，吾自有主持。一枝生花筆，滿懷鏤雪思。以此涸塵事，寧不枉用之。何如擁萬卷，日與古人期。好官自有人，豈必某在斯。」「共此面一尺，竟無一相肖。人心亦如面，意匠夐獨造。同閱一卷書，各自領其奧。同作一題文，各自擅其妙。問此胡為然，各有天在竅。乃知人巧處，亦天工所到。所以才智人，不肯自棄暴。力欲爭上游，性靈乃其要。」（《甌北集》卷二四）

莊似撝炘丁母憂歸里，相見泫然，感而有作。

《莊似撝炘恤歸里，相見之下泫然有作》：「樽酒論心記草堂，別來頻歲滯咸陽。懷人葭露為霜句，歸客麻衣似雪裝。千里塵沾衫袖黦，數莖絲入鬢毛蒼。看君出仕看君返，覺我為農日已長。」「凌雲賦筆最翩翩，忽輟屠牛試小鮮。傀儡身閒催戲鼓，琵琶人老到商船。折腰官味從今日，回首名場失少年。何物人間向平累，為他婚嫁誤神仙。」「秦關勝蹟至今留，贏得山川慰薄遊。才子官多丞尉職，好詩題愛帝王州。登高賦就人爭誦，懷古情深客善愁。泣罷皋魚再相見，篋中束簡要先搜。」「琴堂才聽頌神明，風木俄催故國程。貧士官偏從納粟，老親養不逮遺羹。高名豈覺銅為臭，豐祭應悲鼎大烹。那得為君無感慨，書生願力每難成。」（《甌北集》卷二四）

此時尚寫有《戲題僧寺壁》（《甌北集》卷二四）。

【按】趙懷玉《故奉政大夫山西邠州直隸州知州莊君炘墓誌銘》曰：「初，

君爲諸生時，見賞於晉寧李侍郎因培，所至聲籍甚。至是，畢撫部沅奏留陝西。四十年，逆回蘇四十三亂，君司奏節署，事平歷攝宜君、富平、鄠縣事，以母憂歸。免喪，借補渭南縣丞，復攝朝邑、郿縣、盩厔事。」（《碑傳集》卷一一〇）《詩·小雅·蓼莪》:「無父何怙，無母何恃。出則銜恤，入則靡至。」後謂遭父母之喪曰銜恤。據趙懷玉文，莊炘此次「銜恤歸里」，當是因母喪故。又從甌北詩「貧士官偏從納粟」來看，莊炘「屢擯場屋」，而得就直隸州州判，當是納粟補得此官，可補懷玉文所不足。

畢秋帆沅聞知甌北丁母憂居鄉，遠致厚賻，以示慰唁。

《秋帆中丞聞余銜恤之信，遠致厚賻，詩以志感》:「匪莪誰唁堊廬幽，忽拜朱提過十流。孤子餘生桐削杖，故人高誼麥連舟。到逢涸轍眞甦鮒，來自廉泉可飲牛。誰肯官高還念舊，此情須向古人求。」「題幀難稱嶽嶙峋，華袞偏叨翦拂新。老尚雕蟲良可愧，窘方祭獺已嫌貧。一編若論千秋業，四海無過十數人。笑我此中何處著，枉同食蓼味含辛。」（《甌北集》卷二四）

【按】王昶《兵部尚書都察院右都御使湖廣總督贈太子太保畢公沅神道碑》稱，乾隆三十九年，「又勘西安八旗馬場空地，在興平、盩厔、扶風、武功四縣者四百八十餘頃，悉募民開墾，歲納租賦，爲八旗賞恤之需。重修華嶽廟暨漢唐以來名蹟。又以秦中碑版最多，萃而置之府學，俾無散佚。濬涇陽龍洞渠，灌溉民田，並墾提標五營牧場地一百七十餘頃，歸於實用。是時陝西鄉試，嘉峪關外鎮西、迪化府州士子援曲阜東野氏之例，置五經博士一員，請世襲，並奉文、武、成、康四王陵祀，報可。是年十二月，丁張太夫人憂回籍。明年十月，陝西巡撫員缺，奉旨:『畢沅前在西安最久，熟悉情形，且守制將屆一年，著前往署理。』」（《碑傳集》卷七三）。據《清史稿·疆臣年表》，畢沅自乾隆四十二年起，至四十四年十二月丁母張藻憂止，一直擔任陝西巡撫。沅遠致厚賻，正是其陝西巡撫任內之事。

七月，族孫映川懷玉，以詩相贈。甌北酬答之作，對其詩才多所推許。

《次韻酬族孫映川題贈之作》:「記得前身楊大年，西昆麗藻疊田田。讀書心細絲抽繭，煉句功深石補天。清德世傳先代笏，遙源家有老人泉。承明著作需鴻筆，會見簪毫朵殿圓。」「童年出語使人驚，游學長安早有聲。諸老共期珊入網，吾家故有璧連城。詞華瑰麗長楊賦，格律精嚴細柳營。欲略輩

行呼小友，相推牛耳長齊盟。」「每從談藝探孤危，古學寧徒管豹窺。四海論交同調幾，一編舍子定文誰。攢眉仰屋癡堪笑，皺面觀河老自悲。村笛山謳非雅奏，淋漓大筆有韓碑。」「又看火傘灼穹旻，望雨俄驚斗指申。稑稑枯愁將采梧，桔槔忙忍獨垂綸。救饑或尚期馮婦，視瘠原難等越人。甘澍終應及時降，相期一棹泛湖尊。」（《甌北集》卷二四）

【按】趙懷玉《奉贈家觀察翼》：「得祿重思負米年，不曾五十便歸田。蒼生肯竟忘安石，老嫗偏能解樂天。底事神仙尋苦縣，早參侍從列甘泉。松窗定有關情夢，夢到觚棱月正圓。」「烽煙回首劇心驚，踞踞飛鳶墮水聲。已悟百年成短劫，每從七字設長城。弓衣曉出諸蠻洞，羽檄宵傳上將營。何似江村閒課子，舍南舍北狎鷗盟。」「學到深時意轉危，名山那計淺人窺。眼中餘子容如許，身後相知竟屬誰。三島鶴非塵世玩，一丘貉繫古今悲。辱贈詩有時輩徒喧貉一邱句。殷勤獨厚吾宗寄，慚愧韓陵寺裏碑。」「清秋雲漢皎穹旻，近事年來憶丙申。屢為耕桑策平準，轉於鄉國補經綸。丙申春先生營里中賑事甚力。民方待牧思齊相，我久懷憂類杞人。出處不妨同努力，名高豈獨在鱸蓴。」（《亦有生齋集》詩卷六，《甌北集》卷二四附錄此詩）又，上引甌北詩謂：「又看火傘灼穹旻」，知天氣酷熱，當在七月間，故繫以本月。

湯緯堂大奎將赴京補官，以近作就商甌北。

《湯緯堂以近作就商，敬題二律兼送其赴京補官》之二曰：「仙令才名兩浙聞，風流不減杜司勳。西湖載鶴官如水，東野為龍我願雲。故里暫歸欣結隊，單車遠出又離群。鄉邦詞客多星散，把酒何人話夕曛。」（《甌北集》卷二四）

《題緯堂吟秋小照》（《甌北集》卷二四）亦寫於此時。

【按】湯大奎（1728～1787），字曾輅，一字緯堂，江蘇武進人。中乾隆壬午（1762）舉人，癸未（1763）進士，曾任鳳山知縣。歿於乾隆五十一年臺灣林爽文之亂。子二：荀業，國子監生；範業。孫二：貽芬、貽潘。女二，嫁莊宇逵、汪世穎，皆生員。生平攻詩文，晚著《炙研瑣譚》十卷、補遺一卷，沒於亂。趙懷玉掇拾奇零，釐為三卷，刻而行之。詳見趙懷玉《福建鳳山縣知縣世襲雲騎尉湯君墓表》（《亦有生齋集》文卷一六）。

八月間，楊星園煒館選，得入翰林院，為庶吉士，回歸故里，甌北賦詩

以賀。並題龔香雪《長松片石圖》、湯蓉溪《洗硯圖》。

《楊星園館選南歸賦賀》:「凌雲賦就入蓬瀛,宮錦還鄉畫繡榮。少日曾稱七才子,去年猶是一諸生。風催北徙開鵬路,秋到南歸趁雁程。笑我久閒塗抹手,因君重憶玉堂清。」(《甌北集》卷二四)

此時尚寫有《題龔香雪長松片石圖》、《題湯蓉溪洗硯圖》、《答友》(《甌北集》卷二四)諸詩。

【按】《楊星園館選南歸賦賀》「風催北徙開鵬路」句後注曰:「君以拔貢偶失,赴北闈,遂聯捷入翰林。」楊煒(1749~1814),字槐占,一字星園,江蘇武進人。年十七,補陽湖縣學生員,名在第三。丁酉(乾隆四十二年,1777)中順天舉人,戊戌(1778)成進士,改庶吉士,散館以知縣用,選授河南柘城,調固始。又選直隸平鄉,擢江西南安同知,調袁州。巡撫知其能,留審積案,署饒州知府,調署南昌。以刑獄事,兩江總督奉命復審。「總督故好事,有先入之見,欲坐樂平令罪,以君嘗承審,奏請解任。於是率司道坐堂皇,儀衛甚盛。提審諸守令,解任者眾,皆屈膝,君獨依《會典》庭參,侃侃陳說,無所屈。總督怒曰:『是南昌知府,逢迎上官,攬持審案者耶?』君曰:『煒不才,承乏首郡,上官委之聽獄,豈能故諉?公即煒上官,使工逢迎,獨不知自公始乎?』總督大怒,罷審。越日,以承審草率入奏,坐革職。』」後捐得道員,分發廣東候補,初署南、韶、連,又署高、廉,又調署雷、瓊。在粵八年,權按察、鹽運及各道者,前後凡十次,終未能真除一缺,人爭惜之。而君所至盡職,不以任之久暫岐視也。「君善書,臨池無倦,詩敏而富,尤好次韻,疊出不窮,天性不飲而喜酒人,饌客必精腆,聲色之好,略無矯情。與人交,一出坦易,獨對封疆之威不少挫,又能不矜不伐,翛然自遠,此則意氣識量有以過人,而非徒勿視其巍巍巳也。在河南,兩充鄉試同考官,得士頗盛,所著有《西溪草堂集》若干卷」(趙懷玉《誥授中憲大夫廣東候補道前江西南昌府知府楊君墓表》,《亦有生齋集》文卷一六)。

湯蓉溪,即湯大賓,見本譜乾隆四十年考述。

汪文端由敦師集與己所作《甌北集》均編竣,一同付梓,詩記其事。

《刊刻汪文端師集既就,兒輩勸以拙集付梓,勉狥其請,書以志愧》:「師資幸托棗梨酬,愧以蕪詞續選樓。閒惜半生心力瘁,老思一卷姓名留。先生

在日曾青眼，弟子如今也白頭。太息斷輪人已去，乞誰刊定夜窗幽。」「少日頻蒙説項斯，微名稍稍動人知。豈期晚節雕蟲技，還待餘光附驥馳。典冊高文華國手，漁樵野調散人詞。曾叨嶰管和鳴嚼，愧作無腔短笛吹。」「早從詩句判升沈，鳳翽朝陽鶴和陰。公有文章兼事業，我無鍾鼎竟山林。敢追漢殿凌雲賦，聊附康衢擊壤吟。重向燈前展師集，始知盛世有元音。」「天與才華本不多，虛勞飯顆費吟哦。少貪禪販書陶葉，老想光陰挽魯戈。關令青牛瞻紫氣，琴高赤鯉跨滄波。人間大有堪遊戲，一笑徒將墨對磨。」「淵源回首醉翁亭，才分眞慚去徑庭。座接曾資近朱赤，門高敢説出藍青。傳衣莫副應留憾，殘錦無多尚乞靈。笑把蘭苕自裁翦，有人金翅擘滄溟。」「才識甘辛鬢早殘，竿頭欲進步蘭單。千秋如許談何易，一字求安已大難。未免惜他雞肋棄，知誰留此豹皮看。只餘結習難消處，或作微漚點海瀾。」（《甌北集》卷二四）

【按】據《清人別集總目》，《松泉詩集》（二十六卷）乾隆四十三年初刻本、《松泉文集》（二十卷）四十三年刻本等，尚流傳於世，乃是經趙翼手訂，代爲付梓。《甌北集》二十七卷本，亦傳世。

乾隆四十四年己亥（1779）　五十三歲

【時事】　正月，揚州府興化縣李騏《蚓峰集》案結。李騏乃明季宰相李春芳之後，亡故已近七十年，所著《蚓峰文集》爲知縣多澤厚舉報，經兩江總督薩載、江蘇巡撫楊魁查閱，認爲「集內不特序論俱有觸礙。其編造詩句內有『杞人憂轉切，翹首待重明』，又『日有明兮自東方兮，照八荒兮民悅康兮，我思孔長兮夜未央兮』等語，皆係繫懷勝國，望明復興，顯屬悖逆。又贈人序內有『予淪落不偶，避地於此，布袍幅巾行市上』，又『白頭孫子舊遺民，報國文章積等身，瞻拜墓前顏不愧，布袍寬袖浩然巾』之句」。騏「生於明末崇禎甲戌，當勝朝鼎革之時年僅十一歲，其在本朝食毛踐土已六十餘年，且身爲歲貢生，乃於集內肆其狂悖，甚有繫懷勝國待明重興之意，且布袍幅巾不遵本朝制度，大逆不道至此已極，雖該犯已服冥誅並絕其後以彰報應，但國法未伸，無以示儆，應將李騏照大逆凌遲律剉碎其屍梟首示眾，以彰國法而快人心」（《清代文字獄檔》上冊）。所奏得准。本月，湖南寧鄉人陶煊等選編《國朝詩的》案，亦得審結。因此集將呂留良、屈大均諸人詩入選，地方大吏認定多「譏刺狂悖詩句」。湖南巡撫李湖據以上奏，幾成大獄。乾隆帝諭示：「陶汝鼐、黎元

寬所刻詩集各種雖俱有違悖語句，但其人係明季科目，在本朝未經出仕，至陶
煊、張燦選刻《國朝詩的》，將錢謙益、屈大均等詩選入，尙在未曾查禁以前，
本人久已身故，其子孫亦無另行刊刻之事，均非徐述夔一案可比，所有各項書
籍自應一體行查銷毀，至陶汝鼐之曾孫陶士㒥、陶士倫，張燦之子張之瀗，俱
著加恩免其治罪。」(《清代文字獄檔》上冊)二月，乾隆帝審閱各省呈繳違礙
應毀書籍後，諭曰：「四庫全書館節次彙進各省送到違礙應毀書籍，朕親加抽
閱，內如徐必達《南州草》所載奸商奸璫結賄欺君諸疏，俱持論不撓，極爲伉
直。又如蕭近高疏草內，載其劾大璫潘相等以礦稅擾民。宋一韓《掖垣封事》，
亦有劾東廠及稅監李鳳、梁永等蠹國病民諸疏，均屬詳明剴切。又侯震暘《天
垣疏略》，以客氏再入禁中，抗章極論，並及於沈淮之交通內臣，亦能侃侃不
阿。雖其間若徐爾一之九八分疏，極口詆斥孫承宗，而於溫體仁、霍維華等，
則曲加讚譽，是非倒置，以圖熒聽。此外亦不過撫拾陳言，固無足取。其餘讜
論危言，切中彼時弊病者，實俱無慚骨鯁。前因明季諸臣如劉宗周、黃道周等，
立身行己，秉正不回，其抗疏直諫，皆意切於匡正時艱，忠藎之忱，溢於簡牘，
已降旨將其違礙字句酌量改易，毋庸銷毀。因復思明自神宗以後，朝多粃政，
諸臣目擊國勢之阽危，往往苦口極言，無所隱諱，雖其君置若罔聞，不能稍收
補救之效，而遺篇俱在，凡一時廢弛督亂之蹟，痛切敷陳，足資考鏡。朕以爲
不若擇其較有關係者，別加編錄，名爲《明季奏疏》，勒成一書，使天下萬世
曉然於明之所以亡，亦可垂示方來，永爲殷鑒。況諸臣彈劾權奸，指摘利病，
至不憚再三入告，實皆出自愛君體國之誠。而其姓名章疏，不盡見於明史。朕
方欲闡幽顯微，又何忍令其湮沒弗彰？況諸臣在勝國言事，於我國家間有干犯
之語，彼自爲其主，不宜深責。非若身入本朝，肆爲詆悖者可比。原不妨就其
應存諸疏，將觸背字面量爲改易選錄，餘仍分別撤毀，於辦理違礙書籍，似屬
並行不悖。著交該總裁遴選一二人，詳悉校閱，編輯繕錄，以次呈覽，候朕鑒
定。並將此通諭中外知之。」(《國朝宮史續編》卷八三《書籍九》)三月，調
楊景素爲直隸總督，以三寶爲閩浙總督、圖思德爲湖廣總督。四月，高邑縣鄉
民智天豹編造《本朝萬年書》案發。據大學士于敏中奏，「智天豹係直隸高邑
縣人，自幼行醫爲業，張九霄籍隸容城縣，傭工度日。兩人平素本不認識。智
天豹先曾在祁州開設藥鋪與人治病，後將鋪房關閉，即在祁州等處趕集售賣膏
藥，並無一定住址，迨上年九月間，前赴容城縣白溝河地方賣藥行醫，嗣因生
意平常，不能糊口，隨起意獻書邀求富貴，當即編造年號，內按八卦名目，復

於每卦後編設三項年號以應三十三天之數，名爲受天之命，見得本朝國運比周朝八百年更爲長久，遂乘便編成稿底冀圖進獻仰邀恩典」（《清代文字獄檔》上冊）。智天豹曾賣膏藥與村民張九霄，張欲向智學熬膏藥以謀生計，故拜其爲師。智患眼疼，行走不便，令張獻書於乾隆帝謁陵途中。結果，智天豹「膽敢編造年號，妄稱大清天定運數，並敢謊言遇見老主顯聖傳授，希圖惑眾，已屬罪不容誅，至其書內有乾隆年數一條竟敢肆行咒詛，並於捏編年號內直書廟諱、御諱，尤爲罪大惡極，人人髮指，非碎磔不足以蔽辜，智天豹應照律凌遲處死，以伸國法而快人心。張九霄雖訊無幫同編造情事，但據智天豹告稱書內所寫事關年號該犯即屬知情，輒敢貪圖富貴代爲呈獻，復於初供時扶同捏飾，於法實難寬貸，張九霄應照知情隱藏大逆者斬律擬斬立決」（《清代文字獄檔》上冊）。請旨定奪。後改智天豹爲斬決，張九霄改作應斬監候。五月，乾隆帝往木蘭秋獮，至九月中旬始回。七月，以孫士毅爲雲南巡撫。八月，乾隆帝就理藩院等所擬文稿多不能解之事，諭曰：「乃今之所爲時文，朕覽之多不能解。朕雖不喜作時文，然向在書齋中於明季及國初名家大家之文亦曾誦習。其中如歸有光、黃淳耀純乎古文，讀之心喜。餘亦理精義正，足供玩味，奈何今之作者相戾若此。至於文體之變，固不始於今時。曩者魏晉六朝習尚浮靡，斯文極敝。韓愈出而起衰八代，約六經之旨以成文，人見之轉以爲怪。故其言曰：『作俗下文字，下筆令人慚，及示人必以爲好。小慚者謂之小好，大慚者即以爲大好。』是文字趨嚮之壞，在韓愈時且然，何況今之距唐又將千載乎！夫文風遞降，說者每以比之江河日下。然聽其流而不返，日甚一日，伊於何底。昔韓愈尚思回狂瀾於既倒，矧有移風易俗之責者乎！文以明道，宜以清眞雅正爲宗。朕曾屢降諭旨諄諄訓誡，無如聽之藐藐，恬不爲怪。讀書人於此理尚不能喻，安望他日之備國家任使乎！大抵近來習制義者，祇圖速化而不循正軌，每以經籍束之高閣。即先正名作亦不暇究心，惟取庸陋墨卷，剿襲搗搋，效其浮詞，而全無精義。師以是教，弟以是學，舉子以是爲揣摩，試官即以是爲棄取。且今日之舉子即異日之試官，不知翻然悔悟，豈獨文風日下，即士習亦不可問矣。嗣後作文者，務宜沈潛經義，體認先儒傳說，闡發聖賢精蘊，務去陳言，辭達理舉，以期合於古人立言之道，愼毋掉以輕心。試官閱卷亦當嚴爲甄別，一切膚詞爛調概擯不錄，庶幾共知謹凜，文化蒸然日上，以副朕崇雅黜華之至意，其翻譯清文、蒙古文亦當實力講求，勿仍陋習。」（《欽定八旗通志》卷首之十二《勅諭六》）本月，命和珅在御前大臣上學習行走。十一月，杭州將軍嵩椿

坐耽於逸樂褫職，仍通論申儆。十二月，大學士于敏中卒。湖廣總督圖思德卒。命程景伊爲文淵閣大學士，調嵇璜爲吏部尙書、協辦大學士。調陳輝祖爲河東河道總督。

本年，金壇于敏中、儀徵吳紹澯等奉命別纂《四庫全書提要》，此年竣事。

鎮江金山寺築文宗閣成，備儲藏《四庫全書》。

蘇州書業堂刻《說呼全傳》十二卷四十回。

江陰夏敬渠所著才學小說《野叟曝言》，有成稿。

直隸翁方綱典江南鄉試，過滁州南驛至金陵，作《記清流關》。遊棲霞山，著《金陵訪碑記》六卷。北還過東平，觀《張遷碑》，因作《跋何義門校庚子消夏記》。

浙江章學誠在北京，交高郵王念孫、興化顧九苞、任大椿、寶應劉臺拱等，此年著《校讎通議》四卷。

安徽凌廷堪館儀徵，交朱笥、閔崋、李斗。

安徽姚鼐在揚州，爲旗籍朱孝純作《寶扇樓後記》。

安徽程晉芳因貧鬻所藏石濤《竹西歌吹圖卷》。

安徽劉大魁死，年八十二。

顧光旭私淑明顧憲成、高攀龍之流風，出任東林書院山長。(《響泉年譜》)

張塤作有《歲暮抒情感舊寄訊心餘病況一百韻》，中有謂：「天子籌書局，詞臣換印囊。芸香十二庫，藜火萬千箱。甲乙群儒彙，春秋特筆詳。新銜榮祕閣，文治佐乾綱。鹵域平豺虎，中朝集鳳凰。風雲梯會合，松桂恥彷徨。遂起江湖夢，相尋陛闥鸝。汗青編國史，俸祿仰神倉。老病何緣劇，諸醫不治瘍。元生環一子，福至歷三陽。但得調和羹，毋爲躁怒妨。自然宜血絡，積漸補虛厓。」(《竹葉菴文集》卷一六)

洪亮吉赴京，緣四庫館總裁官董誥之薦，入館爲讎校事宜。時，翁方綱、蔣士銓、程晉芳、周厚轅、吳錫麒、張塤共結詩社，邀亮吉、黃景仁入會。(《洪北江先生年譜》)

趙懷玉至京，朱笥、程晉芳招飲於陶然亭。懷玉有詩記其事，中有謂：「京洛論前輩，寥寥只數公。傳經漢家法，說理晉人風」(《朱笥、程晉芳兩丈招飲陶然亭》，《亦有生齋集》詩卷六)，道著當時問學之趨向。

【本事】春，親友多勸其服闋後赴京補官，甌北恐「損清芬」，猶豫未決。

《服闋後親友多勸赴官，作詩志意》：「祥琴才罷忍彈冠，多少鑼聲催上

竿。垂老畫成名士餅，旁觀欲敗煉師丹。敢憑野笠驕文繡，恐食官倉又素餐。
舐掌孤熊自知分，不關貪坐釣魚灘。」「此身敢便托高雲，實以迂踈怯組繡。
苦筍味堪差致仕，甘蕉生怕受彈文。我需於世原無幾，客望斯人恐太殷。多
少田間身再出，聲名往往損清芬。」（《甌北集》卷二五）

【按】按大喪禮，父母亡後，子須服喪三年，期滿除服。《禮記‧三年問》
記孔子語曰：「夫三年之喪，天下之達喪也。」意謂自天子乃至庶人，都
應服三年之喪。然而，所謂「三年」，並非嚴格意義上的三年。《禮記‧
三年問》又謂：「三年之喪，二十五月而畢。」是說二十五個月即算作守
孝期滿。依照古代禮制，服喪期間，「生員但歲考，不赴科舉。庶人之家
不許嫁娶。十五月禫後，復故。其有期功喪，宴會作樂者，官員罷職，
士子黜退」（顧炎武《日知錄》卷一五《奔喪守制》）。然而，在特定條件
下，如父在爲母，「期之喪十一月而練，十三月而祥，十五月而禫」（顧
炎武《日知錄》卷六《十五月而禫》）。練者，小祥之祭。祥者，喪之終
矣。禫，喪家除服之祭禮。《儀禮‧士虞禮》：「中月而禫。」漢鄭玄以二
十五月爲大祥，二十七月爲禫，二十八月爲作樂。王肅以二十五月爲大
祥，其月爲禫，二十六月作樂。歷朝用鄭玄義，宋以後民間大祥後稱禫，
即除服。由此來看，甌北守母喪，若以二十八月而論，當在本年九月間。
《舊譜》稱「是年九月服闋」，甚是。而該詩寫於本年二、三月間，題曰
「服闋後親友多勸赴官」，當是懸擬之詞。上引詩曰：「祥琴才罷忍彈冠」，
祥琴，古代親喪兩周年舉行祭禮時所彈之琴。《禮記‧喪服四制》：「喪不
過三年，苴衰不補，墳墓不培，祥之日，鼓素琴。」據此，該詩寫於母
亡故兩周年前後，距服闋尚有半年之久。相關禮制亦可參見本譜乾隆二
十五年考述。

三月，離家出遊。往杭州，途經無錫，與顧光旭晤，適同年陸朗甫燿以
乞養歸，遂同遊惠山。

《浙遊口占》：「七年不出邑東門，忽買扁舟去故園。南浦一篙新漲水，
東風三月落花村。懶常閉戶將終老，貧則求人稍貶尊。落魄江湖重載酒，倦
遊情緒總難論。」（《甌北集》卷二五）

《舟過無錫，晤顧晴沙觀察，適同年陸朗甫方伯乞養歸，亦以是日至，
遂同遊惠山。用前歲題晴沙響泉集韻》：「千里關心出處身，停雲遠望每勞神。
十年但作相思字，一日欣逢兩故人。近狀共驚新白髮，舊遊重話軟紅塵。歸

田同此循陔願，歎我今偏不逮親。」「素節相期玉不瑕，看他宦海競時華。幾人叔度曾歌袴，佳士君謨亦製茶。一部河渠胸有竹，百家詩格眼無花。品泉亭下相攜坐，此味何如早晚衙？」（《甌北集》卷二五）

【按】《浙遊口占》稱，「東風三月落花村」，知甌北此次出遊，當在三月間。另，顧光旭與甌北多有酬答之作。一日《趙耘菘觀察枉過，適同年陸朗甫方伯奉養南歸，舟過梁溪，遂邀同遊惠山。耘菘用前年見題拙稿二首韻索和，依韻賦答》：「萍海同歸雲水身，一時回首問西神。坐間便作三遊洞，行處還驚兩岸人。倦鳥依林應有侶，落花藉草幸無塵。飲泉忘味知寒暖，不敢臨深爲老親。」「本非懷瑾匿何瑕，宛轉高堂感歲華。笑我不勝千日酒，攜君同試二泉茶。看雲向晚猶疑雨，種樹多年倍惜花。半枕懵騰緣底事？古槐蒼蘚夢排衙。」（《響泉集》卷一四）又，《耘菘再枉草堂，惠龍井茶，見示閒居校閱拙稿及子才、心餘、述菴、白華、玉函、璞函詩集八絕句，仍用前韻二首奉酬》二首，謂：「叱馭歸來剩此身，自憐冰雪損詩神。長吟甌北三千首，耘菘有《甌北集》二十四卷。細數江南六七人。蹤蹟各應隨宦轍，性情眞不受風塵。晉陵樹色梁溪水，差喜於君近可親。」「其人如玉美無瑕，與客揚帆採石華。憶自鼂叢烹苦竹，感深龍井飣新茶。夕陽遠水低斜雁，秋雨疎籬冷淡花。相對兩忘賓與主，不知窗影鬧蜂衙。」（《響泉集》卷一四）

陸朗甫，即陸燿（1723～1785），字青來，一字朗甫，江蘇吳江人。「乾隆十七年壬申恩科，舉於京兆。甲戌，會試明通，考授內閣中書。遭父艱。服除，入軍機處，洊歷戶部郎中」。改授山東登州府知府，調濟南，升運河道、按察使、布政使，至湖南巡撫。其「學優品端，精析理義，詳究前人言行、政績，故事理通達，無盤錯之難。性澹泊，操持謹確，義利之辨斷如也。處事衷諸道，不意爲同異，所見既審，莫可搖奪」。其「於運河博稽詳驗，洞悉源委機宜，成《備考》六卷。秉臬愼重民命，多所矜恤，議免命案中徒犯解讞，省拖累。總藩時，佐雜人員壅積貧窘，請停止分發。又以虧空多，請定耗羨倉穀數條，奉旨議行。湖南鹽務有助公陋規，至則峻卻之。適鹽價奇昂，遂勒減其半。社倉捐穀未輸者六萬二千七百餘石，計貯穀已足，請停止催收。親老來需次者，勸歸養，因請申明終養成例」。「餘如創葺書院、加惠生徒、刊前修之遺集、鈔本朝之名文、輯家乘、厚宗郵、篤師友，事不勝書。不立講學之名，言動

胥歸儒術,冠婚喪祭,世俗所習常而戾於禮者,一弗用」。著有《朗夫詩集》、《切問齋文集》。(馮浩《湖南巡撫陸君耀墓誌銘》,《碑傳集》卷七三)

又,張士元《書陸中丞遺事》曰:「公巡撫湖南,初至任所,鹽商進白金三萬兩,問其故,商人曰:『此舊規也。先進此金,後當以時繼進。』公不受,並絕其再進。商人曰:『大人不受,則此金無所歸矣。』公命以其數平鹽賈,賈為之低。前任撫楚者雖稱廉靜,亦嘗受之也。時天下巡撫之官,皆有貢獻,爭以奇珍自媚;公所貢者,尋常土宜而已。上知公廉,必受之以慰其意。而和珅方用事,官吏重賄,習以為常。公未嘗致一物,聞其能為禍,亦不懼也」,「始公為山東布政使,入覲時,城門榷稅胥吏侈甚,凡封疆大官入城者,不論裝物有無,必索重資。公實不能與,乃置衣被於外,攜一僕前行,曰:『我有身耳。』既入,從故人借給衾褥,覲已,還之而去。湖南水多芙蕖,的藕甚賤,幕客皆恣噉之。公既病,夜中欲得藕粉而素不具,乃使僕叩其客之門乞之。其廉儉如此。」(《碑傳集》卷七三)

至杭州,寓門生沈南雷世煒第。

《到杭州寓門人沈南雷儀部宅卻贈》:「浙水分攜十四春,重來相見倍情親。西湖要我為遊客,東道因君有主人。掃榻為安行李穩,典衣催治酒肴珍。及門著錄知多少,誰似彭宣誼最真。」「清風廉使舊留貽,蘭錡家聲似昔時。投刺到門無俗客,讀書滿屋有佳兒。手栽桃李皆時彥,事畢松楸近選期。議禮曲臺資掌故,鋒車莫漫出山遲。」(《甌北集》卷二五)

【按】本詩「清風廉使舊留貽」句後注曰:「謂尊人椒園觀察」,「事畢松楸近選期」句後注曰:「君屢膺典試分校之役,今以服闋將赴補。」

沈南雷,即沈世煒,見本譜乾隆三十一年考述。

椒園,沈世煒父廷芳之字。廷芳(1711～1772),康熙五十年八月,生於海寧之園華里。「幼端愨有志操,嘗書其坐曰:『守道守身,為忠為孝。』又嘗讀明楊忠愍公繼盛傳,激昂慨慕,思其為人。外祖查少詹事昇歎曰:『是奇童也。即異日立朝,其風節自此見矣。』少長,益潛心正業,博綜群典,學以大殖。弱冠,遊京師,聲譽籍甚,鉅人耆德接待若恐不及。安溪李侍郎清植、長洲惠學士士奇、太倉張詹事鵬翀、桐城方侍郎苞,於時並申師友之契。雍正十一年,丁文昌公憂歸。明年,故大

學士高文定公時總督河南，聞公名，馳書幣致諸幕府。文定公素習有宋諸儒之學，好賓接士大夫，於公尤有加禮，嘗謂公曰：『君年方少，而博聞篤行遂至於是，不圖今世乃見古人。』既服闕，再至京師，補《一統志》館校錄」。乾隆元年十月，「御試保和殿，名在二等，選翰林院庶吉士。明年，授編修，入直武英殿，同修起居注，總理宗人府各學。三年，充《一統志》纂修官，兼校勘。明年殿試，充收掌試卷官。公嘗集前世君臣善敗之蹟，爲類各十有六，名曰《鑑古錄》，以備法戒，是年冬表進，賜段四匹，書交懋勤殿。六年，補山東道監察御史」。十二年，充順天鄉試同考官，再命巡撫山東漕糧。母喪，服闕，補山東按察使。二十七年，以原品致仕。「既歸，貧不能自贍，復以課讀爲業，累爲鼇峰、端溪、樂儀、敬敷四書院山長」。爲教「善因人之材，使人各盡其長，然後授之以其事，故多所成就」。爲學素不喜佛老說，著有《理學淵源》、《續經義考》、《鑑古錄》、《文章指南》、《隱拙齋詩集》、《隱拙齋文集》、《鹽蒙雜著》、《十三經注疏正字》等。（汪中《誥授通議大夫山東提刑按察使司按察使原品致仕恩加一級沈公廷芳行狀》，《碑傳集》卷八四）

沈廷芳生年，《清代人物生卒年表》作康熙四年（1702），顯誤。理由如下：一、康熙四年乃西元 1665 年，康熙四十一年，才是西元 1702 年。與史籍所載不符。二、汪中所撰墓銘，稱廷芳「康熙五十年八月，公生於海寧之園華里」。康熙五十年，乃西元 1711 年，並非年表所稱 1702 年。足見誤刊。

遊西湖，聞知袁枚攜眷屬寓於西湖之側德生菴，前往拜訪。二人雖相知而未曾識面，此次相會，竟成意外之奇。

《西湖晤袁子才喜贈》：「不曾識面早相知，良會眞成意外奇。才可必傳能有幾？老猶得見未嫌遲。蘇堤二月春如水，杜牧三生鬢有絲。一個西湖一才子，此來端不枉遊資。」「朝衫脫後占詞場，三十年來獨擅長。交契最深嚴節度，輩行漸作魯靈光。漫從近代推初白，自說前生出點蒼。笑我曩從西洱過，不知即是鄭公鄉。」「攜家來住武林春，書畫隨身集等身。與我相逢三竺路，此翁頗似六朝人。酒間贈妓題團扇，雨後尋詩墊角巾。他日西湖遊覽志，或應添記兩閒民。」（《甌北集》卷二五）

【按】本詩「交契最深嚴節度」後注曰：「尹文端節制兩江時知君最深」，「不知即是鄭公鄉」後注曰：「君自言前生爲點蒼山五百年老猴。余昔從

軍過點蒼，萬樹猿聲，不知中有君巢穴也。」袁枚本年正月二十二日即離江寧出遊，稱「自笑此行緣底事，西湖還欠幾行詩」(《正月二十二日出門作》，《小倉山房詩集》卷二六)，由無錫、嘉興而來杭，寓西湖德生菴，遍遊斷橋、孤山、六和塔、紫雲洞、金鼓洞、岳王廟、雲棲寺諸名勝，且有詩與甌北唱酬。《謝趙耘菘觀察見訪湖上，兼題其所著〈甌北集〉》二首曰：「乍投名紙已心驚，再讀新詩字字清。願見已經過半世，深談爭不到三更！花開錦塢登樓宴，竹滿雲棲借馬行。待(待，《甌北集》作『直』)到此間才抗(抗，《甌北集》作『握』)手，西湖天爲兩人生。」「集如金海自雕搜，滿紙風聲筆未休。生面果然開一代，古人原不占千秋。交(交，《甌北集》作『人』)非同調情難密，官到殘棋局可收。我倘渡江雙槳便，定來甌北捉閒鷗。」(《小倉山房詩集》卷二六)甌北《西湖晤袁子才喜贈》詩謂：「蘇堤二月春如水，杜牧三生鬢有絲」，其中「二月」非實指，是爲避免與下句「三生」犯復，才將「三月」改作「二月」的。其實，他們是相會於三月的西湖之濱。

沈佩蘭霖、呂映微星垣客於時攝杭州總捕同知的錢竹初維喬寓舍，甌北此次來杭，得與二人相會。

《晤沈佩蘭孝廉、呂映微秀才》：「吾黨推才彥，清狂兩少年。工詩三折臂，賣賦幾文錢。奇字多誰問，寒灰死復燃。故鄉留不住，都在越江邊。」「竊喜聯床近，閒來好唱酬。謀身無半畝，放眼有千秋。步屐明湖霽，挑燈旅館幽。兩人吟眺處，應可慰羈愁。」(《甌北集》卷二五)

【按】沈佩蘭，《江蘇藝文志·常州卷》漏收。清平步青《霞外攟屑》卷一《神仙鬼怪佛》條謂：「武進沈佩蘭大令霖，字琳圃，乾隆辛卯彭文勤公典試江南所得士，官廣東某縣，與管韞山、周蒙香、趙法伍、莊似撰皆工制藝，時有神、仙、鬼、怪、佛之目。神謂韞山，仙謂蒙香，鬼則大令，怪謂法伍，佛謂似撰也。有沈佩蘭時藝刻行。今《韞山堂》三集，家弦戶誦。蒙香制藝，亦多嗜者。三人名氏，世尟知之，文之傳不傳，固有數存乎其間耶？或作丁酉舉人，誤。丁酉文勤典浙試非江南。」(《霞外攟屑》卷一《繙汋山房脞記》)趙翼《陔餘叢考》卷二三《成語佳對》謂：「集句間見巧思，然猶集古人詩句也。……吾友沈佩蘭有句云：『與我周旋寧作我，爲郎憔悴卻羞郎。此生能著幾兩屐，一日須傾三百杯。』皆極工也。」又，沈霖與錢維喬有交，多唱和之作，見《竹初詩文鈔》

詩鈔卷一一。維喬《琳圃屢疊前韻不已毅甫恐其苦吟作詩止之予不復和以此解嘲》詩曰:「才思今如火盡薪,邯鄲那更步前塵。文通筆管還何日,平子瓊瑤報有人。高唱便容粲下里,餘光只合借東鄰。尊前且共酬寒歲,莫待魂銷南浦春。」(《竹初詩文鈔》詩鈔卷一一)《甌北集》卷四一又有《題史右張小照》一首,簡述佩蘭生平日:「毗陵城東兩奇士,沈佩蘭與史右張。佩蘭跅弛不自檢,千金散盡餘酒狂。晚官嶺嶠作良吏,至今妻子飽核糠。」

呂映微,即呂星垣(1753~1821),「字叔訥,號湘皋,又號映薇、應尾。清武進人。宮五世孫。廩貢生。少即以文學名。成年後游學四方,廣交名士。乾隆三十九年(1774)與同里洪亮吉、孫星衍、楊倫、黃景仁、趙懷玉、徐書受等人作文會,時稱『毗陵七子』。四十八年居京師,時值開四庫全書館,得盡覽館中書,尤好史部書籍。歷官邯鄲、贊皇、河間知縣,均有政績。工詩古文辭,操筆立就,高古簡潔,自成一家。善書畫,書法初學蘇軾,晚年出入米、黃;畫則以山水爲主,間作寫意花卉」(《江蘇藝文志·常州卷》)。著有《白雲草堂詩鈔》、《白雲草堂文鈔》、《龍井遊記》、《道場山遊記》、《遊天平山記》、《泛百門泉記》以及戲曲《康衢新樂府》等多種。

陳望之淮觀察由閩來浙任職,聞甌北來杭,乃約請袁子才枚、王夢樓文治、顧涑園光、張諤庭譧集。

《陳望之觀察招同袁子才、王夢樓、顧涑園、張諤庭譧集,即席賦呈》:「扁舟訪舊浙江邊,寵荷佳招櫻筍天。千里故人移使節,一時名士聚賓筵。油囊酒到杯浮露,畫舫齋成屋似船。不敢便將泉石傲,使君風雅自堪傳。」「佳麗餘杭宦轍留,花間喝道也風流。君才到處能驚座,吾老虛名愧倚樓。繡幕官高英蕩節,釣篷人擁木棉裘。惹他胥隸從旁笑,何處飛來此野鷗。」(《甌北集》卷二五)

《子才席上遇閒雲女郎以小照乞題,醉後書三絕句》(《甌北集》卷二五)一詩,亦寫於此時。

【按】《陳望之觀察招同袁子才、王夢樓、顧涑園、張諤庭譧集,即席賦呈》「千里故人移使節」句後注曰:「君自閩調浙。」陳望之,見本譜乾隆三十五年考述。

顧光(1717~1800),字彥青,號涑園,浙江仁和人。《兩浙輶軒錄》

卷二四謂：「顧光，字彥青，號野翁，又號涑園，仁和人。乾隆戊午舉人，官廣州知府，重赴鹿鳴，著《橘頌堂集》。朱霞傳略曰：『先生所居在城東河側，敝屋數椽，顏曰「河干廛」，因自稱河干。先生乾隆戊午舉於鄉，三試禮部不第，縱遊閩越。天子加恩士子，選其能官者，先生名與焉，遂令清豐，盡心賑務，全活無算。上三帖子於制府問亭方公，言河道事。定北軍行，先生以急裝謁大京兆繩菴、星齋兩公。兩公命和《送軍詩》，先生援筆立成，兩公皆大喜。歲庚辰，計典行，以卓異升安順府郎岱同知。地在萬山中，當滇、黔孔道，民苗雜處，先生治之，剗割煦嫗，寬猛得所。獲苗賊彊劫者十八人，悉置之法，民以大安。知廣州府，廣州為粵東首郡，屬縣十四，地大事繁，先生心力俱瘁，引疾去，粵中人士繪《沈香浦圖》以贈，作詩歌留別者數百人。十三行大西夷，人聞者皆為太息。既歸，授徒自給，長吏延主紫陽別墅講授事，著錄弟子多知名人。先生詩已刊行，其他所著《九經蠡》諸書皆藏於家。』吳錫麒《橘頌堂集序》略曰：『涑園先生以詩鳴者垂六十年。輩偶淪徂，芳風獨扇，炯然若長明之燈，巋然為靈光之殿。錫麒早侍高筵，得窺峻旨，其時同里黃相圃、姚春漪、黃玉階諸人，相約為琴臺之課，實皆就正於先生焉。先生幼勤枕葄，早舉孝廉，淡泊乎聲利之緣，流連乎山水之趣，北轅乍歇，南帆更張，租江山之船，泝桐廬而上。榕樹城邊小住，荔支鄉里初來，百里牽絲，千夫為吏，始典城於畿輔，旋領郡於東南。滹沱之河，盧龍之塞，夜郎之舊國，尉陀之故臺，雁戶嗷晨，猿程唱夕，弦歌為理縣之譜，篇什代活民之書，解組飄然，數椽卜築，擊缽捶琴之侶，諮禪問慧之徒，時雜仙心，間參元解，一篇跳出，萬籟爭鳴，應宮應商，可登之樂府；以南以雅，如對乎古人。』」《蕉廊脞錄》卷三謂：「顧涑園太守光，乾隆戊午舉人，以大挑知縣宰清豐，有惠政，累擢廣州知府。粵督某嫉之，遂引疾歸。後五十餘年，其邑人有禮天竺大士至杭州者，知公里居無恙，相率三十餘人登堂羅拜而去。昔時人情之厚如此。仁和湯典三禮祥為詩紀其事。詩云：『山雞愛毛羽，志士重修名。況乃為民牧，毀譽尤易成。清豐有賢宰，吾鄉推耆英。憶昔漳衛水，一決連魏城。哀哉城下骨，尚帶蛟龍腥。賑恤招流亡，溝壑餘零丁。三上河渠書，議格終不行，紀災淚盈紙，鴻鴈同哀鳴。距今五十載，父老來西陵。自言清豐民，我曹皆侯生。侯今喜健在，侯昔何賢能。中有少年子，傳聞自父

兄。今幸睹侯面，恨未竹馬迎。或長跽不起，或稽首階庭。或起焚爐香，或笑或涕零。何以獻我侯，紫棗雜黃橙。何以頌我侯，壽考而康寧。我公前致問，小惠何足稱。無端念衰朽，而我媿益增。願爾爲良民，願不負太平。手摩父老頂，歡愛如孩嬰。出門尙回顧，觀者塡柴荊。允矣古遺愛，亦足驗民情。民情有如此，願共惜賢聲。』太守所居在東城河側，敝屋數楹，顏曰『河干塵』，自稱河干先生。」潘庭筠（字蘭公，號德園，錢塘人，乾隆戊戌進士，官陝西道御史，著《稼書堂遺集》、《杭郡詩續輯》。德園少年美姿容，有璧人之目。官侍御，後里居養親，主講萬松書院。長齋學佛，喜從方外遊）寫有《懷人詩》，其一謂：「南湖廿載憶鷗盟，尙認桃枝識此情。寶玉鄉中貧太守，香燈座下老諸生。門牆士有諸王貴，粥飯僧知長者名。高閣不愁風雨至，毘盧頂上得遊人。顧涑園光。」（《兩浙輶軒續錄》卷一二）清湯禮祥（字典三，號點山，仁和諸生。著《棲飲草堂詩鈔》六卷）《清豐賢宰篇並序》小序謂：「吾師顧涑園太守，曾宰清豐，有惠政，今且五十年矣。戊午十一月，其邑中父老禮天竺大士至杭，聞公里居無恙，相率三十餘人登堂羅拜而去。余目睹其事，作《清豐賢宰篇》。」詩曰：「山雞愛毛羽，志士重修名。……」（《兩浙輶軒續錄》卷二三）秦瀛《壽顧涑園八十》題後小注曰：「涑園曾官廣州守，今大司馬石君朱公受業師。」詩曰：「鳩杖從容絳縣年，飄蕭白髮已三千。昔聞南海歌生佛，今向西湖號散仙。弟子勳名侔柱石，先生著述富雲煙。明朝共訪留題處，高會群眞有洞天。余近有壑荾留題之作，涑園和焉。菴在小有天園之左。」（《小峴山人集》詩集卷一○）朱珪《寄壽顧涑園先生八秩》詩曰：「我初從師遊，總角猶未冠。師時方立年，高歌宵達旦。言志期食貧，異書嗜弗貫。遠取先近宗，明儒有學案。姚江提良知，大滌洞觀象。侯芭問字奇，紹述戒剽竊。悠悠白華思，歸鞅不可絆。壬申計偕來，梁園假館粲。秋雨擢黃英，金臺選崇幹。脫穎牛刀中，知音賞斫爛。揀發直隸知縣，以詩筆爲方制府所賞。鮒鯤緬高陽，初尹清豐。孤竹感廉儒。調繁盧龍。儒術吏才優，益津畿輔扦。擢知霸州。一麾出黔西，寬猛調彝漢。遷郎岱同知。」「簡良守羊城，不擾市與犴。特擢廣州府知府。凝香靜詰萹，珠江清泮渙。飄然興蕈鱸，不比道州漫。常羊湖山遊，領袖風雅伴。憶我再使閩，樽酒話燕衎。丙冬視浙學，三載親講幔。紫陽擁皐比，諸郎偕樂頻。卻騶到後堂，高論接昕旰。酉秋別函丈，丁寧拜手翰。詩

鈔寄皖江，遊夏勉序贊。碣來甘棠地，翹望茱萸沜。」「龍飛日重光，仙節月幾半。先生誕爲四月十四日，與呂祖同。蹡蹡覿靈光，八秩初開算。西湖水方瀾，南極星正燦。元谷道無爲，黃庭訣非謾。會當追洪崖，從登耆婆岸。」（《知足齋詩集》卷一二）清張廷濟《感逝詩》記曰：「顧涑園師諱光，字□□，錢唐人。乾隆戊午科舉人，官廣州知府。歲丁未，廷濟與先兄泉如淮同執弟子禮，師時爲紫陽書院山長。嘉慶三年戊午，廷濟領解浙闈，師重宴鹿鳴。」詩謂：「鹿洞尊耆宿，文章有典型。珠還傳合浦，草長問元亭。華箚珍頭白，春風倍眼青。叨陪公燕坐，猶話舊橫經。」（《桂馨堂集》）女婿柯觀，早卒。《兩浙輶軒錄》卷三七謂：「柯觀，字大嚴，仁和諸生。陳鴻壽曰：『柯大嚴爲顧涑園先生壻，廿四歲而歿。』」《雪橋詩話三集》卷六：「仁和顧涑園太守光，乾隆戊午舉人，由直隸令長涖守廣州，在職廉潔，以忤節使去官。用詩古文倡導後生，潘德園《懷人詩》有『寶玉鄉中貧太守，香鐙座下老諸生』之句，至門牆士有諸王貴，則早時嘗館朱邸也。著《橘頌堂詩文集》。嘉慶戊午，重赴鹿鳴，曾宰清豐，有惠政，漳衛水災，盡心振務，有《勘災吟》四首，至是且五十年矣。邑中父老禮天竺大士，至杭問太守里居無恙，相率三十人登堂羅拜而去，湯點山爲作清豐賢宰篇，後二年卒，年八十四。嘗作桃枝詞於柳枝、橘枝之外，自成馨逸，亦前哲所無也。」

袁枚、王文治、錢維喬更番治具，招飲，連日泛湖。遊靈隱寺、虎跑泉、石屋洞、龍井諸名勝，均有詩記其事。

《西湖雜詩》（十九首）其二：「雨後湖堤淨麴塵，莫嫌到日已殘春。遊人過盡鉛華少，才見湖山面目眞。」其三：「何須簫鼓沸蘭舟，山水清暉愛薄遊。三四寓公觴詠處，西湖也覺更風流。」（《甌北集》卷二五）

《靈隱寺》、《虎跑泉》、《石屋洞》、《龍井》、《滿眼》、《與子才泛舟歸其家姬倚湖樓子才大有防客窺伺之意詩以調之》（《甌北集》卷二五）諸詩，均寫於此時。

同年孫星士嘉樂招飲畢，方欲發舟回返，又與邵耐亭齊熊相遇。一敘別情後，回常州。

《同年孫星士侍講家有園林之勝，招同子才、南雷讌集即事》：「堯夫到處有行窩，惹得先生掃逕蘿。園近西湖通水活，樽開北海愛人過。風霜樹古鱗皆蛻，泉石身高鬢未皤。拋卻朝衫貪釣笠，林亭未免誤人多。」（《甌北集》

卷二五）

《喜遇邵耐亭話舊》：「故鄉不見見他鄉，此會真非意敢望。面有少容君未老，身餘傲骨我猶狂。畹蘭香夢期傳笏，池草殘詩感對牀。可惜明朝又將別，爲君多坐一更長。」（《甌北集》卷二五）

【按】孫星士，孫嘉樂（1733～1800），字令宜，一字星士，浙江錢塘人，乾隆二十六年進士，曾官翰林院侍講。《兩浙輶軒續錄》卷八謂：「孫嘉樂，字令儀，號春岩，仁和人。乾隆辛巳進士，官至四川按察使。」妻王玉如，字清閣，雲南人，「工詩又善畫」（《兩浙輶軒續錄》卷五三）。王昶《禮部員外郎前四川按察使司孫君墓誌銘》述其生平甚詳，謂：「嗚呼，是爲禮部員外郎、前四川按察使孫君之墓。君名嘉樂，字令宜，浙江錢唐人。高祖某，曾祖某。祖陳典，雍正己酉科鄉試第一，歷官陝西鹽驛道。父孝培，因疾不仕。三代皆以君貴，封通議大夫，如其官。君生而敏慧，六歲就外傅，同學生有誦堯典者，聽之即能成誦。塾師驚異，以爲不凡。乾隆二十年補諸生。己卯舉於鄉，辛巳成進士，分戶部福建司學習專辦井田科。井田主旗地，時旗田私賣日久，輾轉相售，糾紛舛錯，方命大臣往勘，分別回贖，文牒棼然，見者望而斂手。君獨勾稽故籍，窮源溯委，由分得合，井然秩然，咸有端緒。尙書于文襄公及少司農錢公汝誠異其材，倚以爲重。二十九年丁內艱，旋丁外艱。三十三年服闋，補山東司主事。三十五年升廣東司員外。明年京察一等，引見，記名外用。八月充四川鄉試副考官，歸復命，奏對四川吏治民情甚悉，上嘉之。十二月，記名以御史用。三十八年升雲南司郎中，明年授雲南學政。君既至滇，釐正文體，訓以讀書行己之要，不以邊方荒略爲嫌，士人多感激，爭自濯磨。三年任滿，大學士、雲貴總督李公侍堯密奏陳薦，及回京，補陝西司郎中，旋授廣東雷瓊道，又調肇羅道。蠻俗，每歲七夕相傳織女下降，死者得仙去，婦女多自縊者。君嚴禁之，其弊始革。四十五年，升四川按察使。時四川有賊名嘓嚕子，誘少年剽刼，十百爲群。嚴捕，置之於法，賊皆斂跡。四十七年，以秋審失出，部議降調，解任回京，補禮部主客司郎中。未幾，又以失察酉陽州焚搶案降員外郎。君以勞瘁得病，未補官遂告歸。既歸，連主餘姚、龍山、紹興、蕺山、諸暨、暨陽書院。卒於嘉慶五年七月二十六日，距生於雍正十一年某月某日，得年六十八。配馮氏。子二，長容，年十八，能讀書；

次宸，尚幼。女六人，雲鳳、雲鶴，皆能詩詞繪畫，餘俱許適士族。以某年月日葬於某縣某山之陽，容、宸來請銘。君生平狷潔，不苟取與，居處飲食，終身如儒生。在四川時，總督少年侈汰，所至必索重賄，以是責君，君弗應，銜之，故其左遷，總督與有力焉。然歸後以書院束脩自給，未嘗有所介意也。君爲余辛巳所取進士，劇嗜余所爲詩。李公由雲貴總督罷歸，復起而督陝甘，過西安，酒次，嘗諷余雲南諸作。余詫而叩之。李公曰：『此孫學使所刻也。君所作《昆明湖》、《龍尾關》、《易羅池》諸詩，學使皆刻而列於郵亭之壁，余往來數見之，故能誦也。』蓋君之篤於師誼如此。今君先逝矣。君不克志余，而余志君，其何忍不銘？銘曰：嗟斯人，止於斯，人尼之，命使之。我欲指斥將安施，君在九原當知之。」（《春融堂集》卷五四）《春融堂集》卷一九、卷二二、卷三一，亦曾述及二人交往。又與顧光旭有交，《喜孫廉訪嘉樂見過》詩題下注曰：「孫與余舊同戶部，近以川臬鐫級入舊會，今乞假歸杭。」詩謂：「風塵小別廿年餘，今日滄洲訪敝廬。怪底鵲聲穿曉樹，幾回雁足寄音書。披裘萬里雲成綺，滌硯三江墨化魚。先後與君同轍蹟，江湖兩地對樵漁。」（《響泉集》詩一六）

邵耐亭，見本譜乾隆二十年考述。

慶兩峰玉觀察蕪湖，以詩志賀。

《寄慶兩峰觀察蕪湖》：「薇省才名徹帝知，春風南國駐旌旗。人於叔度歌來暮，地本韋丹有去思。鎖鑰雄關兼權算，江山陳蹟再題詩。官箴但守家規足，處處棠陰召伯遺。」「東閣丹鉛共讀書，回頭已是卅年餘。郎君官果施行馬，老友身今托釣魚。門第高須名宦稱，江湖遠與故人疎。相思甚欲來相訪，著慣漁簑怕曳裾。」（《甌北集》卷二五）

【按】慶玉，字兩峰（一說字雨峰，如上海古籍出版社 1997 年版《甌北集》及鳳凰出版社 2009 年版《趙翼全集》所收本詩，從清嘉慶十七年湛貽堂刻本《甌北集》，均作「慶雨峰」。袁枚與其多有交往，清刻本《隨園詩話》、《小倉山房集》則一直以「兩峰」稱之。翁方綱《復初齋詩集》卷二○、方濬頤《夢園書畫錄》卷二四亦稱慶玉爲「兩峰」，故本譜從「兩峰」之說），滿洲鑲黃旗人，乃尹繼善第三子，官至湖北按察使，事迹見本譜乾隆三十年考述。《隨園詩話》卷八載述曰：「丁酉七月，慶兩峰赴湖北臬使之便過隨園，《留別》云：『天外飛鴻蹟又過，衡門深處叩煙蘿。

交情共指青山在，別意相看白髮多。祖帳一杯江上酒，秋風八月洞庭波。才人老去須珍重，漫把遺編日苦摩。』到湖北後，又寄紅抹肚與阿遲，繫以詩云：『一個錦兜寄兒著，要他包裹五車書。』自此一別，兩峰出鎮塞外，遂永訣矣。余哭之云：『平原自是佳公子，劉秩終非曳落河。』傷其不耐塞外之風霜也。其詩集甚多，不知流落何所。」同書補遺卷二又謂：「尹文端公病重時，有人以《秋雨殘荷圖》求題。公題云：『秋雨滿池塘，殘荷委流水。可憐君子花，衰來亦如此！』題畢，噓唏再三，未五日而卒。公諸子皆能詩。四公子樹齋以蔭得官，有句云：『三代簪纓承雨露，一家機杼織文章。』三公子兩峰以科名起家，詠《獨秀峰》云：『千丈芙蓉拔空起，爲山原不藉丘陵。』文端公見而笑曰：『三兒以我爲丘陵乎？』」

夏，本與莊似撰炘相約，同往陝西一遊，並面謝老友畢沅念舊之情。然因時將伏暑，天氣酷熱，遂作罷。

《去歲莊似撰自陝回，秋帆開府寄聲慰唁，且約余作陝遊。今似撰赴陝，與余結伴行有日矣，會時將伏暑，遂不果，寄詩述懷》：「形勝三秦控塞垣，儒臣開府鎮雄繁。帝將節鉞儲良相，世仰文章稱狀元。千騎上頭雙纛肅，九州西面一關尊。立身豈但蓬山頂，要使勳高華嶽論。」「欲知來暮慰輿情，一幅煙嵐陟華行。禱岳心能通白帝，爲霖功早活蒼生。襄帷驛路春行部，安堵人家曉過兵。聞說政餘仍嘯詠，又將彩筆賦華清。」「一從初服返茅齋，屢接郵箋老眼揩。出處豈關天下望，寒暄偏累故人懷。春風渭樹人千里，秋露秦葭水一涯。不是雲霄能念舊，誰從林下問芒鞋？」「驅車已擬赴臨潼，半爲尋詩半訪公。召伯化從分陝見，賈生文愛過秦工。身非熱客愁沖暑，時正炎官欲逞雄。我本苦吟驢背者，來須風雪瀟橋中。」（《甌北集》卷二五）

疽發於背，延醫以刀割治，痛入骨髓。至秋初始能扶杖出行，家居無事，對佛教之禁欲再作質疑。

《病起》：「病榻呻吟久不眠，剝膚痛定喜新瘥。漸離藥餌停爐火，尚斷葷腥省杖錢。與世無禆原長物，自今不死總餘年。緣知百甕黃虀菜，尚有吾生未了緣。」（《甌北集》卷二五）

《野望》：「瘦削多時減帶圍，支筇今日出柴扉。早收人喜篘新釀，乍冷天催贖敝衣。節物關心秋色老，江湖屏蹟故交稀。試拈詩筆猶彊在，醉墨塗鴉又一揮。」（《甌北集》卷二五）

《書所見》之二曰：「世儒好闢佛，多欲窮其精。我但言其麤，了然自易明。其教嚴戒殺，物命固長成。卻絕男女欲，不許人類生。將使大千界，人滅物滿盈。此豈造化理，流毒逾秦坑。試起廣長舌，將以何說爭？」（《甌北集》卷二五）

另寫有《疽發於背，醫來以刀割治，作詩志痛》（《甌北集》卷二五）詩。王述菴昶於平定金川後回京，擢廷尉，乞假歸葬。至秋，事畢還朝，經常州，恰袁子才亦至。由甌北設宴款待，並邀集蓉龕、緘齋、魯斯諸人作陪。

《王述菴從軍滇蜀閩七八年，凱旋後超擢廷尉。茲乞假歸葬，事畢還朝，道經毗陵，停舟話舊，賦贈》：「烏撒匆匆握別邅，何期相晤在江郊。十年京國詩文契，萬里邊塵患難交。曳履喜公遷棘寺，息機笑我老書巢。停舟不盡離懷訴，坐到斜陽掛樹梢。」「滇疆蜀徼佐軍籌，奏凱歸來進秩優。蟣虱久知生介冑，貂蟬眞見出兜鍪。焚黃詔特榮先壟，飛白書應起賜樓。卻憶吾家老元叔，與公曾共赴星郵。」「陸隨絳灌本殊科，誰似先生兩不磨。文苑才偏臨陣勇，戰場歸又著書多。放翁詩滿成都市，劉秩身當曳落河。如此儒冠才不負，眼看青史入編摩。」「主盟壇坫集吟朋，只手輪扶大雅升。劉翼罵人人不恨，孟嘗問客客何能。群情爭赴如流水，古學相推有續燈。愧我名場久疎隔，順風呼讓最高層。」（《甌北集》卷二五）

《述菴到常，適袁子才亦至，遂並招蓉龕、緘齋、魯斯讌集寓齋，即事》：「邂逅名流集，朋簪此會奇。我當師北面，客似宴南皮。扶醉花頭下，聯吟燭跋時。聽談軍府罷，騷墨又張旗。」「舊雨兼今雨，南轅又北轅。升沈兩歧路，會合一清尊。明日征帆影，相思醉墨痕。荒村獨歸處，誰送我柴門？」（《甌北集》卷二五）

另寫有《寓齋桂四株，余到日正放花，留連旬日，得詩七首》、《與客談黔中牟珠洞之勝，補記以詩》（《甌北集》卷二五）二詩，亦在此時。

【按】阮元《誥授光祿大夫刑部右侍郎王公昶神道碑》記王昶事曰：「公在軍中前後九年，每有所攻克，輒議敍，凡加軍功十三級，記錄八次。凱旋之日，以戎服行禮，賜宴紫光閣。賞賚優渥。奉旨：『王昶久在軍營，著有勞績，升鴻臚寺卿，賞戴花翎，在軍機處行走。』秋，擢通政司副使。四十二年三月，擢大理寺卿。四十四年，乞歸改葬光祿公暨嫡母陸太夫人，依遷葬禮服緦。秋，赴京。冬，授都察院左副都御使。」（《碑

傳集》卷三七）甌北詩所敘，即此時事。

蓉龕，即蔣和寧，見本譜乾隆四十年考述。

緘齋，趙繩男，亦見本譜乾隆四十年考述。

魯斯，即錢伯坰（1738～1812），「字魯思，又作魯斯，號漁陂、樵陂。所居近僕射山，因自號僕射山樵。陽湖人。枝起孫，勳著子。乾隆時國子生。以善畫名於世。能詩，工書，書宗李邕。曾游學京師，從桐城劉大魁受古文義法，並傳師說於其鄉惲敬、張惠言，遂有陽湖派古文之目。乾隆五十九年（1794）至武昌入畢沅幕」（《江蘇藝文志・常州卷》）。著有《僕射山房集》。

牟珠洞，《貴州通志》卷五《地理》謂：「牟珠洞，在城東二十里大道旁，俗名母豬洞，明太史丘禾實易名憑虛，本朝鎮遠知府陳受湅復易名牟珠，又山左有雷鳴洞。」明丘禾實《遊憑虛洞記》謂：「余既改鳳凰哨路於山之麓，因由麓得所謂母豬洞者，洞高數十仞，玲瓏層復，宛然樓居。洞左有水自半山東下，勢如建瓴，前與洞水合流，去為澗，覓水所自來，不可得。」（《貴州通志》卷四〇《藝文》）可資參看。清越珊《遊憑虛洞》詩謂：「一龕藏古洞，陟礙探其幽。雲氣忽然合，天風吹不休。險逾累黍力，幻失五丁謀。攬勝茲方始，已居最上籌。」（《貴州通志》卷四五《藝文》）查慎行《母豬洞觀瀑》詩曰：「蠻中六月交，山路苦焚熱。臥聞夜雨來，快起尋乳穴。入洞微有聲，足底響嗚咽。出山忽震怒，閃睒不容掣。岩前彙奔流，人駭馬辟易。來如曳組練，一線注飛白。跌為淵潭深，湛湛落澄碧。石牙互參錯，吞吐霹靂舌。直從灣澴底，跳沫騰百尺。慘慘天變容，凜凜風作雪。岡頭杜宇叫，萬竹劃然裂。將歸得奇觀，頓解肺肝渴。」（《敬業堂詩集》卷四）趙翼《簷曝雜記》卷三《鎮安水土》謂：「後余在貴州，探牟珠洞，秉炬入三里許，忽聞江濤洶湧聲，以炬照，不知其涯涘，益可見水之行山腹中者，如長江、大河，非臆說也。牟珠洞之水終歲在黑暗中，無天日光，水中生魚遂無目，尤見造化之奇。」

同年儲玉函秘書罷官歸里，由宜興來居常州，與甌北寓舍相對，時相過從論文，相得甚歡。

《同年儲玉函罷官歸，僑居郡城，與余寓舍相對，晨夕過從，賦贈》：「長安屢忝日從遊，故里相逢已白頭。官本清貧歸益窘，少猶恬退老何求。民因

拔薤懷廉吏，身學鋤瓜比故侯。尚有名流風味在，未妨得失付浮漚。」「望衡
對宇兩閒身，贏得論文共夕晨。我輩賞心惟此事，故人聚首也前因。江湖且
樂無懷世，富貴須歸有福人。一卷新詩數杯酒，清緣亦頗勝紅塵。」（《甌北
集》卷二五）

【按】儲玉函，見本譜乾隆十九年考述。

門生江淑齋琅赴京補官，前來探望，時隔十七年，幾難辨識。

《喜晤門人江淑齋郎中，即送赴補》：「一別俄驚十七年，門生須鬢也蒼
然。倘非名紙幾難識，猶記程文妙可傳。橐筆行邊烏府座，吹笙重話鹿鳴筵。
不須苦把荒莊說，我尚江村有薄田。」「依然風味帶酸寒，粉署清聲脫粟餐。
帖括尚勤兒輩課，苞苴久絕選人千。能留書味原尋樂，不領人情好做官。看
取虛懷聆受處，早知樹立稱儒冠。」（《甌北集》卷二五）

【按】江淑齋，係甌北壬午（1762）鄉闈所取士，癸未（1763）進士，又
出祝德麟之門，後出任福建福寧守。清祝德麟《送門人江淑齋琅出守福
寧三首》謂：「熊軾翩然作吏行，專城依舊一書生。兒寬治行惟經術，石
奮終身在篤誠。華省玉堂他日夢，山郵水驛去時情。江郎峰好青於黛，
似有前緣傍馬迎。」「殿最官場近若何，不言奔走即催科。梯田刀火農難
足，海窟萑苻盜易多。牛犢豈宜身佩帶，瘡痍終待手摩挲。我家浙水鄰
閩郡，要聽他年五袴歌。」「香奉南豐一瓣齊，敢誇桃李下成蹊。淑齋鄉試
即出余房師趙甌北先生之門。衰遲報國期公輩，薄劣衡文記馬蹄。故國逢迎眉
共展，淑齋家吳下。離筵惆悵手分攜。此行一路登臨處，好為殷勤覓舊題。」
（《悅親樓詩集》卷一一）《（同治）蘇州府志》卷九〇謂：「江瑤，字凌
滄，休寧籍，官湖南乾州巡檢。乾隆六十年正月苗變，與妻沈氏、妾某
氏、子朝棟同遇害。媳陳氏為賊所得，不屈自刎死。同時有施錦，官貴
州銅仁府平頭司吏目，亦於太平場死苗難，並崇祀昭忠祠。予雲騎尉世
職。瑤從兄琅，乾隆辛卯進士，庶吉士，改兵部主事，遷郎中，出知福
建福寧府。居官廉介，丁母憂，貧不能歸，卒於閩。」

涼宵夜坐，攻讀史書，以己久居林下，謀生計拙，時遭妻、兒埋怨。

《再贈子才》略謂：「世儒目論多拘牽，每薄今人慕古賢。庸知不朽有真
價，何論已往與目前。」（《甌北集》卷二五）《閱史戲作》：「閒翻青史坐涼宵，
頃刻興衰閱幾朝。寸燭未殘千載過，先生笑比爛柯樵。」「名入青編事已賒，
入來仍墮海無涯。掩書兀坐還私問，可算恒河裏一沙？」（《甌北集》卷二五）

《閒居無事，取子才、心餘、述菴、晴沙、白華、玉函、璞函諸君詩手自評閱，輒成八首》之四：「新知舊識總吟朋，老眼臨文肯世情？心賞不關交厚薄，此中我自最分明。」之六：「姊妹新妝共倚欄，孰宜施粉孰宜丹。背人卻向菱花照，還把看人眼自看。」之七：「少時學語苦難圓，只道工夫半未全。到老始知非力取，三分人事七分天。」（《甌北集》卷二五）

【按】顧光旭有《耘菘再枉草堂，惠龍井茶，見示閒居校閱拙稿及子才、心餘、述菴、白華、玉函、璞函詩集八絕句，仍用前韻二首奉酬》二首，見本譜本年引述。

數月內，頻送故舊赴京補官，亦評閱友朋詩作，頗有感觸。

《數月內頻送南雷、述菴、淑齋諸人赴京補官，戲作》：「柳條折盡送人行，都謂承明上玉京。老寡頻看鄰女嫁，白頭重憶舊風情。」「袍笏登場也等閒，惹他動色到柴關。妻兒翻不如猿鶴，啼怨山人不出山。同學都看入宦途，誰從林下譜康衢？野夫歌詠昇平處，或亦清時不可無。」（《甌北集》卷二五）

乘舟往蘇州，與門生祝德麟邂逅，商談「出處」，並遊覽獅子林、玄妙觀諸名勝。

《蘇州喜晤祝芷堂》：「相逢何意在吳船，樽酒論文喜欲顛。詩有替人身可老，世多名士集誰傳？尚煩手校侯芭字，漫說莊荒陸氏田。十四五年才得見，故應一面也論緣。」「登第青春一榜無，鬖鬖今亦有髭鬚。看君名比韓門峻，催我身爲魯殿孤。懷袖字難三歲滅，著書人已十分臒。多煩懇款停舟話，翦燭還商出處途。」（《甌北集》卷二五）

《同蓉溪、芷堂遊獅子林題壁，兼寄園主同年黃雲衢侍御》（《甌北集》卷二五），亦寫於此時。

【按】祝德麟，見本譜乾隆二十八年之考述。關於這次蘇州晤面，祝德麟寫有《薄遊吳門邂逅甌北先生於胥江舟次遂陪遊元妙觀獅子林諸勝二首》，謂：「鴻爪乖離十四年，歸心宦蹟兩茫然。但披大筆元亭字，如對春風絳帳前。海國閉門雲滿屋，漁莊覓句月澄川。豈期交臂平江路，天爲人留頃刻緣。」「我老公將白髮毿，關心詩法要深談。路經指點迷方悟，興到追陪夢亦甘。十笏獅林尋錫杖，林爲元僧維則所構倪瓚作圖。三層鶴觀訪琅函。如何七載陽湖畔，竟未相從舁筍籃。」（《悅親樓詩集》卷一〇）

黃雲衢，即爲甌北同年黃騰達。《國朝御史題名》：「（乾隆四十二年）黃騰達，字雲衢，號斗槎，安徽休寧縣人。乾隆辛巳進士，由工部員外

郎考選陜西道御史，轉掌京畿道，轉禮科給事中。」《清秘述聞》卷七：

「貴州考官御史黃騰達，字雲駒，江南休寧人，辛巳進士。」

九月，應榷使寅和齋之約，乘舟過淮，且與王惺園杰、陳蘭江鳳舉邂逅，並觀看戲劇演出。

《榷使寅和齋枉招過淮賦贈》：「恩光出入日華東，蕩節頻移畫戟紅。湖海襟期千里應，河淮筦鑰一關雄。愛論交每朋簪集，善理財惟估舶通。招到野夫來座上，此情早見古人風。」（《甌北集》卷二五）

《同年王惺園少宰典浙試，事竣還朝，相遇淮上話舊，別後卻寄》：「主知特達冠朝簪，關陜巍科繼德涵。香案身依天咫尺，雅輪手挽運東南。千秋遭際真無兩，一等文章肯第三？莫怪經過不相迂，年來怕遇貴人談。」「一尊話舊月黃昏，雅愛叨將出處論。鈍少駿蹄追令僕，老思牛具課兒孫。山林鍾鼎原天性，廊廟江湖總國恩。曳履星辰有公等，何妨閒客釣江村。」（《甌北集》卷二五）

《晤陳蘭江同年賦贈》：「唱罷臚聲散似煙，何期客裏蹟重聯。對床此地同眠夕，一榜當時最少年。試手曾流車轍雨，殘牙重話餅綾筵。見君不敢誇高蹈，君更歸田在我先。」「過江書劍壯遊新，倒屣爭迎首路塵。議論盡傾登座客，英雄故在捉刀人。架無陳帙胸偏富，囊有新詩氣不貧。卻恨相從何太晚，定交記取古淮濱。」附和作曰：「春明回首隔風煙，縹緲仙班玉筍聯。自落苔岑分廿載，羞將蘭譜說當年。蓬山路迥雲霄侶，萍水情深翰墨筵。卻笑邯鄲重學步，吟鞭早自讓君先。」「晨光日暖晚霞新，客舍追從履舄塵。誼重雞壇應我輩，望隆鶯搋更何人。文章老去知無敵，宦達歸來好在貧。只恐禪帷催命駕，未容高蹈釣江濱。」（《甌北集》卷二五）

此時尚寫有《淮遊》、《觀劇即事》（《甌北集》卷二五）諸詩。

【按】寅和齋，清沈初《寅和齋尚衣署中觀夜射口占》詩曰：「射垛入夜照紅燈，更拓琱弓各奏能。雲敞重帷光似畫，彩生圓的皎於冰。鼓聲稠疊催三箭，燭影分明判幾層。射的分五層，以較中者優絀。角藝自慚空袖手，摩抄醉眼看飛騰。」（《蘭韻堂詩文集》詩集卷七《西泠集》）《寅和齋鹺使招同朱子穎都轉、謝蘊山太守遊，康山主人江鶴亭索詩，漫成絕句四首》詩又謂：「高興眉公一起予，名園駐響度紆徐。振衣直上康山頂，十里揚州畫不如。都轉示余揚州全圖，及登山四望，遠近歷歷在眼，更覺了然。」「風流故事說當年，地志新收御府編。康山載入《欽定古今圖書集成》，主人書列堂楣。

試聽松濤聲入細，爲曾吹上琵入聲琵弦。」「幾層瘦石間疏櫺，點綴秋英勝畫屛。怪底主人清似鶴，日看雙鶴對梳翎。」「射堂歌席憶相娛，深夜留賓買玉壺。今夕燈光人影裏，重教舊夢落西湖。_{按使昔在杭州，余時得過從。其尙衣署中買春室，余所題也。}」（《蘭韻堂詩文集》詩集卷八《容臺集》）。據此，知寅和齋曾任杭州織造、兩淮鹺使等職，與朱子穎孝純、沈椒山初、謝蘊山啓昆等均有交往。事又見《揚州畫舫錄》卷一，作「寅著」。《清人別集總目》第三冊第 2141 頁有寅保，乾隆十三年進士，曾官杭州織造，有《秀鍾堂詩鈔》，未知是此人否？

王惺園，王杰（1725～1805），字偉人，號惺園，陝西韓城人。八歲能書大字，十八入學，從李顒二曲私淑弟子武功孫景烈酉峰遊，聞關、閩之學。尹繼善總制兩江，聘入幕，司書記。尹內召，薦之江蘇巡撫陳宏謀，聞性命躬行之說，益自信。乾隆二十五年舉於鄉。二十六年，成進士，爲乾隆帝擢爲第一。二十七年，充湖南鄉試副考官。三十二年，授侍讀。未幾，擢侍講學士，遷少詹事，直南書房，晉內閣學士，典江西鄉試，督學浙江。授刑部右侍郎。署禮部尙書，充四庫、三通、國史館副總裁。後擢兵部尙書，拜東閣大學士。總理禮部，充會試正考官。「其少壯，備嘗辛苦，三十七成名，洊歷魁臺四十年，受兩朝知遇，始終無間。持文柄者十二次，人不敢干以私」。事見朱珪《東閣大學士文端王公杰墓誌銘》、姚鼐《光祿大夫東閣大學士王文端公神道碑文》（《碑傳集》卷二八）。

陳蘭江，陳鳳舉。《兩浙輶軒續錄》卷八謂：「陳鳳舉，字翼九，錢塘人。乾隆辛巳進士，官陝西寶雞知縣，改金華教授。」蘭江，當是其號。甌北與其同爲乾隆辛巳科進士，故詩稱其爲同年。且所載履歷亦同。《兩浙輶軒錄》卷三二收有章承茂（字佩九，仁和人）《病夜書懷寄陳進士翼九》詩一首，詩題下小注曰：「名鳳舉，錢塘人。」詩謂：「遣愁時復醉春缸，蓬梗生涯滯皖江。幾杵晚鐘雲外寺，一梳涼月樹邊窗。科名本借文章重，貧病能教意氣降。喜爾祖生鞭早著，龍文曾記筆同扛。」祝德麟《二里關出棧二首》之二曰：「歷歷陳倉路，前頭隴蜀分。道岐通渭水，燒棧失秦雲。豁目殘山斷，關心旅雁聞。幸逢同歲友，窮燭話離群。_{謂寶雞令陳鳳舉。}」（《悅親樓詩集》卷六）《清代人物生卒年表》亦載有陳鳳舉（1715～1783），字彩宸，一字翔亭，福建福安人，當是另

一人。

服闋，欲赴京補官。先卜葬其母，以時日不利，暫厝馬蹟山之新塋。

乾隆四十五年庚子（1780） 五十四歲

【時事】 二月，海寧劾李侍堯貪婪狀，帝派員往查。《清史稿》卷三二三《李侍堯傳》記載，「四十五年，雲南糧儲道海寧訴侍堯貪縱營私狀，命尙書和珅、侍郎喀寧阿按治。侍堯自承得道府以下餽賂，不諱。上震怒，諭曰：『侍堯身爲大學士，歷任總督，負恩婪索，朕夢想所不到！』奪官，逮詣京師。和珅等奏擬斬監候，奪爵以授其弟奉堯。又下大學士九卿議，改斬決，上心欲寬之，復下各直省督撫議。各督撫多請照初議定罪，獨江蘇巡撫閔鶚元迎上意，奏：『侍堯歷任封疆，幹力有爲。請用議勤議能之例，寬其一線。』上乃下詔，謂：『罪疑惟輕，朕不爲已甚。』改斬監候。」三月，調李湖爲廣東巡撫，劉墉爲湖南巡撫。以京察屆期，予阿桂等議敍，左都御史崔應階等原品休致。李侍堯褫職逮問。孫士毅褫職，發伊犁效力。以福康安爲雲貴總督，索諾木策凌爲盛京將軍。命英廉爲東閣大學士，和珅爲戶部尙書。據稱，李侍堯素性傲戾，不講情理，稍有不從，禍患立至，有屬員進見，應對略有錯誤，必痛加呵斥。孫士毅受處分褫職，就因其與侍堯同在雲南省城任職，卻不據實劾奏。四月，山東壽光人魏墊以著書悖妄，處斬。壽光民魏墊因唆使高升誣控妻兄蘇二禿，並代作呈詞。縣官審知，乃派員往魏家搜查，查出應禁之《澹園續集》及所批江統《徙戎論》，批語曰：「思意深長，處分周密，文章、經濟兼而有之，獨奈晉惠既不能用，一時在朝諸臣俱是駑才豬眼，亦無有看到百年之後起而贊成之者，遂釀成五胡之災，悲夫！雖然，天下不如意事十常八九，蓋亦有天命存焉，且惟豪傑之士所見方同，在朝之臣無贊成之者，江統之外無豪傑也。然豈獨晉朝五部而已哉，今之回教又其後緒矣。」（《清代文字獄檔》下冊）乾隆帝令改爲斬決。五月，本年恩科會試，江南儀徵江德量、蒙古法式善、蘇州昭文吳蔚光、常州武進莊述祖、長沙湘鄉謝振定、太倉寶山李保泰等一百五十餘人進士及第，出身有差。本月，安徽巡撫閔鶚元奏查辦《碧落後人詩》及《約亭遺詩》案。稱安徽和州人戴孝移所作《碧落後人詩集》，「內悖逆狂吠之處甚多」。戴昆作《約亭遺詩》內，如「長明寧易得」、「短髮支長恨」、「且去從人卜太平」，亦屬狂悖。二人均係順、康間人，早已物故，然其人戴世道，竟敢於乾隆九年

為之刊刻，且做過道員的太湖人魯之裕為之作序，更屬悖妄，故奏請確查嚴辦。乾隆帝諭曰：「前據閔鶚元奏查有和州逆犯戴移孝及伊子戴昆所著《碧落後人詩》、《約亭遺詩》二本，閱其書內悖逆之處甚多，殊屬可惡，已將二書銷毀矣，其作序之魯之裕身任道員，敢為逆犯作序，使其人尚存，必當重治其罪，今已身故，姑免深究。但此書刊刻多年，留存斷不止二本。現據戴昆之孫戴世道供稱，《約亭遺詩》係乾隆十年在湖廣刻印，恐楚省尚有收藏之家，著傳諭閔鶚元、富勒渾等飭屬嚴查，如有此書板片及抄本、刻本即行解京銷毀。其餘別省亦恐有流傳之處，並著各該督撫等實力查繳，俾狂吠詩詞搜毀淨盡，以正風俗而厚人心。倘有片紙隻字存留，將來別經查出，惟該督撫等是問。」（《清代文字獄檔》下冊）至七月，案結，已故之戴孝移、戴昆，戮屍示眾，戴世道著即處斬。其緣坐之戴用霖、戴世德、戴世法，改為應斬監候，秋後處決。時，石卓槐《芥圃詩鈔》案又發。湖北黃梅監生石卓槐（即石廷三），著有《芥圃詩鈔》，內有「大道日以沒，誰與相維持」、「廝養功名何足異，衣冠都作金銀氣」等語，且有廟諱、御名未知恭避之處，為宿松縣監生徐光濟告發。書內署沈德潛為之作序，蔣業晉等七十人列名參訂。據湖廣總督富勒渾等審訊得知：「石卓槐讀書未能上進，齷齪作詩。乾隆三十二年黃梅縣堤工潰決，石卓槐之伯石待價承充堤長，令石卓槐赴堤照料，因與督修堤工之縣丞蘇珽熟識，常至其署。時漢陽縣知縣候補同知蔣業晉來楚試用，委赴查工，在蘇珽署內見有石卓槐所著《憶梅行》古詩一首，指摘其瑕欲為刪節。蘇珽向石卓槐告知，並稱蔣業晉素遊沈德潛門下。適蔣業晉攜有《駐馬看雲圖》，內有沈德潛題句，為蘇珽借觀並被石卓槐窺見，亦欲附名題詠，遂赴蔣業晉寓所拜會，稱欲投拜為師。蔣業晉僅以好言獎許並未允從，其所擬詩句，值蔣業晉攜圖回省，未經寫入。石卓槐復畫蘭花一幅題詩欲寄，乏便而止。至三十八年，黃梅縣知縣曹麟開抵任。縣城向有梅英書院，三十九年五月，曹麟開延請涇縣舉人趙帥為院長。石卓槐有侄石章駒在院肄業，因與趙帥往來，曹麟開赴院遂與石卓槐接見。時曹麟開繪有《楚江攬勝圖》並有題黃鶴樓詩四首粘貼院壁，石卓槐於接見時極口讚揚，曹麟開亦以好言酬答。石卓槐自詡見知，值趙帥在院課試，即以《楚江攬勝圖》命題，石卓槐遂私擬題畫一首並和黃鶴樓詩。復從趙帥處見有曹麟開所畫《水西探梅圖》，亦為題詠，欲同趙帥轉達曹麟開。值趙帥聞母病危倉猝回籍，未經送閱，現皆刊入《詩鈔》，此外並無另有唱酬之事。」（《清代文字獄檔》下冊）儘管蔣業晉、曹麟開「無見過全詩及轉求作序、手為刪訂情事，但蔣業晉

安徽姚鼐卸揚州講席還里。

旗籍朱孝純此際卸揚州職北還。

江都焦循肄業安定書院。

三月，蔣士銓病體得愈。是夏，京察列一等引見。(《清容居士行年錄》)

春，顧光旭於東林書院開館畢，道經鎮江、揚州，往淮浦，迎乾隆帝聖駕南巡。(《響泉年譜》)

三月二十七日，乾隆帝南巡，回鑾至江寧，召試鍾山書院，趙懷玉與試，未幾得授內閣中書。作有《三月二十七日聖駕駐蹕江寧，召試鍾山書院，越日，恩授內閣中書，恭紀三首》一詩。(《亦有生齋集》詩卷七)

春初，洪亮吉仲弟患咯血疾甚重，遂質衣具資，遣人送歸。以無衣不走出門，託疾斷慶弔、絕過從者凡兩月。八月，應順天鄉試，出闈，即為四川查按察禮聘掌書記，入蜀，歲修四百金。未及行，鄉試揭曉。舉人及第，仍留京校書。本年，著《三國疆域志》二卷及詩歌多首。(《洪北江先生年譜》)

金兆燕在國子博士任，兼四庫館繕書處分校官，分任校對之事。(陸萼庭《金兆燕年表》，《清代戲曲家叢考》)

【本事】二月，甌北乘舟過淮，前往順河集恭迎乾隆帝聖駕第五次南巡。

《舊譜》：「先生年五十四。恭逢皇上南巡，乃渡河迎駕於宿遷。」

《迎鑾曲》：「雞犬桑麻景物昌，共期睿賞攬年芳。誰知別有關情處，半為河防半海防。」「詔書頻下所經過，不許沿途粉飾多。本色文章宸賞在，春花能笑鳥能歌。」「渡江波暖峭帆開，二月風光取次催。鄧尉梅枝寒勒住，萬花留待翠華來。」(《甌北集》卷二六)

另有《丹陽道中》(《甌北集》卷二六)詩。

【按】乾隆帝正月十二日自京師起駕南巡。至宿遷，當在二月中、下旬。甌北詩「二月風光取次催」，可證。《丹陽道中》「官路新舒柳」，所寫亦是二月景色，可證之。

至宿遷順河集，天未明，即整冠肅容，恭候聖駕。

《順河集迎駕恭紀》：「拂露晨排駕，披星夜整冠。十年常望闕，千里此迎鑾。日景流暉照，天容帶笑看。康疆知帝壽，顏似舊時丹。」「憶昔樞曹日，曾隨豹尾行。揮毫氈帳夕，聯騎羽林營。身為循陔退，心猶報國誠。道旁瞻翠葆，凝睇一含情。」(《甌北集》卷二六)

【按】順河集，在江蘇宿遷縣東七里運河東岸，為往來孔道。《欽定大清

一統志》卷六九《徐州府》謂:「順河集,在宿遷縣東,中河東岸,南接仰化集,北達司吾鎮,爲往來之孔道。本朝設有行殿。乾隆二十七年、四十五年,翠華南巡,駐蹕於此,有《御製順河集行館疊韻詩》、《順河集行館詠盆梅再疊韻詩》。」

以漕帥鄂公延主淮陽書院講席,得留淮安,為同年程晴嵐沆所款待,與陳蘭江、龔東知邂逅,亦得與雲岩阿公桂相聚,各敘別情。

《漕帥鄂公延主淮陽講席賦呈》:「不曾瞻謁早心欽,歷歷封疆望最深。九折險經山削鐵,四知清到夜投金。高懷常與雲俱淡,短鬢還欣雪未侵。粵嶠鈴轅艱一拜,何期得侍在淮陰。」(《甌北集》卷二六)

《程晴嵐太史招飲荻莊即事》、《讀陸放翁詩題後》、《送別陳蘭江、龔東知》、《大學士雲巖阿公平金川後,治河豫省事畢,趨赴行在,道經淮城,相見話舊,敬呈三律》、《陳竹泉苗寨班春圖》、《又題采菊圖》、《寓齋即事》、《漂母祠和韻》、《貞女芮泰姑詩》(《甌北集》卷二六)諸詩,均寫於此時。

【按】《舊譜》未載其出任淮陽書院山長事,當遺漏。甌北自二月渡江來淮,直至五月初始離淮返鄉,若非出任此職,在淮無所事事,何能住三月之久?又,《甌北集》卷四六收有《接同年陳蘭江書,知其官金華教授,喜而有寄》一詩,謂:「淮館聯床兩月同,曾同客淮闈權使寅公幕。而今二十四春風」,亦敘此事。該詩寫於嘉慶九年(1804),上溯二十四年,恰值乾隆四十五年(1780)。又可佐證。很可能是任教於淮陽,時間短暫,故忽略不計。

鄂公,查《清史稿·疆臣年表》,自乾隆四十一年十月,署漕運總督阿思哈被免職後,直至四十八年二月,一直由鄂寶擔任漕運總督。另據《清史稿》卷三三二《鄂寶傳》,鄂寶歷任湖北、貴州、福建、廣西諸省巡撫,內遷刑部侍郎。金川用兵,又奉命軍餉之籌集、輸送,每有建樹。金川平定,軍功加一級。與甌北詩中所敘相符,漕帥鄂公,當爲鄂寶。

程晴嵐,即程沆,甌北同年。《揚州畫舫錄》卷一五謂:「程沆,字晴嵐,進士,官庶吉士。弟洵,字邵泉,官舍人。爲午橋侄孫,皆工詩文。」沆與阮葵生、吳省欽、畢沅有交,見《七錄齋詩鈔》卷四、卷九、卷一○,《白華前稿》卷三四,《靈岩山人詩集》卷二一。陳蘭江,見本譜乾隆四十四年考述。阿桂治河豫省事,見《清史稿》「本傳」,中曰:「(乾隆)四十四年,河決儀封、蘭陽,奉命往按。阿桂令開郭家莊引河,築

攔黃壩；又於下流王家莊，築順黃壩：蓄水勢，逼溜直入引河。四十五年三月，堤工蕆，還京。兼翰林院掌院學士。旋命勘浙江海塘，築魚鱗石塘、柴塘，及范公塘。」既言三月還京師，阿桂「趨行在，道經淮城」，也當在二月中下旬，或是爲迎聖駕南巡而至此，並上奏治河事宜。

陳竹泉，甌北《陳竹泉苗寨班春圖》詩題下注曰：「君嘗判黔之都江，所部多生苗地。」阮葵生《祭陳竹泉表弟文》曰：「嗚呼！長安一別，廿載浮沈；里門小聚，累月論心。自我不見，僅一彈指，胡天不弔，令斯人死。我與君家，累葉清芬，爰篤中表，載重婚姻。兩家兄弟，誼兼師友，過失相規，道義是守。四人同學，登甲乙科，中外分鑣，海內足多。東岩之逝，農星夜暗；紫坪之逝，儒林失範。惟爾我在，吾道不孤，矜式三黨，中流一壺。昨年吾兒，歸里葬母，寄書與君，丁未解組。林下二老，相約耦耕，勺湖之側，結社團盟。此言在耳，曾不數月，惡耗突來，悲不可絕。中夜開眼，回想生平，歷歷在目，淚與聲並。君之孝友，髫齡即露；君之義氣，逮於行路。君之文學，蜚聲揚光；君之才調，體圓用方。下相秉鐸，力整士習，茅化爲荃，璞雕成璧。分符黔省，屢更岩疆，披簑冒雪，猺塞提防。下考鄉評，上聞朝議，公論交推，是謂廉吏。君有哲弟，遠宦湘漓；君有令子，雅善文辭。猶子半刺，六館名著，皆以君在，無憂內顧。輦下淮士，凡幾十人，聞君之死，靡不含辛。嗚呼已矣，言之腹痛。髣髴風貌，頻來入夢。君少於我，殆後六年，夜臺何慕，而著先鞭。事難理推，痛豈言述。揮淚陳詞，不知所說。」（《七錄齋文鈔》卷九）阮葵生《送陳竹泉表弟之下邳廣文任》謂：「漫捲詩書聽棹歌，錦帆東下指黃河。馬陵翠罨官簾靜，槐舍陰森講席羅。紅葉西風秋興早，綠波南浦賦心多。送君祗益登樓感，歸夢頻年繞薜蘿。」「五載平牽故國思，東華塵染素衣緇。宦情薄似秋蟬翼，鄉緒紛於雪繭絲。離別最憐關骨肉，行藏如此各鬚眉。勉旃經術傳家法，知有春風被廣帷。」（《七錄齋詩鈔》卷一〇）

芮泰姑，甌北《貞女芮泰姑詩》詩題下注曰：「當塗人，未嫁而夫楊之嘉死，矢節爲其夫養親立孤。」

淮陰書院，據《欽定大清一統志》，在淮安府城西南，乾隆六年建。

荻莊，德保《荻莊詩》有序曰：「程瀧亭太史，予癸未所取士也。館選後引疾歸里，杜門課子弟，有別墅曰荻莊，板橋水榭，綠竹繁花，具

有逸致，太史偃息其間，弟兄唱和，題詠滿壁。丁酉夏，邀予遊賞，作竟日之歡，漫成二律。」（《樂賢堂詩鈔》卷下）祝德麟有《過淮同年程鏊亭沆招飲柳依園一名荻莊，留連竟日，即席奉贈十韻》（《悅親樓詩集》卷二）詩，可知荻莊為程沆所營別業，又名柳依園。

三月末，為趙億生懷玉獻賦行在得官中書舍人而志賀。

《億生獻賦行在，召試入等，得官中書舍人，詩以寄賀》：「得官不待試槐黃，新樣泥金報喜忙。賦草迴呈黃幄殿，詔書榮拜紫薇郎。西垣禁地初翔步，南國詞壇久擅場。蟻垤鑾坡看發軔，尚書貽後澤原長。」「翻階紅藥記前因，年久難尋舊履塵。有汝一家添後輩，愧余廿載似陳人。官登瑣闥班原貴，地與瀛洲路最親。他日五雲臚唱處，家聲蓬頂又傳薪。」（《甌北集》卷二六）

此時尚寫有《在淮無事，搜得軼事二則，各繫以詩》、《寓齋》（《甌北集》卷二六）諸詩。

四月末，告別程晴嵐沆，欲返鄉。

《和晴嵐贈別原韻》：「聯袂曾趨朵殿東，各收宦蹟到山中。才名敢便輕餘子，家事毋煩溷乃公。坐擁一庭花富貴，步隨幾隊蝶雌雄。兩人都是閒鷗侶，翻怪平時信不通。」「感慨非關別玉墀，相看各已鬢成絲。乞誰少許丹砂劑，還我當初黑髮時。十七史從何處說，百千家剩幾篇詩？立言已是儒生末，況少曹碑幼婦詞。」「十載分飛履舄塵，偶然聚首也良因。我慚湖海稱豪士，君有園林作主人。辛苦子雲期後世，高閒摩詰認前身。臨分那禁離懷惡，一帶淮堤柳正新。」（《甌北集》卷二六）

【按】本詩後附程沆原作曰：「清時文望著江東，早有才名入禁中。長慶文章推巨手，建安風骨冠群公。人從絕徼干戈健，詩向蠻鄉瘴癘雄。要識先生隨境變，華嚴法界本圓通。」「珥筆曾經侍玉墀，歲星今已鬢如絲。孝先腹笥非前度，弘景頭顱卻後時。當寧委心詢近狀，上時詢公於左右。重臣撫掌誦新詩。大學士阿公相見，即誦君詩。昔年海日江春句，政事堂中絕妙詞。」「瑤島追思步後塵，雲分萍合信前因。百年共惜無多日，四海相望有幾人？李漢序文餘舊淚，孫樵編集趁閒身。何當握手旋分手，添入離愁一番新。」（《甌北集》卷二六）

由「當寧委心詢近狀，重臣撫掌誦新詩」諸句來看，同年程沆對甌北仕途發展充滿期待。而甌北稱「立言已是儒生末，況少曹碑幼婦詞」，說明其思想已悄然發生變化，由樂意於「田家擊壤歌」、「與熙朝寫太平」

到視「立言」爲末節，功名之念隱然流溢於筆下，不待言而自明。

乘舟回返，經高郵，至揚州，渡江來京口，泊舟稍憩，五月初抵家。

《到家》：「榆柳湖干社，俄驚五月初。去才飛燕子，歸幸及鱸魚。病婦能謀酒，嬌兒競挽裾。人生生處樂，何事別鄉閭？」（《甌北集》卷二六）

《偶筆》：「阻風中酒幾江程，卸卻征衫節物更。久客乍歸家犬吠，故人招飲樹雞烹。溪流橋下初添漲，時鳥林間已變聲。老愛投閒無遠志，鄉園風味倍關情。」（《甌北集》卷二六）

此時尚寫有《舟行》、《高郵道中即目》、《渡江》、《晚泊京口》、《閒步村落》（《甌北集》卷二六）諸詩。

【按】甌北於《偶筆》中稱，「久客乍歸家犬吠，故人招飲樹雞烹」，就說明他自二月離家（《迎鑾曲》「二月風光取次催」），直至「五月初」（《到家》）始歸來，其間並未回鄉。否則，何以稱得上「久客」？

嵇蘭谷承豫以事來常，故交相見，從軍滇南時，相遇於點蒼山下，談論竟夕之往事宛然在目。

《喜晤嵇蘭谷賦贈》：「故人何幸一尊同，良會眞非意計中。家世相門還有相，鄉閭公事所言公。趙庭共羨斑衣彩，迎筆新題御筆紅。看爾少年今亦老，阿兄那得不成翁。」「記得班荊在點蒼，軍郵千仞正輸將。半空有路聞雞犬，六月如冬下雪霜。往事俄成泥爪幻，均徭猶頌口碑長。可應髀肉潛生後，重話生平舊戰場。」（《甌北集》卷二六）

【按】本詩「記得班荊在點蒼」後注曰：「君官滇時，辦軍郵點蒼山下，余從軍過之，談竟夕」，「均徭猶頌口碑長」後注曰：「君辦軍需獨以恤民稱」，「重話生平舊戰場」後注曰：「『半空』一聯，乃自淮歸途次無意中所得。憶生平所歷，惟點蒼山有此景，擬足成之，補入《滇南》卷中。適抵郡城而蘭谷至，則昔從軍滇南時，相遇點蒼山下班荊道故光景，宛然在目也。遂補綴成篇奉贈，覺此事亦有宿緣矣。」嵇蘭谷，或爲嵇承豫。《（乾隆四十二年秋）縉紳全書》謂：「知州加一級嵇承豫蘭谷，江蘇無錫人。貢生，四十一年二月補。」又據錢大昕《光祿大夫經筵講官太子太保刑部尚書秦文恭公墓誌銘》所言，「女二人，長適雲南劍川州知州嵇承豫。」（《潛研堂集》文集卷四二）知承豫爲秦蕙田婿，曾任雲南劍川州知州。嵇蘭谷與張雲璈、趙文哲有交，見《簡松草堂詩文集》詩集卷一、卷三，《婳嶼集》卷九。張雲璈《題嵇蘭谷桐柳小影》詩謂：「蕭閒

庭院好風侵，知有先生樹底吟。多種梧桐少種柳，桐陰深比柳陰深。」(《簡松草堂詩文集》詩集卷一)《嵇蘭谷刺史》詩曰：「路入滇池隔遠天，傳聞絕域動烽煙。一官蹟滯蠻鄉外，八口魂驚戰壘邊。石寶山高雲漠漠，金沙江冷水濺濺。鞾刀我亦雄心起，便擬從軍事少年。」(《簡松草堂詩文集》詩集卷三)

畢秋帆沅奉諱歸里，甌北前往吳門拜訪。夏谷香秉衡觀察出梨園讌客，演《竇娥‧法場》，滿座無不下淚者。

《吳門雜詩》：「握手依然舊雨親，十年京國對床人。雲泥不但公忘分，我亦忘呼老大臣。」「形容老盡舊交遊，獨有先生鬢不秋。白髮誰言最公道，逡巡也避貴人頭。」「幽棲風味愛清歡，頗笑胭脂畫牡丹。到得東山絲竹地，始知平日秀才寒。」「金纓鬱李映清波，一疋紅綾一曲歌。誰念青裙張好好，冷如退院老頭陀。」「看盡煙花細品評，始知佳麗也虛名。從今不作繁華夢，消領茶煙一縷清。」「占得風流向客誇，賈胡留滯漫思家。前身原是莊周蝶，莫怪三生慣宿花。」「尋常一樣野花嬌，才到山塘價便高。我昨三家村畔過，可憐豔煞一枝桃。」「六月飛霜怨不磨，看場人盡淚痕多。誰知南部煙花地，也唱山陽竇孝娥。」(《甌北集》卷二六)

《橫塘曲》：「畫就蛾眉上酒船，酒船泊傍綠秧田。田間耕婦船中女，相對橫塘古渡邊。倚舷人映晴波漾，歌扇裁紈衫製縠。虬髯大賈催纏頭，鈿合成雙錦盈束。田婦從旁黯自傷，可憐赤腳踏泥漿。朝行秧馬宵呼犢，不抵清歌侑一觴。有客清吟落花片，勸渠且勿心生羨。田家荊布首如蓬，形容雖愧紅妝面。紅妝伴客酒杯前，此景也羞田婦見。但免身為濁水泥，省被人呼倚門賤。聽我橫塘一曲歌，田家本質亦修蛾。若甘賣笑將人媚，未必輸他所獲多。」(《甌北集》卷二六)

【按】據《清史稿‧疆臣年表》，乾隆四十四年十二月丁卯，畢沅以丁母憂卸陝西巡撫任，由劉秉恬署。四十五年四月，劉秉恬遷，由楊魁任陝西巡撫。未幾，則由雅德代。可知，畢母張藻歿於四十四年十二月。沅歸里當在此後。

夏秉衡(1726～?)，字平子，一字香閣，號谷香，江蘇華亭人。曾做道員(觀察)。《國朝詞綜補》卷一一謂：「夏秉衡，字谷香，江蘇華亭人。乾隆十八年舉人，官知縣，有《清綺軒詞》。」《白雨齋詞話》卷五謂：「《清綺軒詞選》，華亭夏秉衡選，大半淫詞穢語，而其中亦有宋人最

高之作。涇渭不分，雅鄭並奏，良由胸中毫無識見，選詞之荒謬，至是
已極。」

　　　橫塘，《欽定大清一統志》卷五四《蘇州府》謂：「橫塘，在吳縣西
南十里，經貫南北之大塘也。南極蠡塘，北抵楓橋，分流東出，故曰橫
塘。」

由吳門回返，途徑無錫，嵇蘭谷承豫設宴款待，出歌伶演劇侑觴。

　　《舟過無錫，蘭谷留飲觀劇，即席醉題》：「吳趨連日聽回波，又向梁溪
顧曲多。老作人間游蕩子，戲場到處逐笙歌。」「寫入陶家畫扇中，攜來素手
便稱工。平生詩句無人管，留與歌伶拂袖紅。」（《甌北集》卷二六）

長夏無事，曝書於庭，目睹「高函大帙」，頗多感喟。

　　《長夏曝書有作》：「嗜書空如嗜噉蔗，書不在腹乃在架。黃梅過後日如
火，曬向中庭課長夏。高函大帙充棟隆，多少精血藏此中。當其志欲爭不朽，
誰肯留拙不見工。如何遙遙千載內，傳者但有數十公。其餘姓氏漸莫舉，魚
黿滅沒洪濤風。由來茲事非幸致，邾鄅敢長黃池雄。文人例有一編稿，鍥棗
鋟梨紛不了。若使都傳在世間，塞破乾坤尚嫌小。少年下筆偶得意，輒思橫
壓古人倒。古人拍手青雲端，大笑班門柱弄巧。關張之勇施嬌妍，何處許人
學起草。到此方知願莫酬，摩挲插架轉悠悠。卻憐齒豁頑童日，還托雕蟲一
卷留。」（《甌北集》卷二六）

　　《納涼》之四曰：「矮机無藤坐月陰，桔橰聲寂夜沈沈。西瓜大字芝麻鑒，
閒聽村翁說古今。」（《甌北集》卷二六）

　　《蔡節婦詩》、《破寺》、《夜坐》、《喜雨》（《甌北集》卷二六）諸詩，俱
寫於此時。

乘舟渡太湖，登馬蹟山，泊舟竹灣，覽官嶂山，預為其母營葬地。

　　《渡太湖登馬蹟山》：「元氣混茫間，雄觀上碧屏。無邊天作岸，有力浪
攻山。村暗楊梅樹，津開苦竹灣。離家才廿里，垂老始躋攀。」「地是夫椒舊，
兵戈久已發。漁歌秋水杳，人影夕陽高。放鴨船通港，浮黿石漱濤。何當一
椽築，晏坐息塵勞。」（《甌北集》卷二六）

　　《苦竹灣》、《官嶂山晚眺》、《東皋露坐》（《甌北集》卷二六），均寫於此
時。

【按】馬蹟山，《欽定大清一統志》卷六〇《常州府》謂：「馬蹟山，在陽
湖縣東六十里。王象之《輿地紀勝》：在州東太湖中，岩壁間有馬蹟隱然，

世傳秦皇遊幸馬所踐。《舊志》：在縣東南九十里，山麓周百二十里，與津里山相接，其西麓曰西青，石壁峭立，多石窟，圓如馬蹟，因名。宋置馬蹟山寨。元置巡司。明初下常州，俞通海以舟師略太湖入馬蹟山，破張士誠水寨即此。」苦竹灣，在江蘇武進縣東南馬蹟山之北隅湖濱處。元王逢有《宿馬蹟山殷煉師道院既還鴻山留別八句》一詩，謂：「道士偶見苦竹灣，留我養高松桂關。龍蟠大澤雲水晦，馬蹟巨石土花斑。綠章奏夜百靈集，素髮看春一鶴閒。忍上歸舟卻回首，嫋嫋清磬煙嵐間。」（《梧溪集》卷四）

官嶂山，亦在甌北家鄉附近。

典衣購書，勤於一編，暇則教子讀書，僕婢亦漸知詩。

《村舍即事》：「天教此老占煙霞，家住湖干水一涯。志豈在魚聊把釣，夢曾爲蝶偶看花。萬釘帶恐腰無力，五鼎餐寧腹有華。了徹觀空平等法，閒居所得已豪奢。」「陋儒只解慕黃虞，豈識黃虞世未徂。扶杖有人秋賽社，打門無吏夜催租。底須畏壘逃尸祝，如向豳風看畫圖。此段恬熙誰領略，故須識字老耕夫。」「一編勤過舉場時，積漸家風暗轉移。柳氏婢能輕賣絹，白家嫗亦托知詩。床無阿堵煩人舉，手有摩尼誦佛持。只恐風流遂成習，滿門俱作虎頭癡。」「鄰翁邀我饌香秔，雜坐何嫌笑語傖。將酒勸人無惡意，借花獻佛也眞情。杜陵泥飲遭田父，阮籍酣呼對老兵。短髮飄蕭晚歸去，路人喚作醉先生。」（《甌北集》卷二六）

《遣興》：「結習深知癖未除，時供流輩笑軒渠。懶愁束帶見生客，老尚典衣求異書。肯聽足音空谷外，稍留目力短檠餘。山妻來告餐無肉，答道今朝正喜蔬。」「飯罷攜筇獨步時，小橋流水日遲遲。風將垂柳梳青髮，雨爲遙山洗翠眉。難倒溫公村客問，喚醒坡老夢婆詞。歸來更有閒工課，摘句圖塡滿壁詩。」「解嘲敢引北山文，遊惰仍慚穀不分。閒每勸人爲善樂，貧惟教子讀書勤。漢陰機息無爭俗，韋孟詩成總舊聞。報國已無康濟具，或於風教補微勳。」「謀生莫笑計蹉跎，頗亦能營安樂窩。道服免裁皮價貴，齋期暗省肉錢多。功名敢想爐煨芋，經濟聊施屋補蘿。乞米無書菜堪咬，已全士氣在岩阿。」（《甌北集》卷二六）

《論詩》：「不老筆不潔，不閒意不新。天予老且閒，使之作詩人。詩人豈不佳，風雅澤其身。胡爲大言好欺世，動托詩外尚有事。杜陵布衣老且拙，許身自比稷與卨。南宋偷安仇不報，放翁取之作詩料。設令一旦任事機，安

知不敗陳濤潰符離。幸而托空言，後人有餘思。丈夫不能如班超傅介子，絕域功名炳青史，又不能如程朱數大儒，悟徹絕學開榛蕪。徒然仰屋梁，吟紙帳，猶復自詡有才不竟用，將使後世翻以失士議君相。此段欺人弔詭心，阿鼻獄難償孽障。是以野夫詩，不肯誑語爲。縱或槎枒起肺腑，回顧身世焉用之。淒涼但入送行句，感慨留作弔古資。」（《甌北集》卷二六）

此時尚寫有《野泊》、《老柳一株腹裂二丈許而枝葉特茂詩以張之》（《甌北集》卷二六）諸詩。

【按】此時，汪由敦詩、文集已刊就，《甌北集》（二十四卷）也已編竣、刷印，故《村舍即事》詩稱「一編勤過舉場時」，蓋指編纂《陔餘叢考》一書。

八月十三日，乾隆帝壽誕，甌北偕同當地在籍士紳，往艤舟亭行祝壽禮。

《庚子秋仲恭逢皇上七十聖壽，微臣伏處田里，不能詣闕叩祝，敬偕在籍紳士艤舟亭行禮，恭紀四詩》：「率土歡騰愛日遲，九閽喜氣溢堂廉。冰輪恰應將圓璧，瓊笈初符第七籤。丹粟花開珠蕊朗，紫霞杯進玉漿甜。不知海屋籌多少，總爲吾皇鳳紀添。」「文叶垂裳武止戈，豐功峻德兩巍峨。量包廣莫天無極，道挽羲胥世太和。新闢疆增中土倍，普蠲租到五回多。古稀豈但論遐福，洽比黃農也更過。」「海宇俱遊化日舒，總叨鴻庇遍方輿。欲覘軒紀增無盡，但看豳風畫弗如。穀麥屢豐連歲內，兵戈不見百年餘。始知仁壽蒙庥久，不待覃恩降詔書。」「信有蕃禧湧似潮，因緣輻輳不煩招。才從南極星回輦，又見西天佛入朝。進寶梯航重象譯，祝釐燈彩遍漁樵。微臣無分隨鵷序，泥首江鄉叩絳霄。」（《甌北集》卷二六）

與杭杏川、念屺再往馬蹟山，為母營葬地。

《與杏川、念屺再渡太湖至馬蹟山》：「又指夫椒泛蔚藍，共嗤此老近遊貪。氣吞雲夢尚八九，人在野航恰兩三。風月從來無盡藏，湖山寧厭有幽探。墓田丙舍如營就，便擬幽棲吸翠嵐。」（《甌北集》卷二六）

【按】《舊譜》稱：「五月，起文赴部。行至臺莊，忽兩臂中風不能舉，療治不愈，乃回舟。計自癸巳歸里，侍養者五年，丁艱及營葬又四年，今赴補又病發，知命有所限也，乃息意榮進，專以著述自娛。自此皆里居之日矣。是年葬太恭人。」此處記載有誤。文中既云甌北五月起赴部補官，當在營葬其母之後。然而，《與杏川、念屺再渡太湖至馬蹟山》詩末

注曰：「時爲先母營葬地。」該詩編排在《庚子秋仲恭逢皇上七十聖壽，微臣伏處田里，不能詣闕叩祝，敬偕在籍紳士艤舟亭行禮，恭紀四詩》一詩之後，很顯然，直至八月下旬，其母葬地尚未選就。甌北起初於六、七月間嘗去馬蹟山，是預爲母營葬地。此次，約杭氏杏川、念屺同往，實地目測，再作磋商。母柩未安葬，豈有出而爲官之理？如此看來，赴京補官，馬蹟山葬母，爲兒娶妻諸事，均發生在乾隆四十六年。理由如次：

一、《甌北集》卷二七「辛丑」（乾隆四十六年）收有《四月初一日營葬事於馬蹟山禮成敬志三律》、《爲長兒娶婦》、《將入都留別蓉龕、蓉溪、秋園、敬輿、緘齋諸人》、《將至臺莊忽兩臂頓患風痺，客中無醫，徹夜酸痛，回舟歸里，感成四律，情見乎辭》諸詩作，詳細載述了甌北經歷。可見，上述諸事均發生在本年。

二、《甌北集》最終成書於嘉慶壬申（1812），距甌北病逝尚有兩、三年之久，集中所選，均經甌北手訂，詩作之編年大都可信。尤其是前二十七卷，據甌北門生祝德麟乾隆五十年乙巳（1785）《甌北集序》稱：「房師趙耘菘先生刻向者所爲詩二十四卷成，名曰《甌北集》，於己亥（按乾隆四十四年，1779）郵來，越三年（按，當爲乾隆四十七年，1782）又益以近稿三卷，命德麟事校讐之役。」甌北邊寫詩邊編集，如此之大事，決不致錯亂年代。

三、乾隆庚子（四十五年，1780）正月中旬，弘曆離京出巡江、浙。甌北往宿遷順河集迎聖駕時，「官路新舒柳」（《丹陽道中》，《甌北集》卷二六），最遲當在農曆二月間。至淮後，「漕帥鄂公延主淮陽教習」（《甌北集》卷二六），於五月初始得以返家。其《到家》詩所謂：「榆柳湖干社，俄驚五月初。才去飛燕子，歸幸及鱘魚。」由此可知，其間甌北從未返家，又何來葬母之事？

四、甌北既是由淮歸來，即赴京補官，那麼，他與執友程沆贈別的詩句中，何以未流露絲毫這類情緒，歸來後反稱「老愛投閒無遠志，鄉園風味倍關情」（《偶筆》，《甌北集》卷二六）？

如此看來，《舊譜》此處所載，當有誤。

秋，江蘇巡撫吳紫庭壇往徐州治河患，歸途患病，旋即身亡。甌北爲挽詩以感念其德政。

《吳紫庭開府挽詩》：「惠績清聲比戶知，秋風俄報飾巾期。臨危尚拜安瀾疏，到任剛逢賀雨時。數月令初行立木，萬人淚不待刊碑。頻年行省多遷換，未有如公去後思。」「紫陌看花早共親，喜看曳履上星辰。公從歷任皆江國，我是同年又部民。敢恃素心論舊雨，也貪有腳到陽春。鄉邦利弊今多少，更與何人仔細陳？」（《甌北集》卷二六）

【按】本詩「臨危尚拜安瀾疏」後注曰：「公以河患赴徐州，道中得病」，「到任剛逢賀雨時」後注曰：「公五月中蒞任，正得澍雨」，「未有如公去後思」後注曰：「公歿之日，蘇民赴轅哭者萬計，近時所未有也。」據《清史稿·疆臣年表六·各省巡撫》：乾隆四十四年，原江蘇巡撫楊魁四月遷，吳壇繼任其職。八月，閔鶚元代。據此，知詩中所謂吳紫庭開府，即吳壇。吳壇（？～1780），字紫庭，山東海豐人。吳紹詩之次子。乾隆「二十六年進士，授刑部主事，再遷郎中。三十一年，紹詩為侍郎，上以壇治事明敏，毋迴避。三十二年，超授江蘇按察使，就遷布政使。江寧、蘇州兩布政所屬，互支官俸兵米，壇疏請更定；江蘇賦重甲諸行省，每遇奏銷，款目繁複，壇疏請分別總案、專案，以便察核，皆議行。三十七年，內擢刑部侍郎。三十九年，太監高雲從以泄道府記載誅，京朝諸臣從問消息者皆奪職，壇亦與。上謂：『不意壇竟至於此！念其練習刑名，廢棄可惜，左授刑部主事。』遷郎中。四十四年，授江南河庫道，遷江蘇布政使。四十五年，擢巡撫，疏言：『吳縣舊有公田萬二千五百畝，銀漕外歲納租息佐轉漕，逋租甚鉅。以非正賦，遇蠲免不得與，請並予豁除，災歉隨賦蠲緩。』又疏言：『江、河險處設救生船五十六，今裁存二十八。請增募四十，分泊京口、瓜州、金山諸處。』並從之。旋卒」（《清史稿》卷三二一《吳紹詩傳附》）。

七月，外舅程景伊病逝，甌北為詩以哭之。

《哭外舅大學士程文恭公》：「黃扉方仰贊鴻鈞，何意騎箕遽返真。上殿每陳寬大語，舉朝共服老成人。故鄉屋僅堪容膝，退直書常擁等身。欲識蓋棺公論定，早聞歎息遍朝紳。」「官班臺輔壽者年，寧復餘恫抱九泉。老去香山猶望子，病來疏廣未歸田。孤寒有客傷垂淚，言行何人錄作編。慚愧向蒙元獻愛，難將薄劣繼薪傳。」（《甌北集》卷二六）

此時尚寫有《午睡》、《夜坐》（《甌北集》卷二六）詩。

【按】程景伊，「字聘三，江南武進人。乾隆四年進士，改庶吉士，授編

修。再遷侍讀學士，命在上書房行走。復三遷兵部侍郎。景伊致人書，言：『承乏中樞，晨夕內廷多曠廢。今秋未與木蘭之役，稍得專心職業。』為上聞，責其軼逸，解上書房行走。歷禮、工諸部。三十四年，擢工部尚書，歷刑、吏諸部。三十八年，協辦大學士。四十一年，上東巡迴鑾，駐蹕黃新莊。景伊與在京王大臣迎駕，未召見即退班，命奪職，仍留任。四十四年，授文淵閣大學士。四十五年，上南巡，命景伊留京治事。上還京師，入對，以景伊病後衰弱，命安心調理，勿勉彊行走。七月，卒，諡文恭」（《清史稿》卷三二〇《程景伊傳》）。

乾隆四十六年辛丑（1781）　五十五歲

【時事】　正月，撒拉爾回人蘇四十三作亂。「先是，甘肅循化廳（今青海省循化撒拉族自治縣）回教徒馬明心者，對於回經，傳朗誦之法，號為新教。與舊教徒之默誦者相仇殺，死百餘人。總督勒爾謹，調各鎮兵剿之，捕明心下獄。新教徒蘇四十三等二千人，遂謀作亂，陷河州，犯蘭州，城中兵迎戰不利。蘇四十三等，斷河橋，拒援師，索明心甚急。布政司王廷贊，使明心登城諭敵，旋誅之，以靖內變。帝命大學士阿桂往討之，蘇四十三窘急，據山而守，阿桂攻之不能下，因營山北，築長圍以困之」（《清鑒綱目》卷八）。又，弘曆《賜陝甘總督福康安》詩「庸臣姑息養癰瞑」句下注曰：「辛丑年，甘省逆回蘇四十三滋事時，李侍堯正獲罪在獄。念其平素尚能辦事，因棄瑕錄用，復授為陝甘總督，一切善後事宜責成經理。詎李侍堯姑息養癰，於四十六年即有邪教回民修理石峰堡之事。又於上年五月葺治堅固，且敢公然糾眾聚集禮拜寺謀逆，一切旗幟、帳房、器械種種齊備。夫逆民蓄謀至三、四年之久，而李侍堯安坐省城，竟同聾聵，其始終貽誤，實為百喙難辭。」（《欽定八旗通志》卷首之五《天章五》）即敘此事。二月，杭嘉湖道王燧論絞。上年，王燧借南巡辦差之機，浮報開銷，聚斂錢財，經查抄，其家產竟值白銀二十萬兩之多，數字驚人。三月，大理寺卿尹家銓為父請諡並從祀文廟案發。尹家銓欲為其父尹會一請求諡典，從祀孔廟。乾隆帝硃批曰：「與諡乃國家定典，豈可妄求。此奏本當交部治罪，念汝為父私情，姑免之。若再不安分家居，汝罪不可逭矣。」又諭曰：「尹嘉銓乃敢妄稱已在德行之科，既為請諡，復請從祀，如此喪心病狂、毫無忌憚，其視朕為何如主耶？且尹嘉銓托於行孝，為此妄奏，天下之人孰非人子

乎？使令皆爲其父求諡、求入祀孔廟亦可行乎？否則爲不孝，即得罪仍托於爲父，則朝政不至於大紊乎？此而不嚴行治罪，何以彰國憲而懲將來？尹嘉銓著革去頂帶拿交刑部治罪。」（《清代文字獄檔》下冊）後經查抄其家，又在書籍中發現「天下大慮，惟下情不通爲可慮」之類違礙字句，尹被處絞立決。四月，本科會試，江南長洲錢棨、常州陽湖楊倫、江西南城曾燠等一百六十餘人進士及第，出身有差。又，本年四月，「邪教回民田五起事謀逆時，李侍堯在靖遠逗遛，以審辦賊黨爲名，並不親帶官兵設法剿捕。迨賊人兩次翻山逃竄，復肆行煽誘擾害良民，屢經嚴旨訓飭，李侍堯始往軍營。彼時即料其必不能辦理妥協，因命福康安爲陝甘總督，同海蘭察帶領巴圖魯侍衛等馳驛先往督辦。又命大學士阿桂、尚書復興挑選健銳火器營精兵二千名帶往剿賊，以期迅速蕆事」（《清代文字獄檔》下冊）。五月，浙江巡撫王亶望丁憂，知贓蹟敗露，自任罰銀五十萬兩以贖罪。閏五月，乾隆帝巡幸木蘭，九月下旬回京。六月，甘肅累年冒賑，命刑部嚴鞫勒爾謹，逮王亶望至部。七月，貪官王亶望處斬。《清史稿》卷三三九《王亶望傳》曰：「四十六年，命大學士阿桂如浙江勘工。阿桂疏發杭嘉湖道王燧貪縱、故嘉興知府陳虞盛浮冒狀。上諭曰：「朕上年南巡，入浙江境，即見其侈靡，詰亶望，言虞盛所爲。今燧等借大差爲名，貪縱浮冒，必亶望爲之庇護。」命逮燧嚴鞫。會河州回蘇四十三爲亂，勒爾謹師屢敗，亦被逮。大學士阿桂出視師，未即至，命尚書和珅先焉，和珅疏言入境即遇雨，阿桂報師行亦屢言雨。上因疑甘肅頻歲報旱不實，諭阿桂及總督李侍堯令具實以聞。阿桂、侍堯疏發亶望等令監糧改輸銀及虛銷賑粟自私諸狀。上怒甚，遣侍郎楊魁如浙江會巡撫陳輝祖召亶望嚴鞫，籍其家，得金銀逾百萬。上幸熱河，逮亶望、勒爾謹及甘肅布政使王廷贊赴行在，令諸大臣會鞫。亶望具服發議監糧改輸銀，令蘭州知府蔣全迪示意諸州縣僞報旱災，迫所轄道府具結申轉；在官尚奢侈，皋蘭知縣程棟爲支應，諸州縣饋賂率以千萬計。獄定，上命斬亶望，賜勒爾謹自裁，廷贊論絞，並命即蘭州斬全迪；遂令阿桂按治諸州縣，冒賑至二萬以上皆死，於是坐斬者棟等二十二人，餘譴黜有差。上謂：「此二十二人之死，皆亶望導之使陷於法，與亶望殺之何異？」令奪亶望子裘等官，發伊犁，幼子逮下刑部獄，年至十二，即次第遣發，逃者斬。陝甘總督李侍堯續發得賕諸吏，又誅閔鶤元等十一人，罪董熙等六人。」八月，袁守侗等坐查監糧失實，下部嚴議。調福康安爲四川總督，以富綱爲雲貴總督，楊魁署福建巡撫。九月，帝以御史劉天成奏請嚴浮費之禁，諭曰：「劉天成所奏未嘗非眞情實事，但此

時，有《桂林霜》院本，在安定書院時，有《四弦秋》、《雪中人》、《香祖夢》、《臨川夢》各院本，並前填詞數種，皆爲賢郡王所劇賞。至八月，填《冬青樹》、《採石磯》兩院本，作《采樵圖》雜劇，撰《定龕瑣語》。《藏園詩鈔》定本十卷，已於本年五月編竣。（《清容居士行年錄》）

金兆燕辭國子博士任南歸，仍至揚州，客江春之康山草堂。江春好客，每羅珍羞，由德音班演昆劇，醉客於康山下，滿堂賓客，意氣炫然。爲《三鳳緣》傳奇題詞。此劇係李漁《凰求鳳》梨園改本，似始編演於揚州。（陸萼庭《金兆燕年表》，《清代戲曲家叢考》）

十二月十九日，蘇軾生日，翁方綱招同人置酒蘇齋，瞻拜遺像，張塤賦詩紀其事。（《竹葉菴文集》卷一八）趙懷玉《辛丑十二月，同人集翁洗馬方綱蘇齋，是日爲東坡生日，用〈斜川集〉大人生日韻五首》之五曰：「公像公書什襲藏，小蓬萊即是公鄉。朋交離合萍難定，人世光陰月幾望。風雪此行愁跋涉，蠹魚同志費評量。著書各有名山在，那必高談到古皇。」（《亦有生齋集》詩卷七）

洪亮吉偕同崔景儀由館陶、臨清至河洛，抵開封，向楊仁基、管世銘借得川資，繼續西行。至西安，爲畢沅延入幕。與吳泰來、嚴長明、錢坫、孫星衍諸人，日偕畢沅籌兵劃餉，暇則分韻賦詩，常至丙夜。洪又代莊炘修《延安府志》，歲杪方竣。（《洪北江先生年譜》）

【本事】元宵節，聞陳玉亭輝祖將經由常州，特往毗陵驛迎候，且觀看花燈。

《上元夕毗陵驛前泊舟，與蓉龕前輩看燈》：「聯舟小泊運河濱，正是元宵節物新。邀月恰邀邀月客，看燈兼看看燈人。官符不下城門鎖，使節猶遲驛騎塵。冠帶迎賓尚遊戲，可知都是野鷗身。」（《甌北集》卷二七）

【按】本詩「可知都是野鷗身」句後注曰：「時陳玉亭制府將過，同出迓之。」

蓉龕，即蔣和寧，見本譜乾隆四十年考述。

毗陵驛，《江南通志》卷三二《輿地志》謂：「古毗陵驛，在武進縣天禧橋東，枕漕渠以通荊溪，一名荊溪館。宋高宗車駕幸金陵嘗經此。」

二月末，出遊杭州，與學使王惺園杰、大學士阿桂逐一晤面敘談。

《浙遊晤王惺園少宰留飲試院即贈》：「蕩節頻臨浙水邊，聲名官職兩巍然。才收東箭無遺美，官與西湖有宿緣。翦韭一樽欣此夕，踏花三騎記當年。

紅雲袍笏青山屐，公作天仙我地仙。」(《甌北集》卷二七)

《謁雲岩公賦呈》:「去年見公淮陰城，公方底績河堤平。今年謁公浙江驛，公又專膺捍海責。禮絕朝班爵上公，勤勞亦復少人同。南征北討西平後，又奏河清海晏功。兩間落落數大事，盡出一手經營中。感公念舊迎倒屣，問我家居近何以。腐儒前身是蠹魚，寢食不離文字裏。自知學海尚迷津，妄想名垂著述身。當公百戰戰疆敵，我亦百戰戰古人。堪笑毛錐不自量，遂欲與公爭千春。公遇狂生亦磅礴，肯出奇篇倒行橐。虹光燭天霞滿空，掩盡熒熒萬火爝。公乎幸勿再占此，留與腐儒稍立腳。」(《甌北集》卷二七)

【按】《甌北集》卷二七，附有王杰和詩，曰:「勝日嚶鳴芳樹邊，開尊一笑共皤然。會當別久添豪興，話到情深淡世緣。君以著書消永日，我因將母記行年。曉眠有味真堪傲，踽踽羞儕紫府仙。」據朱珪《東閣大學士文端王公杰墓誌銘》(《碑傳集》卷二八)，王杰曾於乾隆己丑(三十四年，1769)、丙申(四十一年，1776)、庚子(四十五年，1780)三次典試浙江。甌北此次來浙與王杰相會，即「三視浙學」之時。阿桂來杭，是為治河塘事。《清史稿》卷三一八《阿桂傳》曰:「四十五年三月，堤工蕆，還京。兼翰林院掌院學士。旋命勘浙江海塘，築魚鱗石塘、柴塘及范公塘。四十六年，工成，命順道勘清江陶莊河道高堰石工。」甌北來杭，是阿桂治塘工成，去清江之前。

內弟劉欽居常州北郭，距甌北所居西干里魚莊有五十里之遙，仍不時前來相見，詩歌唱酬。

《和敬輿見題拙集之作》:「一編寧復賭時名，聊遣閒愁自課程。身到罷官如敗將，詩因遇敵想交兵。才無列宿胸羅富，味憶沈香鼻觀清。多愧故人虛獎借，尚嫌熟處未求生。」「回憶燈窗萬卷橫，舉場同試鬥心兵。我如落葉飄京國，君早栽花遍縣城。歸免饑寒貲已幸，官無謗讟政廳成。兩家都是青氈舊，寧羨黃金積滿籯。」「同是忘機息漢陰，尚嫌衡宇費招尋。睡餘夢獨留甜味，吟就詩誰識苦心。偶遇桑為三宿地，擬栽竹作七賢林。吾州故事傳皮陸，曾共蓉湖泛水深。」「先生淵默口齗齗，閉戶遙探學海津。老感林逋呼鶴子，才輕李賀號蛇神。嗜痂有癖偏私我，拾唾無靈肯乞人。北郭自來多勝侶，便應結社托閒身。」(《甌北集》卷二七)

【按】《甌北集》卷二七附有劉欽原詩，曰:「禁中紅藥擅聲名，半壁天南歷宦程。華國文章兼練政，活民經濟更籌兵。笑談邊月戈鋋靜，宣播皇

風瘴癘清。頌有摩崖碑墮淚，歸騎款段一書生。」「才真雄霸氣縱橫，譬似准陰善用兵。經史佃漁收學海，江山囊括入詩城。盤花錦費千絲就，候火丹還九轉成。官自退歸詩律進，多藏富豈在經纂。」「把卷疏窗坐月陰，宵燈一穗耐披尋。奇思每未經人道，快句常先得我心。香爲韋郎凝燕寢，名應白傅播雞林。怪君直視榮名淡，書味胸餘蔗味深。」「稱詩談藝齒斷斷，誰探玄珠學有津。不立戶庭真廣大，如逢敵壘轉精神。十年彊項爲清吏，一表陳情見古人。報答君親兩無憾，江湖著此醉吟身。」藉此可見甌北詩風之追求。

四月初一，安葬母丁氏於馬蹟山，有詩志其事。

《四月初一日營葬事於馬蹟山，禮成敬志三律》：「頻歲憂穸窀，今才搆一阡。湖山傳馬蹟，塋兆得牛眠。丙舍營猶待，瀧岡表僅鐫。可憐安厝日，已是服除年。」「多謝術家言，佳城蔭後昆。敢因藏父母，更想福兒孫。祭掃編家法，哀榮紀國恩。他年吾祔葬，死亦奉晨昏。」「色養慚多缺，惟茲地頗佳。神靈應陟降，山水最清華。或可垂千禩，何須置萬家。惟期一廬築，終日誦楞伽。」（《甌北集》卷二七）

【按】《舊譜》將甌北安葬事置於乾隆四十五年，顯誤。本譜上文已作詳細考辨。此時距丁氏亡故已超過三年，故云「已是除服年」。《舊譜》稱：「計自癸巳歸里，侍養者五年，丁艱及營葬又四年。」與詩所敘相符。

四月下旬，爲長子廷英娶方汝謙之女爲妻。廷英，時年十八。

《爲長兒娶婦》：「五十始稱翁，今朝喜氣重。何時畢婚嫁，從此學癡聾。花燭廳成禮，門楣冀亢宗。朝衫吾久疊，一爲啓塵封。」（《甌北集》卷二七）

【按】《西蓋趙氏宗譜》：「翼長子廷英，行一，字鼎傳，國子監生，同知銜，乾隆二十九年甲申四月二十九日亥時生，道光十四年甲午三月二十日丑時卒，壽七十一。配方氏，乾隆甲戌進士，山東館陶縣知縣汝謙女，乾隆二十六年辛巳十月初九日戌時生。」據此，知方氏時年二十一歲。

五月，告別家鄉親友，起文赴部補官。

《將入都留別蓉龕、蓉溪、秋園、敬輿、緘齋諸人》：「幽棲十載穩江鄉，忽被鑼聲催上場。有幾故人皆白髮，多年老婦再紅妝。連宵置酒煩驪唱，往日聯裾似鶺行。別後定知真率會，也應爲我一停觴。」（《甌北集》卷二七）

《途次先寄京師諸故人》：「防墓廳完四尺墳，此身敢遂鹿麋群。縱貪野

笠非高士，未忘朝簪爲聖君。柔櫓輕搖南浦水，征衣猶帶北山雲。最憐手植成圍柳，臨別依依縮夕曛。」「身托循陔十載間，本期再出玷朝班。敢憑奉母三遷里，便作辭官六聘山。行笈封題新字濕，朝衫拂拭舊痕斑。只慚經濟無毫髮，終恐虛糜廩粟頒。」「歸田幾度荷垂詢，此誼難安作隱淪。千里火雲沖暑路，滿頭蒜髮出山人。蹟同熱客心殊愧，恩在寒儒感最眞。敢以屛軀怯鞍馬，向來筋骨本勞薪。」「一出春明廿載遙，衰遲敢復逐時髦。江文通已無殘錦，藍采和惟有舊袍。仕宦幾家收局好？聲名平日在山高。只應晚節供描畫，共笑巢由下拜勞。」「吃過鰣魚始出門，問渠何事戀江村。家貧婦或勞兼婢，身老兒還小似孫。惘惘可憐原俗態，悠悠相望也銷魂。始知膽力非年少，愧以屛羸說報恩。」「計拙謀生事事癡，年來漸少宦餘資。百千輕擲鄰空買，什一才營鬼已嗤。好友誰能囷粟贈，腐儒終仗俸錢支。此情早被人窺見，他日將毋改素絲。」「最憶天南邑管城，淳風回首有餘情。與民共用庸庸福，在任原無赫赫名。父老爭先輸稅足，吏胥都學作詩成。一麾若得教重莅，或有欒公社酒清。」「京華舊雨昔經過，月下花前有雅歌。一別遂憐同調少，此行重喜故人多。談心定費杯浮白，見面應知鬢總皤。莫笑我曾爲俗吏，尚餘狂態未消磨。」（《甌北集》卷二七）

　　另寫有《所見》、《高郵弔毛惜惜》（《甌北集》卷二七）諸詩。

【按】由《將入都留別蓉龕、蓉溪、秋園、敬輿、緘齋諸人》詩「幽棲十載穩江鄉，忽被鑼聲催上場」句來看，甌北此次赴京補官，蓋出於迫不得已。即使赴京途次，尚稱「仕宦幾家收局好？聲名平日在山高」，是處在猶疑彷徨狀態之中。然再從「計拙謀生事事癡，年來漸少宦餘資。百千輕擲鄰空買，什一才營鬼已嗤。好友誰能囷粟贈，腐儒終仗俸錢支」諸句所流露的情感而論，亦與其生活環境漸趨窘迫有關。

乘舟將至臺兒莊，正欲改旱路起行，兩臂忽患風痺，疼痛難忍，只得回舟歸里。

　　《舊譜》：「（乾隆四十五年）五月，起文赴部。行至臺莊，忽兩臂中風不能舉，療治不愈，乃回舟。計自癸巳歸里，侍養者五年，丁艱及營葬又四年，今赴補又病發，知命有所限也，乃息意榮進，專以著述自娛。自此皆里居之日矣。」

　　《將至臺莊，忽兩臂頓患風痺，客中無醫，徹夜酸痛，回舟歸里，感成四律，情見乎辭》：「陸程正擬上征鞍，忽中風痺兩手攣。人笑暮年重出仕，

天將衰疾教休官。曲肱已礙床安臥，折臂翻如石自殘。灼艾連朝凡幾炷，可憐徹骨夜呼酸。」「辦裝約略百金縻，已是寒家一歲資。窮命錢常爲小祟，旅途病恐誤庸醫。聊欣回棹成歸路，從此將官換作詩。只有君恩慚未報，瘓人終望起殘肢。」「憶昔從軍絕徼秋，擬憑赤手縛蠻酋。曉泅瘴水羊渾脫，夜枕腥皮虎髑髏。弓爲臂彊翻覺軟，橛當腕脫尚能道。如何一副幽燕骨，今日衰殘作贅疣。」「來往郵程一月期，歸航仍繫綠楊枝。里鄰笑客原輕出，猿鶴催文已久移。散遣僮奴佳處去，收藏袍帶祭時披。慚他斗酒山妻話，枉費臨行餞伏雌。」（《甌北集》卷二七）

【按】臺莊，一名臺兒莊，在山東棗莊嶧城東南六十里，江蘇邳縣西北七十里，距徐州較近。清時有兗州參將駐此，以衛漕渠。

歸途經淮安，與同年友程沆敘別，過京口，至家。

《歸舟過淮晤程晴嵐留別》：「赴官羞問野鷗亭，歸路相尋此暫停。興盡回舟偏訪友，功深閉戶正窮經。故人見面多垂白，名士成書未殺青。臨別更煩堅後約，秋風並舫泊西冷。」（《甌北集》卷二七）

《夜過京口》：「病體歸心兩不寧，扁舟乘夜過江亭。暗山不辨幾多樹，遠火又添三兩星。臂折正如垂翅鳥，眼昏猶愛映書螢。還鄉正是黃梅候，且喜連朝澍雨零。」（《甌北集》卷二七）

六月初，臂膀仍難擡起，然仍讀書不輟，時而扶杖阡陌，以觀插秧。

《觀插秧》：「扶病東阡一倚筇，分秧愛看綠茸茸。我因無俸思勤稼，人笑非官也勸農。整隊似申軍令肅，鞠躬豈習禮容恭。只餘袖手閒觀處，心愧泥塗戴笠傭。」（《甌北集》卷二七）

《養疾未愈書感》：「經時衰疾臥江天，芒角空煩到酒邊。老我頭顱將壓雪，看人圖畫到凌煙。蒼生猶或期安石，聖主何曾棄浩然。自是書生貧薄命，晚途只許托林泉。」「御屏曾荷記微臣，何忍江湖作隱淪。如許百年空付我，徒將萬卷去驚人。看花紫陌懷前度，種藥青山過此身。歲晚滄江幾回首，卿雲五色麗高旻。」（《甌北集》卷二七）

此時尚寫有《蠹魚》、《晚涼》、《中庭坐月》、《漁翁》、《寓齋聞歌》（《甌北集》卷二七）諸詩。

【按】甌北赴部補官事，據甌北詩編年來看，應在乾隆四十六年。《舊譜》記載有誤，辨正見本譜乾隆四十五年考述。

乘舟至無錫，重與顧光旭相會，並預定明春同遊惠山。

《舟過無錫，再晤晴沙》：「故人相見倍情殷，爲共心期托野雲。誇富黔妻應讓我，論高子伯豈如君。夜闌燈火愁難唱，歲晚江湖感鴈群。便合往來成二老，春山同踏落花紛。」（《甌北集》卷二七）

另寫有《小園》、《散花曲》（《甌北集》卷二七）諸詩。

【按】《舟過無錫，再晤晴沙》句後注曰：「預定明春惠山之遊。」蔣立菴熊昌自穎州知府任歸。此時，其兄南莊龍昌自塞外赦歸，弟雲驤騏昌新任醴泉令。甌北與之相見，縷道舊事，並出示新詩以見意。

《蔣立菴太守自穎川歸，相見話舊》：「廿年重此對清尊，披豁依然氣誼真。詩社正憐無好友，宦途今見有歸人。八騶開路聲初寂，兩鶴回家力未貧。只恐徵書催赴闕，未容伴我醉江春。」「聯翩兄弟鴈行如，都是司農舊澤餘，門望高須重列戟，國恩深忍早懸車。酒泉人喜成歸計，醴水官新得美除。季虎頭龍俱不弱，況君名更御屏書。」「京華履舄日經過，回首才如一刹那。細數故人多作鬼，笑看新婦又成婆。紅雲天上三更夢，白髮樽前一曲歌。不覺對君誇老輩，魯靈光殿漸巍峨。」「各出新詩細校讎，書生結習故難瘳。庸知閉戶成玄草，何似褰帷擁絳驥。沈約集中難作賊，班超筆外有封侯。期君終在功名路，此事留儂遣白頭。」（《甌北集》卷二七）

《悟徹》、《朔風》、《觀穫》（《甌北集》卷二七）諸詩亦寫於此時。

【按】趙懷玉《陝西興安府漢陰通判蔣君（騏昌）家傳》云：騏昌，字雲翔，又作雲驤，一號瑩溪，「歷應京兆試，薦而未售。甲午試江寧，主司已備中，復以額溢見遺」，「遂入貲爲令，揀發陝西。初攝沔縣，眞授醴泉，調臨潼，復攝朝邑，遷漢陽通判。」（《亦有生齋集》文卷一三）立菴，熊昌之號。

冬，與蔣蓉龕和寧、莊蜚英繩祖時相唱酬。

《贈蓉龕》：「年壽疑彭祖，肌膚似藐姑。我尋高士傳，君豈列仙儒。曾握量才尺，猶多記事珠。故應鄉祭酒，領袖此枌榆。」「前輩風流在，吾鄉只此翁。無錢偏作達，每事必求工。具饌常留我，論詩輒憶公。何當一爐火，相守歲寒中。」（《甌北集》卷二七）

《莊蜚英同年索詩戲贈》：「里社尋同榜，南華有散仙。居官甘下考，娶婦已中年。食是書中粟，歸無俸外錢。曾嫌折腰苦，偏折鏡臺邊。」（《甌北集》卷二七）

【按】蔣和寧之「無錢偏作達」，洪亮吉《湖廣道監察御史蔣先生別傳》

謂：「家無一頃之田，百金之產，而九族之親，來而共食；一面之識，貧而解衣。重門洞開，雖疏逖而可入；城府坦白，即鄙吝而必言。不移床遠客，故人樂其寬；或破產酬酢，故世稱其達」（《卷施閣文》乙集卷五），可互為印證。

　　莊繩祖（1717～1791），字蚩英，號樂閒居士。「乾隆十五年庚午，以北籍生員中順天鄉試舉人，屢應禮部試不第。丙戌大挑，奉旨發往山西以知縣用。初權平陽府同知，旋授交城知縣」。多有善政，以年高，引疾歸。「去之日，縣民遮道送，數十里不絕。道經太原，眾問車中何人？僕夫以告，皆曰：『是交城賢父母也，胡為欲歸？』有輓車以送者」。歸里後，「唯事吟詠，與同里宣城訓導程君景傅、潁州知府蔣君熊昌，及君族父勇成、族弟選辰、族孫宇逵，為觴酒賦詩之社」。事見趙懷玉《山西交城縣知縣莊君繩祖別傳》。（《碑傳集》卷一○七）

執友杭杏川年將六十，今夏尚赴歲試，汲汲於功名。生活貧困，以訓蒙度日，然體魄尚健。至秋，病逝，令甌北悲痛不已。

　　《哭杏川老友》：「五人兩已入重泉，此友何堪復棄捐。序齒本推君巨擘，賭文曾飽我麤拳。老懷正托留髡酒，後會長虛訪戴船。太息舊交誰得比，看儂出仕到歸田。」「相隨履蹟鵷行齊，曾憶同聽半夜雞。末路身為村學究，多年伴似老夫妻。尚貪舉業三條燭，送了儒餐百甕虀。痛絕夷盤臨含處，一燈如豆朔風淒。」「殘牙能啖肉盈斤，方謂天教健補貧。誰料汝為長夜客，始驚我亦暮年人。白楊蕭瑟魂安托，玄草飄零字尚新。同學弟兄亡過半，此身雖在已傷神。」（《甌北集》卷二七）

　　【按】本詩「五人兩已入重泉」後注曰：「白峰、廷宣俱早世」，「尚貪舉業三條燭」後注曰：「今夏尚赴歲試。」詩謂「序齒本推君巨擘」，知杭杏川年長於甌北，或近六十。又謂「末路身為村學究」，知其以教書度日，貧困潦倒。

歲杪，因莊稼歉收，家計蕭條，為生計而犯愁。

　　《生事》：「生事漸蕭然，年荒剩石田。薪燒連葉樹，飯待作碑錢。僮少將兒使，家空恣犬眠。微聞奴輩話，列鼎服官年。」（《甌北集》卷二七）

　　《歲暮雜詩》：「頻年出處兩躊躕，病廢今真守敝廬。身退敢談天下事，心齋惟對古人書。蓋頭有屋新編草，食肉無錢慣茹蔬。預擬明春看花會，門生兒子舁籃輿。」「屏蹟無端羨宦遊，天將衰疾遣回舟。此行本是蛇添足，垂

老何堪馬絡頭。野徑重支棕竹杖，朝衫仍換木棉裘。只餘金闕難忘處，夢斷時還一淚流。」「少日虛名冀北空，老來羞述舊豪雄。目中敢謂無餘子，海內漸忘有此翁。鎖院草麻難唱月，郵亭揮檄馬嘶風。追思寸管矜才地，尚落禪家習氣中。」「消閒何物度晨昏，一縷爐煙息眾喧。歌舞戲場無樂地，英雄歸路有儒門。勤抄先訓編家法，虔祝豐年報國恩。青史他年傳人物，少微星倘在江村。」（《甌北集》卷二七）

此時尚寫有《探春》、《詠梅》（《甌北集》卷二七）二詩。

乾隆四十七年壬寅（1782）　五十六歲

【時事】　正月，乾隆帝命清查直隸州縣之虧空，令按時補足。去年，署直隸總督英廉疏請清查州縣虧帑。經查實，近三十年來，竟虧空銀兩三十五萬兩之多，遂責成歷任督臣及司道府官員限期賠付，曾任直隸總督的楊景素、方觀承，均應賠三萬兩。二月，查辦卓長齡詩「悖逆不法」案。已故浙江仁和監生卓長齡，詩中有「可知草莽偷垂淚，儘是詩書未死心」、「楚衽乃知原尚左，剃頭輕卸一層氈」、「髮短何堪簪，厭此頭上幘」、「仰天直欲乞錢唐，禹蹟茫茫青幾點」。卓敏《過聖因寺》詩「重重樓閣駭愚民」，又《感舊》等詩「明主未能忘麥飯，仁愛天心不見恩」，均被斥為「悖逆不法」、「喪盡天良」、「滅絕天理」。「罪大惡極」，「法難寬宥」。後此案審結，卓長齡等已故者，被剉屍示眾。私藏禁書之子孫，擬斬立決。（《清代文字獄檔》下冊）三月，帝御文淵閣，賜四庫全書總裁等官宴，賞賚有差。四月，命和珅、劉墉，同御史錢灃查辦山東虧空案。國泰，四川總督文綬子，早貴，「遇屬吏不以禮，小不當意，輒呵斥。布政使于易簡，事之謟，至長跪白事。易簡，江蘇金壇人，大學士敏中弟也。大學士阿桂等以國泰乖張，請改京朝官。四十六年，上為召易簡詣京師問狀，易簡為國泰力辨。上降旨戒國泰馭屬吏當寬嚴得中，令警惕改悔。會文綬復官四川總督，以啯匪為亂，再戍伊犂，國泰未具疏謝。居月餘，疏謝賜鹿肉，上詰責。國泰請納養廉為父贖，並乞治罪，上寬之。四十七年，御史錢灃劾國泰及易簡貪縱營私，徵賂諸州縣，諸州縣倉庫皆虧缺。上命尚書和珅、左都御史劉墉按治，並令灃與俱。和珅故祖國泰；墉持正，以國泰虐其鄉，右灃。驗歷城庫銀銀色不一，得借市充庫狀」，「國泰具服婪索諸屬吏，數輒至千萬。易簡謟國泰，上詰不敢以實對。獄定，皆論斬，上命改監候，逮繫刑部獄。巡撫明興疏言，

通察諸州縣倉庫，虧二百萬有奇，皆國泰、易簡在官時事」。上以國泰、易簡罔上行私，視諸屬吏虧帑恝置不問，罪與王亶望等，均命即獄中賜自裁。(《清史稿》卷三三九《國泰傳》)五月，乾隆帝巡幸木蘭，至九月二十二日還京。「七月，《四庫全書》成，命續繕三分，分藏揚州、鎮江、杭州等處。先是，太宗在奉天時，已留心典籍，廣爲搜羅，日積月累，至乾隆朝而大備。乾隆三十七年，帝特詔開館修《四庫全書》，復徵求天下書籍，以紀昀爲總裁，體例及提要、目錄，皆其手定，又輯《永樂大典》遺書，計五百四十部，凡十有三年而告成。既成之後，先繕寫四分，特建文淵、文源、文津、文溯四閣，以資藏庋。文淵在大內，文源在圓明園，文津在熱河，文溯在奉天。至是，以江浙爲人文淵藪，多力學好古之士，願讀中秘書者，自不乏人，因於揚州大觀堂，建文彙閣；鎮江金山寺，建文宗閣；杭州聖因寺行宮，建文瀾閣，命續繕三分，各頒一分貯之，以便士子就近觀摩膽錄，嘉惠藝林」(《清鑒綱目》卷八)。八月，以福康安爲御前大臣。加英廉、嵇璜、和珅、李侍堯、福康安爲太子太保。九月，陳輝祖褫職逮問。王亶望獄起，閩浙總督陳輝祖弟嚴祖爲甘肅知縣，「獄辭連染。上以輝祖當知狀，詰之，不敢言，詔嚴切，乃具陳平日實有所聞，懼嚴祖且得罪，隱忍未聞上，因請罪，降三品頂戴留任。時安徽巡撫閔鶚元亦坐其弟鵷元，與輝祖同讞。既，布政使盛柱疏言，檢校亶望家入官物與原冊有異同，命大學士阿桂按治，具得輝祖隱匿私易狀，論斬。上曰：『輝祖罪固無可逭，然與亶望較，終不同。傳謂：「與其有聚斂之臣，寧有盜臣。」輝祖盜臣耳。亦命改監候。』四十七年，浙江巡撫福崧奏，桐鄉民因徵漕聚衆閧縣庭，輝祖寬其罪，次年乃復閧。閩浙總督富勒渾奏兩省諸州縣虧倉穀，福建水師提督黃仕簡奏臺灣民互鬥，於是上罪輝祖牟利營私，兩省庶政皆廢弛貽誤，罪無異亶望，賜自裁」(《清史稿》卷三三九《陳輝祖傳》)。十月，以福崧爲浙江巡撫。

本年，安徽王友亮作《記季亢二家事》，述泰興季氏、山西平陽亢氏兩大地主家族掠奪致富後縱欲敗亡的經過。

金匱楊芳燦官甘肅，此際作《賣兒謠》，寫寧夏貧民不能自保其子女的一些生活情況。

揚州設局修改古今戲曲竣事，黃文暘就所見部分資料纂《曲海》二十卷。

安徽凌廷堪以金兆燕勸，走北京，爲四庫館員私人助手，並納贄翁方綱門。

浙江章學誠主講永平敬勝書院，此年輯童蒙讀本《文學》。

武進黃景仁以四庫全書館敘績選縣丞，入秦謀赴選資，旋復北返。

江寧嚴長明等此際與孫星衍哄，發公揭謀逐星衍。

陽湖孫星衍纂《邠州志》。

青浦王昶以親喪南還，被聘至杭州重修《西湖志》，邀朱文藻同纂。

袁枚遊天台山，登華頂作歌，到石梁觀瀑布，賦天台桃花源詩。（《隨園先生年譜》）

洪亮吉偕友遊華山。九月，湯大奎以輸餉至甘肅，過陝，相訪，並出《炙研瑣談》，屬為點定。（《洪北江先生年譜》）

趙懷玉由京返里，經揚州，為蔣宗海招遊康山，至京口，訪王文治於快雨堂，同遊寶蓮菴，回常州。蔣和寧將就養浙江，又招飲於白雲溪畔。（《亦有生齋集》詩卷八）

【本事】新春佳節，天晴日朗，整理衣冠，望闕遙拜，與兒女共慶新年。

《壬寅元日》：「望闕中庭拜舞餘，迎禧太乙步當車。寺門香火人如蟻，村巷衣冠客貫魚。紀歲又從元日起，歸田恰是十年初。晴和天氣豐登兆，定識西成大有書。」（《甌北集》卷二七）

【按】趙懷玉《上元交河遇雪》詩「三橋人影舉國狂，八廟登屏方旦徹」

句下注曰：「吾常郡城廟之著者凡八，新春香火最盛，又元夜士女出遊，名走三橋。」（《亦有生齋集》詩卷八）

春節剛過，江淑齋出守福寧，便道來此，拜訪恩師，甌北勉勵其下車問俗，廉潔自律。

《江淑齋出守福寧，便道枉過，出其房師祝芷堂贈別詩冊見示。君壬午鄉試既出余門，而芷堂又余癸未所得士也，故芷堂詩中有「香奉歐陽一瓣齊」之句。展玩之餘，即次原韻送別兼寄芷堂》：「御筆榮催擁節行，感君枉訪晉陵城。新遷官喜垂緋貴，舊讀書傳保赤誠。去只攜琴知雅操，貧猶贈縞見深情。仙霞關外山郵好，早有兒童竹馬迎。」「下車先問俗如何，會有賢聲稱甲科。循吏終看遷秩早，好官何必得錢多。香凝燕寢將詩寫，雨洗懸崖待頌摩。我若來探武夷勝，風謠要聽袴襦歌。」「映門槐柳一行齊，不比孫枝另隔蹊。報國喜君持虎節，歸田笑我祝豚蹄。京華夢斷紅雲遠，海嶠陰多綠樹低。送別征軺增悵望，冰廳人冷正拈題。」（《甌北集》卷二七）

【按】江淑齋，即江琅，見本譜乾隆四十四年考述。祝德麟《送門人江淑

齋琅出守福寧三首》，據其編年體詩集，寫於乾隆辛丑（四十六年，1781），
故江琅出守福寧時間，或在乾隆四十六年（1781）歲尾。路經常州，恰
值春初。

趙懷玉乞假南歸，京師故舊紛紛托其代為致意，甌北一一賦詩作答。

《億生乞假南歸，京華故人程藲園、孫補山、張吟薌諸公俱寄聲存問，
兼聞蔣心餘中風病臥，即事感賦》：「屏居誰問讀書燈，只有生平幾舊朋。科
老將如祧廟主，官休已似退堂僧。書來輦下人千里，夢對窗前月半棱。自是
名流憐臭味，相思何日辦行縢。」（《甌北集》卷二七）

《寄藲園》：「天涯落落幾晨星，近狀猶聞手不停。豪士貧來翻避債，才
人老去漸窮經。書城擁處燈宵續，人海喧中戶晝扃。我亦一編將脫稿，何時
相質草玄亭。」「生男何與他人事，海內關心汝與袁。名父今看俱有子，嬌兒
年尚小如孫。滿堂湯餅多賓履，一代詩文本將門。雪白鬢中開笑口，抱他文
度到黃昏。」（《甌北集》卷二七）

《寄補山》：「節鉞咸名鎮百蠻，株連猶荷主恩寬。暫停開府新支俸，重
補登科未歷官。磨盾奇篇留徼外，卻金清節著朝端。雄才終任為霖用，已見
卿班曳履珊。」（《甌北集》卷二七）

《寄吟薌》：「結契平生最，清才我不如。如何十年別，不寄一行書。視
草中書省，看花下澤車。我歸君始仕，天遣兩人疎。」「久識名心淡，多應歸
計蹎。祇今俱白首，何日共青山。花柳山塘路，帆檣滸墅關。年年乘興去，
訪戴只空還。」（《甌北集》卷二七）

《寄心餘》：「江湖十載穩漁簑，重入詞垣鬢已皤。只擬老當嘗蔗美，誰
知上有積薪多。遷官階淺思烏府，過客門稀感雀羅。天末相思那得見，翻君
舊稿一吟哦。」「跋扈詞場萬敵催，如何反築避風臺。少貪酒色終償債，老訂
詩文幸滿堆。木有文章原是病，石能言語果為災。可憐我亦拘攣臂，千里相
望兩廢材。」（《甌北集》卷二七）

【按】趙懷玉《歲暮乞假將歸述懷兼別同人四首》其一曰：「聽鼓應官笑
馬疲，索長安米又經時。小嘗宦味如雲淡，偶引鄉心比鴈遲。驛路晴光
消朔雪，家山梅信憶南枝。玉壺春酒歸應熟，六十親年可不知。」（《亦
有生齋集》詩卷七）知懷玉乾隆辛丑（四十六年，1782）十二月尚在京
師。至壬寅上元至交河。《上元交河遇雪》一詩謂：「登車五日兩日陰，
今日春寒釀成雪。初粘木末態冥濛，漸及衣裾氣騷居。久憎塵俗面目

鼇，忽訝光明天地潔。驅車暮扣茅店門，殘燭無輝火難熱。隔鄰爆竹時一喧，入市燈光黯將滅。不因點綴向殊方，那識風光偪佳節。村簫山謳未足聽，殘羹冷炙聊爲設。此時春明盛朝列，官閤筵開主賓疊。月斜紫陌夜珠來，風暖唐花暗香泄。家園樂事亦堪說，春酒娛親羅弟姪。三橋人影舉國狂，八廟登屛方且徹。胡爲坐失兩地歡，僕僕天涯絆羈紲。舉頭鄉國夢尙遙，回首京華客初別。往年元夕宿桃源，雪虐風饕屢蹉跌。前塵忽復歷四年，旅況不嫌經百折。旁人方羨進退裕，顧我眞慚去住拙。囁嚅世頗鑿枘乖，慷慨歌憐唾壺缺。三更燈炮寒更烈，如掌雪花早塡轍。細傾酒盞濁醪浮，側聽草根饑馬齧。荒雞喔喔催上車，身似僵龜被如鐵。」（《亦有生齋集》詩卷八）足見其旅途冷淒之狀況。亦由此可知，懷玉於本年正月初十離京，至交河凡五日，適値上元節。交河，在河北河間縣，距京師三百四十餘里，大致五日里程。然後，經景州（今河北景縣）、晏城（故址在今山東齊河縣西北），至泰安，登泰山，覽岱廟，走沂州（今山東臨沂）、鎭江至家。據《過京口訪王太守文治於快雨堂，即同遊寶蓮菴，登無餘閣，流連竟日，即事成篇》詩所寫「春風拂初燠」、「金焦兩拳矗」（《亦有生齋集》詩卷八）諸景色，時當二月中下旬。又，甌北寄諸友人詩小注，謂莪園「已著經學八十二卷」，知程晉芳當時已以經學研究名世。稱孫士毅（補山）「巡撫滇南，以他人被累，蒙恩降任編修」，此處所謂「他人」，即指李侍堯。李侍堯任雲貴總督，贓蹟敗露，孫士毅未能預先舉報，幾遭不測。詳細情況可參看本譜乾隆三十七年考述。謂心餘「少貪酒色終償債」，知蔣士銓年輕時，生活不夠檢點，此爲年譜、行狀所未及。

應趙懷玉爲先高祖申喬「世德詩冊」題句之請，賦詩二首於其上。

《億生以其先高祖恭毅公中丞世德詩冊屬題，敬書二律於後。詩冊是公門下士項溶集千字文舊帖所製以頌公者》：「巧翻舊帖出新篇，爲頌中丞世德綿。宇宙大名公不朽，文章盛世客能傳。丹青兩地中牢祭，香火頻年內帑錢。此幅方知是公論，非關說項感恩偏。」「百年門第映朝霞，遺澤眞看累業賒。父老尙因碑墮淚，子孫能保笏傳家。青楊巷中常排戟，紅藥階深又草麻。一頌遂成操左券，豈徒集錦麗詞華。」（《甌北集》卷二七）

【按】本詩「丹青兩地中牢祭」句後自注曰：「公官浙及湖南兩地，民皆立祠」，「香火頻年內帑錢」句後自注曰：「上南巡，必遣官致祭」，「紅藥

階深又草麻」句後自注曰：「自公至緘齋皆應仕，今映川又官中書舍人。」
趙懷玉《奉政大夫刑部福建清吏司郎中先考趙府君事狀》一文，敘其家
世甚詳。略謂：「曾祖諱申喬，任戶部尚書，贈太子太保，諡恭毅，妣龔
氏累贈一品夫人。祖諱熊詔，任日講官，起居注，翰林院侍讀，妣陸氏
累贈恭人。考諱侗敘，任兩浙江南都轉運鹽使司兼管浙江清軍驛傳水
利副使道，妣黃氏封恭人。府君諱繩男，字來武，生平慎於言語，慕金
人三緘之義，自號緘齋。」（《亦有生齋集》文卷一二）趙申喬（1643～
1719），江蘇武進人。康熙八年舉鄉薦，次年成進士，需次歸。家貧，資
授徒以養。二十年，「授河南商丘縣，在官刻苦自厲，案牘悉手治，每中
夜不寐，日出視事，竟日夕」。二十七年，授刑部主事，母憂歸。三十三
年，遷員外郎。三十九年，授浙江布政使。四十一年，遷浙江巡撫。「五
十年春，遷左都御使，士民夾道焚香號哭，自長沙至岳州數百里，送者
不絕。諸州縣多建生祠祀之」。五十二年十月，遷戶部尚書。五十八年七
月病卒。其「平生論學，以不欺爲本，周悉物情，果於自任，絕諸委屈。
官浙藩時，榜其堂曰：『君不可負，祇是心難負，負心者不容於堯舜；天
不可欺，誰言人易欺，欺人者如見其肝肺。』又嘗語子熊詔言：『今人好
以清自負。夫清非僅不名一錢也，須兼廉明二義，廉者一塵不染，明者
一豪不弊，兼之者斯可爲清。若惟一介不取，而處事糊塗，人將安賴？
吾自任外吏，不能不資於官，廉之一字，吾有愧焉。至於軍國利病，民
生休戚，早作夜思，知無不爲，差免糊塗而已。』公之卒也，商丘、湖
南、浙江並祀公名宦祠」。事見彭紹升《故資政大夫戶部尚書趙恭毅公申
喬事狀》（《碑傳集》卷一九）。《清代人物生卒年表》謂趙申喬生於順治
元年（1644），卒於康熙五十九年（1720），然據彭紹升《故資政大夫戶
部尚書趙恭毅公申喬事狀》，申喬卒於康熙五十八年七月（1719），年七
十七。據此，其卒年當在 1719 年，上溯七十七年，生年則是明崇禎十六
年（1643），此姑依彭氏之說。

項溶（1656～1718），清阮元輯《兩浙輶軒錄》卷一〇謂：「項溶，
字霜田，錢塘人。朱彭曰：『霜田爲少司馬眉山次子，壯遊南北，公卿拭
目。』朱竹垞太史評其詩：『恢奇碨礧，歌行壓倒一時，五七律軼大曆、
元和而上之。』查田舉杜『冰雪雷霆』之語，以爲評非虛譽也。《傳》中
云：『霜田偃蹇數奇，遇保舉，時見棄於當途，爲《白燕詩》四首以寄意，

窮且老矣。舟行平江，遇盜，所攜書籍詩文稿，悉被盜棄諸水。歸後，欲自收拾逸稿，未幾，病卒。乾隆己丑，先生季子遷訪得二帙，名《耘業堂遺稿》，刊以行世，故所存無多。」《全浙詩話》卷四四《國朝・項溶》曰：「溶字霜田，仁和人，有《北遊稿》。《東城雜記》：項溶，字霜田，居東街，少司馬眉山先生景襄之仲子也。少豪蕩，及長，折節讀書，以太學生赴京兆試，所交遊多四方名士，聲稱藉甚。然數奇，試屢躓，歸而從酒人遊。嘗露頂短衣，持蓋障日行市中，軀幹偉然。性愛滑稽，時於廣坐中有所調笑，或作爲詞曲，輒被輕薄子傳述，人以是多畏之。晚年竟淪落而卒。余於嗣子處覓得其《北遊遺稿》一卷，錄三首於此。《青駝寺》云：『得得蹄聲近，前村燈火微。山川非故國，塵土上征衣。見月人投店，聞言犬出扉。昔年曾此宿，殘夢尙依稀。《羊流店》云：『三公寧折臂，一紙是勘吳。策馬登前嶺，回鞭問僕夫。寒煙低遠樹，落日淡平蕪。陳蹟茫茫處，豐碑得在無。』《齊河縣》云：『日晏停鞭未，猶餘半日程。圓沙明野渡，老屋帶孤城。石迸車聲疾，衣沾柳絮輕。年年新漲發，碧浪比橋平。』」清惠周惕《送項霜田》詩謂：「公子有偉幹，高步長安中。瞋目論古今，氣若無三公。昨日入吾座，煩襟當清風。今朝抉手別，長揖歸江東。寒渚下黃葉，秋山過新鴻。凄其一寸心，去住將無同。」（《硯溪先生集》詩說卷上）

與塾師時月圃、莊茂良時相聚談，詩歌唱酬。

《贈時月圃同年，時下榻荒齋，次章兼示兒侄》：「星文廿八盡羅胸，宿學眞如待叩鐘。少日姓名慚附驥，老來子侄幸登龍。悟傳神解拈花示，貧諒儒餐脫粟供。最喜蕭齋蹤蹟近，塵談晨夕得相從。」「黑頭兄弟鬢俱皤，回數前塵一刹那。碩果漸看同輩少，傳薪有待此翁多。論文已出金針度，績學終期鐵硯磨。得侍扶風絳紗帳，青燈何忍更蹉跎。」（《甌北集》卷二七）

《贈莊茂良先生》：「自少推都講，名家學有源。已探諸藝苑，猶限一鱣門。折阪鹽車路，干霄蟠木根。扶搖終有日，拭目看遊鵾。」「年久不更師，齋規肅可知。相留七八載，歷客兩三兒。瀉水書催熟，開茅字析疑。所慚修十脡，難說享多儀。」（《甌北集》卷二七）

【按】《贈時月圃同年，時下榻荒齋，次章兼示兒侄》詩「少日姓名慚附驥」句下注曰：「余少與君及毛今吾有三才子之目。」乾隆四十二年，甌北曾聘毛今吾執教於家塾，今又聘時月圃繼之。又據《贈莊茂良先生》

詩「相留七八載，歷客兩三兒」，似莊茂良亦執教於此，足見甌北對子女
教育之關心。

家居讀書，亦時去太湖一遊。

《屏蹟》：「屏蹟無塵事，空庭綠滿苔。杜門閒客散，攤卷古人來。茶瀹
大團月，琴彈小忽雷。經旬少詩思，或待牡丹開。」（《甌北集》卷二七）

《村居》：「門掩綠蘿陰，圍蕉晏坐深。新詩多杜撰，舊帖有唐臨。不管
饑腸吼，惟知抱膝吟。家人竊相笑，黃蘗下彈琴。」「最是恢臺候，幽居好景
光。雨來先硯潤，風過有花香。浸稻修秧馬，看蔬縛草狼。園丁又來報，新
筍似人長。」（《甌北集》卷二七）

《題湯蓉溪家慶圖》、《蕭齋》、《嘲驢》、《太湖口守風》（《甌北集》卷二
七）諸詩，亦寫於此時。

端陽節次日，赴常州城，恰值蔣南莊龍昌、立菴熊昌兄弟邀客觀看龍舟
競渡，遂與同舟。應邀者尚有程霖岩景傅、莊學晦映、莊勉餘勇成、莊
蜚英繩祖及趙緘齋繩男諸同好。

《端午後一日入城，適蔣南莊、立菴昆仲邀客看競渡，拉余同舟，即事
紀勝，兼呈同會程六丈霖岩、莊學晦、勉餘、蜚英、家緘齋》：「蒲觴才剝端
陽粽，出門忽又食指動。恰逢好友具行廚，拉我同逐龍舟哄。令節原須快舉
巵，況看入座皆素知。老夫始願不及此，乞漿得酒事太奇。龍舟容與無定處，
消息傳來總難據。戢篙暫候柳陰邊，把盞臨流正延佇。忽然簫鼓上游來，繡
葆雲旗蹴浪開。曬鱗日閃黃金甲，掉尾波翻白雪堆。無數遊船露姿首，逐隊
也如戲珠走。鮫妾廢綃煙半籠，龍女明璫月初剖。一一掠我艦旁過，風送餘
香時一嗅。興來不免少年狂，醉翁何必真愛酒。笑他道學老頭巾，席上雖無
意中有。古人一樂傳千春，採石黃樓蹟未湮。吾儕文采縱不逮，要亦勇退蕭
閒身。落落林間七八個，逢場作戲娛佳辰。安知後來不慨慕，指作一羣神僊
人。茲遊不可無詩記，嘉宴況叨賢主誼。惜非杜甫渼陂篇，能頌岑參好兄弟。」
（《甌北集》卷二七）

【按】《甌北集》卷二七本詩後附蔣熊昌同作，曰：「南風吹開五月榴，綠
楊深處多高樓。樓頭珠簾盡高卷，美人臨水看龍舟。龍舟縹緲在何處？
聞道東來忽西去。畫船歌舫織如梭，相逢便問誰相遇。忽聞金鼓自天
來，翠葆雲旗望裏開。倒影樓臺飛渡穩，浮江鱗蠟躍波迴。艤舟亭下群
舟集，人語嘈嘈管弦急。窗紗不掩黛眉妍，浪花怕濺羅裙濕。追歡且逐

少年場，揮塵談諧喜欲狂。紅粉可曾驚杜牧，白頭渾未惱韋娘。諸公豪興殊未已，賤子微痾霍然起。似此風光一擲過，亭上坡仙應笑矣。我別江關十二年，楊梅盧橘夢魂牽。只今蒲酒沾唇足，絕勝他鄉斗十千。菰蘆風晚牙檣遠，煙樹迷離月鈎偃。寺門分棹各西東，家家水閣華燈轉。」蔣立菴，即蔣熊昌。據姚鼐《蔣澄川詩集序》（《惜抱軒全集》文後集卷一）、趙懷玉《陝西興安府漢陰通判蔣君（駰昌）家傳》（《亦有生齋集》文卷一三），知熊昌嘗知潁州，與甌北詩《蔣立菴太守自潁川歸，相見話舊》（《甌北集》卷二七）所述相合，立菴應爲其號。楊廷福、楊同甫編《清人室名別稱字號索引（增補本）》下冊第 885 頁，稱立菴爲蔣龍昌之號，誤。《蔣立菴太守自潁川歸，相見話舊》（《甌北集》卷二七）詩「酒泉人喜成歸計」句下注曰：「令兄南莊自塞外歸」，因其兄麟昌，二十二歲即病逝。知所謂「南莊」，當爲其仲兄龍昌之號。又，同詩「醴水官新得美除」句下注曰：「令弟雲驤新宰醴泉。」雲驤（一作雲翔），乃蔣駰昌之字。故知此處立菴，當爲蔣熊昌無疑。袁枚《隨園詩話》卷四謂：「蔣南莊守潁州，有句云：『人原是俗非因吏，仕豈能優且讀書。』謙而蘊藉。《過瀧喉》云：『亂石磨舟泉有骨，雙橈撥霧水生塵。』與徐鳳木布衣『水淺擱舟沙怒語，山彎轉舵月回眸』相似。蔣名熊昌，常州人。」似記載有誤。甌北與蔣氏兄弟過從較密，且尊其父炳爲師（「都是司農舊澤餘」句下注曰：「謂尊人曉滄師。」），所記述當無訛。南莊，當是蔣炳次子龍昌之號。

程景傳（1714～？），「字命三，號霖岩。清武進人。彥次子，景伊弟。年甫冠即偕兄游學於金絅軒之門，學日益進。屢試報罷，以貢授安徽宣城縣訓導。年六十辭歸。徙宅爲家祠，以引進後學爲己任。熟悉鄉邑故事，性好吟詠。年逾八旬，偕湯銘書、汪萍洲、楊靖叔爲四老同甲會」。著有《小學勵志錄》、《靈岩雜著》、《自怡詩集》、《消夏集》、《還婦篇》等。（《江蘇藝文志·常州卷》）。《粟香五筆》卷七《自怡詩集》條謂：「《隨筆》卷一首載程霖岩先生呈余五世祖絅軒公七律詩，而未見其全集也。近閱李申耆先生《武陽合志·文學傳》云：『程景傳，字命三，年甫冠即偕兄景伊游學於金絅軒先生之門，學日益進，屢試報罷，以貢授宣城訓導，教士以敦行爲本。年六十歸田，徙宅爲家祠，僦居他所，平生一以引導後學爲己任，多士景從如雲，掇名者以籍計。尤熟於鄉邦掌故，

修纂邑乘，咸資考訂。性好吟詠，年逾八旬，猶偕湯銘書、汪萍洲、楊靖叔爲四老同甲會，優游鄉里，稱人瑞云。』著有《自怡詩集》、《霖岩雜著》，皆刊行。又按，程文恭公，諱景伊，字聘三，號莘田，與余高祖敬齋公唱和甚多，著有《雲塘書屋詩稿》十五卷、《文稿》十二卷、《代言存草》二卷。」

莊映（1718～1801），映，一作暎，字兼訥，晚號學晦，江蘇武進人。「年十二，從師鄉塾，遇寒食還舍，母鄒太宜人呵之曰：『家貧，方宜努力，何令節之有而以歸爲？』復冒雨去，往返蓋三十里，其礪學如此。稍長，從宜城君入都，寄大興籍，補生員第一」。後三試不售。壬申（乾隆十七年，1752），中順天舉人，「入貲爲令，揀發陝西。試汧陽，補醴泉，攝咸寧，調臨潼。其在汧陽，每讞獄，輒疏其始末。巡撫按邊問訟事繁簡，見所判牘，下州縣以爲法。獄未允，必與大吏力爭。嘗因事面折巡撫明德公，公怒甚，終不爲屈。及明德公戍新疆，諸受拔擢者瑟縮退，君獨周旋患難，舉裘爲贈。繼撫者陳公宏謀，一見契合」。「在臨潼，值歲祲，斗麥錢五百，他邑匿災不上，或借採買重斂自肥。君以實報，得緩徵。又捐金爲倡，設粥廠，施絮衣，全活頗眾。他邑民至者，居以寺觀，未嘗歧視。會巡撫鄂弼公查社倉穀數，虧者過半，立限奏追。時穀價三倍，窮黎束手，自布政以下莫敢申論。君慨然曰：『民瀕死亡，忍更鞭笞之邪！』歲已徂除，馳至西安，泣陳情狀，請俟穀賤補償。良久，巡撫動容，令以牒請」。以薦遷商州知府，不赴。以母年高，乞養歸里。事見趙懷玉《陝西臨潼縣知縣升商州直隸州知州莊府君映墓誌銘》（《碑傳集》卷一〇八）。

莊勇成（1723～1800），字勉餘，號復齋。莊紹平次子，莊暎之弟。與兄竭力養母，式好無間言。「補邑生員。工制舉業，爲同輩所推服。君益好學深思，日進於古。所爲詩文，莫不精贍。乾隆二十七年，純皇帝南巡召試，名列二等。己亥鄉試，已定十一名，及榜發，則江蘇卷逾額，主司信手汰之，適去君卷。少時同學竟登膴仕，及門亦多掇科第，君竟以諸生老，世咸惜之」。同鄉趙懷玉稱：「余於君爲忘年交，甲申春，始申縞紵之好。其明年同獻賦吳下，試江寧試罷，同策蹇驢，從龍潭取道返，自是聚散不一。壬寅乞假歸省，偕君舉吟社，同會者程君景傳、蔣君熊昌及君族子繩祖、選辰，它客或有增減，此六人常在座。每集，拈

題分體後，各出觸政，務為新奇以取勝，往往達旦不止。鄉黨友朋之樂，是歲為極盛。今存者唯余與蔣，餘則先後殂謝。追念昔遊，恍惚如夢中事矣。君晚病，目未嘗釋書，所著詩集十四卷、文集八卷、《杜詩解》十四卷，傳世行遠，庶幾在焉。以嘉慶五年九月棄世，春秋七十有八」。（趙懷玉《文學莊君墓誌銘》，《亦有生齋集》文卷一八）

　　莊繩祖，見本譜乾隆四十六年考述。

　　趙繩男，見本譜乾隆四十年考述。

塵機已息，無意出仕，遂專心編纂《陔餘叢考》。

　　《即事》：「塵機息後了無牽，雲在潭心月在天。佳景無過當境是，好詩多被古人先。豈須枯寂功參佛，或謂清閒福勝仙。世是唐虞人鮑謝，何妨跌蕩送華顛。」「閉門寧厭寂寥居，亂帙縱橫獺祭魚。拙句點金成巧句，古書翻案出新書。一燈紅焰花常吐，兩袖烏痕墨未除。業就敢期傳不朽，或同小說比虞初。」（《甌北集》卷二七）

　　《詠史》：「食椒能幾粒，八百斛猶貧。枉署撲金尉，先為入草人。但知烏攫肉，豈悟象焚身。何事狂奔者，依然覆轍循。」（《甌北集》卷二七）

　　《送客歸戲書》：「卸卻漁簑一整冠，送人謁選上長安。惹他僮僕私相笑，既愛山林又愛官。」（《甌北集》卷二七）

　　【按】《詠詩》一詩，似借詠史之名義，發現實之感慨。所謂「狂奔者」，隱然有陳輝祖影子在。因係友人，不便明言耳。

甌北以新作詩二卷呈示，蔣立菴熊昌親為評點，並勸入梓時附刻之。

　　《近作二卷，立菴親為評點，勸併入梓，戲答》：「才名敢望杜韓齊，多謝詞宗為品題。老訂詩文餘敝帚，閒看今古似層梯。吾斯未信心方愧，君已相推價肯低。虎帥以聽誰敢犯，從今不怕後生詆。」「萬事俱為過眼雲，只餘殘稿未能焚。老年不向人求序，後世誰知子定文。漸愧毛錐三寸禿，又增醬瓿一番熏。天涯詩友都星散，歲晚情懷盡屬君。」（《甌北集》卷二七）

　　【按】《甌北詩鈔》收入袁枚、張舟、李保泰、祝德麟諸人評點，亦有少數未具名之評點，未知出立菴之手否？

同年金蔣亭出任常州守，相見一訴別情。

　　《同年金蔣亭來守吾郡，相見話舊》：「霄漢清班曳履珊，才名早上御屏端。錦心文字條冰貴，鐵面威聲繡斧寒。萬里橋邊揮檄草，三天部下采陔蘭。東山十載身仍出，自為蒼生望謝安。」「晨夕趨隨記昔遊，何期晚列部民儔。

故人天上還青眼，老友田間已白頭。食少豬肝何忍累，詩成燕寢倘容酬。待看比戶歌襦袴，我亦均霑惠澤流。」(《甌北集》卷二七)

【按】金蒔亭，即金雲槐，見本譜乾隆二十五年考述。本詩「東山十載身仍出，自為蒼生望謝安」句後注曰：「君由翰林改御史。金川用兵時，發蜀省以府道用。丁內艱歸，以尊人吏部公老，終養不仕，今服闋始補官。」「晨夕趨隨記昔遊」句後注曰：「余與君同直軍機。」藉此，可略知其宦遊狀況。

九月，阿桂赴浙治苞苴之獄，道經常州，甌北往見，乞薦書院一席。

《雲岩相公奉使再過常州，舟次趨謁敬賦》：「使節經臨許再攀，喜看豐采尚朱顏。千秋人在英雄傳，一等官高將相班。瓠子河新平濁浪，蓬婆軍久靖遙關。錄囚豈足煩公到，要餞官方立檢閱。」「菰蒲何意復瞻韓，畫舫清談竟日歡。鉛槧著書人漸老，雲霄下士古猶難。春風怕上秋韆架，晚景惟思苜蓿盤。廣廈萬間公素志，定應棲我一枝安。」(《甌北集》卷二七)

【按】本詩「要餞官方立檢閱」句後注曰：「公方赴浙江治苞苴之獄。」《清代七百名人傳·阿桂傳》：乾隆四十七年九月，「浙江布政使盛住揭總督陳輝祖查抄王亶望貲產，抽換金玉。上命阿桂蒞浙按之。」甌北詩中所敘，即此事。而《清史稿》卷三一八《阿桂傳》謂：乾隆四十八年，「工始竟，詣熱河行在，復命仍赴工次，審定章程。浙江布政使盛住疏論總督陳輝祖籍王亶望家有所私，命阿桂如浙江按治」，顯誤。事應繫於乾隆四十七年九月。又，本詩末句後注曰：「時乞公荐書院一席。」知甌北欲借阿桂之力，謀得一教職，故有「晚景惟思苜蓿盤」之語。

十一月初九，長孫公桂生，甌北喜不自勝。亦為家風敦樸、兒輩未染紈絝氣習而暗自慶幸。

《第一孫生志喜》：「冬月方驚桂蕊新，欣聞子舍報生申。可能名應無雙士，且喜家添一輩人。繡褓幸猶餘賜錦，青箱端賴有傳薪。洗兒盆上添佳話，虎子生年恰在寅。」「中歲才經嫁娶期，未遊五嶽鬢先絲。家貧聊喜添丁富，孫早差償得子遲。賀客競稱循吏報，老妻自詡作婆時。笑他白髮程文海，七十平頭始抱兒。」(《甌北集》卷二七)

《十年》：「十年耕讀守江村，漸喜家風布素敦。聊以本來還面目，稍留不盡與兒孫。種蔬僮習長鑱柄，盛酒家傳老瓦盆。翻幸在官時日淺，未將華膴染成根。」「謀生莫笑秀才酸，蟋蟀山樞性所安。兒女滿堂催我老，斗升開

口告人難。菜根味本宜儒服，木屑材曾入將壇。待得瓶空思乞米，修書未免兩眉攢。」（《甌北集》卷二七）

【按】《西蓋趙氏宗譜》謂：公桂，廷英長子。方氏所生，「行一，字馥軒，國子監生，直隸候補縣丞。乾隆四十七年壬寅十一月初九日亥時生，道光十三年癸巳八月二十八日亥時卒於直隸省垣，年五十二。」

莊樂閒繩祖、董蘭谷與崔曼亭龍見、錢浣青夫婦均能詩，且又同宅而住，甌北欽羨不已，詩以稱之。

《莊樂閒、崔曼亭兩同年，皆工詩，莊夫人董蘭谷、崔夫人錢浣青亦皆工詩，兩家又同居一宅，閨閣韻事近代罕有。欽羨之餘，奉贈八絕句》：「風雅眞看聚一家，藝林韻事出鉛華。星娥月姊俱仙品，同坐雲端手散花。」「何處香閨鬭擘箋，迎春橋北地幽偏。依稀采藥天台路，劉阮雙棲一洞天。」「仙籍雙成翠水中，莫嗤夫婿折腰工。君看落紙名章出，誰不低頭拜下風。」「蓬頂家聲世所尊，清芬不謝有閨門。決科儻學黃崇嘏，也是人間女狀元。」「不出門庭唱和賒，吟壇有此女通家。疎梅標格幽蘭韻，都作闌前姊妹花。」「王郎天壤每含嚬，何許清才伉儷勻。想見風流前輩似，鷗波亭上管夫人。」「旗鼓詞場各策勳，正愁應敵力難分。如何惡少雕青外，又遇一班娘子軍？」「誰無中饋理鹽虀，難得姿才對對齊。讀到兩家名媛句，老夫歸去愧山妻。」（《甌北集》卷二七）

【按】董蘭谷，《清代閨閣詩人徵略》未收。趙懷玉《山西交城縣知縣莊君別傳》，謂莊繩祖「娶吳氏，繼娶董氏」（《亦有生齋集》文卷一三），明言董氏乃繩祖之繼室，但並未言其名字，更未敘及其能詩。錢孟鈿有《贈閨人董氏姊》詩，曰：「相見欣能識，低徊不忍行。願爲春燕子，結壘傍簷楹。」（《江南女性別集初編》上冊）此董氏或即董蘭谷。又，李調元《雨村詩話》（十六卷本）卷二亦略載其事，曰：「夫婦皆能詩者，於常州得二人，一莊樂閒，一崔幔亭，皆毗陵趙雲松同年，俱工詩，而莊夫人董蘭谷、崔夫人錢浣青亦俱工詩，兩家又同居一宅，閨閣韻事，近代罕有。趙雲松歸里後，郡城詩社最盛，而董、錢亦皆走詩索和，幾於筆不暇給。雲松有詩曰：『旗鼓詞場各策勳，正愁應敵力難分。如何惡少雕青外，又遇一班娘子軍。』」

崔曼亭，崔龍見（1714～1817），字翹英，號曼亭，一作漫亭。山西永濟人，僑居常州武進。「五歲能爲儷語，作擘窠字。乾隆庚辰年二十，

中順天舉人。明年成進士，初選廣西武緣，引見，調陝西南鄭。庚寅充同考官」。「辛卯充武鄉試同考官，攝三原縣事，革陋規，自買騾馬供支應。尤喜甄拔士類，旋攝興安州」。歷攝寶雞、長安，調富平，遷乾州直隸州知府，攝鳳陽知府，眞授四川順慶知府。以失察降調，「選杭州通判，遷同知，又遷湖北荊州知府。督部畢君沅，寬於察吏而未能節用。君上詩云：『爲寬民力先崇儉，但儆官邪自返純。』以寓規諷，督部亦深然之。權荊、宜、施道」。後以病告歸。事見趙懷玉《誥授中憲大夫分巡湖北荊宜施道崔府君墓誌銘》（《亦有生齋集》文卷一九）。

　　浣青，錢孟鈿之號。孟鈿，錢維城之女。本詩「蓬頂家聲世所尊，清芬不謝有閨門」句下注曰：「錢爲文敏公女。」《清代閨閣詩人徵略》卷五曰：「孟鈿，字冠之，陽湖人，文敏公維城女，道員崔龍見室，有《浣青詩草》。維城，字茶山，乾隆乙丑狀元，以詩畫名。浣青詩法多經口授，後與方芷齋夫人同隨宦楚，齊名一時。」「詩宗浣花、青蓮，故以浣青自號，觀察曾官杭州司馬，浣青於湖山題詠爲多。」袁枚《隨園詩話》卷五謂：「錢稼軒司寇之女，名孟鈿，嫁崔進士龍見，爲富平令。嚴侍讀從長安歸，夫人厚贈之。嚴問：『至江南，帶何物奉酬？』曰：『無他求，只望寄袁太史詩集一部。』其風雅如此。因誦其五言云：『啼鳥空繞樹，殘夢只隨鐘。』有《浣青集》行世。其號『浣青』者，欲兼浣花、青蓮而一之也。夫人通音律，嘗在秋帆中丞座上，聽客鼓琴，曰：『角聲多，宮聲少，且多殺伐之音。何也？』問客，果從塞外軍中來。余庚申夏，乘舟北上，遇稼軒南歸：時未中狀元也。見其手抱幼女，才周晬，今四十八年矣。在杭州見夫人，談及此事。夫人笑云：『所抱者，即年侄女也。』余故題其詩冊有云：『爾翁南下賦歸歟，值我新婚北上初。水面匆匆通數語，懷中正抱女相如。』」

乾隆四十八年癸卯（1783）　五十七歲

【時事】　正月，以薩載爲兩江總督，畢沅爲陝西巡撫，劉秉恬爲雲南巡撫。二月，命於太學建辟雍，乾隆帝諭曰：「稽古，國學之制，天子曰辟雍。所以行禮樂、宣德化，昭文明而流教澤，典至鉅也。朕此次釋奠禮成，念國學爲人文薈萃之地，規制宜隆。而辟雍之立，自元明以來典尙闕如，自應增建，以彰

美備。著派禮部尙書德保、工部尙書兼國子監劉墉、侍郎德成敬謹前往閱視，
度地鳩工，諏吉興建。落成之日，朕將行臨雍典禮，以昭久道化成之盛。嗣經
尙書德保等相度地勢，定於彝倫堂南營建繪圖進呈。」（《清朝文獻通考》卷六
八《學校考六》）三月，河南登封縣監生喬廷英以爭控秤行事與生員李一互相
訐告事審結上奏。起初，喬、李因係同里居住，「時以詩文倡和。李一年老失
館，益加狂憤，自號半癡先生，於乾隆四十三年春間陸續編造《半癡解》、《糊
塗詞》」，「《糊塗詞》內『天糊塗，地糊塗，帝王師相無非糊塗』、《半癡解》內
『天癡地癡』、《遊盧岩寺記》內『吾得尺寸之柄』，《民爲貴》文內『任官之刻
剝其民，不許民之詰告其官，久之人心大變』」。李將底稿交廷英觀看，廷英大
加讚賞，並將原稿收存。一經查處，李一亦告廷英所作詩稿，有悖逆之句。據
此，河南巡撫李世傑奏稱：「李一身列青衿，輒因失館窮愁，心懷憤懣，敢於
編造逆詞肆行狂吠。喬廷英明知李一詞句悖逆並不即時舉首，乃轉相讚美抄存
在家，因被其子訐控始行首繳，即與大逆無異，且復自作逆詞隱懷勝國，均爲
罪大惡極，萬死不足蔽辜。李一、喬廷英二犯均應照律凌遲處死。李一之子李
從先、孫李順基、李敬基，喬廷英之子喬方、分居胞弟喬廷士均合依正法，
子孫、兄弟年十六歲以上皆斬律應擬斬立決。李一之妻王氏、媳陳氏及喬廷英
之妻高氏、媳畢氏、年未及歲之子喬雲龍、喬廷士之子喬琅宇均照律給功臣之
家爲奴，喬廷英之母王氏訊不知情，免其緣坐。李一、喬廷英財產查明入官。」
（《清代文字獄檔》下冊）四月，山西臨汾縣生員馮起炎，因科考入學，未曾
娶妻，靠在學堂抄寫文冊餬口，貧困無聊，抑鬱成疾，因謀生無術，又分別看
中其姨表妹十七歲的張小女、十四歲的杜小鳳，圖娶二女爲妻，遂潛往京城，
欲將《易》、《詩》二經注解及呈詞面呈乾隆帝，以顯其素通文藝，妄思借助官
府之力，則親事可成，爲官府拿獲。直隸總督袁守侗於奏摺中稱：「馮起炎以
婚姻細故私寫呈詞，欲於儀仗前呈遞，實屬蚩妄不法，其圖娶人女雖係蹟類癡
迷，而語言尙屬清楚，又安知非色令智昏，肆其狂吠，自未便稍爲寬貸。且閱
其呈首，膽敢於聖主之前混講經書，而呈尾措詞猶屬狂妄，覈其情罪較衝突儀
仗爲更重，馮起炎一犯應從重發往黑龍江等處給披甲人爲奴，俟部復到日照例
解部刺字發遣。」（《清代文字獄檔》下冊）五月，浙江義烏樓德運《河山氏論
家言》、《巢穴圖略》案審結。起先，捐職州同樓德運，因雇人刷印，字句多有
違礙難解之處。其子樓繩屢請改易，父任性未允，執拗不聽。父死，樓繩遂舉
報。經審查，「樓德運以村野小民妄擬著述，恭遇廟諱、御名不知敬避，又因

居河山莊膽敢自號河山主人，並以樓姓係夏禹之後，於匾額詩句內擅寫『明德遺徽流』、『夏演天潢』、『體先王先聖』字句，復於一切任意混書，均非臣下庶所可引用之語，狂妄悖謬不法已極」，自當嚴懲。乾隆帝諭稱，「樓德運妄行撰輯，字句多有違礙，使其人尚在，自有應得之罪，今業已身故，伊子樓繩等知有違礙，從前屢經阻止，伊父執拗不聽。及伊父一經身故，樓繩等即將書本、板片自行呈繳，是樓繩等本知畏法，自可無庸治罪。除將繳出書本、板片銷毀外，樓繩等均著加恩寬免，其無干人犯概予省釋」。（《清代文字獄檔》下冊）六月，就旗人命名事，帝諭曰：「現任甘肅永安營游擊廣明福，係正黃旗蒙古人。既係旗人而以廣明福為名，直與漢人之名相似，觀之甚覺不協。況旗人以明福、廣福俱可為名，又何必以廣明福為名？即著交八旗滿洲、蒙古，嗣後旗人內有似此用漢人名者，永行禁止。將此通諭知之。」（《欽定八旗通志》卷首之十二《勅諭六》）七月，命蔡新為文華殿大學士，梁國治協辦大學士，劉墉為吏部尚書。九月，命免奉天所屬諸州縣地丁正項錢糧。十一日，上諭：「朕恭謁祖陵禮成。現降旨將奉天所屬府州縣，乾隆四十九年地丁正項錢糧通行蠲免。所有各莊及旗地應納糧石草束等項，自應一體加恩以敷渥澤。著將盛京戶部各莊頭，本年應交倉糧一萬餘石，免其交納。所有各處匠役應需口糧，著於舊存倉糧內撥給。其盛京、興京、遼陽、牛莊、蓋州、熊岳、復州、金州、岫岩、鳳凰城、開原、錦州、寧遠、廣寧、義州等十五處旗地，本年應納米豆草束亦著免徵一半，俾旗莊均霑嘉惠。該部遵諭行。」（《欽定八旗通志》卷首之十二《勅諭六》）十月，詔輯《古今儲貳金鑒》，帝以儲貳，關係國家甚重，特命皇子，同軍機大臣及上書房總師傅，將歷代冊立太子有關鑒戒者，采輯成書，名曰《古今儲貳金鑒》。未幾，又命國史館，用貳臣列傳，另編逆臣傳。（《清鑒綱目》卷八）十一月，學政彭元瑞以歲科兩試出題奇巧，為江蘇巡撫閔鶚元秘密參奏。

本年，江都汪中作《弔黃祖文》，為祖翻案，引禰衡遭際自喻。

南匯吳省欽在鄂刻所著《白華前稿》六十卷。

鎮洋畢沅刻《山海經新校正》十八卷、《篇目考》一卷。

山陽阮葵生為曹仁虎題所著《南枝集》。

浙江邵晉涵在北京，擬改修《宋史》，先著《南都事略》，此際有成稿。

安徽姚鼐著《老子章義》。

青浦王昶官西安，以詩訊吳縣張塤。

嘉定錢大昕遊天台，過寧波訪天一閣，觀所藏碑拓。

高郵王引之入北京國子監讀書。

浙江盧文弨自山西南還，旅揚州，吉夢熊作《前後六客詩序》，記文弨與錢載以辯堯陵祀典齟齬事。

武進黃景仁爲債家所逼，再入秦謀資，迂道山西運城訪沈業富；旅經運城死，年三十五。

直隸翁方綱所著《蘇詩補注》八卷刻成；以沈業富請，纂黃景仁遺集《悔存詩抄》成。

袁枚遊黃山、登齊雲，冒雨至黃山湯口，至慈光寺。泛舟齊山，過文選樓，弔昭明太子。至安慶，拜余闕墓，登大觀亭。（《隨園先生年譜》）

蔣士銓以病歸里。今人李夢生於蔣氏《雜感》（《忠雅堂詩集》卷二六）詩後，《箋》曰：「士銓此次進京，本因姓名爲帝所知，友朋敦促，期有所進取，而在京五年，官不得一轉，落落寡合，雖考選御史，亦未得實授，加之病魔纏身，故復萌退志，蕭然南歸，詩中『偶然』數句，皆憤疾之言。」（《忠雅堂集校對箋》第三冊），所言頗中肯綮。

顧光旭始刻《梁溪詩鈔》，謂：「從兄諤齋曾有《梁溪詩選》之輯，南塘黃可亭亦有《梁溪詩彙》，二君但序時代，尚未按甲科以編定前後，其人不見於史乘者俱無傳，而其稿則於乾隆丙申之冬盡歸於予。時予以初歸，久未暇理，至是秋得亡友吳黼仙詩集而校定之，予之刻《梁溪詩鈔》始此。」（《響泉年譜》）

張塤作有《覃溪刻蘇詩補注成，以詩志喜，屬爲和韻》：「吾家先世吳興人，百年遷徙爲吳民。施顧兩人注蘇者，三生瓜葛同鄉親。覃溪補注成八卷，同官同巷辱比鄰。歲朝視我初印本，墨氣盎盎梅花春。梅花開杧蛾眉頂，六百年來香絕倫。倉曹會客誰題鳳，贓私陷人比泣麟。不如光福魚米賤，達者辟世繙書晨。東坡於世何嫌怨，小人作祟往往頻。黃州惠州儋州日，元豐元祐元符辰。王介甫與章子厚，富貴一一吹作塵。傳鐙奎光有餘火，大海玉局能通津。君不見，宋開府，年年采薦滄浪蓴；又不見，翁學士，卷卷收得珊瑚珍。漫莊小集亦行世，日月江河萬古新。」（《竹葉菴文集》卷二○）

初春，趙懷玉偕同程景傅、蔣熊昌、莊繩祖、莊勇成、崔龍見、莊選宸諸詩社吟侶，艤舟亭探梅聯句。十二月，赴京北上。（《亦有生齋集》詩卷八）

五月，洪亮吉得黃景仁安邑臨終遺箚，以身後事相屬。遂由西安假驛騎，四晝夜馳七百里，抵安邑，哭之於蕭寺中，爲措資送其柩歸里。（《洪北江先生年譜》）

【本事】久不照鏡，屆新春，始把鏡自照，知鬍鬚皆白，賦《白鬚》詩以自嘲。

《白鬚》：「無鬚與有鬚，人生一界限。鬚黑到鬚白，又是一關鍵。先生從不把鏡照，自覺心情尚年少。友朋諛我方精彊，妻孥慰我未臺耄。一朝偶對菱花看，不謂竟作如此貌。昔從眾黑中見白，今從眾白中見黑。雖有數莖尚帶蒼，恐亦難堅後凋色。欲學拔都染，先愁塗抹作鬼臉。欲效子由拔，擢髮難數不勝殺。欲鑿孔更栽，恐帶馬尾混上腮。欲囊帛遮醜，又嫌牛胡掛在口。不如且聽他，留伴兩鬢華。塵談助霏清玉屑，牙慧增吐豔雪花。掀來色映白題舞，撚斷詩推白戰家。既已白之謂白矣，何必玄之又玄耶？羅幃縱嫌陸展面，滅燭以後看不見。團扇或畫放翁狀，可少幾縷銀絲揚？清晨引鏡重自看，姑妄言之作笑端。倘然出山作相去，省服地黃蘆菔丸。」（《甌北集》卷二八）

博覽史籍，輯《陔餘叢考》，時有「爲前人抱不平」之慨。

《讀史》：「一刹那間便一生，何須恩怨苦分明。老來自笑猶閒氣，動爲前人抱不平。」（《甌北集》卷二八）

《過城東小桃園》：「重過桃園蹟已陳，花塍依舊錯燈鱗。傷心紅雨亭邊路，只見桃花不見人。」（《甌北集》卷二八）

鹺使伊齡阿以書相招，甌北或爲謀求教職事，往揚州。

《鹺使伊公枉招賦贈》：「班聯清切出東華，再到邗江駐使車。五色雲邊新蕩節，二分月下古梅花。舫齋有暇常題筆，鈴閣無聲早放衙。點綴平山風景好，待供宸賞進流霞。」（《甌北集》卷二八）

【按】本詩「待供宸賞進流霞」句後注曰：「方預備南巡。」《揚州畫舫錄》卷五謂：「乾隆丁酉，巡鹽御史伊齡阿奉旨於揚州設局，修改曲劇。」此處所謂鹺使，當指伊齡阿。伊齡阿（？～1795），「字精一，滿洲人，官侍郎。書學孫過庭，工詩，書法梅花道人。巡鹽兩淮時，於扇面畫梅花蘭竹，稱逸品」（《揚州畫舫錄》卷二）。又據凌廷堪《手鈔諸經跋》：「乾隆庚子（四十五年，1780）冬，兩淮巡鹽御史伊公齡阿奉旨刪改古今雜劇、傳奇之違礙者。次年，屬余襄其事，客揚州者歲餘。」（《凌次仲先

生年譜》，《揚州學派年譜合刊》上冊）知此時之鹺使，仍爲伊齡阿。至乾隆四十九年閏三月，始內遷總管內務府大臣。事又見《國朝耆獻類徵初編》卷九一。此前，甌北於阿桂路經常州時，曾專程前往拜訪，「清談竟日」，「乞公薦書院一席」。（《雲岩相公奉使再過常州，舟次趨謁敬賦》詩自注，《甌北集》卷二七）伊齡阿招甌北來揚，大概是受阿桂囑託，爲謀教職。

仲春，或是由鹺使伊齡阿之薦，出任真州樂儀書院講席。

《赴眞州樂儀書院即事》：「白髮蕭蕭已滿簪，忽膺講席赴江潯。出身我本村夫子，虛望人推舊翰林。無復旌麾前隊色，敢羅絲竹後堂音。老來踏遍人間路，終覺青氊味較深。」「鵝湖鹿洞古陶成，此席人情已漸輕。略似老沾宮觀祿，稍貪名主坫壇盟。一江相接家猶近，孤館無喧地自清。祇是惹他僮僕笑，有官不做做先生。」（《甌北集》卷二八）

另寫有《寓齋東偏古樹二株，高六七丈，風聲特甚》（《甌北集》卷二八）詩。

【按】《甌北集》所收詩文均有編年。《赴眞州樂儀書院即事》一詩前，有《過城東小桃園》（《甌北集》卷二八）一詩，中謂「傷心紅雨亭邊路，只見桃花不見人」，雖是暗用唐人崔護謁漿之典故，但也暗示時令，桃花盛開。桃花，一般在農曆三月間開放。由此推斷，甌北去樂儀書院掌教事，當在三月間。眞州，今江蘇儀徵縣。

執教之餘，時而出遊，柳永墓、大儀鎮、龜山、真州館諸處，均曾一往。

《大儀鎮》：「拐子軍來卷地空，小麾鳴鼓獨橫攻。地非南戒千重險，戰是中興第一功。減竈暗隨朝使後，張旗雜出敵兵中。當時不是麈爭力，半壁誰支汴泗東？」（《甌北集》卷二八）

《仙掌路》、《龜山》、《訪眞州館故址》（《甌北集》卷二八）諸詩，均寫於此時。

【按】仙掌，即僊人掌。仙掌路，「眞州地名，相傳柳耆卿墓在焉」（《仙掌路》詩題下自注），在儀徵縣西。清王士禎《池北偶談》卷二一《柳耆卿墓》謂：「儀眞縣西，地名僊人掌，有柳耆卿墓。按《避暑錄》：柳死，旅殯潤州僧寺，王平甫爲守，出錢葬之。眞、潤地相接，或即平甫所卜兆也。予眞州詩云：『殘月曉風仙掌路，何人爲弔柳屯田。』」王氏《分甘餘話》卷一亦曰：「柳耆卿卒於京口，王和甫葬之。然今儀眞西地名僊

人掌有柳墓，則是葬於眞州非潤州也。余少在廣陵，有詩云：『江鄉春事最堪憐，寒食清明欲禁煙。殘月曉風仙掌路，何人爲弔柳屯田。』」

大儀鎭，《欽定大清一統志》卷六七《揚州府二》謂：「大儀鎭，在甘泉縣西七十里，接天長縣界。宋建隆元年親征李重，進次大儀，遂克揚州。紹興四年，金人南侵，韓世忠軍揚州提援兵至大儀，以當敵騎，大敗之。論者謂世忠此舉，爲中興武功第一。《輿地紀勝》：宋嘗置驛於此。」

龜山，甌北於詩題下自注曰：「金海陵南侵駐師被害地。」然《金史》卷五《海陵傳》，僅稱：「上還和州，遂進兵揚州。甲午，會舟師於瓜洲渡，期以明日渡江。乙未，浙西兵馬都統制完顏元宜等軍反，帝遇弒，崩，年四十。」《金史》卷一三二《逆臣傳・完顏元宜》曰：「海陵聞亂，以爲宋兵奄至，攬衣遽起，箭入帳中，取視之，愕然曰：『乃我兵也。』大慶山曰：『事急矣，當出避之。』海陵曰：『走將安往。』方取弓，已中箭僕地。延安少尹納合斡魯補先刃之，手足猶動，遂縊殺之。驍騎指揮使大磐整兵來救，王祥出語之曰：『無及矣。』大磐乃止。軍士攘取行營服用皆盡，乃取大磐衣巾裏海陵屍，焚之。」均未敘及遇害地龜山。唯《欽定重訂大金國志》卷首謂：「海陵煬王，己巳弒熙宗自立，改元天德。癸酉改元貞元，丙子改元正隆至辛巳。正隆六年十一月乙未，爲諸將弒於揚州瓜洲鎭龜山寺，在位一十三年。」同書卷一五《紀年・海陵煬王下》稱：「海陵被弒於揚州府瓜洲鎭之龜山寺，時正隆六年十一月乙未也。」眞州館，元郝經於中統元年（1260），奉世祖忽必烈之命，以翰林侍讀學士，充國信使使宋，欲與南宋議和。平章王統妒經之才，待郝經走後，暗囑其婿李璮「潛師侵宋，欲假手害經」。此時，南宋奸相賈似道，「方以卻敵爲功，恐經至謀泄，竟館經眞州」達十六年之久。（《元史》卷一五七《郝經》）

四月間，由眞州返鄉，出遊蘇州。在十里山塘，與周長庚邂逅，周具述傾慕之意。

《眞州歸途作》：「盡日無人古路斜，空濛細雨落如沙。一旗飄出青林外，知有前村賣酒家。」（《甌北集》卷二八）

《秧針》：「誰散鋩鋒似嫩薤，纖柔不比劍裁蒲。引他梅雨絲絲縷，繡出豳風幅幅圖。翠釼出波眞刺水，綠芒承露亦穿珠。笑看野老如槌指，自詫拈

針賽小姑。」（《甌北集》卷二八）

此時尚寫有《家約》、《太湖暮歸》、《山塘》、《雜感》、《簑衣仙歌》、《周長庚舊於坊刻詩選中見余名，以爲古人也。今邂逅山塘，具述傾注之意，答詩志愧》（《甌北集》卷二八）諸詩。

【按】《秧針》詩謂「引他梅雨絲絲縷，繡出豳風幅幅圖」，知甌北由眞州回家，當在四月間。柳宗元《梅雨》：「梅實迎時雨，蒼茫値晚春。」（《柳河東集》卷四三）據《周長庚舊於坊刻詩選中見余名，以爲古人也。今邂逅山塘，具述傾注之意，答詩志愧》詩，知甌北詩當時已入坊刻選本。

秋，緣郡守金雲槐（蒔亭）相助，於常州城白雲渡前顧塘橋附近，購得房舍一所。此後，乃自西干村移居城內。

《舊譜》：「以兒女漸長，鄉間所營新居不能容婚娶。適城中有入官房一所，在顧塘橋。郡守金雲槐，故同年也，勸先生以官價得之。先生乃移居入城。鄉間田宅，聽弟汝霖居守。」

《自西干村移居郡城顧塘橋即事》：「江鄉久已翦蒿萊，忽慕遷喬入郡來。佚老堂叨良友庇，成陰樹感昔人栽。兒童乍到門猶誤，書卷才裝簏再開。恰與移居添故事，村夫子竟住樓臺。」「近市依然少市咻，閭坊前後繞清流。好聯北郭新吟社，恰近東坡舊寓樓。未免花時增酒費，稍欣蒲節省船遊。回思馬磨居貧日，矮屋三間慣打頭。」（《甌北集》卷二八）

在此前後，尚寫有《夜醒得句》、《題吳梅村集》、《過青山莊，故址已犂爲田，但有老樹四株而已》（《甌北集》卷二八）諸詩。

【按】《自西干村移居郡城顧塘橋即事》詩「佚老堂叨良友庇」句後注曰：「本入官屋，蒔亭太守勸買」，「成陰樹感昔人栽」句後注曰：「宅有山茶一株，大合抱，爲郡城之最」，「好聯北郭新吟社」句後注曰：「城中程霖岩、蔣立菴輩詩社甚盛」，「恰近東坡舊寓樓」句後注曰：「坡公晚年歿於顧塘橋孫氏宅，距余舍僅十餘丈」，「稍欣蒲節省船遊」句後注曰：「宅後爲白雲渡，每歲午節龍舟畢集，有水閣可坐觀。」據此，可知甌北新居之地理位置及周圍風物。故址在今常州市延陵西路，部分房舍尚存。《夜醒得句》詩稱，「露氣涵虛庭，羅幃早涼到」，顯然已是秋天氣候。《自西干村移居郡城顧塘橋即事》排在《夜醒得句》之後，可知，甌北由鄉村移居常州，當在秋季。

金雲槐（蒔亭），見本譜乾隆四十七年考述。

九月初，與趙懷玉乘舟去陽羨，遊善卷洞、龍池、張公洞諸勝景，往返凡七日。

【按】《甌北集》及《舊譜》均未載其事。趙懷玉《亦有生齋集》詩卷八有《與家貴西翼爲陽羨之遊，舟行往返凡七日，拉雜成詩，共得十首》，其一曰：「百里岩泉繫夢思，野航恰受雨人宜。旁觀莫道遊無賴，臣亦新同臣叔癡。」其二曰：「信宿浮家抵卜居，談詩往往五更餘。可知李郎登仙日，此段風流定不如。」其八曰：「十笏居然勝處開，精廬占斷白雲隈。黃金布地西天法，無恠山僧載寶來。」其九曰：「傾蓋都從意外交，累他連日費良庖。獨憐敬禮相隨遍，健步先穿雲樹梢。」其十曰：「張公福地偶緣慳，結習煙霞未肯刪。一事預期償此失，飽看楓葉上虞山。」《亦有生齋集》亦是編年體詩集，《遊善卷二首》編排在《和程六丈景傅中秋觀燈之作》之後，詩中又寫道：「落葉碎有聲，秋陽曉如霧」，知此次出行，當在中秋之後的九月初。

善卷洞，《江南通志》卷一三《輿地志》謂：「善卷洞，在宜興縣國山東南，一名龍岩。《舊經》以爲周幽王時，洞忽自裂，異形奇狀，若飛若墮，見者無不凜然。外峭中坦，其廣可坐千人，壁間皆鑱佛像，有石筍高丈餘，謂之玉柱。洞有三，曰乾洞，石室也。又大小水洞泉深不可測。三洞相承如重樓。宋熙寧間，有僧求洞之深，行三十里許，見石硾、石床，甚異，未竟而返。」明沈明臣《遊善卷洞》詩略謂：「昔聞善卷薄天子，不受舜禪來逃此。赤符使者何處尋，百尺清潭洗其耳。遂令此洞名善卷，上乾下水三洞連。幽深奇絕不可狀，秦人空把桃源傳。」（《甬上耆舊詩》卷二一）

龍池，《江南通志》卷一三《輿地志》謂：「荊南山，在宜興縣西南荊溪之南。《縣志》云：東漢陽羨長袁玘有善政，其歿也，天降銅棺。或云山昔產銅，有司采之，故名銅官，後人乃訛官爲棺也。山高而大，岩洞絕勝，上有龍池，歲旱禱雨輒應。」

張公洞，《江南通志》卷一三《輿地志》謂：「張公洞，在宜興縣東南五十五里，相傳以爲風雷所開。高六十仞，周五里，三面皆飛崖絕壁，惟穴其北。向遊者秉炬而入，歷百磴至燒香臺，仰視天光自竅中下，屬大石，縱橫離立，不可名狀，皆作碧綠色。有僊人房、玄武石、

芝田、丹竈、錦屏、瑤草諸異。行三里許,南有小洞,可徑以出。《道書》在天下福地之數。《風土記》云:張道陵嘗修道於此,故名。其側有會仙岩,峭石壁立數仞。宋紹聖間有見二仙倚石者,因名岩。下有泉,寒冽淵澄,極旱不竭。明代有人於此闢地得石,刻『玉泉』二字題,始知為古泉也。」

冬,天降大雪,寒甚。

此時寫有《大雪戲作》、《萬壽重寧寺五十韻》(《甌北集》卷二八)諸詩。

書商施漢英時而滿載圖書前來發售。甌北傾囊購置,插架殆滿,自謂將閒補拙,每每苦讀。

《贈販書施漢英》:「我昔初歸有餘俸,欲消永日借吟誦。汝從何處聞信來,滿載古書壓船重。我時有錢欲得書,汝時有書欲得錢。一見那愁兩乖角,乘我所急高價懸。雖然宦橐為汝罄,插架亦滿一萬編。我今老懶罷書課,囊中錢亦無幾個。愧汝猶認收藏家,捆載來時但空坐。」(《甌北集》卷二八)

《偶筆》:「此老原非廊廟姿,春風兩鬢已如絲。將閒補拙書還讀,因病成高祿早辭。紈扇家描放翁貌,弓衣人繡宛陵詩。壺中有酒瓶餘粟,即是先生志滿時。」(《甌北集》卷二八)

另有《和同年黃立亭明府秦淮感遇之作》(《甌北集》卷二八)詩。

【按】黃立亭,時任儀徵令。

孫補山士毅移節粵東,前曾有詩存問,甌北賦詩作答。

《補山開府去歲在桂林寄詩存問,今已移節粵東,次韻奉答》:「遠煩書箚訪沈淪,始覺官高誼倍親。節鉞百蠻天外鎮,鬚眉千叟會中人。每聞按部冬歌袴,曾共從軍夜臥薪。捧讀瑤函還自慰,有人念我苦吟身。」「後先宦蹟兩同年,處處相尋遍瘴煙。公自尚修前輩禮,我偏不逮上官賢。千秋著述談何易,十載升沈分已懸。歷歷舊遊南徼路,何當來謁戟門前。」(《甌北集》卷二八)

【按】孫士毅《百一山房詩集》卷八收《桂林簡趙甌北翼同年》二首,其一謂:「盛世何容託隱淪?文章公等況如神。記來北國頻攜酒,謂趙君緘齋。夢醒東山冷笑人。未必歸耕能種秫,空教後起積如薪。鸞旅行慶兼求舊,莫被蓴鱸賺此身。時聖駕巡幸江浙。」其二曰:「金築分襟又十年,幕南遺

蹟渺蒼煙。傅忠勇公駐騰越時，與君同在幕下。當時同作參軍語，此地猶傳太守賢。君曾任粵西鎮安太守。千里輿闌垂橐返，上年君需次北上，至臺兒莊仍返。五更風緊峭帆懸。今春余於五更過常州，君乘舟追送不及。袛今更阻毗陵路，目極河梁落照前。」甌北《補山開府去歲在桂林寄詩存問，今已移節粵東，次韻奉答》詩後附作即此，詩、注文字略有不同。甌北詩注有「來春入與千叟會」，補山詩小注亦稱「來春在籍臣工例應迎駕，君夙荷主知，當隨入都也」。知二人酬贈詩，似寫於冬季，惟二人所述之事，略有不同。「峭風懸」句，《甌北集》所附註曰：「去臘今春，余請急歸葬，往返皆五更過君里，遂失良晤。」據此，該詩又似寫於春初。此姑依前註所述。又，《清史稿》卷三三〇《孫士毅傳》，籠統載述孫士毅由大理寺少卿，「出為廣西布政使。擢雲南巡撫。總督李侍堯以贓敗，士毅坐不先舉劾，奪職，遣戍伊犁，錄其家，不名一錢。上嘉其廉，命纂校四庫全書，授翰林院編修。書成，擢太常寺少卿。復出為山東布政使。擢廣西巡撫，移廣東」。《清代七百名人傳·孫士毅》，敘述稍詳，謂：「命纂校《四庫全書》，特授翰林院編修。四十七年，書成，擢太常寺少卿，復出為山東布政使。次年，遷廣西巡撫。又次年，調廣東，尋署兩廣總督。」甌北詩稱補山「去歲在桂林」，「今已移節粵東」，知孫補山乾隆四十八年任廣西巡撫，次年調守廣東，所述較《清史稿》詳盡。

十二月，陸耳山錫熊南歸，經常州，與甌北晤。

《喜同年陸耳山廷尉過訪有贈》：「一代奎文較石渠，由來典冊屬相如。換官獨荷非常遇，覽古應無未見書。卿月迥依青玉案，使星頻擁畫輪車。才人多少求傳世，誰似先生綽有餘。」「長安詩社紀聯賡，彈指俄驚廿載更。身退我甘為野老，位高公不改書生。九華秘殿看翔步，四海騷壇有主盟。車笠相逢惟自愧，聲名官職兩何成。」（《甌北集》卷二八）

【按】陸錫熊之事，《清史稿》卷三二〇略謂：耳山與紀昀同司《四庫全書》總纂，「旋並授翰林院侍讀。五遷左副都御史。旋以書有訛謬，令重為校正，寫官所費，責錫熊與昀分任。又令詣奉天校正文溯閣藏書，卒於奉天。陸費墀，字丹叔，浙江桐鄉人。陸費為複姓。墀，乾隆三十一年進士，改庶吉士，授編修。充四庫全書館總校，用昀、錫熊例，擢侍讀。累遷禮部侍郎。書有訛謬，上謂昀、錫熊、墀專司其事，而墀咎尤重。文瀾、文彙、文宗三閣書面葉木匣，責墀出資裝治。仍下吏議，奪

職。旋卒。上命籍墀家，留千金贍其孥，餘充三閣裝治之用。」而未敘及耳山回鄉之事。《清代七百名人傳》敘述稍詳，謂：「四十七年五月，轉大理寺卿。七月，撰《四庫全書》表文進呈，得旨獎賚。十月，因四庫館進呈原任檢討毛奇齡所撰《詩說》一書，內有字句違礙，總纂官未經簽改，得旨，交部議處，議降調，諭從寬留任。四十八年十二月，丁母憂。」據此可知，陸錫熊此次南歸，大半與母喪有關。

乾隆四十九年甲辰（1784）　五十八歲

【時事】　正月，乾隆帝舉行第六次南巡盛典。先是，四十八年正月，奉諭旨曰：「前因降旨，允江浙所請，於乾隆四十五年正月啓鑾南巡，並諭令沿途毋得踵事增華，致滋靡費。第念蹕路所經江蘇地面較多水營、行宮等事，皆不能不需用度，前四次南巡，俱曾賞給庫銀以資籌辦，因諭令高晉將現辦南巡差務需用銀兩若干，通盤核計，據實具奏。茲據高晉將上四次南巡報銷銀數及恩賞銀兩開單呈覽，並稱此次差務除添建行宮三處，餘俱撙節辦理，較之上屆所費有減無增等語，該省辦理差務所用經費，既有一定章程，上屆乙酉年曾經恩賞運庫銀三十萬兩以資籌辦，此次著照乙酉之例於運庫恩賞銀三十萬兩為辦理南巡差務之用。即著伊齡阿照數撥給，仍具折奏聞。該督撫務須董率所屬，妥協辦理，毋得絲毫科派閭閻，致滋擾累，副朕觀民孚惠至意，該部即遵諭行。至是駕發京師」二月，旗人滿斗毆殺家人鄭榮並收用其女為妾一案審結。起先，滿斗為正黃旗包衣護軍統領，曾用身價銀二十五兩，「白契買得大興縣民人鄭榮，同妻劉氏，婿高受兒，女二妞四名口為奴。滿斗令二妞在上房借宿，意圖奸占為妾，二妞不從，滿斗時常挑釁，將鄭榮夫婦打罵。鄭榮等受苦不過，於四月帶領劉氏、高受兒、二妞，逃至保人陳黑子家，思欲設措銀兩贖身。滿斗令家人二小追尋，高受兒聞風先行逃脫」。後鄭榮、劉氏、二妞為滿斗拿回，終毆死鄭榮，彊占二妞為妾。「劉氏乘空逃出，赴步軍統領衙門呈告」。滿斗經傳訊，供認不諱。滿斗身為大員，還曾隨駕至熱河，身為家主，年逾八十，竟將奴僕妻女妄行占奪，毆殺人命，按律應發往伊犂當差。乾隆帝閱刑部奏摺，於本月九日諭曰：「滿斗本應照例發往伊犂，第念其年逾八旬，著加恩准其照三品以上罪犯軍流者捐贖銀七千二百兩之例，照數繳出，仍著內務府大臣、該參領、佐領，嚴行管束，令其守分家居，不許出外滋事；著罰出銀二十兩，給

付鄭榮之家，以示懲儆。」(《康雍乾時期城鄉人民反抗鬥爭資料》上冊)三月，帝渡江，幸金山、焦山，至蘇州，幸海寧州，至尖山觀潮閣，閱視海塘。又幸杭州，閱福建水師。御試江蘇、安徽進獻詩賦士子，中選者十五人，特授內閣中書，江西中選者二人，賞給舉人。閏三月，兵部尚書福隆安卒，福康安繼其職。本月，命伊齡阿爲總管內務府大臣。四月，李侍堯以科斂富商被革職留用，命其會同固原提督剛塔平定田五之亂。五月，原江西巡撫郝碩以婪索屬員，爲兩江總督薩載論劾，逮至京師，解至熱河訊問。據薩載稱，郝碩利用職務之便，多次勒派各司道、府、州、縣屬員銀兩。七月，任陸燿爲湖南巡撫。令郝碩自裁。調和珅爲吏部尚書、協辦大學士，兼管戶部。以福康安爲戶部尚書，仍留陝西總督任。八月，以河南偃師縣任天篤九世同居，賜御製詩御書扁額。「任天篤，河南偃師人。乾隆中，巡撫何裕成言天篤九世同居，高宗賜以詩，賚鏹帛，表宅里。初，天篤祖開昌生五子，欲定議不析產，觀諸子意，納金麥囷中。子士堯、士舜得以告，開昌曰：『此天賜，汝二人取之！』以『子無私蓄』對。開昌悅，乃定議不析產。宗經傳，爲家訓，教子弟毋侈，毋急利，毋入城市，毋傳述時事，務耕田讀書，惟許學醫，亦毋取酬，不則執百工業以佐家。婦初至，長者以家訓教之，不率，令暫還母家，悟，乃迎歸。平居布衣椎髻操作，毋私饋，毋飾容觀，毋適私室。年五十不執役，寡毋入廚，稍厚其衣食。女適人，寡，毋再嫁。至天篤，上溯開昌祖光玉，下見玄孫瑞豐，通九世男婦百六十餘人共爨。吏問天篤何術能不析產，天篤曰：『不忍也！』人傳其語，謂視張公藝書『忍』字義尤大而遠」(《清史稿》卷四九九《孝義傳》)。十月，命重舉千叟宴。十二月，帝諭曰：「預千叟宴官民年九十以上者，許其子孫一人扶掖；大臣年逾七十者，如步履稍艱，亦許其子孫一人扶掖。」(《清史稿》卷一四《高宗紀五》)

本年，常熟孫原湘作《老鴉行》，刺貪官；作《太守來》長詩，述常熟官紳因爭攘農民所納租耗發生衝突，紳爲官敗，原寄紳戶的糧無效，農民被迫繳納加七外徵事。

通州曹星谷此際作《打柴行》，述城中豪彊無償奪取樵人薪事。

吳縣沈起鳳復應蘇揚地方官請，爲製迎鑾戲曲，娛樂弘曆。

武進胡文英刻所著《詩疑義釋》二卷、《補王應麟詩考》二卷。

陽湖孫星衍在陝纂《澄城縣志》二十卷。

鎮洋畢沅刻《墨子校注》十五卷、《篇目考》一卷，又《呂氏春秋新校正》

總二十七卷。

浙江盧文弨主講婁東書院，此年校刊《白虎通》。

安徽凌廷堪在揚州交汪中，中手書錢大昕等十六人姓名示廷堪，稱爲海內通人。

江陰陳瑛十應鄉試皆挫，此際以詩題《山帶閣注楚詞》。

直隸舒位以應試落選至北京，作《五雜組》詩自嘲。

直隸翁方綱跋鄭崔合祔志拓本，引明人記載，考論《會眞記》故實。

江西吳嵩梁走金陵，見袁枚。

山陽程晉芳死，年六十七。

袁枚作嶺南之遊。初，登廬山，讀《王文成紀功碑》，觀香爐峰瀑布，過柴桑抵南昌，蔣士銓力疾追陪，作平原十日飲。又登舟，從萬安至贛州，歷十八灘。遊南安丫山，度梅嶺，遊丹霞錦石岩。四月抵肇慶，遊披雲樓、寶月臺、七星岩，訪孫士毅於廣州，謁陳白沙獻章祠於江門口。又遊桂林、湖南永州。過洞庭，遊武昌黃鶴樓。（《隨園先生年譜》）

蔣士銓本年《述懷詩》有謂：「二豎忽相厄，末疾醫莫瘳。右體從此廢，語言爲呻嚘。三年支離身，所欠土一抔。」則知其病體之情狀。（《清容居士行年錄》）

張塤作《論明詩絕句十六首》，分別論及高啓、袁凱、李攀龍、李夢陽、何景明、徐禎卿、都穆、王思任諸詩家，以及竟陵、公安諸詩派。（《竹葉菴文集》卷二三）

原四川總督文綬病亡於原籍，顧光旭於五月聞知，稱：「自辛卯（乾隆三十六年，1771）六盤相遇，直至丙申（乾隆四十一年，1776）奏病回籍，言無不聽，計無不行，畢生第一知己也」，遂於九龍峰設奠以哭之。（《響泉年譜》）

三月，洪亮吉應禮部試，薦而不售。至四月四日，方以三場並薦，總裁內閣大學士蔡新、副考官兵部侍郎紀昀奇賞之。紀尤擊節五策，必欲置第一。「時內監試豐潤鄭侍郎澂以得卷遲，疑之，欲移置四十名外。紀公堅執不允，因相與忿詈不可解。總裁胡公高望調停其事，遂置不錄」。四月，出都，由山西赴陝，以資斧告匱，迂道訪沈運使業富於運城。（《洪北江先生年譜》）

程景傅校訂其兄景伊文集已竣，付梓。趙懷玉賦《程廣文丈景傅校其兄

文恭公集付梓，因成二詩見示，即次元韻》以紀其事。

【本事】春，甌北偶經南村，睹物生情，對早年一段情感仍糾結不已，賦詩以見意。

《南村》：「簾影春風一笑情，重來門巷已全更。回思四十年前事，獨立蒼茫似隔生。」（《甌北集》卷二八）

《齒痛》（《甌北集》卷二八）亦寫於此時。

【按】此類情感，甌北每流露於詩。《過城東小桃園》：「重過桃園蹟已陳，花朘依舊錯燈鱗。傷心紅雨亭邊路，只見桃花不見人。」（《甌北集》卷二八）《再過城東小桃園》：「少年曾此屢經過，腸斷韋娘一曲歌。今日重來頭已白，不知何事淚猶多。」（《甌北集》卷四六）似不僅僅是運典敘事，還隱然有弦外之音，與本作對讀，或可窺見其心蹟。「簾影春風」雖是在用典，但也隱含時令節候。

三月，乾隆帝第六次南巡至揚州。甌北前往迎駕。

《舊譜》：「先生年五十八。恭逢皇上南巡，迎駕於揚州。」

九、十月間，甌北應兩淮鹺使全德之約，由真州樂儀書院，移主揚州安定書院教席。

《舊譜》：「是冬兩淮鹺使全公德請主安定書院講席。先生以揚州距家不遠，可作近遊，乃就之。時揚州在籍鄉官，多京華故人。謝少司寇溶生、秦觀察黌、張翰編坦、吳翰編以鎮、沈運使業富皆翰林前輩，晨夕過從，頗極詩酒之樂。自是兩年，皆在揚州。」

《自樂儀書院移主揚州安定講席，呈在籍謝未堂司寇、秦西巖觀察，張松坪、吳涵齋兩編修，皆詞館前輩也》：「蹤蹟頻年寄樂儀，邗江復忝廩虛糜。地原董相傳經舊，學愧侯芭問字奇。聞者或疑騎鶴背，生來只慣擁烏皮。卻嗤林下斯文席，也似官階有量移。」「名都人物萃朝簪，居里猶餘四翰林。履道衣冠唐洛下，禊亭觴詠晉山陰。地多耆舊應編傳，社有詩篇互賞音。到此自慚年輩晚，論科都比野夫深。」（《甌北集》卷二八）

【按】安定書院，《欽定大清一統志》卷六六《揚州府》謂：「安定書院，在府治東北三元坊。本朝康熙元年建，四十三年聖祖南巡，御書『經術造士』額，恭懸堂內。」《江南通志》卷九〇《學校志·書院》：安定書院，「在江都縣治東南三元坊，國朝康熙元年，鹽使胡文學建，以祀宋儒胡瑗。」《揚州畫舫錄》卷三曰：「安定書院在三元坊，建於康熙元年，

巡鹽御史胡文學剏始，祀宋儒胡瑗。雍正間，尹鑅使增置學舍，爲郡士肄業之所。延師客藝，以六十人爲率，並合梅花書院一百二十人。聖祖南巡，賜經述造士額懸其上。」

《甌北集》卷二八於本詩後附有秦黌和詩，曰：「早向雲逵拂羽儀，不將好爵盡拘縻。天南萬里經層險，甌北千篇蘊六奇。講席久多房與杜，吟情還似陸同皮。董帷開處都成市，書局隨他郡縣移。」「笑看素髮憶華簪，日下追思到故林。三度蓬壺懷往蹟，壬午、癸未、丙戌皆與君同分校之役。兩城桃李謝新陰。薩制府、伊鹽憲先後聘余主鍾山、梅花兩席，皆以病辭。憐吾衰也支離狀，喜子戞然金玉音。從此三多文酒約，好憑寒月話更深。」

秦黌（1722～1794），《國朝御史題名》謂：「（乾隆二十八年）秦黌，字序唐，號西巖，江蘇江都人。乾隆壬申科進士，由翰林院編修考選掌四川道御史，轉岳常澧道。」《揚州畫舫錄》卷三：「秦黌，字序堂，號西巖，江都人。進士，官翰林編修，出爲岳常澧道。工詩文，有詩文集若干卷。子恩復，字惇夫，進士，官翰林編修，淹通經史，有校訂《鬼谷子》及《封氏見聞錄》諸書。」《湖海詩傳》卷一四曰：「秦黌，字序唐，江都人。乾隆十七年進士，官至岳常澧道。有《石研齋詩鈔》。」《淮海英靈續集》庚集卷一謂：「秦黌，字序堂，號西巖，晚號石翁，江都人。乾隆壬申進士，官編修。己卯，主廣東試。庚辰、乙酉，主山東試。辛巳、癸未、丙戌會試同考官。壬午順天同考官。改御史，劾部曹在任守制二人，外轉湖南嶽常澧道，告養歸。卒年七十三。門下士董相國□林表其墓。著《石研齋詩鈔》。子恩復，乾隆乙未進士，官編修。」

秦黌之生年，一般無疑義。顧光旭《石翁吟秦西巖同年六十自署曰石翁作詩緘寄走筆次韻》亦可證。詩曰：「我昔巴山歸，長風起江介。萬里東吳船，得見天地大。桂漿酌北斗，木瓢分沆瀣。日照雪山雪，蜀犬吠其怪。脫身礬巂中，夢寐巖巇內。謫仙本非謫，醉翁亦非醉。長吟摩詰詩，松風吹解帶。石翁正六十，我未能往拜。卻聞越中游，鄂君青翰蓋。西巖以遊杭詩見寄。」「作計登君堂，脫帽向君笑。戞擊宣八風，宮商含萬竅。既無緣木求，詎竦攢峰誚。我何知磬心，聊欲見石貌。暌隔十五年，素履亦同蹈。停琴朝漉酒，弄月夜垂釣。頗聞上皇山，人以異石告。相視兩莫逆，或謂此翁傲。吟君石翁吟，知非阿所好。」「石亦不知老，翁亦不言壽。回憶通籍初，君壯吾尚幼。並馬謁金門，聯吟聽曉漏。境過不可留，

臨觴輒懷舊。六合共清寧，百年如長晝。修禊追永和，雅集陋元祐。頗
師杜老律，不學賈島瘦。相期復何處，霜前黃菊候。努力愛景光，日新
銘又又。」（《響泉集》詩一五）據此，知其晚年嘗以石翁自號。其卒年，
《江蘇藝文志・揚州卷》作乾隆五十七年（1792），《清代人物生卒年表》
依據甥子恩復《石研齋書目序》「庚戌（乾隆五十五年）歸里，奉諱家居」，
判定其卒於乾隆五十五年（1790）。然據《甌北集》，乾隆五十六年（1791），
甌北尚爲其祝壽，並寫有《西巖前輩七十壽詩》（《甌北集》卷三四），直
至乾隆五十九年（1794），秦黌始去世。甌北曾專程赴揚州弔唁，並賦《到
揚州追悼西巖前輩》（《甌北集》卷三七）一詩。由此可知，秦氏之卒年，
當以乾隆五十九年（1794）爲是，上述二書所載似皆有誤。

　　吳錫麒《秦西巖前輩遺集序》：「余往來維揚者屢矣。典型之仰，易
謝乎老成；文獻之征，不忘乎耆舊。若夫五世著述，一時宗師，傳符止
足之名，集表歸田之號，如秦西巖先生者，一旦風流徂歇，逝水蕭條，
歡若平生，北海之尊渺爾；辱在知己，西州之淚泫然。所謂其室則邇，
其人已遠者，不共感乎？猶憶紅橋冶春，渌水延夕，載一石之酒，搖六
柱之船，鷗鷺如迎，樓臺若畫，煙當路直，雲與山平，園無日涉之主人，
竹有徑造之佳客，借琴言而輔志，托觴情而助談，歌吹無嘩，謠詠間作。
其時則有金棕亭教授、汪對琴比部、家並山山長，莫不襟高霞上，響激
松間，或鬮韻而分吟，或拈題而賭唱，留常十四，契結三生。今觀先生
集中，則姓氏尚存，光景如昨，履綦不沬，文字傳之矣。或謂先生軒冕
收華，林泉養素，偶涉煙豪之趣，彌高夷白之懷，似乎天爵自尊，人文
匪重，不知符朗敦心經籍，貴乃益專；趙逸耽味典墳，老而不倦。古人
業無息版，學等剞心，曾何憚勤勤於述哉？況先生翺翔禁近，出入承明，
擅三長之才，膺九能之選，當夫朝珂曉度，宮炬宵燃，鳳在梧鳴，魚從
藻躍，推其博識，辨乾德之年；鬱爲文章，樹建安之骨，雍容揄揚，故
頌聲作也。及至弭節於荊襄之地，揚旆於江漢之間，種召舍之甘棠，詠
庾樓之明月，則又借才於小雅，招字於騷人，銅皷聲豪，竹枝調苦，所
過黃陵之廟，青草之湖，猿狖雲中，鷓鴣雨裏，淒異相引，幽微莫窮，
山水有靈，可通諸情性；薜蘿在眼，若接其晤言。莫不振袂神飛，搖鞭
句就，傳鈔十手，流唱千秋，豈獨胡威之絹可標清、羊祜之碑能墮淚已
哉？宦遊既倦，鄉思俄催，止水盟之初衣遂矣。於是柴荊偃息，親戚談

諧，長者之車，時填於巷；門人之酒，復候於庭。揚州又南北之沖，衣冠畢輳，先生市銅山之馬骨，開邗水之龍門，每款停雲，亦招今雨，展苔襟而聯葭席，陳楚膩而進吳酸，金谷之筵，賞罰兼麗；選樓之目，贈答並登。髮露天眞，咀含道味，此則秋聲館在，足增學士之幽吟；春夢婆逢，更啓坡公之悟境者已。余以丁巳春，來主安定講席，時先生已遊神天上，椶亭、幷山俱戢影人間，惟對琴以城南之禿翁，振竹西之餘韻，寒齋晉接，情話周遮，追念曩遊，未嘗不歎先生之芬響猶存，爲之低徊而不能已也！所幸令子敦夫太史，清華克繼，文采相仍，正始之風，式宏於王粲；後來之秀，欲過乎杜棲。謂余與先生有夙好之敦，屬以一言，弁遺編之首。鄰家笛咽，海上琴孤，鶴已蛻乎？雲衣雁更，尋乎雪爪，引伸前事，紬繹華篇，才愧學山，功勤贊水，比微之之編長慶，願托交遊；如元晏之序太冲，惟餘嗟歎而已。」（《有正味齋集》駢體文卷五《序三》）

　　清盧文弨爲秦黌父秦熙撰有《贈中憲大夫予寧秦公墓誌銘（癸巳）》，文曰：「乾隆三十八年秋，余同年友江都秦黌以將奉其母趙太君之匶，祔葬於其考中憲公之塋，使使來告文弨，曰卜以今歲十一月十九日吉昔，先考之葬銘尚有待也，今以吾母祔，當合爲銘以屬子。文弨於是考其家狀，因歎中憲公與恭人皆以孝友篤天倫，爲足以挽薄俗而使之厚也。公諱熙，字予寧，先世陝西三原人，其遷揚州之江都，至公考來劬公，七世矣。康熙十六年舉於鄉，授中書舍人。生四子，公其仲也。十歲而孤，母鄭安人苦節撫教之。公前母兩安人皆王氏，後王安人生兄，庠生與權公，念父兄皆以儒爲業，亦惟苦志讀書，庶可爲劬勞報，繼而家日以落。伯兄與公異居，公同母二弟尚幼，不能治生，大懼甘旨有缺，不得已始棄經生業。此公畢生隱憾也。繼連居母與兄之喪，摧毀欲絕，殯葬諸費，一皆身任之。且撫兄之仲子賓爲子，賓爲郡庠生，日望其昌大先人之業，愛誨備至。顧又不幸早歿，婦俞無子，公已自有子黌，謂黌他日生男，當後之。其訓子也嚴，未嘗少有姑息，朝夕必垂泣警戒曰：『先人世業，竟忍終墜邪？』黌以乾隆十二年舉於鄉，十七年壬申恩科成進士，選入詞館，爲庶吉士，即乞假歸省。公率之祭中翰公之墓，未至數里即卻輿步行。及墓，展拜且告曰：『今而後，差可對先人於地下矣。』一慟，幾不能起，歸而臥病，不旬日遂卒。乾隆十八年五月初七日也，年六十有

九。娶恭人趙氏，同邑歲進士、候補訓導諱豫吉之第三女也。世居邵伯埭，爲著姓。今其地隸甘泉。恭人年十七來歸，事姑孝，待娣姒如同生，念中憲公嗣續未廣，爲置側室熊，生覺，撫摩鞠育，一日不忍離。後就養入都，攜以自隨，及聞熊病，亟命歸視，竟賴以瘳。初賓之爲子也，恭人撫之如實己出。賓亡後三十年，釁官湖南，始舉次子恩楚。恭人諭釁曰：『以汝子爲兄後，汝父命也。兄本汝世父子，世父生時，尚有二子，今皆已歿，無後，大宗不可絕。今當以汝新生子後汝兄，而仍歸宗於汝世父。俟其免乳，即歸告於廟而立之。亟傳語汝嫂，庶使其三十年苦節之貞，亦藉以少慰也。』俞旋沒，即命襁褓子成服。恭人之明於大義類若此！乾隆三十七年七月十三日卒，年八十有六。嗣子賓，已歸宗。其爲之後者，復殤，今舉其見在者，子二人，釁，由翰林院編修歷湖南嶽常澧道；覺，台州臨海縣丞。女三，庠生陳詩、高成璿、庠生潘瑢，其壻也。孫四，恩復、恩海、恩誥、恩蔭。孫女一，許字程菊生。公國學生，以子貴，勅贈承德郎，翰林院編修加二級，晉贈中憲大夫。恭人敕封安人，晉贈恭人。墓在揚州城北仙源橋祖塋之旁。」（《抱經堂文集》卷三四）

謝未堂，即謝溶生。《揚州畫舫錄》卷三謂：「謝溶生，字未堂，儀征人，東晉太傅之後。工制義，與兄浤生齊名，稱『二謝』。時陳桂林相國守揚州，賞其文，以女妻之。成進士，官至刑部侍郎。子士松、士樗、士樹，皆名諸生。」《清代人物生卒年表》，稱其生於康熙五十四年（1715），卒於嘉慶六年（1801）。

張松坪，即張坦（1723～1795），《江蘇藝文志・揚州卷》未收。甌北《松坪前輩枉和前詩，再疊奉答》（《甌北集》卷二八）詩曾稱其「一堂弟兄兩詞林」，並於詩注中曰：「令兄秋芷，乙丑館選。」坦，字芑田，號松坪、蓮勺、拙娛老人。「先世著籍臨潼，以籌鹽筴僑江都。與仲兄馨同舉於鄉，三十成進士，一試中書，再任編修，一典湖南鄉試。年甫逾彊仕，歸休平山。卒於乾隆六十年，壽七十有三」（章學誠《爲畢制軍撰翰林院編修張君墓誌銘》，《章氏遺書》卷一六）。（《忠雅堂集校箋》，第825頁）

秋芷，即張馨，秋芷乃其字，一作琢圃，山西臨潼人。乾隆九年解元，乙丑進士，歷官編修、御史、戶科給事中。《江蘇詩徵》引嚴傑云，

其乞假歸後，與弟松坪居揚州不復出，築十畝園爲觴詠之所，延接名流，文酒之社無虛日。（《忠雅堂集校箋》，第 825 頁）《揚州畫舫錄》卷一五謂：「張馨，字秋芷，解元，成進士，官御史。弟坦，字松枰，進士，官翰林。兄弟以文名於世，著有詩文集。」張坦婿吳尊楣亦工詩。《揚州畫舫錄》卷一三謂：「吳氏尊德，字賓六，徽州人，世業鹽法。弟尊楣，字載玉，工詩，爲張松坪太史之婿。吳氏爲徽州望族，分居西溪南、南溪南、長林橋、北岸岩鎮諸村。其寓居揚州者，即以所居之村爲派。」

吳涵齋，即吳以鎮，字涵齋，歙縣人。乾隆十七年進士，散館不仕，家富於財。甌北《挽唐再可》（《甌北集》卷三五）一詩收在乾隆五十七年壬子所作詩卷中，詩注稱「涵齋去歲歿」，此涵齋當爲吳涵齋以鎮。據此，吳以鎮卒年應爲乾隆五十六年（1791）。

涵齋女亦有文名。袁枚曰：「吳涵齋太史女惠姬，善琴工詩，嫁錢公子東，字袖海。伉儷篤甚。錢善丹青，爲畫探梅小照。亡何，錢入都應試，而惠姬亡，像亦遺失。錢歸家，想像爲之，終於不肖。忽得之於破簏中，喜不自勝，遂加潢治，遍求題詠，且載其《鴛鴦吟社箋詩稿》。《贈夫子》云：『白雲紅葉青山裏，雙隱人間讀道書。』後入夢云：『已托生吳門趙氏。郎可以玉魚爲聘。』錢因自號玉魚生，賦詩云：『可憐女士已成塵，翻使蕭郎近得名。聽說只今吳下路，歌場人說玉魚生。』」（《隨園詩話》卷一六）

以上諸人多有交遊唱和，顧光旭《書前後六客詩後並序》序謂：「癸卯冬月，盧抱經學士、錢籜石宗伯先後南歸，舟至邗上，時吉渭崖京兆、蔣春農中翰館於揚，秦西巖觀察、張松坪、吳涵齋兩太史門閭相望，先後讌集，遂作前後六客詩，彙爲一冊，渭崖首唱爲之序。甲辰二月廿一日，余至揚，得觀於涵齋齋中。率爾有作，呈諸同年。」詩曰：「吾榜多得人，至今皆老矣。憶昔海昌師，七十而致仕。小山師亦然，自謂能知止。名位姑勿論，性情乃相似。鶴立群英中，復有嵩夫子。所以諸及門，頗多狷介士。方當意氣盛，三公不屑視。笑談班馬間，揖讓皋夔裏。進退雖不同，出處無二理。迨余出京師，生死可屈指。范給諫棫士邵侍讀嗣宗相繼歿，復哭秦學士大士與紀太僕復亨。籲嗟人間世，雪泥鴻爪耳。俛仰三十年，變遷有如此。今觀六客詩，氣誼古無比。維揚實通都，五君謂吉蔣

秦張吳亦近市。錢盧相經過，合併遍逾美。令我憶京華，招邀在尺咫。傷哉山陽笛，歲月去如駛。宗伯渡江後，訪我梁鴻里。置酒與道故，相對且歡喜。盧公去何時，我心溯中沚。安得分風來，北帆渡江水。南帆臨具區，使我望玉趾。灑埽漪瀾堂，登樓看雲起。來或騎鶴來，去即乘赤鯉。敝居水中央，雙橋草堂是。」（《響泉集》詩一六《松風閣藁一》）

全德齏使出任兩淮，不會遲於本年四月。《清史稿·高宗本紀》明確記載，乾隆四十九年閏三月，「壬戌，上幸江寧府。甲子，祭明太祖陵。乙丑，上閱江寧府駐防兵。戊辰，上渡江。丙子，上祭河神，渡河。以伊齡阿為總管內務府大臣。」全德繼其任，當在伊齡阿內遷後不久。他上任未久，就參奏前任兩淮鹽政伊齡阿溢借商人銀兩及私欠銀兩事，奏稱，「兩淮商人向有賞借營運生息銀一百二十六萬二千兩，另賞借總商江廣達營運生息銀三十萬兩，俱存貯運庫，遇有辦公、辦貢等事，各商等赴運司衙門領借。四十七年至四十九年春，前任鹽政伊齡阿准商借銀四百六十三萬兩，除按引歸還二百二十九萬兩外，尚未完銀二百三十三萬餘兩。經查修理行宮、座落萬壽重寧寺及各處廟工並船隻、道路各項只用銀四十餘萬兩，其餘四百二十餘萬不知作何開支。」（《清史編年》第六卷）六月初，乾隆帝即命江蘇巡撫閔鶚元前往揚州清查。如此看來，甌北出任安定書院教席，不會晚於十月份，或在初冬之時。

全德，自署愓莊主人，滿族戴佳氏，故或稱戴全德。曾著有《輞川樂事》、《新調思春》單折雜劇二種，總稱《紅牙小譜》，另有《當陽詩稿》、《詞稿》各一卷。對這樣一位劇作家的生平事蹟，我們卻知之甚少，戲曲論著亦很少敘及。即使偶爾涉及，也不過零星數語。

莊一拂《古典戲曲存目彙考》卷八「中編雜劇五」著錄有《紅牙小譜》，並於作者下稱：「字號、里居、生平皆未詳。」蔡毅《中國古典戲曲序跋彙編》卷九，在介紹作者時，則謂：「戴全德，自號愓莊主人，字、里居、生卒年皆未詳。」所以，鄧長風先生在其所著《明清戲曲家考略三編》的《二十九位清代戲曲家的生平資料》（美國國會圖書館讀書箚記之四十四）一文中說：「對於戴全德的生平，近代戲曲史家，似迄未見有揭明者。」又根據清人王汝璧《銅梁山人詩集》卷二四《挽全愓莊榷使》一詩之內容，「推定戴全德生於雍正九年（1731）前後」，並說，這一推論，「相信略近事實。他大約得年七十二歲」。所論的確與事實相去不遠。

然對其生平事蹟，仍有進一步鉤稽之必要。

　　戴全德是一位與風雅文士有著廣泛交往的理財官吏，趙翼（字雲菘，號甌北）便是其友人之一。《甌北集》係編年體，每卷詩均有干支紀年。此集乃甌北在世時手自編成，自然具有可信的史料價值。在《甌北集》卷二九（自注：乙巳。即乾隆五十年，1785），收有甌北《贈鹺使全惕莊》一詩，謂：「禁林曾記附班行，今日相逢各老蒼。趨直東華談往蹟，理財南國拜封章。能將國事爲家事，更看官場似戲場。怪底鹺綱喧熱地，與余書館一般涼。」既然他們當年曾一同「趨直東華」，自然是「京師故人」。主持鹽政，歷來被仕途奔波者視作利益之淵藪，趨之若鶩者大有人在，而全德「看官場似戲場」，官署與「書館一般涼」，爲人之情操於此可見。本作即寫於乾隆五十年（1785）清明節後不久。又據《甌北年譜》，乾隆四十九年春，乾隆帝第六次南巡，甌北迎駕於揚州。至秋、冬之交，「兩淮鹺使全公德請主安定書院講席。」可知，本年全德已來揚主兩淮鹽政。但究竟何時來揚，還得進一步考索。甌北又於乾隆四十八年（1783）春，寫有《鹺使伊公枉招賦贈》一詩。當時，甌北赴儀徵主樂儀書院講習，或是借助伊公之力。此處「伊公」，當爲全德的前任兩淮鹽政伊齡阿。如此看來，全德出任兩淮鹽政，或在乾隆四十九年（1784）三、四月份之間。

　　那麼，全德又是何時離開揚州的呢？這又同樣可以在《甌北集》中找到答案。乾隆五十一年（1786），甌北曾寫有《送惕莊鹺使內遷熱河總管》（《甌北集》卷三十）兩首詩，其一曰：「淮南秋老雁飛時，正送嚴裝謁玉墀。劉晏所營皆久計，韋丹雖去有餘思。頻年心力勞輸挽，今日情懷感別離。稍喜官班依紫籥，鶯遷迥在上林枝。」其二曰：「熱河形勝擁千山，此去常欣奉帝顏。宮闕行都清暑地，簪裾仙界侍晨班。官閒燕寢凝香坐，身健龍沙射獵還。是我當年舊遊處，憐今不及共追攀。」從詩中「秋老雁飛時」語句來看，全德此次內遷當是深秋。他乾隆四十九年春赴兩淮鹽政任，五十一年秋內遷，首尾恰是三年。按照當時規定，三年一大計，循例當遷轉。而此去又是往熱河（今河北承德）行宮任總管，爲四品職銜。出任此職，不僅「熱河形勝」足以使人賞心悅目，且又「常欣奉帝顏」，故甌北寫詩作賀。

　　至乾隆五十七年（1792），甌北又寫有《壽惕莊鹺使六十》（《甌北集》

卷三五）兩首詩，詩中謂：「共喜木公金母宴，正當浴佛飯僧時」，並自注曰：「公與夫人生辰在四月八九兩日。」據此可知，全德生於雍正十一年（1733）農曆四月初八。鄧長風先生推論，戴全德當生於雍正九年（1731）前後，與事實正相去不遠。全德既已內遷熱河總管，遠在數千里之外，甌北怎能給其祝壽？詩中何以稱「一片廣陵歌舞地，滿城誰不祝蕃禧」，「百年士女春遊地，千里江淮月進錢」？這又給研究全德生平設下霧障。其實，細細尋繹，便可發現，本年相距全德內遷已達六、七年之久，他可能是於任熱河總管後，又再來主兩淮鹽政。

　　然而，這一次任職於揚州，卻遠沒上次平靜。他的後任官員柴楨的一樁貪污案的暴露，也給他帶來不少麻煩。據《清史稿》三三九《福崧傳》載：「（乾隆）五十七年，疏請補修海塘石工，與前巡撫琅玕改築柴壩異議，上命江蘇巡撫長麟往按，請如福崧議。浙江鹽道柴楨遷兩淮鹽運使虧帑，私移兩淮鹽課二十二萬補之。兩淮鹽政全德疏劾。上以福崧領兩淮鹽政慮有染，奪官，以長麟代之。」

　　又據《清鑑綱目》（卷八）乾隆五十八年：「先是兩淮鹽運使柴楨，以挪移商人鹽課二十二萬兩伏誅。錄其簿書中，有「饋福公一千兩」之語。所謂福公，實為尚書福長安，非福崧也。而崧素為和珅所嗛，因嗾其私人齮使戴全德坐贓於崧。帝命解京廷訊。崧揚言當見帝盡發珅隱，珅乃改易獄詞激帝怒，命於中途賜死。」

　　全德是否和珅「私人」難以坐實，但他「在揚州以劾奏虧帑事，亦有小警」（《甌北集》卷三六《杭州謁惕莊齯使時由兩淮調任兼理織造》之二「白簡星馳挽不回，風聲小警殷其雷」下自注）。可見，全德上疏彈劾柴楨「私移兩淮鹽課」，並詞連福崧，乃是實事。也就是在乾隆五十七年（1792），全德便調任杭州，仍主鹽政併兼理織造。甌北《杭州謁惕莊齯使時由兩淮調任兼理織造》一詩，寫於乾隆五十八年（1793）農曆四月間。若全德由兩淮調杭是本年，那麼，剛分攜未久的甌北，未必隨即「扁舟訪舊浙江潮」。所以，將全德赴杭州任職時間定在乾隆五十七年秋冬之際，較合事理。

　　另外，全德《紅牙小譜》「自序」謂：「余蒞潯陽者三載，視権之暇，日坐愛山樓以筆墨自娛。詩詞而外，旁及傳奇、雜曲。花晨月夕，聊以適性而已。戊午夏，移官江蘇，檢視行篋，得新劇二齣，付諸剞劂。外，

西調小曲，另分兩帙。雖雕蟲小技，大雅弗尚，而世態人情，頗有談言微中者，比諸白傅吟詩、老嫗都解可也。爰書數語以弁其首。嘉慶三年季秋下浣，惕莊主人自敘於尚衣官舍。」

全德自稱在潯陽（江西九江）視榷三載，依此而論，他當在乾隆六十年（1795）歲杪赴潯陽榷使任，至戊午（嘉慶三年，1798）夏又「移官江蘇」。《序》中所稱「尚衣官舍」，即織造監督府署。清代的織造監督，「掌供應宮廷及公用之絲織物」，「事實上為內廷之採辦官，經常進獻珍奇之物。關於內廷之任務有專奏權」（清黃本驥編《歷代職官表》附「歷代職官簡釋」）。當時，在江寧、蘇州、杭州各設有織造署。織造監督，簡稱織造，通稱尚衣。由此可知，全德本年的移官江蘇，所擔任的乃是織造之職。但究竟是在江寧還是在蘇州任職呢？這同樣在《甌北集》中可以找到答案。

甌北又寫有《全惕莊織造七十壽詩》二首，其一謂：「海籌添報日初寅，正是香天浴佛晨。宦績不離財賦地，官資久屬老成人。笙歌十部吳趨曲，燈火千檣滸墅津。舉案共欣同介慶，迦陵仙韻共鳴春。」（《甌北集》卷四四）本作寫於嘉慶七年（1802），上距全德「移官江蘇」已達四、五年之久，且以織造稱之，並敘及蘇州風物。可知，全德所任乃蘇州織造。詩中又稱：「燈火千檣滸墅津」。滸墅關，在江蘇吳縣西北二十五里。《清史稿》五八《地理志五·江蘇蘇州府》謂：「織造兼督滸墅榷關駐。」由此可知，全德當年所任乃蘇州織造而兼滸墅關監督，故甌北詩有「宦績不離財賦地」、「燈火千檣滸墅津」之語。至本年初冬，全德便被改授內務府總管造辦處官員。甌北在本年所寫的《惕莊織造入覲恩授內務府總管造辦寄賀》詩之一謂：「才送朝天絳節遄，喜聞晝接荷榮遷。久勞治賦江淮上，從此依光日月邊。八作司稽都料匠，六官書補考工篇。早知北上留南轍，悔不臨歧設餞筵。」（《甌北集》卷四四）足可證明。然而，就在這一年的歲末，即北上赴任未久，全德便病逝於京都。甌北在《哭惕莊總管之訃》中寫道：「縞紵論交二十春，訃來那禁黯傷神。貧惟鮑叔心知我，貴不宣明面向人。方喜清班依殿陛，尚聞遺愛在關津。考終正及還朝後，天意分明報藎臣」，「卿月班聯近紫宸，方憂道阻見無因。豈期一別真千古，如此相知有幾人？高塚松楸丹旐遠（自注：公已預營葬地），舊壇車笠白頭新。生平不灑無情淚，今日羊曇濕滿巾。」（《甌北集》卷

四四）知遇之感，哀傷之情，溢於言表。鄧長風在文中稱，王汝璧於嘉慶七年壬戌（1802）所寫的《挽全惕莊榷使》一詩，「是今所知戴全德卒年的唯一記載」（《明清戲曲家考略三編》），顯然不確。甌北在同一年所寫《哭惕莊總管之訃》詩，又是另一確證。

鄧先生還根據《國史列傳》所載王汝璧因查審劫犯馬十不力被革職並「發往軍臺效力」一事，以及王氏所寫《挽全惕莊榷使》中「蘭州一載共瀠洄，雅度真如千頃陂」詩句推測，全德也可能於乾隆五十五年（1790）「有過獲罪遭譴的波折，唯經過已難知其詳」（《明清戲曲家考略三編》），但從甌北酬贈全德的詩作中，卻找不到此類事的任何蛛絲馬蹟。倘若全德果真在這一年有過「獲罪遭譴」的經歷，後來能否馬上官復原職，照樣來主兩淮鹽政，亦在不可知之中。王汝璧就因上述事件牽累，後雖得開釋，但已由保定知府降為宣化同知，便是一明證。（《清史稿》卷三○九《王汝璧傳》）

如此看來，全德乃生於雍正十一年（1732），卒於嘉慶七年（1802），享年七十歲。生平所任乃兩淮鹽政、浙江鹽政兼杭州織造、九江榷運使、蘇州織造兼滸墅關監督、熱河總管、內務府總管造辦處官員等職，多為料理財賦之官。（亦可參看拙著《中國古典戲曲小說考論》，吉林教育出版社 2004 年版，第 72～76 頁）

與同年蔣春農宗海，闊別三十載，相見於邗上，倍覺情親。

《蔣春農同年別三十年，相見邗上，話舊有贈》：「聯步同趨朵殿東，推君詩筆最豪雄。早收宦蹟原奇士，老仗才名作寓公。對榻青燈新夜雨，翻階紅藥舊春風。已經三十年相別，莫怪俱成白髮翁。」（《甌北集》卷二八）

【按】蔣宗海（1720～1796），《清代人物生卒年表》據蔣桱《春農府君行狀》著錄，其字星巖、一字天津，號春農。《揚州畫舫錄》卷三則稱，「字春農，鎮江丹徒人，進士，官內閣中書，博覽群籍，學在何義門、陳少章之間。」《樞垣記略》卷一八：「蔣宗海，字春農，江蘇丹徒人。乾隆壬申進士，二十年正月由內閣中書入直。」汪啟淑《續印人傳》卷五《蔣宗海傳》謂：「蔣宗海，字星嚴，號春農，江蘇丹徒縣人。體幹魁梧，性資靈敏，識量不凡，望而知為棟梁之器。垂髫應童子試，輒冠其曹偶。乾隆壬申春，以恩科舉於鄉。是年秋，即成進士。出江右裘文達公之門，官內閣中書，馴雅該博，聲譽噪日下。攻古文，師家鈍翁，隸書摹漢桐

栢廟碑，精賞鑒，雖老骨董不及也。工篆刻，文秀精雅，蓋專摹文國博而參漢印之純整一燈者，不輕爲人製，獨許予爲知音，曾鐫贈數鈕。又善丹青，頗具蕭疏雅澹之趣，不屑蹈襲畫家窠臼。與同邑夢樓王太守文治齊名，爲時並重。尤篤內行，年僅四十即乞養里居，歷二十餘年不出。或甘旨不繼，賣文以自給，所著有《春農吟稿》若干卷。」袁枚《隨園詩話》謂其初掌教眞州，後移主揚州梅花書院。《留別諸生》詩曰：「自慚頭腦太多烘，兩載鑾江作寓公。提舉原如宮觀例，量移還與職官同。痕留雪爪棲難定，老困鹽車步未工。卻憶來時春正晚，海棠飛雨墮階紅。」「風雪交加臘盡時，臨歧握手意遲遲。豐碑昔拜文丞相，遺像今瞻史督師。山長頭銜聊復爾，英雄末路合如斯。諸生莫作攀轅計，撰杖重遊未可知。」其處世之態度，由此可知。蔣宗海與顧光旭、趙懷玉、黃達等有交往，見《響泉集》詩卷一五、《亦有生齋集》詩卷八、《一樓集》卷九。

與唐再可思，曾聚首於滇南，今又會晤於揚州，以詩相酬。

《晤唐再可明府，余昔從軍滇南，君方攝騰越州也》：「忽見天南一故人，隔江相望久馳神。曾經共踏黃茅瘴，何幸俱留白社身。旅館影孤欣舊雨，戰場事往付前塵。喜君鬚鬢還如漆，高臥平山已十春。」（《甌北集》卷二八）

【按】《甌北集》卷二八此詩後附有唐思和詩，曰：「年來蹤蹟與君同，歷盡關河逐轉蓬。萬里相從征戰後，半生多在別離中。何期此日登龍客，共惜當時失馬翁。東閣官梅初放處，好將文物坐春風。」

唐思，字再可，號鵠巢，江蘇江都人。《淮海英靈集》丙集卷四載其生平曰：「唐思，字再可，江都人。紹祖季子，官雲南知縣。讀書學詩外，尤善騎射劍槊。乾隆甲戌，援江賑例，試令雲南之呈貢縣，旋攝騰越州事。是時緬匪跳梁，曩送關最逼。賊眾數萬將至州城，守兵先爲副將某率領他往，餘不滿百，居民恟懼欲竄。再可持矛躍馬，出謂眾曰：『賊至，吾分與城俱死。君等即走卒，遇賊恐亦不免。若能各持刀杖，示賊無懼心，彼或望而生疑，可不戰而卻也。縱不幸而城破，我當先諸君奔敵，賊獲我則意滿，諸君四散未晚。』眾皆感奮從之。賊疑其有備，不敢進，由是州境得全。甲午歸里，乙巳卒，年七十有一。著有《鵠巢詩集》若干卷。」《淮海英靈集》稱其「乙巳卒，年七十一」，有誤。本年

歲末，甌北尚有《唐再可以油酢生果及糖蹄饋歲，賦謝》（《甌北集》卷二九）一詩，說明其健在。次年丙午（1786）又有《和再可立秋日感懷之作》（《甌北集》卷三〇），乾隆五十七年壬子（1792）作有《挽唐再可》（《甌北集》卷三五）詩，且稱其「蕭閒七十翁，髮不白一縷」。知其卒於乾隆五十七年（1792）。若得年七十一，當生於康熙六十一年（1722）。《江蘇藝文志·揚州卷》以《淮海英靈集》爲據，推論其生卒年爲 1714～1785，似誤。

蔣士銓《送唐再可》詩曰：「誰令屈宋作衙官，上苑無枝寄羽翰。萬里冰銜書大令，三年詩思滿長安。相輕已破文人例，投分眞成骨肉歡。卻悔鐙筵多引避，自來君子定交難。」（《忠雅堂文集》卷九）

清樓錡《送唐再可應京兆試》詩謂：「與君結交十載餘，嶔崎歷落吾不如。賦詩橫槊爲歡娛，時清有才貴展舒。昂藏固是名家駒，文采要亦丹山雛。平生吐論忠義俱，飽食碌碌羞侏儒。君家世讀中秘書，肯容獨抱荒山鉏。翩然挾策遊鴻都，落花滿路飄征裾。龔王風雅今豈無，謂合肥尚書新城司寇。明經薦達朝大夫。忍使英俊沈泥塗，嗟予所好非吹竽。齊門往往遭詆誣，試看滄海探驪珠。石渠繼蹟良偉歟，早晚榮問傳鄉閭。」（《於湘遺稿》卷四）

清閔華《依宋人韻贈送唐再可試京兆》詩謂：「唐生倜儻才有餘，豐年之玉曾不如。漁經獵史爲清娛，置身上下濤與舒。春風忽策轅下駒，於時鴖鳥方乳雛。行衣短後橫劍俱，意氣壓倒圓冠儒。君家世讀東觀書，終焉肯把田間鉏。幡然拂袖辭江都，何人爲絕溫嶠裾。別離有淚親已無，知君筆力雄千夫。自可坦步遵清塗，未比濫吹南郭竽。弓裘繼業語不誣，況乃手握靈虵珠。奪幟非子而誰歟，竚看衣錦光門閭。」（《澄秋閣集》二集卷三）

唐思與王文治亦有交往，見《夢樓詩集》卷五、卷六、卷九。

江都唐氏書香滿門，父紹祖，字次衣，號改堂，生於康熙八年己酉（1669），卒於乾隆十四年己巳（1749），年八十一。《淮海英靈集》丙集卷二載述其生平曰：「唐紹祖，字次衣，號改堂，江都人。康熙己丑進士，授編修，改刑部郎，出守湖州。再入刑部，旋補禮部，年老乞休。蔣士銓《改堂先生行略》云：『先生姓某諱某。父詩，歲貢生。先生生而穎悟，甫扶床，即能識字。口授毛詩，或戲覆之，朗朗成誦。九歲縣試，有神

童之稱，旋受知學使萊陽趙公吉水。李公入都門，相國納蘭伊公延課其子。授經之暇，傍及書射。伊公曰：「此眞文武全才，勿徒以江南名士目之也。」注御製詩馬前呈獻，聖祖仁皇帝諭旨令南書房行走。會取官學教習第一，因就北闈試。戊子己丑，聯捷成進士，授翰林院庶吉士。雍正元年散館，補編修。憲皇帝澄清吏治，愼重刑獄。先生借補刑曹郎，推勘年、汪兩案，悉當上意。在部九年，以才能出守湖州，特賜奏摺。守湖十載，政聲洋溢。停征一事，尤切民瘼。姚世鈺太守謠，「唐公多善政，第一是停征」。其詩引述頗詳。乾隆元年，以部員內召大臣，以先生熟諳國家掌故，明於法律，薦充律例館纂修官，再入西曹，旋補禮部，以年老乞休。先生之爲政也，存心愛物，不尙操切。官中養廉外，毫無羨財，猶時分俸以贍貧士，所培植者多成英俊。武學廢弛，先生躬自誘射，掇高科者指不勝屈。去任日，童叟攀餞。越十三年，先生卒。湖之士民相率來揚，哭奠者數十人。湖自六朝、唐、宋，領郡者代有其人，向有四賢祠，以祀顏、杜、蘇、王，湖人以先生配列，呼爲五賢祠。先生性孝悌，幼從父受書，兄弟六人，互相師友。雍正初元，同弟繼祖官禁近瀛臺，館課齊列高等，人多景慕。古文得於姜西溟，稱爲入室弟子。嘗受業同里汪舟次，汪臨終屬志墓石。時先生旅食京華，而先輩國士之目，不以名位有無爲輕重也。古今體詩，卓然中唐大家。年八十一，壽終於家。子三人，翰、桂太學生，俱長於古文。思其季也，作令滇南，工詩。孫五人，克岐、華國，猶未脫諸生籍。應鍾、映星、蔭雄，皆業儒。曾孫煥尚幼。」

《吳興詩話》卷一三謂：「唐改堂太守紹祖，江都人，康熙己丑翰林，由刑曹出守吳興。先祖賦五古贈行，極陳郡中積弊。到任日，鮑西岡爲長興屬吏，上詩云：『二分明月六朝蘋，鄉夢官心兩絕塵。一代門才推覽舉，千秋地望等荀陳。白雲樓畔曾題字，玉筍班中早致身。不獨吳興頌名守，由來廊廟得賢臣。』太守初以漢軍輕之，讀詩相見恨晚。西岡即延姚薏田等名士入署，論文外無他事。姚作《吳興太守行》，起句：『唐公多美政，第一是停征。』屬樊榭自杭至，投詩云：『朝正尙憶蓬山直，課績應同韻海傳。』」唐思之叔父唐繼祖，「字序皇，江都人，紹祖弟。康熙辛丑進士，翰林院庶吉士」。長兄唐翰，「字池染，江都人，改堂長子，諸生。究心音韻之學，博習佛老、堪輿、雜家之言，遊四方，以方

正廉潔著名，年六十卒。著有《四書音辨》數卷，弟桂、思輯其詩爲《願學編詩存》一卷」。(《淮海英靈集》丙集卷二)

李嗇生保泰，雖屈居教職，卻胸羅書卷，立談間才鋒橫溢，甌北大為稱賞。

《贈李嗇生郡博》：「列宿胸羅不可關，才鋒橫溢立談間。華鯨未叩聲千里，全豹先窺采一斑。通籍早辭塵吏俗，著書翻愛冷官閒。高齋朝日闌干影，可許披帷數往還？」(《甌北集》卷二八)

【按】詩後附李保泰和詩曰：「閶闔排風入九關，仙班遙睇五雲間。朱幡擁出衣初繡，綠野歸來鬢未斑。天許文章留著述，堂羅絲竹佐清閒。卻慚末學陪經幄，空向壺中乞大還。」

李保泰(1742～1813)，字景三，又字嗇生，江蘇寶山人。《揚州畫舫錄》卷三載其事曰：「李保泰，字嗇生，庚子進士。博綜經史，能括其義理之所在。善詩古文詞，於趙宋人文集最熟。秉鐸揚州，諸生徒執業問道者，日絡繹不絕。寧謐自守，讀書論文外，不及他事。與嘉定錢辛楣宮詹、元和王西莊侍郎、仁和盧抱經學士、桐城姚姬傳太史交，諸先生皆深重之。」著有《江都甘泉續志》、《江灣志稿》、《嗇生居詩文集》三十卷。(《(同治)蘇州府志》卷一三九)

清王芑孫《寶山李保泰嗇生》詩謂：「震澤文章自昔年，過江人物數翩翩。珠璣百斛隨風灑，準與黃姑作聘錢。」(《淵雅堂全集》「編年詩稿」卷三)

《粟香五筆》卷八《嗇生居詩》謂：「寶山李嗇生先生保泰，以乾隆庚子進士，就揚州府學教授，歷三十年。地處脂膏，廉隅自勵，高文廣譽，遠近響風。內擢國子博士，未上事，引年退，卜居昆山，所著詩古文三十卷，亂後散佚。近文孫吉人明經寶生以搜存古文五十九首郵示余，錄副將刊行之，詩則僅存數十首，樸厚淵懿，上法浣花。《得孫口占》云：『自我上溯父祖曾，四世皆不及見祖。我年二十六舉兒，記得歡顏動我父。襁褓含飴始弄孫，伶仃一線延門戶。今年兒亦及我年，再世添丁若有數。田園五畝尙無成，圖書萬卷倘可主。既難庇子焉庇孫，寧知爲鼠與爲虎。呷啞笑憶髯蘇詩，無災無難愚且魯。文章本自慚到㳽，公卿安用祝虞詡。他時指點大父行，奕葉衰宗留薄祜。催人老景感侵尋，蹉跎那許崦嵫補。祇愁抱子日未知，爲人作父曾不努。』《寄羽吉姪》云：『狂

憶吾家阮，飄零近若何。薊門一夜雨，夢逐雁聲多。萬里烽煙隔，頻年詩酒過。吾衰最牢落，身世惜蹉跎。』《陳烈婦》詩云：『白水心同潔，滄波效命辰。蛟龍應避窟，風雨欲迷津。偕老緣何促，同歸願竟伸。誰甘稱後死，不作未亡人。』《寄月村弟用蘇韻》云：『東風無力鬥芳春，夢醒猶餘舊日身。一第貧家眞賴汝，十年倦客故依人。欲謀去就應無計，敢說文章自有神。安得淨根皈佛火，萬緣回首證前因。』《初歸昆山寓齋感賦》云：『小草從知出處輕，倦遊且擬事歸耕。空憐松菊荒蕪久，偶托萍蓬羈旅成。夢去未知斜日影，潮來還識故園聲。蜉蝣身世渾無賴，老向齏鹽了一生。』」

　　保泰除與趙翼過從外，與張雲璈亦多有交往，見《簡松草堂詩文集》文集卷三、卷四、卷一○，詩集卷九、卷一一、卷一二、卷一三、卷一五、卷一六、卷一七、卷一九、卷二○。

謝金圃墉，視學來揚州，甌北與之相識。

　　《謝金圃少宰視學過揚賦贈》：「手持玉尺領風騷，兩度江南駐節旄。燕國文章關運出，龍門聲望比官高。六經注腳尋源遠，五夜文心校課勞。最是畫船行部處，掄才纔暇又揮毫。」（《甌北集》卷二八）

　　【按】謝墉（1719～1795），字昆成，一字金圃，號東墅，浙江嘉善人。《清史稿》卷三○五「本傳」，載其事曰：「謝墉，字昆城，浙江嘉善人。乾隆十六年，上南巡，墉以優貢生召試，賜舉人，授內閣中書。十七年，成進士，改庶吉士，授編修。坐撰閩浙總督喀爾吉善碑文語失當，下部議，降調。二十四年，回部平，墉擬鐃歌上，上命復官，直上書房。五遷工部侍郎，督江蘇學政。四十三年，調禮部。四十五年，調吏部。廣西全州知州彭日龍坐縱革役復充，奪官，詣部請捐復。大學士阿桂領吏部，將許之，墉以為不可。時有山東商河教諭侯華捐復，方議駁，墉援以例日龍。阿桂疑墉為華地，奏聞。上命訊，華力言無囑託，乃用墉議，不許日龍捐復。四十八年，復督江蘇學政。五十一年，任滿，還京師。上問洪澤湖運河水勢，墉奏：『洪澤湖漸高，民間傳說「昔如釜，今如盤」，請加疏濬。』五十二年，上以總督李世傑奏洪澤湖水注清口暢流，命墉往，與世傑勘湖水淺深。尋奏湖水深至十丈，淺亦在一二丈間，墉自請議處。上以湖水前年較淺，墉得自傳聞，據以入告，茲既已勘明，免其議處。墉兩任江蘇學政，士有不得志者，以偶語譏誚。阿桂偶以聞，上

命巡撫閔鶚元訪察。鶚元言墉初任聲名平常，後任頗爲謹飭。上命降授內閣學士。五十四年，上察直上書房，諸臣多曠班，墉七日未入直，復降編修，在修書處效力。五十六年，復命直上書房。六十年，休致。尋卒。」《郎潛紀聞初筆》（卷七）謂：「嘉善謝金圃侍郎墉，乾隆十六年以優貢應南巡召試，列第一，賜舉人，授內閣中書。明年賜進士出身，改翰林，因撰文錯誤落職。廿四年獻平定回部鐃歌，復原官，在上書房行走。嘗館大學士傅文忠公家，額駙尚書忠勇公暨文襄王，皆沖齡受業。九掌文衡，而在江南則典試、督學皆再任。五十四年，降編修。偶病濕，上猶遣太醫院堂官臨視。六十年休致，時已疾篤。睿皇帝方在青宮，與諸皇子、皇孫遣中使存問無虛日。侍郎生平所蒙受異數，在他人得其一節，即爲破格恩遇，曠十世不易遭，而公屢仕屢躓，乃始終承兩聖人寵眷如此。然公純篤貞亮，實足以仰副倚任。其甄擢名士，卓識宏量，尤爲近代公卿之所難。三元錢棨，鄉、會試皆出公門，殿試公與讀卷，世稱盛事。高郵李進士惇、嘉定錢進士塘、山陽汪文端公廷珍、陽湖孫觀察星衍、甘泉焦明經循，皆由公識拔成名，經術文行，表表稱江淮間儒者。汪明經中，方貧困遭侮，受公知，充丁酉科江都拔貢。公嘗語人：予之上容甫，爵也；如以學，予於容甫北面矣。自是明經文譽始大起。阮文達公始應童子試，公極口獎勵，召入第讀書，卒爲巨儒賢相。嗚呼！直省督學十八人，越三年一更易，典試數且倍之，憐才愛士如謝公，今何人哉！秀才初出貢，許其才學足爲侍郎、學政師，雖自知素明者，恐未易毅然出諸口。公於是乎不負所職矣。」

田母張氏守節三十餘年，支撐門戶，教子成人，諸子欲爲其請旌，減數年以符令甲。張氏堅拒之。甌北詩記其事。

《田母張孺人貞節詩》：「六尺之孤百里命，古大臣中尚難任。如何鬌髻女嬋媛，欲鬥千秋志節勁。白髮姑嫜黃口兒，婦兼爲子母兼師。寒閨風雨殘燈火，織盡冰蠶獨繭絲。廿載持門只手赤，伯仁兄弟皆成立。欲乞旌門報苦貞，稍移年籍符成格。阿母聞之遽呼止，飾僞求榮吾素恥。一分妝點十分虛，縱可欺生忍欺死。嗚呼此意世尤難，寧謝朝恩守所安。不見容齋隨筆記，宦途大抵減年官。」（《甌北集》卷二八）

《西巖前輩招飲話舊，再疊前韻奉贈》（《甌北集》卷二八）亦寫於此時。

【按】《田母張孺人貞節詩》詩「縱可欺生忍欺死」句後注曰：「令甲三

十歲內守節者得請旌，孺人寡已過期，諸子欲減數年以符例，孺人不
許。」

金棕亭兆燕，久仰甌北之名，甌北亦慕棕亭之才。冬日，二人相會於揚
州，互以詩見意。

《贈金棕亭國博》：「宿望多年企想殷，江湖往往誦高文。才翻蘇海泉千
斛，老占揚州月二分。作客人尊名士座，去官身入散仙群。浮蹤此地欣相遇，
撰杖從遊敢憚勤。」（《甌北集》卷二八）

【按】詩後附金兆燕和詩曰：「此事推袁已久殷，白頭方得共論文。真如
示我知無限，妙諦從君得少分。擿埴途中欣有導，尋師花裏羨同群。一
編手把過殘臘，敢惜焚膏夜誦勤。」

陸萼庭《金兆燕年表》小引輯其事曰：「金兆燕（1719～1789 後），
字鍾越，號棕亭，別號蕪城外史、蘭皋生。清全椒（今屬安徽）人。幼
稱神童。乾隆十二年（1747）舉於鄉。工詩文古辭，才思敏捷，落筆如
飛，名聞士夫間。兩淮鹽運使盧見曾延入署中，一切歌詠序跋，多出其
手。乾隆三十一年（1766）成進士，官揚州府學教授，遷國子監博士，
升監丞；曾任四庫館繕寫處分校官。不久辭官南歸，客揚州大鹽商江春
之康山草堂，江死，歸里，尋卒。著有《國子先生集》（包括《棕亭詩鈔》、
《棕亭古文鈔》、《棕亭駢體文鈔》、《棕亭詞鈔》）。工度曲，譜有《旗亭
記》傳奇。」（《清代戲曲家叢考》）

詞垣老宿張松坪設宴款待，出家樂助興。

《松坪前輩枉和前詩，再疊奉答》：「愛從前輩把光儀，脫略塵緣不受麾。
名在詞垣稱老宿，歌翻曲部擅新奇。何曾波匿更童面，不礙陶朱號子皮。自
為邗江花月好，久從關陝舉家移。」「通德門高擁笭箐，一堂兄弟兩詞林。我
如乞食來吳市，君已忘機息漢陰。樂奏十番真大饗，詩成三歎有遺音。從今
步屧應頻叩，晚節相知意較深。」（《甌北集》卷二八）

【按】本詩「歌翻曲部擅新奇」句後注曰：「家有梨園，最擅名」，「久從
關陝舉家移」句後注曰：「君秦人」，「一堂兄弟兩詞林」句後注曰：「令
兄秋芷，乙丑館選」，「樂奏十番真大饗」句後注曰：「承演劇招飲。」知
張坦家世、生活之狀況。詩後附張坦和詩，曰：「曾共金門刷羽儀，軟紅
塵裏久相麼。只緣投老兼多病，不是耽幽便覺奇。測海才難深見底，觀
河面已皺生皮。應知講席餘長晝，肯許從容步屧移。」「蕭蕭白髮不堪簪，

倦鳥依稀戀舊林。蹤蹟同羈邗水上，鄉園遙指華山陰。欣聯嘉會雲霄客，
豈廢衰年絲竹音。幾日瑤箋持贈處，和章重疊見情深。」

蔣士銓嘗掌教於揚州安定書院，書院匾額、楹聯仍為蔣之手迹。甌北睹
物思人，心緒悵然。

《蔣心餘曾掌教安定，今病廢歸江西。余來承乏，院中堂扁楹帖皆君手
蹟，日與相對而不得一晤，深可悵也！詩以寄之》：「邛驢相依兩散材，晚途
俱作老書呆。君留鴻爪仍何往，我為豬肝亦此來。字有碧紗籠古壁，草餘書
帶映寒苔。可憐處處看遺蹟，不得同時一舉杯。」「病歸聞說泊江邊，故舊來
看共愴然。口不一言常撟舌，身先半死但吟肩。贅疣於世原何用，拳曲全生
亦可憐。得復一燈相對否，平山南望淚如泉。」（《甌北集》卷二八）

梅花書院山長吳並山玨，亦一時名流，甌北與之時相過從。

《贈吳並山中翰》：「講堂處處字籠紗，及接光儀鬢未華。佳選共翻新棗
板，高吟恰傍古梅花。座前請業多登第，海內論文幾作家。畫一規條惟謹守，
還思問字附侯芭。」（《甌北集》卷二八）

另有《題並山青崖放鹿圖》（《甌北集》卷二八），亦寫於此時。

【按】詩後附吳玨和詩，曰：「早年簪筆侍明光，燕許雄文獨擅場。草檄
曾通邛僰路，分符還蒞粵黔疆。江山麗景歸吟卷，松菊閒情戀故鄉。今
日扶風經帳啓，彭宣會許與陞堂。」

吳玨，清丁紹儀輯《國朝詞綜補》卷一四謂：「吳玨，字並山，歙縣
人。乾隆二十八年進士，官中書。有《香蓽詞》。」《清秘述聞》卷七曰：
「解元吳玨，字穉玉，歙縣人，癸未進士。」當為同一人。吳玨與金兆
燕有交，兆燕《祝吳並山五十》詩謂：「會集氍爐感歲華，一樽相勸莫長
嗟。最堪昵就惟冬日，大有奇觀是晚霞。雪後入山還駕鹿，春來乘雨便
栽花。明年翁子長安去，可憶寒樵石徑斜。」（《棕亭詩鈔》卷一二）又，
《並山四十余以五十祝之，昨晤言，始知其誤，因再獻此詩》：「莫言歲
暮孰予華，介壽先將學易加。本以書碑訛碧落，翻因畫日襯朱霞。知君
即露懷中綬，笑我能添錦上花。措大關心未來帳，尋常酒債慣須賒。」（《棕
亭詩鈔》卷一二）《吳並山四十時余誤以五十祝之，今已十載，置酒於竹
溪僧舍，再作此篇》：「君年四十時，作詩為君祝。誤稱年五十，大衍引
易卜。讀者皆盧胡，何異晝舉燭。轉眼便十載，流光何迅速。自君主講
席，如驂不離服。君列高才生，我領廩養卒。食計指盈千，期必會以六。

前年別君去，珠桂依輦轂。今年翻然來，更向揚州宿。一觴奉君前，清多氣始肅。僧院三五人，開樽對殘菊。聊借安樂窩，共分清淨福。舊詩渾已忘，陳言不堪讀。敢云書紀年，竊效籌添屋。」（《棕亭詩鈔》卷一五）

　　又，梅花書院在揚州廣儲門（亦曰鎮淮門）外，「梅花書院在廣儲門外，明湛尚書若水書院故址也。若水字甘泉，廣東增城縣人。嘉靖間以大司成考績，道出揚州，一時秉贄而謁者幾十人。揚州貢士葛澗與其弟洞早年從之遊，是時因選地城東一里，承甘泉之脈，創講道之所，名曰行窩。門人呂柟以湛公之號與山名不約而同，書『甘泉』二字於門，又撰《甘泉行窩記》。行窩門北有銀杏樹一株，就樹築土為墰，上墰築基為堂，題曰『至止堂』。其《心性圖說》在北墰，鍾磬在東墰，琴鼓在西墰，學習誠明、進脩敬義二齋在東序，燕居在堂北，廚庫在燕居左右，繚以周垣凡六十有二丈。垣外有溝，溝外有樹。先門外有池，池水與溝水襟帶行窩，而池上有橋，當行窩之旁。又置田二十餘畝，以資四方來學者，皆澗所助也。通山朱廷立為巡鹽御史，改名甘泉山書館。厥後御史徐九皋立純正門、禮門，提學御史聞人銓立義路坊，知府侯秩、劉宗仁、知縣正維賢相繼修拓，御史陳蕙增置祠堂、射圃等地，御史洪垣增置艾陵湖官莊田八十畝，此嘉靖間湛公書院也。萬曆二十年，太守吳秀開濬城濠，積土為嶺，樹以梅，因名梅花嶺。緣嶺以樓臺池榭，名曰平山別墅。東西為州縣會館，名之曰偕樂園。後立吳公木主於園中子舍，名曰吳公祠。三十三年，太監魯保重修，知府朱錦作碑記。當道檄毀之，存其堂與樓，為諸生講學之所。巡按御史牛應元改名之曰崇雅書院，祀湛公木主於堂，又曰湛公祠。崇禎間，書院又廢。國朝雍正十二年，郡丞劉重選倡教造士，邑士馬曰琯重建堂宇，名曰梅花書院。」（《揚州畫舫錄》卷三）。《欽定大清一統志》卷六六《揚州府》謂：「梅花書院在甘泉縣廣儲門外，明嘉靖時建，本名甘泉書院，本朝雍正十三年改今名。」厲鶚撰有《揚州新構梅花書院紀事二十韻為秋玉賦》詩，見《樊榭山房集》卷七。

閒暇之日，遊覽蕃釐觀、重寧寺等處，與了凡禪師相識。

《蕃釐觀懷古》：「一朵奇香換國家，蕃釐觀裏出名葩。遂勞下水風帆錦，此亦南朝玉樹花。應笑閣梅空冷淡，曾偕堤柳映天斜。至今根已無遺種，化

作傾城粉黛華。」「想見當年錦繡窠，香車寶輦日來過。二分月下清遊夕，四海遼東浪死歌。遺蹟已無瓊砌在，香魂曾葬玉鈎多。道人不解興亡事，猶買名花種綠莎。」（《甌北集》卷二八）

另有《贈了凡禪師》（《甌北集》卷二八）詩。

【按】蕃釐觀，《欽定大清一統志》卷六七《揚州府二》謂：「蕃釐觀，在甘泉縣大東門外。《舊志》：即古后土祠舊有瓊花產焉。漢元延二年建。《方輿紀要》：五代以前在城外，俗云瓊花觀。唐元和二年，改名唐昌。明正統中，改建今處。《縣志》：宋政和間改今名。」《江南通志》卷四六《輿地志·揚州府》曰：「蕃釐觀，在府城大東門外，即古后土祠，漢成帝元延二年建。唐政和間，賜蕃釐觀額，舊有瓊花一株，一名瓊花觀，相傳世無此種。宋歐陽修守郡建無雙亭。」清厲鶚有《遊蕃釐觀》詩，見《樊榭山房集》卷二。

重寧寺，在揚州天寧寺（在新城拱宸門外）後，「本『平岡秋望』故址，為郡城八景之一。或曰東嶽廟舊址，有高阜名太山者是也。雍正間，戴文李借寺後隙地構辨儀亭，為賓客飲射之所，榜於門曰『入林』。乾隆四十八年於此建寺，御賜『普現莊嚴』、『妙香花雨』二扁。門外植古榆數十株，構大戲臺。山門第一層為天王殿，第二層三世佛殿。佛高九尺五寸，下視，後瞻若仰，前瞻若俯，衣紋水波。左手矯而直，右手舒而垂，肘掌皆微弓，指微張而膚合。雕以楠木，叩之有聲，鏗鏹若金石，輕如髹漆，傅以鎏金，巍然端像」（《揚州畫舫錄》卷四）。乾隆《萬壽重寧寺紀事》詩曰：「天寧寺後建重寧，眾志殷勤未可停。祝頌雖稱七月什，莊嚴過甚梵王經。卻看植竹還植卉，奚必有池更有亭。太守閒情留嶺在，幾株仍剩古梅馨。」小注曰：「昨歲兩淮鹽政伊齡阿奏，眾商籲請於揚州之天寧寺後增建寺宇，以伸忱悃。念其出於至誠，因俞所請，賜名萬壽重寧寺。」（《御製詩》五集卷四）

了凡禪師，清張開東有《遊芥園因訪了凡禪師不遇，題壁二首》，詩謂：「散步出西郭，平郊望芥園。清風林下細，好日座中暄。柳暗觀魚沼，花明舞鳳軒。宸遊曾駐蹕，遠眺及河源。」「偶訪高僧蹟，空聞去白衣。時往白衣庵。但知今日到，莫問幾時歸。看畫迷秋樹，僧雪笠出《秋山紅葉圖》，甚佳。聞香澹夕暉。迴廊多徙倚，相對已忘機。」（《白蓴詩集》卷一一）

與范瘦生起鳳、吳涵齋以鎮有交，時相唱和。

《范瘦生枉訪並投佳什，次韻奉答》：「自古才人謫乃仙，嗟君幾困段操鞭。詩文未肯居人後，憂患原從識字前。插架書中生白繭，覆盆頭上有青天。只今得免同文獄，長戴朝恩雨露偏。」「聲氣雖親蹟自疏，江湖飄泛兩萍如。豈期何點開山館，正遇侯嬴隱市闤。過我足音跫可喜，笑君痴癖嗜難除。何當師友皆名士，還向潛夫問著書。」（《甌北集》卷二八）

《吳涵齋前輩亦和儀簪二韻見贈，再疊奉酬》：「蓬瀛初入好風儀，林下徒將歲月麾。映雪鬢絲身漸老，翻瀾舌本氣猶奇。玉堂仙路鴻留爪，金谷豪門虎剩皮。壓卷故應詩最後，非關催索待文移。」「明璫為珮玉為簪，兩占蘇揚錦繡林。潮滿邗溝多水調，月明茂苑有花陰。閒情遠棹尋鷗侶，往事虛弦落雁音。江北江南總佳麗，羨君遊賞到春深。」（《甌北集》卷二八）

另寫有《題瘦生詩卷》（《甌北集》卷二八）一詩。

【按】《范瘦生枉訪並投佳什，次韻奉答》後附范起鳳原詩，曰：「公身原是玉堂仙，上苑探花舊著鞭。生面獨開千載下，大名群仰廿年前。詩傳後世無窮日，吟到中華以外天。萬馬嘯空收筆底，來聽歌吹竹西偏。」「綠野歸來鬢未疏，風流誰說遜相如。已留不朽名山業，大有堪娛谷口閭。出處半生真磊落，經綸一世小乘除。可憐飄泊東吳客，還讀司空城旦書。」

《吳涵齋前輩亦和儀簪二韻見贈，再疊奉酬》後附吳以鎮和詩，曰：「風格翩翩振羽儀，飽餐天祿豈虛糜。壯年作賦三都麗，萬里籌邊五餌奇。此日傳經開馬帳，當時退食詠羔皮。筆耕本是吾儒事，處士星中看影移。」「春明門外別群簪，樗落歸來守故林。會合不殊鴻印雪，性情都戀鶴鳴陰。文章經濟非吾事，詩酒彈棋有賞音。一棹沖寒君欲去，梅花消息碧雲深。」

《范瘦生枉訪並投佳什，次韻奉答》詩「還向潛夫問著書」句後注曰：「君師袁簡齋，友王西莊。」袁枚《隨園詩話》卷六謂：「寶山范秀才起鳳，字瘦生，有詩癖。詠《梅》云：『微月雲際升，獨鶴踏花影。』又：『風急眾香齊渡水，夜深孤月獨當天。』皆可喜也。萬華峰應馨贈云：『瘦真同鶴立，命若與仇謀。』其困躓可想。《送別》云：『酒惟可化當前淚，詩尚能傳別後情。』詠《桃源》云：『樹木自生無稅地，子孫常讀未燒書。』『避地不知誰日月，成仙可惜廢君臣。』范後遭奇禍，竟得脫免，終落托以死。」

憑弔史可法祠，遊土橋。

《史閣部祠》：「遺像清高故相祠，當年建閫已殘棋。紛紜國事千絲亂，辛苦軍籌一木支。箕尾歸天空有氣，衣冠作塚並無屍。聖朝襃恤恩何厚，碑板煌煌御製詩。」（《甌北集》卷二八）

另寫有《土橋》（《甌北集》卷二八）詩。

【按】史閣部祠，據《揚州畫舫錄》（卷三）：「史閣部墓在玉清宮右，古梅花嶺前，明太師史可法衣冠葬所也。祠在墓側，建於乾隆壬辰。墓道臨河，祠居墓道旁。大門亦臨河，門內正殿五楹，中供石刻公像木主。廊壁嵌石，刻公四月二十一日家書及復睿親王書，御製七言律詩一章、書事一篇，大學士于敏中、梁國治，尚書彭元瑞、董誥、劉墉，侍郎金士松、沈初，翰林陳孝泳恭和諸詩。又公像原卷內胡獻徵、秦松齡、顧貞觀、姜兆熊、王耆、王槩、顧彩各題跋。先是，乾隆癸未翰林蔣士銓，於琉璃廠破書畫中得公遺像一卷，幀首敝裂，又手簡二通為一卷，出金買歸。明日，侍郎汪承霈索觀，乃取公家書及胡獻徵諸人各題跋重裝像卷之首。壬辰，彭元瑞視學江南，值蔣士銓主安定書院講席，恭逢內府輯宗室王公功績表傳，上見睿親王致公書，引《春秋》之法，斥偏安之非。因索公報書，不可得。及檢內閣庫中典籍，乃得其書，御製書事一篇以紀始末。彭元瑞因取蔣士銓所藏遺像、家書奏呈，奉旨修墓、建祠於梅花嶺下，題曰『襃慰忠魂』。」《欽定大清一統志》卷六七《揚州府二》：「史可法墓，在甘泉縣西北梅花嶺。可法殉節揚州，葬衣冠於此。」《江南通志》卷一四《輿地志》：「金匱山，在府城西北七里。郡邑《舊志》云：明秀水吳秀守揚州濬河，積土而成，樹以梅花，名曰梅花嶺。嶺前有史可法墓，蓋藏衣冠處也。」

土橋，《明史》卷二六八《黃得功傳》謂：「初，督輔史可法慮傑跋扈難制，故置得功儀眞，陰相牽制。適登萊總兵黃蜚將之任，蜚與得功同姓，稱兄弟，移書請兵備非常。得功率騎三百由揚州往高郵迎之，傑副將胡茂楨馳報傑。傑素忌得功，又疑圖己，乃伏精卒道中，邀擊之。得功行至土橋，方作食，伏起，出不意，上馬舉鐵鞭，飛矢雨集，馬踣，騰他騎馳。有驍騎舞槊直前，得功大呼，反鬥，挾其槊而抶之，人馬皆糜。復殺數十人，跳入頹垣中，哮聲如雷，追者不敢進，遂疾馳至大軍，得免。」據此，土橋或在儀徵境內。

袁枚遊嶺南歸，甌北聞知其事，賦詩寄問。

《聞袁子才遊嶺南歸，詩以寄問，並約其明春來平山堂》：「才從雁蕩攬煙蘿，又上羅浮百級峨。南戒名山題壁遍，北歸好句倒囊多。白頭賭健誇幽討，紅粉隨行伴醉歌。享盡人間林下福，他生恐罰著朝靴。」「江南江北劇相思，聞說歸舟纜已維。七十老翁何所事，二分明月久相期。山前楊柳隋堤路，袖裏梅花庾嶺詩。春水一航人兩個，此情不減浙遊時。」（《甌北集》卷二八）

教讀之餘，對詩歌創作多所思考，筆之於詩。

《論詩》：「滿眼生機轉化鈞，天工人巧日爭新。預知五百年新意，到了千年又覺陳。」「李杜詩篇萬口傳，至今已覺不新鮮。江山代有才人出，各領風騷數百年。」「隻眼須憑自主張，紛紛藝苑漫雌黃。矮人看戲何曾見，都是隨人說短長。」「詩解窮人我未空，想因詩尚不曾工。熊魚自笑貪心甚，既要工詩又怕窮。」（《甌北集》卷二八）

臘月，畢沅寄以珍裘，助其禦寒，甌北為詩以謝之。

《屢接秋帆開府手書兼寄珍裘，賦謝》：「曳履雲霄已隔塵，郵箋偏荷寄書頻。尚餘范叔袍憐我，不作宣明面向人。廣廈更期分庇普，緇衣敢辱好賢真。五陵裘馬多同學，誰念江湖老病身。」（《甌北集》卷二八）

《紅梅》：「品高初不逐繁華，何事新妝鬥絳霞。莫是也貪流俗賞，漸思改節學桃花。」（《甌北集》卷二八）

此時尚寫有《瓜洲夜泊》、《記夢》、《梅花》（《甌北集》卷二八）諸詩。

【按】《清代七百名人傳·畢沅》曰：「（乾隆）四十七年正月，上諭畢沅在甘肅兩署督篆，於該省歷年積弊，亦無不知之理，乃竟巧為支飾，降三品頂戴，仍留巡撫停止俸廉，並不許呈進貢物。四十八年正月，復還原品頂戴，仍准給養廉。是月服闋，實授巡撫。四十九年，甘省鹽茶廳屬回民聚眾茲事，沅奏調各路官兵搜剿，又奏籌辦軍需，及沿站供支各事宜，俱得旨獎勵。」據此，知畢沅本年在甘肅巡撫任。

乾隆五十年乙巳（1785）　　五十九歲

【時事】　正月，初六，於乾清宮舉行千叟宴，由阿桂領班。《嘯亭續錄》（卷一）：「康熙癸巳，仁皇帝六旬，開千叟宴於乾清宮，預宴者凡一千九百餘人。

乾隆乙丑，純皇帝以五十年開千叟宴於乾清宮，預宴者凡三千九百餘人，各賜
鳩杖。丙辰春，聖壽躋登九旬，適逢內禪禮成，開千叟宴於皇極殿，六十以上
預宴者凡五千九百餘人，百歲老民至以十數計，皆賜酒聯句。百餘年間，聖祖
神孫三舉盛典，使黃髮鮐背者歡飲殿庭，視古虞庠東序養老之典，有過之無不
及者，實熙朝之盛事也。」並輯《欽定千叟宴詩》，令「恭依聖祖御製一先韻
詩，頒賜筵前，許內廷臣工依韻庚和。又選王公、文武大臣、蒙古回部藩臣及
朝鮮國使臣等凡百人，仿柏梁體聯句。與斯宴者三千人，宣情抒頌，獻壽銘
恩，極千古詠歌之盛，得詩三千四百二十九首，類纂為集，凡三十六卷」（《國
朝宮史續編》卷九三《書籍十九》）。二月，調畢沅為河南巡撫，何裕城為陝西
巡撫。本月末，奉諭旨：「四庫全書館進呈補刊《通志堂經解》一書，朕閱成
德所作序文係康熙十二年，計其時成德年方幼穉，何以即能淹通經術？向即聞
徐乾學有代成德刊刻《通志堂經解》之事，茲令軍機大臣詳查成德出身本末，
乃知成德於康熙十一年壬子科中式舉人，十二年癸丑科中式進士，年甫十六
歲。徐乾學係壬子科順天鄉試副考官，成德由其取中。夫明珠在康熙年間柄用
有年，勢焰熏灼，招致一時名流如徐乾學等互相交結，植黨營私。是以伊子成
德年未弱冠，夤緣得取科名，自由關節，乃刊刻《通志堂經解》，以見其學問
淵博。古稱皓首窮經，雖在通儒，非義理精熟、畢生講貫者，尚不能覃心闡
揚，發明先儒之精蘊。而成德以幼年薄植，即能廣搜博采，集經學之大成，有
是理乎？更可證為徐乾學所裒輯，令成德出名刊刻，俾藉此市名邀譽，為逢迎
權要之具耳。夫徐乾學、成德二人，品行本無足取，而是書薈萃諸家，典贍賅
博，實足以表章六經。朕不以人廢言，故命館臣將版片之漫漶斷闕者補刊齊
全，訂正訛謬，以臻完善，嘉惠儒林。但徐乾學之阿附權門，成德之濫竊文
譽，則不可不抉其隱微，剖悉原委，俾定論昭然，以示天下後世。著將此旨錄
載書首。」（《國朝宮史續編》卷九四《書籍二十》）三月，以舒常為工部尚書，
孫士毅兼署兩廣總督。四月，漕運總督毓奇奏稱：「浙江處州前等九幫，上年
回空凍阻北河，臣因各船一切舵水身工食用，未免加增，當經奏蒙聖恩准於山
東糧道庫內，每船借給銀五十兩，以資停泊回空之用。嗣因凍阻，各船必待春
融冰解之後方能開行，日久途長，費用繁多，所有各項借給銀兩，若全行給
領，恐其隨意花銷，以致冰泮開行後沿途用度，仍屬無資。改經檄行山東糧
道，每船先止給銀三十兩，以為在北住守食用之需，其餘二十兩俟今春回空，
行抵漆州〔滕縣？〕，再行給收，以為各船挽駕回次之用。復因各幫理舵水手

夏，鄒平、臨邑、東阿、肥城、滕縣、寧陽、日照、嘉善、桐鄉、宣平、蘇州、
高淳、武進、甘泉皆大旱，河涸。秋，太平、觀城、沂水、壽光、安丘、諸城、
博興、昌樂、黃縣旱」（《清史稿》卷四三《災異四》）。七月，調富勒渾爲兩廣
總督，以雅德爲閩浙總督，浦霖爲福建巡撫。八月，命阿桂赴河南勘災，兼赴
江南、山東查辦河運。帝幸木蘭行圍。九月，調永保爲陝西巡撫，何裕城爲江
西巡撫。賑江蘇長洲等五十六州、縣、衛旱災。十月，富勒渾奏請密查廣東沿
海口岸，以民夷雜處，防奸商與夷商勾結爲不法之事。十二月，禁廣東洋商及
粵海關監督貢獻方物。

　　本年，吳縣范來宗作《榆皮行》，寫江南旱況，云「今年十室九啼饑，食
榆之皮甘如飴」。

　　昭文吳蔚光、毛琛、常熟王岱、張燮、孫原湘、王家相等作《三橋春遊
曲》，述里巷事。

　　蘇州恂莊主人節取褚人獲《隋唐演義》改編爲《異說征西演義全傳》四
十回刊行。

　　甘泉江藩自定所著《乙丙集》。

　　陽湖孫星衍所纂《三水縣志》刊成。

　　長洲蔣業晉自烏魯木齊放還，作《除夕抵家口號》。

　　四川張問陶出京南行，道京口，作《登焦山》、《金陵阻風即目》詩。

　　嘉定錢大昕主婁東書院，陸學欽、胡金誥等從學。

　　陽湖楊倫主講江漢書院。

　　浙江盧文弨再主南京鍾山書院。

　　浙江邵晉涵所著《爾雅正義》二十卷定稿。

　　江都汪中在寶應得漢孔子見老人畫像石，潸异以歸。

　　吳江陸燿死，年六十三。

　　袁枚年七十，仍厭棄考據之學，作《考據之學莫盛於宋以後，而近今爲
尤。余厭之，戲仿太白〈嘲魯儒〉一首》以嘲之，詩曰：「東逢一儒談考據，
西逢一儒談考據。不圖此學始東京，一邱之貉於今聚。堯典二字說萬言，近
君迷入公超霧。八寸策訛八十宗，遵明揭揭彊分疏。或爭關雎何人作，或指
明堂建某處。考一日月必反唇，辨一郡名輒色怒。干卿底事漫紛紜，不死饞
寒死章句。專數郅書燕說對，喜從牛角蝸宮赴。我亦偶然願學焉，頃刻揮毫
斷生趣。掊揹故紙始成篇，彈弄雲和輒膠柱。方知文字本天機，若要出新先

吐故。魯人無聊把瀋拾，齊士談仙將影捕。作爾雅非磊落人，疏周官走蠶叢路。當時孔聖尚闕疑，孟說井田亦臆度。底事於今考據人，高睨大談若目覩。古人已死不再生，但有來朝無往暮。彼此相毆昏夜中，畢竟輸贏誰覺悟。次山文碎皇甫譏，夏建學瑣乃叔惡。男兒堂堂六尺軀，大筆如椽天所付。鯨吞鼇擲杜甫詩，高文典冊相如賦。豈肯身披膩顏袷，甘逐康成車後步。陳蹟何妨大略觀，雄詞必須自己鑄。待至大業傳千秋，自有腐儒替我注。或者收藏典籍多，亥豕魯魚未免誤。招此輩來與一餐，鎖向書倉管書蠧。」（《小倉山房詩集》卷三一）

蔣士銓於本年二月二十四日，卒於南昌之藏園。是日，大雷電繞屋。（《清容居士行年錄》）

無錫大旱，本年尤甚。至秋，則野無青草矣。顧光旭爲救荒計，先將己之所有多租概行蠲免，支捐書院束脩半年，然後與眾紳士商議四門設廠煮賑。（《響泉年譜》）

張塤在京師，於六月賦《領麥》詩，曰：「今年麥秋秋無年，斤麨五十青銅錢。司農句算借官麥，七品以下官與焉。大車小車上倉領，大磨小磨壓贏頸。小臣未鉏地一寸，兒女商量吃大餅。」（《竹葉菴文集》卷二四）

洪亮吉本在西安畢沅幕。沅調撫河南，至則豫省方積旱，又河工事填委，不復有關中唱酬之樂矣。冬，歸里，歲歉甚，復節嗇衣食，贍諸親友。本年，修《固始縣志》。（《洪北江先生年譜》）

【本事】三月初，壽菊士腹公邀約金棕亭兆燕、唐再可思、方立堂本及甌北等，水上泛舟，至平山堂，一覽溪山之勝。

《清明前二日，壽菊士招同棕亭、再可、立堂諸公泛舟至平山堂即事》：「我昔曾訪平山堂，小舟泛入菰蒲荒。到山欲問醉翁蹟，數間古寺支斜陽。垂老重來景非昨，山色增濃水痕擴。紅橋南北渺風漪，處處名園互鉤絡。一株楊柳一株桃，五步樓臺十步閣。水學杭湖裏外分，山疑蜀崦東西各。好花得地態倍妍，時鳥占林聲更樂。舟行如駕羊車遊，到處竹鹽留住腳。畫稿從誰粉本翻，匠心直運月斧斲。平山堂子更鬱蒼，紺宇琳宮入寥廓。故物惟存榜頭字，其餘皆出新黝堊。一勺清冷第五泉，妝成千層好巖壑。信哉繁麗推維揚，肯讓他邦誇繡錯。爲問締構起何時，庚午年間始荒度。自後踵事益增華，一度翻新一丹雘。荒疇開出波澔瀚，平地壘成峰岞崿。古松十圍桐百尺，帶土栽來葉不落。移山欲笑愚公愚，陷河幾同惡子惡。到此始信錢神力，直

把混沌重開鑿。坐中有客唐子西，偏嫌脂粉非天姿。此論未公吾不取，趣呼剩酒罰滿卮。淡掃蛾眉鬥真豔，古來有幾號國姝？縱復天生好顏色，藍縷出見成何儀。我昔踏遍西南徼，懸崖絕巘無限奇。求一茅亭不可得，解鞍藉草坐片時。又嘗遠浮湖湘水，滄波萬頃極渺瀰。苦無村館供小憩，聊復暫艤河之湄。豈如此間景攢簇，臨水有軒倚山屋。迴環不出十里間，盡日探幽探不足。百萬金錢妝點成，始供我輩來遊矚。猶復雌黃議其後，毋乃處福不知福。卻憶前遊曾幾時，溪山改色遽如斯。白頭俯仰浮蹤幻，絕似人間丁令威。」（《甌北集》卷二九）

【按】壽菊士，乃壽腹公之號。腹公，浙江會稽人。江春總辦乾隆帝南巡相關事務，差菊士任其事。「時朱思堂都轉守太安，事多繁劇，菊士為之謀畫，朱深服其才」（《揚州畫舫錄》卷一二）。

立堂，方本字。「方本，字立堂，儀徵籍。工於屬文，善楷書。與弟谷同中己酉科舉人。子仕夒，字菊人，仕傑，字月查，並深於詩。婿洪薌林，任俠自豪，能急朋友之難」（《揚州畫舫錄》卷一〇）。清汪中有《古詩答方立堂，緣情感迫，多哀怨之音》，詩題下注曰：「謹按：方立堂，名本，儀征人，舉人。」詩曰：「秋瓜被露井，引蔓終不實。同受天地生，安知我命劣。驚風吹野草，寒皋清露結。飛蓬懷故根，山川渺難越。一身苦不保，俯仰兩自失。勞生理所安，感君心察識。落日下平林，倦鳥投故枝。如何負同類，孤生多受欺。黃鵠一失所，萬里身安歸。遠道未云苦，卑棲常自危。孤鳴時慕侶，中夜有餘哀。焉得君子心，忠信兩不疑。豫章初萌芽，苦蒙霜雪委。春風草木滋，精氣悲已餒。惜茲成物艱，反恨生材美。偃卷猶力爭，委心固所恥。日夕牛羊歸，旁皇不能已。」（《容甫先生遺詩》卷一）甌北詩中所稱立堂，未知即此人否？

清明過後，張松坪坦約請秦西巖巘、吳涵齋以鎮、金棕亭兆燕及甌北，齊聚畫舫，遊覽瘦西湖一帶風光。

《清明後一日，松坪前輩招同西巖、涵齋、棕亭湖舫雅集》：「多煩折簡到潛夫，出郭尋春興不孤。千樹桃花萬楊柳，揚州城外小西湖。」「一樣風光二月春，林亭點染倍鮮新。畫家小李將軍派，金碧山川粉黛人。」「香雪飄殘萼綠華，旁人笑我願空賒。風流詞客非高士，不看梅花看杏花。」「多少名流此擅場，只傳杜牧與歐陽。老夫不自量才力，又搦枯毫上畫航。」「紅橋修禊客題詩，傳是揚州極盛時。勝會不常今視昔，我曹應又有人思。」「花魂欲睡

隱蒼煙，重結清遊異日緣。風露峭涼人半醉，滿湖燈火夜歸船。」（《甌北集》卷二九）

此時另有《贈艖使全惕莊》（《甌北集》卷二九）詩。

吳澂埜紹燦、杜村紹浣兄弟，俱曾任職翰林院，家富於藏書，所築船屋，以內養梅花，取名梅花屋，約秦西巖鬤及甌北小飲於此。

《吳澂埜編修、杜村中翰招同西巖前輩飲梅花屋下十韻》：「客路誰相問，偏蒙饗老饕。塤簾共仙籍，館閣總詞曹。詩集編花萼，官銜賜錦袍。校書天祿閣，卜宅廣陵濤。暫衣還鄉繡，猶焚繼晷膏。開樽聯雅集，結契爲風騷。船屋三間小，瓶花一丈高。飛觴人共醉，投轄客難逃。聞說多藏帙，思從潤腐毫。一瓻如肯借，投謁敢辭勞。」（《甌北集》卷二九）

【按】本詩「官銜賜錦袍」句後注曰：「澂埜以總校四庫書，恩授翰林。」吳紹燦，《揚州畫舫錄》卷一三謂：「吳紹燦，字澂野；紹浣，字杜村，兄弟翰林。」《履園叢話》叢話八《談詩》曰：「吳杜村觀察名紹浣，其祖、父俱業鹺，至杜村與其兄蘇泉俱中進士，入翰林。杜村詩不多作，亦無專集，而筆甚逋峭。嘗記其《舟中感懷》二首云：『楓葉兼蘆荻，紛紛滿客舟。水雲千里白，風露一天秋。獨宿同孤雁，愁懷寄遠鷗。披衣人不寐，剪燭數更籌。』『江湖天地闊，感慨別離多。壯歲猶如此，衰年更奈何。懷人看落日，倚枕發高歌。長嘯驚龍蟄，寒風起碧波。』七言如『鄉思暗隨燈影動，客愁齊逐雨聲來』，『亂山鐘響僧歸寺，古渡燈昏月滿船』。《詠梅花》云：『山間月黯誰橫笛，江上春寒獨掩門。』又《寒夜》云『眾星皆淡漠，孤月自精神』，十字亦妙。」

孝女游文園年方十七，為養親計，乃測字於揚州街頭，甌北睹其情狀，憫其際遇。

《游孝女測字養親詩》：「相字古未聞，相傳始唐末。玉局崔道士，北千止剽奪。宣和謝潤夫，聲名徹禁闥。御書朝字來，知十月十日。問官得請字，謂未全言責。問孕得也字，謂腹有蛇疾。迨乎南渡後，專家益輩出。土加畫爲王，杭移點成尤。權相書退字，日與人甚密。知其糾結深，至老不罷黜。權閹書囚字，國內大人一。其如四無依，懸縊兆可必。斯皆擅絕技，巧中百不失。至今江湖間，往往習其術。大抵遊食徒，星卜同一律。何哉游氏女，亦復矜弄筆。設案闤闠中，風吹面如漆。波磔或拆離，偏旁或配匹。卜者信手拈，輒爲判凶吉。問女年幾何，何不處在室？有嫗坐其旁，一一

爲縷述。幼小讀詩書，今年十有七。親老鮮兄弟，藉此養衰疾。街頭字一個，堂上米一溢。嗟哉女何賢，曾閱出巾櫛。豈惟夙慧深，托業良可恤。揚州銷金窩，動擲千萬鎰。廚有臭酒肉，途有墜鈿舄。何不涓滴分，憫此嬋媛質。免使傍路塵，含羞對囂聒。我欲竟此語，或已笑迂闊。」（《甌北集》卷二九）

【按】游孝女，名文元，揚州江都人。《水曹清暇錄》卷六曾引述甌北此詩。《揚州畫舫錄》（卷一一）曾曰：「游孝女，字文元，以賣卜、拆字養其親。金棕亭國博見之，率其子臺駿、孫璣同作《游孝女歌》。一時縉紳如秦西巖觀察、汪劍潭國子、潘雅堂戶部，皆有和詩。倉轉運聖裔聞之，招入使署，令教其女，爲擇婿配之。棕亭詩中有『試覓赤繩爲繫足』之句，謂此。」金兆燕《游孝女賣卜養親歌》詩題下注曰：「名文元，揚州江都人。」詩曰：「閨中女兒抱一經，吉凶機祥無遁形。陰陽鬼神感至性，羲文周孔亦效靈。春風新柳紅橋側，袿熏畫舫紛如織。岸傍有女侍衰翁，獨將筆硯營蓍策。行人問女何所爲，女言親老養無資。市中百錢未易得，堂上雙親長苦饑。我聞此語增快悵，弱女乃能潔白養。孤城鄭嫗鮑家姑，相術醫方不足尚。揚州習俗本華妍，五烈雙忠亦後先。乾坤正氣必有在，一人自足鍾其全。」（《棕亭詩鈔》卷一六）又有《潘雅堂見游孝女賣卜養親歌作詩題後次韻誨之》，謂：「一燈紅照衰顏酡，方寸五嶽成悲歌。人生高厚共履戴，集枯集菀何偏頗。孤憤莫效韓非子，且與崔駰作達旨。但教虛室常生白，定有吉祥來止止。不龜手藥同所治，潎絖封侯各有宜。可憐一女養二老，乃勞京管奇術爲。丈夫讀經鮮有得，坐費光陰良可惜。女子至誠乃感神，井渫轉使我心惻。長竿綴帛如陶謙，開簾豈止三人占。競來端策問詹尹，誰肯選德求無鹽。可憐一眂俱握粟，虛名豈救溝壑辱。勞君和章如響卜，試覓赤繩爲繫足。」（《棕亭詩鈔》卷一六）

甌北於重寧寺設素齋，招漕運使管松崖幹貞、王夢樓文治、了凡禪師共食，食後乘舟往平山堂，遊平遠樓諸名勝。

《招管松崖漕使、王夢樓前輩、了凡禪師重寧寺齋食後泛舟至平山堂，遊平遠樓諸勝，松崖有詩，即次原韻》：「平遠樓高不厭尋，喜隨使節又經臨。階前紅雨仍香徑，江外青山是故林。貧具筍蔬慚主誼，老逢羅綺尚童心。風流最羨青驄過，一道裙腰草色侵。」「出處殊蹤豈易尋，湖山欣此共登臨。地眞南國鶯花界，人盡西園翰墨林。有詠無饞仍褉事，爲儒學佛亦名心。題詩

幸附朝簪貴，定有紗籠護不侵。」(《甌北集》卷二九)

《贈夢樓》、《贈了凡》、《湖上二首》、《三月五日記異》(《甌北集》卷二九) 諸詩，均寫於這段時間。

【按】管幹貞(1734～1798)，字陽復，一字松崖，江南陽湖人。「乾隆三十一年進士，改庶吉士，授編修。考選貴州道御史。巡視西城，訟牒皆親判；周行郊內外，捕治諸不法者。先後命巡漕天津、瓜、儀，凡十二年。累遷至光祿寺卿。幹貞以漕船回空，多守凍打冰，令先通下游，免上游冰下注，益增堅厚，後遂守其法。疏言：『運河以諸湖為水櫃，誠使節節疏通，雖遇旱澇，可以節宣，否則雨少無籌濟之方，雨多無容水之地。至引黃入運，係一時權宜，苟疏濬得宜，黃河全力下注，運河自不致停沙。』又奏請治駱馬湖，使運河水有所蓄泄，並得旨議行。遷內閣學士。五十三年，擢工部侍郎。五十四年，授漕運總督。糧艘至天津楊村，每以水淺須起撥，運丁不能給舟值，例由長蘆鹽運使以鬻鹽錢貸運丁，借直隸藩庫銀歸款，運丁分年繳納。其後議停，運丁多不便，幹貞請如舊例。又疏陳江西軍丁疲敝，請籌款增補，行，月二糧折價；借官銀代償積逋，令分年輸納；寬限清釐屯田，俾藉以調劑，並從之。五十五年，賜孔雀翎、黃馬褂。疏言：『漕艘百餘幫，役夫數萬人，最易藏奸生事。上年新漕，飭嚴立規條，行必按伍，止則支更。親行督察，乃知別有姦人隨運潛行，督飭捕治數十人，交州縣確擬嚴懲。』得旨嘉獎。五十八年，疏言：『蘇州太倉押運官，例抵淮後改委赴通，中途分更，互相推諉。請自水次抵通，始終其事，庶官有專司。』又請河南豁免緩徵停運減存船隻，就近赴山東受雇撥運。又請各幫水手短縴，責成頭舵工丁以素識誠實之人充補，免聚眾竊盜諸累。皆報可。各省開兌，多至春初，又在在逗遛，遇水淺或河溢，有在河北度歲者。幹貞嚴飭弁丁修艌受兌，復多兌春開舊制。糧艘起運，每策馬督催，風雨不避。或不歸所乘舟，支帳露宿。微弁出力，必親慰勞。運丁舟人不用命，立予懲罰。當時或苦其苛急，及回空省費，無絲毫派累，咸大悅服。高宗嘗召見褒其能，謂可亞楊錫紱。五十九年，以疾乞假，命兩江總督書麟攝其事。疾愈，任事如故。幹貞成進士時，禮部改『貞』為『珍』，六十年，命仍原名。嘉慶元年，戶部議江、浙白糧全運京倉，以羨米為耗，浙江運丁如議交運。幹貞以江南餘米較少，執議不行，交部嚴議，奪官。三年，

卒」(《清史稿》卷三二四《管幹貞傳》)。著有《讀易一隅》、《書論一隅》、《詩論一隅》、《明史志》、《四史分編》、《松崖奏稿》、《松崖文鈔》、《松崖詩鈔》、《樂府源流》等二十餘種。(《江蘇藝文志·常州卷》)

孫星衍《資政大夫兵部侍郎兼都察院右副都御史總督漕運管公幹貞行狀》:「公姓管氏，名幹貞，字陽夫，一字松匡。先世家濠州，南宋時遷武進。六世祖陽春，明禮部侍郎。曾祖淑、祖棟、父景賢，贈如子孫官。幹貞在母七月而生，僉憂不育。父聞啼聲，喜其氣足，曰:『善撫可鞠也。』五歲喪父，母史氏嘗手錄《鑒略》課之。年十一能屬文。中乾隆已卯科舉人，丙戌科成進士，選庶吉士，授編修，預修國史，任撰文。甲午科分校順天鄉試，乙卯科分校會試，丁酉科典試貴州，旋充教習庶吉士。四十五年改陝西道監察御史，巡視西城，調京畿道御史。謝絕勢要請托，劾左翼稅局濫罰牲只，又劾副指揮馬爲玘改供縱犯，革除胥役積弊。後四年，奉命視漕天津。北河挾沙流行，向多淺阻，武清縣楊村以雇船撥運累民，有數歲不得釋，至拆板者。又山東閘外糧艘有無弁無丁者，奏請添設剝船及自備船，如所請行。是秋轉掌京畿道，復巡視西城。大學士九卿科道會議秋讞，公議由情實改緩、由緩改矜者甚多，皆中窾要。某大僚後院廠有興夫聚賭爲盜窟者，或控其魁馬坤。坤，回人，巨猾而富。飭屬出不意擒之，詰旦坐城械諸市，勢要屬托者不及。其冬奉命巡視南漕，旋遷戶科給事中。時山東、江南久旱，雖大挑運道，而漕艘仍阻。公因奏請令地方官疏支河濟運，並言:『宿遷竹絡壩不必分黃入運，使黃河全力下注，不致停沙。』得旨:『諭令山東、江南河臣疏通水泉，無庸分黃濟運，使兩有裨益。』使還，面奏駱馬湖蓄泄事宜，略言:山東蒙山雨水下注沂河，至邳州城北支分爲三，併入駱馬湖，出土下閘壩濟運。如蓄水入湖，遇黃林莊及邳、宿上下水淺，可以開涵洞及各壩濟運。水小堵壩，水大則開壩，瀉入六塘歸海，水旱皆可利濟。得旨議行。九月奉命仍視南漕。五十一年遷鴻臚寺少卿，旋遷通政司參議。其秋，奉命協理漕運總督事務，仍兼巡視南漕。明年遷光祿寺卿，又遷內閣學士，兼禮部侍郎，充文淵閣直閣事。又明年夏，命赴山東協辦漕運總督事，遷工部右侍郎，兼署吏部右侍郎，充順天鄉試主考官。其冬，奉命赴山東兗州讞獄。五十四年，充會試總裁官，命赴直隸查勘旗地。六月補授漕運總督，加兵部侍郎、右副都御史銜。明年就覲行在，賜孔

雀花翎黃馬褂。嘉慶元年，預千叟宴。公任漕督七載，隨時陳奏調劑事宜。如江西各幫行月糧，每石折銀七錢，不敷米價之半。又各丁有積年守凍截留、交卸借墊之項，困累幾不能出運者，為籌減通省浮款，酌添旗丁行月糧。復請將各借墊並為一款，再分十年攤還。又請仍留直隸藩庫，借銀十萬兩，先期交長蘆鹽政，易賣鹽錢文濟墊楊村各幫船撥價，再於各丁名下分十年扣繳，解還直隸歸款。又奏蘇州太倉重運二十一幫押運丞倅，請照江南通省水次兌運之例，不得到淮更換改派；又奏將豫省豁免緩徵、停運減存之船就近赴山東受雇撥運；又各幫水手縴夫，行竊累丁，請責成船戶保質，並得旨俞獎。先是各省兌糧延至春初，離次既遲，弁丁需索州縣，私帶貨物，沿途逗遛。至秋水淺及河漫之年，回空船有在北河守凍不歸次者。公嚴飭弁丁先期修艙受兌，以復冬兌冬開。舊制舟過淮關，盤驗向多守候。公督運無弊，乃使迎前投報，無敢留難。每年幫弁出運，秉公簽派，苞苴不入。罷撤沿途漕委各員，以省擾累。重運北行，則策馬登圻督催，雖風雨不避。或止宿行帳，微弁出力，親加犒勞，嚴懲其不用命者。故七年中，糧艘北上及歸次未嘗逾限。蓋歸次早則漕卒省費，漕卒船戶無苦累，則需索、偷盜之弊自絕。當時議其苛急，知者以為官丁交便。數十年來，漕督之有清操而又能實力調劑者，惟清江楊錫紱與公而已。高宗皇帝召見時亦以此言獎諭云。五十八年春，因病奉請開缺，有旨命總督書麟公就近兼攝。會奉令甲江浙白糧全運京倉，未議運費，浙江運丁已將餘米交坐糧廳經紀代運。公以江南餘米較少，執議不行，被議降級，旋奉旨革職。公盡瘁公事，彈擊勢要，不避嫌怨。嘗因公劾罷権使，時有排擠之者，事秘不可知。罷官後，因居京師，僦居憫忠寺，杜門謝絕賓客人事，寫書日數千字。居二年餘，以嘉慶三年四月二十五日卒，年六十有五。著有《書經一隅》、《易經一隅》、《詩經一隅》、《問禮一隅》、《規左一隅》、《明史志》、《說文考異》、《黃門篆說義》、《玉書》、《延陵志餘》、《文集》、《詩集》、《詩餘偶存》諸書若干卷，又選刻《舊雨集》，並藏於家。公少賤孤露，能儉約，無所嗜好。在官案牘皆自裁決，不延幕僚，署中老吏俱慴服。屏絕私謁。死之日，家無餘貲，時論賢之。子遴安、遴儀、遴群。公於星衍為從外祖，又同里前輩，因狀其大概如此。謹狀。」（《孫淵如先生全集》平津館文稿卷下）

　　趙懷玉《資政大夫兼兵部侍郎都察院右副都御史總督淮揚等處地方提督漕運海防軍務兼理糧餉管公墓誌銘》:「國家東南之利,莫重於漕,而弊亦最大。數十年來,克殫厥職又以清操著聞者,咸推清江楊勤恪公錫紱及滿洲鄂寶公,其後吾鄉管公實趾美焉。公諱幹貞,成進士,時禮部改『貞』爲『珍』,乾隆六十年有旨,仍改原名,字陽復,號松崖。自南宋以來,世爲武進人。曾祖淑,考職州同知。祖棟,國子監生。考景賢,乾隆元年舉人。公在母僅七月而生,生之夕,舉人君夢神人負大㫋書『翰墨文章』四字,歷階陞堂,故初名又曰翰。五歲而孤,母史夫人苦節撫之,嘗手錄《鑑略》以課。年十一,能屬文。十九,祖母陳夫人卒,公以祖在,雖不爲祖母服重,而髫齔喪父,於心不安,終三年,未嘗與歲試。乙亥,補生員。丙子,中副榜貢生。己卯,中順天舉人。丙戌,大挑舉人。初以知縣用,旋成進士,改翰林院庶吉士。己丑,散館授編修。明年以母喪歸。甲午,分校順天鄉試。乙未,分校會試。丁酉,充貴州主考官。戊戌,充教習庶吉士。庚子,改陝西道監察御史,掌貴州道。辛丑,巡視西城,轉京畿道。癸卯,巡視天津漕務。是秋,掌京畿道,復視西城。冬,巡視南漕,遷戶科給事中。乙巳,再視南漕。丙午,遷鴻臚寺少卿、通政司參議,協理漕運總督事,仍視南漕。丁未,遷光祿寺卿、內閣學士,充文淵閣直閣事。戊申,再命協辦漕運總督,進工部右侍郎,署吏部右侍郎,充順天鄉試主考官。己酉,充會試總裁官,授漕運總督,加兵部侍郎、右副都御史銜。庚戌三月,大駕東巡,賜孔雀翎、黃馬掛。乙卯,京察一等。丙辰,召預千叟宴。其在翰林,直史館,任撰文,斤斤以品節自勵。四庫館開,纂修者得保謄錄,人爭趨之,以便其私。當事欲以相屬,獨辭不與。箚薩克蒙古外藩王公創立表傳,眾難其人,公任總纂,五日定議,二年而書成。其視西城城牒,皆親斷立發,劾左翼稅局濫罰牲只,及副指揮馬爲玘改供縱犯,勢要請托,概不得遂。暇即周行郊內外,凡命案竊案,捕之輒獲。其視天津漕,楊邨方封雇民舟爲撥船,至數歲不得釋,又閘外幫有無弁無兵者,公皆奏上之。及視南漕,幕無一人,從容自理。時漕船回空,多守凍,公以打冰須先通下游,若治上游,則冰凌下注,益增堅厚。如其法,遂無守凍之患。山東、江南不雨,雖挑濬運河,漕舳仍阻。公具陳雨少河無源,開壩遲,前後之阻有故,因附陳河湖水利,略言:『漕船之速在運河,運

河又以諸湖爲水櫃。誠使節節疏通，雖遇旱澇，可以節宣，否則雨少無籌濟之方，雨多無容水之地。至引黃入運，亦一時權宜。苟水利充盈，黃河全力下注，運河自不致停沙。』又奏駱馬湖蓄泄事宜，所言皆中竅要，並得旨議行。其總督漕運，首減浮款，添給江西幫行月糧，請留隸借款銀十萬兩，交長蘆鹽政易賣鹽錢文，濟楊邨諸幫撥價。又請蘇州、太倉押重運官仿江南通省例，自水次到淮，不得更換。又請河南豁免緩徵停運減存之舟，就近赴山東受雇撥運。又請各幫水手、短縴，責成頭舵工以素識誠實之人充補，免聚眾竊盜諸累。皆報可。時各省開兌多至春初，又在在逗留，遇水淺及河溢之年，有在北河度歲者。公嚴飭弁丁修艙受兌，復多兌多開舊制，速簽盤以免守候，撤委員以絕滋擾。嘗策馬躬自督催，風雨弗避。或不歸所乘舟，支帳露宿。微弁出力，必親慰勞之；運丁、舟人不用命，立予懲罰。當時或苦其苛急，及回空省費，無絲毫派累，咸大悅服。五十八年春，積勞感疾，奏請開缺。上命安心調理，使總督書麟公就近兼攝，乃不敢辭。稍愈，即起視事，然自是精力始耗矣。初，白糧運京倉僅十之一，偶值輪派，以爲畏途。會有新令，令全運至京，而未籌運費，倉場侍郎使運丁以諸舟餘米給坐糧廳經紀代運，浙江黽勉行之。江南餘米少，丁情不便，公以咨部。倉場奏：江南次年已曾具結，不應仍執初議。部議鐫二級用。公運次受替，馳赴熱河行在，面陳江、浙情形不同，旋奉有『此後浙江白糧，照舊運通』之旨。次日，復傳詢江南白糧運丁次年何以願行、漕糧有無改運京倉及運京之費何出？公因押運各員尚未及見，運費屬監督所司，並以未能深悉覆奏。再奉嚴議，折仍留中。會江南大吏疏中有督糧道等曾以此事申告總漕、未經批發語，遂革職。時丙辰七月也。公任漕運凡七載，知無不言。遇當糾劾，雖要人無所顧忌。時內外章奏多以其副白執政請可否，公獨緘封直陳，以此頗爲當路憎嫉。此又公卓然大節，人或有所未盡知也。少孤貧，事母至孝，交友不以窮達易節。身雖顯，未嘗一日去書，《五經》皆有譔述，諸史於有明一代，尤稱淹貫。詩文下筆立就，獨得雄直之氣。既罷官，自以蒙上特達之知，未忍遽歸就逸，僦居法源寺旁，屏絕人事，纂輯生平未成之書。或以歸計進，輒怒然不語，人亦無敢以此勸者。居二年，舊疾作，以嘉慶三年四月二十五日卒於寓舍，距生雍正十二年十一月二十二日，春秋六十有五。初娶史氏，誥贈夫人，持家有禮法，攻

苦食啖，戚鄰稱之，先公十二年卒。再娶史氏，誥封夫人。子三：遹安，河南濬縣縣丞，署涉縣知縣，後公一年卒；遹儀，布政司理問職銜；遹群。女一，未字。孫二人：貽葆、貽葆。五年正月，葬公某鄉之某原，夫人祔焉，禮也。懷玉交公垂四十載，知公最稔，其忍不銘。」（《亦有生齋集》文卷一八《墓誌銘》）

《炙硯瑣談》卷中謂：「管松崖幹珍翰編，才思敏贍，乾隆丁酉典試黔中，往返作詩四百首、賦十數篇，雕搜藻繢，擅康樂勝場。記序亦絕類柳柳州，緣抱騎省之悲，登涉間時露淒惻語。余集其句為題後云：『寒暑關心隻影知，自將柳雪賦離思。年來骨肉紛多故，采遍芳蘭欲遺誰。』『到處山村竟夕留，松齋人坐白雲秋。人生可歎飛鴻爪，乘興還輸萬里遊。』『萬里西風接點蒼，微雲籠日送朝涼。溪山行盡不知處，客馬白顛僕馬黃。』『步步秋雲自踏陳，謂使旋。遠峰如碧水如銀。四年三度持文枋，實慶朝廷得此人。』從兄夢岩以薦闢官龍遊丞，恬淡寡營，任十八年卒，布衾書簏而外，無長物也。子二人，皆諸生，寠甚。余過龍遊，口占云：『雙松哦罷鶴歸家，廉吏遺孤歎落花。今日過君遊宦地，更無人說鵲隨車。』」

重寧寺、了凡禪師見本譜乾隆四十九年考述。

平遠樓，《揚州畫舫錄》（卷一六）謂：「平遠樓，仿平遠堂之名為名也。樓本三層，最上者高寺一層，最下者矮寺一層，其第二層與寺平，故又謂之平樓。尹太守為之記。汪滌崖於此樓畫黃山諸峰，稱神品。樓後建關帝殿，旁為東樓，樓下便門通小香雪，即題『松嶺長風』處。」

王文治《次韻奉詶趙甌北觀察招同管松崖漕使重寧寺齋食即同了公攬平遠樓諸勝見贈之作》詩謂：「春煙深擁畫樓層，飯罷雲抄次第登。那易玉堂攜舊侶，甌北、松崖俱曾在翰林。況兼金地有高僧。花枝缺處遙山見，柳色濃邊淡月升。濩落獨慚鬚鬢改，不堪重話宴紅綾。趙詩詠及庚辰、辛巳及第事。」（《夢樓詩集》卷一六）

自壽腹公招飲，朱立堂屢以詩唱酬，甌北賦詩酬答，並請金兆燕為己詩集作序。

《余因菊士招飲湖舫得晤朱立堂，即承枉和長篇，欣荷之餘，敬酬以志雅意》：「名流何意遇芳郊，春到垂楊綠滿梢。風雅有緣天作合，湖山正美客論交。水邊脆管船雙槳，竹裏行廚饌五肴。記取盍簪鴻爪蹟，紅橋南畔小山

扢。」（《甌北集》卷二九）

《題棕亭見和長篇後，並乞其為拙集作序》：「一枝健筆領風騷，老去詞源尚湧濤。至死不僵蟲百足，橫行無敵蟹雙螯。青樓香徑尋花熟，紅燭華筵對酒豪。流寓恰當名士地，康山風月價增高。」「叢殘舊稿偶成編，敢說人間快睹先。數十暑寒吾輩老，萬千著述幾人傳。幸逢皇甫思求序，既有鍾期肯絕弦。廿載相思一朝見，也應不吝筆如椽。」（《甌北集》卷二九）

此時尚寫有《老境》、《食香椿有感》（《甌北集》卷二九）諸詩。

【按】詩稱「菊士招飲湖舫得晤朱立堂」，知立堂姓朱，方立堂乃非其人。

四月初，鰣魚方入市，雖價格昂貴，「一尾千錢」，張松坪坦仍購得以款待甌北諸人。未幾，又招請吳涵齋以鎮、金棕亭兆燕、唐再可思等前來品賞芍藥。

《鰣魚初出，松坪前輩即購以見貽，賦謝》：「銀鱗尺半壓荒廚，才是江鮮入市初。一尾千錢作豪舉，先生今日宴頭魚。」「客中誰復問衰羸，貫柳驚投飯顆山。曾共蓬池叨賜鱠，故應臭味倍相關。」「菜根久礪齒牙牢，珍味無端誘老饕。不肯累人窮閩貢，為君一旦破清高。」（《甌北集》卷二九）

《松坪於齋頭遍插芍藥，招同涵齋、棕亭、再可雅集即事》：「相期不負景清和，又許看花發醉歌。前日鰣魚今芍藥，老來食色累公多。」「尋花我昨步當車，君乃移花插滿家。始識名流太驕貴，要花尋我不尋花。」「都是歸田老阿呆，昵花花亦逞妍來。笑他金帶圍真俗，只為逢迎宰相開。」「不礙花名喚小鬟，上堂一一斗容顏。如何紅粉多如許，猶向人前說老鰥。」（《甌北集》卷二九）

【按】《欽定大清一統志》卷五九《松江府二》謂「鰣魚」：「鉅鱗丕燦，厥味鍾焉。出海中，鄉俗以夏至後半月敘為三是，魚盛於四月，取迎時之義，故名。」鰣魚往往於春夏之交溯江產卵。此時之鰣魚，脂肪肥厚，肉味鮮美。由此推論，鰣魚上市當在四月初，故詩繫於此時。

五、六月間，江南等處大旱，河水枯竭，無法插秧，百姓苦甚。

《舊譜》：「是年大旱，運河日涸。六月初，自常州至蘇州，已不得行船。蘇州米價日貴，撫藩大吏出示有米之家減價平糶。攝常州守夏某亦彷行之。而不知自鎮江至常州尚可行舟，正當高價以來米船，使地方買以儲備，則價雖增而米尚不缺，此趙清獻救荒法也。」

《苦旱》:「正是龍舟競渡時,傾城士女出遨嬉。可憐簫鼓喧闐處,中有饑寒世未知。」「長河將竭細流斜,兩岸啞啞萬水車。絕似一條蛇尾縮,亂鈎搭住在泥沙。」「河水枯才五寸餘,共貪竭澤競來漁。看他赤腳泥漿裏,也似人間釜底魚。」「老農閒殺坐清陰,滿把黃秧插不成。翻似往年梅雨足,水車泥上閣無聲。」(《甌北集》卷二九)

《旱坐遣悶》:「驅魃焚巫術屢更,莫嗤祈雨轉祈晴。老夫倘出東山去,竊恐爲霖也不成。」(《甌北集》卷二九)

【按】據曹鑣《淮成信今錄》卷五《記事》:「(乾隆)五十年,大旱連數省。……米價日高,至次年春,升米至五十文,百物皆絕。中產之家,盡食麥麩、野菜以度命,餓殍載道,空曠處積屍臭穢不可聞。稍留殘喘,唯以搶奪爲生者,街市不敢攜物而行,郊野更甚。羸者乞食,擠入門,終不肯出,嗚嗚之聲,慘不忍聽。」

與王文園顯曾給諫時有交往。

《贈王文園給諫》:「黃門班迴近星河,諫紙聲名振駊娑。年正可官歸里早,位雖未相活人多。操觚文字仍遊戲,載酒江湖任嘯歌。京國舊交今漸少,喜君兩鬢不曾皤。」「浪蹟江鄉類隱淪,刀圭試手輒生春。始知白社投閒日,猶是蒼生托命身。康節行窩爭欲設,伯休入市共相親。笑他煉汞燒丹者,只自求仙不救人。」(《甌北集》卷二九)

【按】本詩「位雖未相活人多」句後注曰:「歸田已十餘年,以醫活人甚眾。」王文園,曾官京師,會醫術、精堪輿之術。《國朝御史題名》謂:「(乾隆三十三年)王顯曾,字文園,江蘇華亭縣人。乾隆庚辰進士,由禮部員外郎考選湖廣道御史,轉禮科給事中,掌印。」朱景英《三元總要序》略曰:「華亭王文園先生於形家書靡弗殫究,曾從廣陵臧南園處得杜陵蔣大鴻《地理辨正》、《天元五歌》、《水龍經注》、《玉函經》諸書,復經南園口授,精心薈萃成《三元總要》,是書以局起例,以運定方,主乎九星,準諸一宿,宮於局繫,卦隨星轉,剟卮詞而啓秘鑰,豈非測量候驗者所當奉爲圭臬也哉?昔王充有言,太歲在子,子宅直符,午宅爲破,不須興功起事。又言:五姓之宅,門有宜向,向得其宜,富貴吉昌。讀《論衡》者,恒河漢其言。今睹先生斯編,益信發明有自來矣。頃與王亮齋請付開雕,既蕆事,因述其緣起如此。」(《畬經堂詩文集》文集卷四)

秋七月，袁枚書至，報蔣士銓已身亡，甌北聞知甚為悲痛，為詩以哭之。

《子才書來，驚聞心餘之訃，詩以哭之》：「斯人遂已隔重泉，腸斷袁安一幅箋。預乞碑銘如待死，久淹床第本長眠。貧官身後惟千卷，名士人間值幾錢？磨鏡欲尋悲路阻，茫茫煙樹哭江天。」「書生不過稻粱謀，磨蠍身偏願莫酬。忽漫焚魚辭薊闕，也曾騎鶴到揚州。屢移家去無黔突，再出山來已白頭。何限世間陽翟賈，傲人足穀與多牛。」「十年館閣每隨行，角逐名場兩弟兄。可畏隱然如敵國，所當何處有堅城。久將身入千秋看，如此才應幾代生。我痛自關人物謝，區區豈特故交情。」（《甌北集》卷二九）

《秋思》、《陳灣山下大銀杏樹歌》、《椶亭治具，招同西巖、松坪、再可爲湖舫之遊》（《甌北集》卷二九）諸詩，均寫於此前後。

【按】《子才書來，驚聞心餘之訃，詩以哭之》詩「久淹床第本長眠」句後注曰：「君中風病臥已數年，去冬子才過江西，君預囑爲其墓誌」；「屢移家去無黔突」句後注曰：「君去官時先買宅金陵，後掌教山陰、揚州，皆攜家住，晚又卜居南昌。」袁枚《小倉山房詩集》卷三一收有《哭蔣心餘太史》二首，曰：「西江風急水搖天，吹去人間老謫仙。名動九重官七品，詩吟一字響千年。空中香雨金棺掩，帳下奇兒玉筍聯。如此才華埋地底，夜深寶劍恐騰煙。」「君家花裏別君時，君起看花力不支。三月四日。一慟自知無見理，九原還望有交期。應劉並逝空存我，李杜齊名更數誰。教作藏園詩稿序，已成未寄倍淒其。」袁枚詩集爲編年體詩，本詩編在《哭陸朗夫中丞》之後。陸燿卒於本年六月二十三日。由此推論，緣路程遙遠、消息閉塞的原因，蔣氏之死，雖說在年初二月二十四日，但袁枚時隔數月始聞知，然後才轉告趙翼。趙翼寫此詩時，大概不會早於七月中旬。

金兆燕《招趙雲松、唐再可、秦西巖、張松坪泛舟湖上》詩曰：「共作塵中客，同呼野外船。電光舒阮眹，霜色感馮顛。遍歷無雙境，如聞第一禪。涼風吹列苑，秋氣入層巔。四五人中老，三千界上仙。黃壚高復下，綠醑聖兼賢。開寺花猶少，傳觴室最偏。行窩非軟腳，吟地且隨肩。儉歲無兼膳，村居但小鮮。遠看松偃蓋，近藉竹橫椽。酒未醅元亮，書還證服虔。濕雲翻似絮，老葉下如錢。可惜同漂梗，安能屢肆筵。名園隨地有，嘉會幾人傳。老占江山勝，奇逢翰墨緣。且將閒歲月，更禊

晚秋天。」（《棕亭詩鈔》卷一七）可與甌北《棕亭治具，招同西巖、松坪、再可爲湖舫之遊》（《甌北集》卷二九）詩對讀。

在秦西巖幕府中，見西洋自鳴鐘，細細觀賞，驚歎不已。

《西巖齋頭自鳴鐘分體得七古》：「化工豈許人捉摸，忽被巧匠偷秘鑰。宛委中含十二時，添得嘉名列編鎛。形非九乳九耳垂，制豈雙夔雙螭攫。但覺莊嚴小佛龕，琢玉鏤金燦輪郭。云有靈機能發響，翥如冶金奮騰躍。按候恰與晷景符，昕夕告期了不錯。得非雛人坐其下，司旦司昏手奏樂？豈知絕不假人爲，自有噌吰出寂寞。寶刀斲尚愁無聲，寸莛撞或慮不答。茲獨繁音起腹中，似轆轤轉機腸涸。一條金線綰鐵梟，鉏齬痕邊度岹嶤。寂靜微聞食葉蠶，盤旋默作循條蠖。忽然觸動藎賓鐵，突出刀槍鳴歟薄。內有金聲外針影，聲影相隨若素約。捷於緹室氣飛灰，驗比鈴閣神撼索。何須景陽催曉妝，豈但楓橋驚夜泊。直從一寸關鍵中，地紐天根貫脈絡。未央鏗爲遙山摧，豐山響以清霜落。虢聞江上鬥龍身，喧在土中應牛鐸。何如此不煩感召，翻覺古器尚疎略。笑他僧寺百八聲，考擊硜硜謹踐諾。神哉技乃至乎此，問是西洋鬼工作。其初攜從利瑪竇，今遍豪門炫樓閣。刻漏法本自中土，軒帝姬公幾荒度。後來摹仿製益精，渴烏吸水滴涓勺。金銅偓人金胥徒，四十八箭遞插腳。遠公蓮葉又意造，燕肅荷茄亦手斲。倩女捧牌按時登，神將持杵應候搏。此皆震旦千載傳，海外何由窺橐鑰。乃知到處有異人，聰明各把混沌鑿。先生何處購求得，位置高齋映筆格。趨朝曾記景過磚，退直或至更起柝。即今歸田鶼待漏，猶惜分陰肯拋卻。投簽常恐就睡酣，擊缽不怕催詩惡。有時放筆吐偉詞，鞺鞳能令四座愕。此鐘便是程書石，想見績學綜浩博。腕力健扛百斛鼎，腹笥富逾千石鏄。可許我來叩舂容，蒲牢一聲震寥廓。」（《甌北集》卷二九）

【按】《簷曝雜記》卷二《鐘錶》記載曰：「自鳴鐘、時辰表，皆來自西洋。鐘能按時自鳴，表則有針隨晷刻指十二時，皆絕技也。今欽天監中占星及定憲書，多用西洋人，蓋其推算比中國舊法較密云。洪荒以來，在璿璣，齊七政，幾經神聖，始泄天地之秘。西洋遠在十萬里外，乃其法更勝，可知天地之大，到處有開創之聖人，固不僅羲、軒、巢、燧已也。鐘錶亦須常修理，否則其中金線或有緩急，輒少差。故朝臣之有鐘錶者，轉誤期會，而不誤者皆無鐘錶者也。傅文忠公家所在有鐘錶，甚至僕從無不各懸一表於身，可互相印證，宜其不爽矣。一日御門之期，公表尙

未及時刻，方從容入直，而上已久坐，乃惶悚無地，叩首階陛，**驚懼不安**者累日。」

九月，阿桂以治理河患事來清口，甌北過淮前往謁見，得敘別情。

《清口謁雲岩相公》：「勳德眞符古大臣，南來父老擁車塵。十年艱巨看雙鬢，四海昇平倚一身。臨事輒如醫遇鵲，策功久已閣圖麟。古稀雖居神逾壯，平格天教贊化鈞。」「障川才自汴梁回，料理淮黃詔復催。本患水多偏水少，要籌漕去又漕來。源從瓠子河邊導，堤待桃花漲後開。聽到塵談彌鎮靜，方知遊刃正恢恢。」「何幸重迎馬首東，齒牙噓拂總春風。始知小隱高閒處，猶在餘光照耀中。馳傳公歸雙闕紫，著書人老一燈紅。不關求仕還來謁，此意區區稍不同。」（《甌北集》卷二九）

【按】清口，亦名清河口，在江蘇淮陰縣西南。古泗水入淮之口，舊爲黃淮交彙之處。《清史稿》卷三一八《阿桂傳》：「（乾隆）五十年，舉千叟宴，阿桂領班。又命勘河南睢州河工，並察洪澤湖、清口形勢。」阿桂此次來清口，即爲治河事。

順便拜訪故交程晴嵐沆，恰值其七十大壽，爲詩以祝賀。

《過淮晤程晴嵐，值其七十壽，賦詩稱祝，次章兼訂平山堂之遊》：「淳德高文望久崇，耆英如對畫圖中。廿年館閣稱前輩，十畝園林作退翁。天上蓮花紅燭炬，淮南桂樹小山叢。行藏回首超然處，此福人間幾個同。」「倦遊那擬到淮濱，意外重逢似宿因。千里來當黃葉候，五年前已白頭人。雞林購少新詩句，鴻爪痕猶舊壁塵。老去益思多見面，期君同醉蜀岡春。」（《甌北集》卷二九）

【按】此次甌北過淮，當是爲拜訪阿桂而至。此次謁見阿桂，雖「不關求仕」，但全德聘其掌安定書院教習，殆與阿桂從中斡旋有關，豈能不前往一謝，何況又是京師軍機故人？甌北本詩稱：「倦遊那擬到淮濱，意外重逢似宿因」，則透露出箇中消息。又謂：「千里來當黃葉候」，知此來時當九月間。程沆，《清代人物生卒年表》未收，據甌北詩可知，沆生於康熙五十五年（1716），至本年，恰七十，可補《清代人物生卒年表》之不足。

畢沅移撫河南，發帑賑濟饑民，柘城百姓聚眾造反亦被平定，甌北賦詩記其事。

《秋帆開府移撫豫省賑荒靖變，勳績特異，作詩寄頌》：「俗以儒爲戲，

謂必無英雄。豈知中有人，建豎屹華嵩。公也名世才，簪毫日華東。巍科取第一，出手便不同。遂結特達知，洊歷開府崇。十年分陝寄，頌聲遍秦風。汴宋古中州，災沴有獨鍾。河伯淹未盡，旱魃復逞兇。三年無寸雨，焦土百煉銅。彌望地總赤，不見青一叢。始知野草根，亦遭掘食空。文士齧故紙，殘卒煮角弓。道殣氣未絕，犬饞已噬胸。監門圖莫上，帝早切癃痌。詔公速移節，往拯哀嗷鴻。公到罄所見，拜表日幾通。請帑千億鏹，截漕百萬鍾。奪命鬼伯手，返魂到沙蟲。饑腸細如線，漸有糜粥充。從此豫士民，如蟄回春融。柘城有乞活，蟻聚猶剽攻。寒驢當馬騎，洶洶聲交訌。沿村掠雞豕，不飽一頓供。摸金破複壁，搜粟窺高墉。公又亟提兵，迅發霜蹄驄。群嘯眉未赤，駢戮頸已紅。不出旬日內，誅渠散脅從。賊皆化爲民，投刀潛歸農。向使不早殄，燎原將安窮。撲火於始燃，乃眞曲突功。惠既蘇瘡痍，威更消兵戎。落落兩大事，炳麟耀高穹。我方臥江村，聞之傾寸衷。憶昔共儤直，固推器量洪。庸知開濟略，著績至此隆。雖曰乘權位，得以成勳庸。我若處公地，未必能如公。江天一翹溯，緘詩附郵筒。不羨印搖鵲，不羨旌垂虹。羨公一篇傳，已在名臣中。」（《甌北集》卷二九）

仍與秦西巖、王夢樓交往，亦與馮西軒、沈既堂詩歌唱酬。

《西巖招同沈既堂、王夢樓兩前輩讌集，既堂以臀癬不能坐，長跪終席，戲用西巖語作詩奉桀》：「不以膝行以膝坐，雙跗例爲先生破。旁人不知臀無膚，只道先生謙太過。先生生平骨嶙峋，但有彊項無曲身。將軍幕下長揖處，尺八腿鑄鐵作筋。胡爲歸田少拘束，足恭翻作鞠躬人。謂逢壯士按劍怒，座中若個帶櫑具？謂向老人進履恭，我輩誰是圯上公？主人解嘲言語妙，金搭繡襠論果報。童年鈍或跪讀書，君乃一目十行俱。聞政嚴或跪請咨，君家伉儷無獅吼。官卑不免跪路岐，君由翰林擁旌麾。此膝從來未被辱，故應罰支軟腳局。教他略嘗蜷跽苦，始信人間有委曲。誰云一屈不可伸，正以久伸令小屈。如何偏有佞佛翁，頂踵自誇膜拜工。」（《甌北集》卷二九）

此時尚有《題馮西軒釣船把酒圖》、《西巖治具全用素食，以夢樓持齋故也。作素食歌見示，亦作一首答之，並調夢樓》（《甌北集》卷二九）諸詩。

【按】沈既堂，沈業富（1732～1807），字既堂，一字方谷，江蘇高郵人。幼穎異好學，年二十二舉於鄉，次年成進士，改庶吉士。又二年，散館，授編修，撰制誥文，辦院事。乾隆二十五年（1760），充江西副考官。二十七年（1762），充山西副考官。三十年（1765），分校順天鄉試，皆以

得士爲盛。尤屛絕聲氣，關節不通，館譽重之。前後充國史館、續文獻通考館纂修官。未幾，補安徽太平府知府，達十六年之久，多有善政。「公治郡資最深，每考績，輒有尼之者，或勸赴省，公曰：『求之得，可恥也；不得，更可恥也。』」至四十六年（1781），始授河東鹽運使。「公所蒞皆興學愛士，修書院，習樂舞。運司署西隙地，仿鄉場號舍，立四十舍，月課諸生。才人黃景仁歿於山西公署，公經其喪，厚其賻，送其柩歸常州，海內高其義」。（阮元《翰林院編修河東鹽運使司沈公業富墓誌銘》，《碑傳集》卷八六）著有《河東鹽法調劑紀恩錄》、《味燈書屋詩集》、《經餘書屋詩鈔》等多種。（《江蘇藝文志・揚州卷》）

夢樓飯佛吃齋事，李調元《雨村詩話》（十六卷本）卷五曾載及，曰：「夢樓先生與趙雲松皆探花及第，一庚辰，一辛巳，俱由劇郡乞假歸里，而夢樓先生晚年飯佛持齋十餘年，每赴宴，必自攜庖人以往。秦西巖常邀同雲松治具，全用素。雲松作《素食歌》調之。一日同遊平山堂，雲松云：『有一聯恰合吾二人身份。』問何聯，曰：『後輩舊隨前輩第，在家今作出家僧。』」所敘即甌北《西巖治具全用素食，以夢樓持齋故也。作素食歌見示，亦作一首答之，並調夢樓》一詩表述之事。王文治《素食歌答趙甌北》題下序曰：「秦西巖前輩邀余素食，因製《素食歌》，甌北和之，詞涉嘲謔。蓋甌北噉余素食而甘，遂比諸婦女淡妝而貌美者，其人必不貞也。余恐失聖人仁民愛物之旨，爰答斯篇。」詩曰：「愛生惡死人物同，率人食獸殊非公。婆婆世界本下劣，茹飲毛血號倮蟲。聖人憂之製禮節，去泰去甚通其窮。無故不殺有至理，欲以漸法導瞽聾。陋儒借聖以非聖，巧爲殺生開曲徑。血膏不顧染刀几，刑戮無非爲盤飣。古稱萬物人爲貴，良由物性因人正。問渠於物有何功，一箸公然戕數命。憶余臨洮寓僧舍，借翻龍藏消冬夜。翻到楞伽斷肉篇，愧汗淋漓如雨下。歸來誓持菩薩戒，萬刼殺緣從此謝。開將慈眼觀眾生，旭日和風諧大化。我治蔬食務潔精，匪關華侈誇煎烹。茱根亦足饜嗜欲，庶肉食者毋絮羹。多菘春筍眞味出，澗蘋溪藻神光清。斡旋眾口心頗苦，不料以此招譏評。淮海先生折柬邀，喚余庖人代治庖。座間舊雨富翰藻，就中甌北尤詩豪。遊戲爲文逞瑰怪，故相親重翻訾謷。大欲還將食比色，竟謂蔜縞成招徭。我請諸公酌大斗，一言聽我從頭剖。倡家女士途本殊，貞淫豈在形妍醜？淡掃蛾眉若誨淫，節婦應知皆嫫母。滿堂

舉酒各胡盧，仰視新蟾掛疎柳。」（《夢樓詩集》卷一六）

錢湘舲棨，先後於己亥、辛丑鄉試、會試、殿試中連取三元，為世所榮寵。以事來揚州，秦西巖等詞館前輩，共同醵資，宴請之。

《公宴湘舲於未堂司寇第，自司寇以下，西巖、松坪、涵齋、既堂、杜村及余皆詞館也。江鄉此會頗不易得，司寇出歌姬侑酒以張之，屬余賦詩記勝，即席二首》：「綠酒紅燈紺袖花，江城此會最高華。科名一代尊沂國，絲竹千年屬謝家。拇陣頻催拳似雨，頭銜恰稱臉如霞。無雙才子無雙女，並作人間盛事誇。」「歷歷題名數輩行，長筵今作聚星堂。盡簪林下皆同館，射策天邊獨擅場。人老半成都散漢，客豪也醉踏搖娘。因君重感蓬壺夢，風引神山正渺茫。」（《甌北集》卷二九）

另有《贈三元錢湘舲》（《甌北集》卷二九）詩。

【按】錢棨（1742～1799），字振威，一字湘舲，江蘇長洲人。乾隆己亥（四十四年，1779）解元，辛丑（四十六年，1781）會元、狀元，官至內閣學士。李調元《雨村詩話》（十六卷本）卷五曰：「本朝三元一人，長洲錢湘舲棨也，乾隆己亥解元，辛丑會狀。趙雲松贈詩有句云：『累朝如君十一個，事蹟半在青史留。』十一個者，謂唐張又新、崔元翰，宋孫何、王曾、宋庠、楊寘、王岩叟、馮京，金孟宗獻，元王宗哲，明商輅也，及棨為十二人。棨榜下假歸，適雲松在籍，同諸詞館公宴湘舲於未堂司寇第，出歌姬顧四娘侑酒。顧乞名於湘舲，贈以『霞娛』二字。雲松即席詩云：『綠酒紅燈紺袖花，江城此會最高華。科名一代尊沂國，絲竹千年屬謝家。拇陣頻催拳似雨，頭銜恰稱臉如霞。無雙才子無雙女，並作人間盛事誇。』亦佳話也。」《國朝先正事略》卷三八《馬章民先生事略》附錢棨傳曰：「錢君棨，字湘舲，乾隆己亥鄉試領解額。庚子會試，冠其偶。殿試以一甲一名進士賜及第，授修撰。臚唱日，高宗御製詩紀事，有『國朝經百載，春榜得三元』之句。丙午分校順天鄉試，明年入直上書房。己酉分校會試，遷贊善。甲寅充廣東副考官，明年遷侍讀，充日講起居注官。嘉慶二年擢庶子，尋除侍讀學士。典試雲南，命提督學政，拔擢公明，士論翕服。四年晉內閣學士，仍留學政任，卒官。目後繼先生為三元者曰臨桂陳君繼昌。」《（同治）蘇州府志》卷八九謂：「錢棨，字振威，一字湘舲，中諧見吳縣曾孫。專志舉子業，夜讀率至五更，應童子試，輒不利。乾隆三十一年補長洲學生第一，六試棘闈不售，志

益銳，文益純。四十四年舉鄉試第一。先是，座主謝侍郎墉夢神人授巨筆，上有『經天緯地』四字，飾以孔雀毛，光焰奪目，覺而得棨卷，遂置解首。四十六年會試、殿試，皆第一，御製《三元詩》紀瑞。座主贈詩有『千古第七人』之句。我朝開國以來三試第一者自棨始，除修撰。丁父憂，服闋，入京奉命在上書房行走，充三通館纂修、武英殿分校。五十四年充會試同考官，拔錢楷、李鈞簡，皆知名士。五十九年充廣東副考官，累升至庶子。嘉慶三年大考入優等，升侍講學士，轉侍讀學士，充雲南正考官，出闈即奉提學之命。四年補內閣學士兼禮部侍郎。是年八月，卒於滇，年五十八。棨事親孝，持躬介，親病，割股以療，通籍後不遊權貴之門，人皆重其品。(《吳門補乘》)。」

孫補山士毅，身居高官，卻時而寄詩存問，窮通兩途，出處懸絕，卻仍不忘故舊，甌北心有所感，賦詩酬謝。

《寄補山開府》：「公昨寄我詩，險韻手自排。公送袁臨汝，詩中又見懷。一在青雲端，一在綠水涯。如何兩相思，氣誼久不乖。自非公古道，誰復念此老。抑以散髮人，蟬蛻塵埃表。譬如饜肥鮮，轉覺蔬筍好。出處途已殊，繾綣情未了。何當遠來謁，身附南飛鳥。」「同直多腼仕，可傳只數人。朗夫近乎隘，持論殊齗齗。卓立千仞壁，不受一點塵。秋帆近乎通，才氣實絕倫。中州救荒績，手活百萬民。公兩兼其長，和介備一身。迎面有寒鐵，動腳有陽春。承平論經濟，豈必爭奇新。即此入列傳，已足為名臣。」「窮達雖有命，亦貴願力猛。一條雲霄路，層層有引領。苟其晏然足，所歷即止境。腐儒正坐此，遂戢霜蹄騁。惟公器量深，精勤性所秉。恢恢開濟略，到處力完整。吏弊必爬梳，民瘼必循省。臣躬自匪懈，帝鑒早遠炳。行看從節鉞，直上三臺頂。」「謂與公無緣，處處若相企。謂與公有緣，處處若相避。滇徼既聯鑣，黔疆復並轡。獨至兩粵交，蹟同時則異。凡我作守邦，皆公管內地。我在公不來，我歸公始至。自是薄宦命，難邀故人庇。公乃亦悵然，時廑慨惜意。謂不得此人，屈之作屬吏。」(《甌北集》卷二九)

《題周駕堂編修雙松嘉蔭圖》(《甌北集》卷二九) 亦寫於此時。

【按】周駕堂，即周厚轅。《中國文學家大辭典・清代卷》、《清代人物生卒年表》、《清人別集總目》均未收其人。趙懷玉《聞湖口周給諫厚轅北上歿於途次，詩以志哀》詩曰：「雅有田園樂，偏增道路哀。一官衰尚戀，積歲病為災。恩重津門節，情深燕市懷。空孤求駿意，至竟委蒿萊。甲辰

試禮部，卷爲給諫所薦。」（《亦有生齋集》詩卷二五）此詩寫於嘉慶十四年乙巳（1809）重陽節之後。由此可知，周氏蓋卒於本年秋。《清秘述聞》卷一六謂：「編修周厚轅，字馭遠，江西湖口人。辛卯進士。」《國朝御史題名》：「周厚轅，字馭遠，號駕堂，江西湖口縣人。乾隆辛卯進士，由翰林院編修考選湖廣道御史，戶科掌印給事中。」《湖海詩傳》卷三二：「周厚轅，字駕堂，湖口人。乾隆三十六年進士，官監察御史，有《蜀遊草》。」翁方綱有《周駕堂編修尊甫六十壽詩》，詩題下注曰：「名仁楷，字端林。」詩謂：「湖口周翰林，氣醇言無僞。手箋叩吾齋，述翁文行粹。蓋以眾善兼，而致諸福備。且言弗求譽，無煩嘏詞贅。但以筆力論，即足喬松配。此言世希有，使我滋顏媿。我未獲拜翁，已親芝術氣。彷彿匡廬巔，神光射牛背。」（《復初齋外集》詩卷第一二）

總戎白秋齋雲上，以捕盜知名於時，已稱病歸隱。甌北以詩相贈，希冀其乘時進身，緝奸報國。

《贈同年白秋齋總戎》：「太平時世不用武，緩帶輕裘稱帥府。豈知志果效忠勤，也與行間等辛苦。將軍家世中州人，馬槊清談並絕倫。起家科第官宿衛，擁旄歷遍江南春。江南繁會多草竊，水上窺艙陸穿壁。將軍夜巡不點燈，每趁天陰月正黑。暗中偷兒方動手，忽然將軍已在側。巷衢處處見將軍，疑有化身千百億。從此人皆得晏眠，將軍爲我守門閾。探丸市魁工放火，乘機好掠財帛粲。將軍聞之飛上屋，水具隨來疾如笴。煙煤滿面泥滿身，誰識將軍即是我。火光中早察剽散，救焚才完賊先鎖。最是淮關榷使衙，庫金夜劫鼓空撾。將軍被檄去捕盜，茫茫何處尋根芽。氈笠改裝陽翟賈，酒旗訪遍魯朱家。幾度設罝思餌雉，一朝打草恰驚蛇。按名輩輩逐就縛，歸來載鬼盈一車。大吏文章薦功狀，九重早已知任尚。遷官共羨八驄前，開閫佇看千騎上。正好凌煙入畫圖，如何辭病求閒曠。鈴閣抽身智士心，角巾歸第書生樣。我因蘭譜得相親，披豁襟期見性眞。謂此微勞何足道，設兵本以衛良民。承平不灑沙場血，只有弭奸報國恩。於戲！將軍用心乃如此，鞲韝班中能有幾？秣馬整鞭宜再起，廉頗尚未三遺矢。將軍聞之笑不止，手指白鬚吾老矣。」（《甌北集》卷二九）

【按】白雲上（1724～1790），字凌蒼，又字秋齋，河南河內人。

《揚州畫舫錄》（卷三）記載曰：「白雲上，字秋齋，河南人，以游擊鎮揚州。工書，於慧因寺書『了然』二字，今刻石陷樓壁。」

　　《國朝先正事略》卷五四《白秋齋協戎事略》：「君姓白氏，諱雲上，字秋齋，河南河內人。乾隆庚午武舉，明年成進士，由侍衛任江南都司。尹文端公爲總督，奉旨裁汰江寧、京口駐防。文端以旗人藉錢糧爲生，稍不公輒起物議，召君至密室諭曰：『江寧吾自爲之，京口事以委若，君取進止。』文端曰：『年六十五以上、十五以下者汰之，毋弊混。』君出三日，復進見。文端曰：『若尚未行耶？』對曰：『某已畢事，敬繳令。』問裁汰幾何。君呈冊籍，曰：『皆不當汰。』文端曰：『豈無一人在六十五以上，十五以下者耶？』君跪曰：『十有其四，某皆增損其年齒，以稱中堂意，是以得不汰。』文端怒。君曰：『請得畢其詞。我朝幅員萬里，歲賦所入，豈不能贍此數旗人耶？旗人不注四民籍，汰之則彊者爲盜賊，老弱丐徙而已。京口當沖途，外藩貢使皆假道，旗婦章服殊民人，沿街乞丐，恐有傷國體，爲外夷所笑。』文端手扶君起，指其座曰：『此席當屬君矣。』遂上疏切論，罷其議。君擢揚州游擊，有通州姦人告海外沙民謀逆狀，文端檄君先率所部往。君具文乞病假五日，文端莫喻其意，親帥兵抵六閘。君忽上謁。文端曰：『故未病耶？』對曰：『某何病。某度沙民必無他，以兵行，必驚擾，故單騎往察，仇怨所自起，召其父老，諭令指親串之任內地者，傳集訊驗，取結狀三百紙，並帶曉事數十人馳迎中堂耳！』文端握君手曰：『吾固知君能了此事也。』即集衆，遣之，諭置告者於法。江防、揚糧兩河廳故事，皆派柴戶輸工料，歲賠累以萬計。君白文端，裁革徐、淮、揚三府民料，積困以紓。天大旱，向例武職不禱雨。君素服至龍王廟，長跪階石上，凡三晝夜。既大雨，而階石遂有兩膝暈。民以爲至誠能穿金石也。累遷漕標中軍副將，引疾去官，僑寓揚州。卒。揚民請入名宦祠。既得旨，男婦爭進香楮，迎主者至萬餘人，爲傳志歌頌者不下數百首。君工詩善草書，在官緝捕、救災，愛民戢士，美政不可殫述。嘗曰：『官樂則民苦，官苦則民樂。以吾一人之苦，易數十萬人之樂，吾獨不樂乎？』陳文恭公督兩江時，尤重君，手書敦勉，諄諄若師弟子然，其見重於名賢若此。子守廉，庚戌進士，官知縣，有廉直聲。」

　　蔣士銓《白將軍雲上歌題榕門相國尺牘後》詩曰：「白將軍，身長七尺如玉山。二十登甲科，宿衛天閻間。入隨羽林郎，出竅雪案鐙。有用之書恣意讀，不止六韜三略塡其膺。江南古有太湖賊，以船爲家水爲國。

殺人劫財爲耕種，岸上官多拏不得。白將軍，領水師，改裝入賊賊不知。
遇賊即殺無孑遺，聚賊之船焚賊屍。黿鼉蛟蜃遁入海，太湖萬頃開玻璃。
估人鼾睡無人窺，城鄉賊鼠不敢遲。營門高曳白字旗，萬民朔望來拜之。
試看嘉湖常鎮鼠竊掉尾去，不但吳中夜啟閭閻扉。桂林撫軍當此時，手
書尺牘褒美詞。賢哉將軍好男兒，上書戒氣矜，下書勿矯激。秉公持正
平其情，守此官箴不可失。將軍寶之如尺璧，從此宣威多隱德。去吳江，
來揚州，揚州人喜吳人愁。奪我父母不可留，淚滴別酒同江流。將軍大
開揚州營，兩城安肅四野清。忠信感被萬室寧，百姓願作將軍兵。揚州
旱，火四起。揚州潦，薪斷市。屋毀數家愁，薪斷萬家餒。將軍救火向
火飛，騎屋似奪火馬馳，手挽天河水淋漓。火鴉火鴿絕翅奔，火神迴避
白將軍。將軍救餒如救焚，鞭撻瓜船移積薪。薪船帶雨不敢停，銜尾紛
紛來郡城。炊煙萬縷柴價平，添竈鼓腹民長生。婦孺愛說將軍名，文官
無此得民情。刁斗不驚一郡樂，忽報淮陰盜烽灼。公然劫官斬關鑰，兵
吏束手誰敢攖。有急則倚白將軍，將軍疋馬從天躍。穿幽涉險逞機變，
散金如土買盜線。萬難千苦競得之，猶有讒夫沒其善。將軍辦盜乃辦公，
豈與庸人攘厥功。分功諉過總不計，入覲天子嘉其雄。將軍平生一知己，
手蹟雖存相公死。買絲繡此十行書，蒼茫滴淚如鉛水。」（《忠雅堂詩集》
卷二二）

家口增多，糧食漲價，吃食不繼，僅以食粥度日。

《年饑》：「年饑食指多，生理須節縮。援例平原帖，舉家但食粥。我起
啜兩甌，腸胃似未足。聊復適可止，不敢飽如匏。旁有客大笑，捧土塞河瀆。
一門省幾何，乃思補眾腹。」（《甌北集》卷二九）

《米貴》：「米貴如珠豈易量，午炊往往到斜陽。老夫近得休糧法，咀嚼
新詩誆餓腸。」（《甌北集》卷二九）

冬至將近，謝未堂溶生設宴款待來揚主試之謝金圃墉，並邀江鶴亭春、
蔣春農宗海、趙甌北翼諸人作陪。

《冬至前三日，未堂司寇招同鶴亭方伯、春農中翰奉陪金圃少宰夜宴，
即事二首》：「銀箭聲長款絳騶，一堂雅集最風流。東山故事修絲竹，南國文
章燭斗牛。律管將回鄒衍暖，履綦如御李膺遊。主賓都是烏衣後，也算相輝
花萼樓。」「沈沈弦索到三更，燈倍鮮妍月倍明。敢歎鬢絲逢短至，久拚肉陣
設長平。美人變局非紅粉，樂府新腔有素箏。惹得老顛風景裂，歸來惱煞一

寒簇。」（《甌北集》卷二九）

【按】本詩「樂府新腔有素箏」句後注曰：「是日演梆子腔。」謝溶生、謝墉、蔣宗海，均見本譜乾隆四十九年考述。「江春（1721～1789），字穎長，號鶴亭，歙縣（今屬安徽）人。揚州籍諸生。後以總理鹽務，賜內務府奉宸苑卿，加至布政使銜。有《讀書樓詩集》」。「江都自馬氏曰琯兄弟外，能讀書好客者，推江鶴亭。城東高阜名康山，相傳是對山遺蹟，茸之以奉宸遊。又館沈學子於家，及卒，刻其《學福齋詩集》，其好事不多得也」。（《湖海詩傳》卷一九）

阮元《江春傳》謂：「公諱春，字穎長。生時有白鶴之祥，故號鶴亭。姓江氏，徽州歙縣人。祖演，僑居揚州。父承瑜，皆以鹽筴起家。慷慨好施，予周貧乏，修津梁，動費萬金。並以公貴，封贈一品階。公性警敏，為金壇王太史步青弟子，善屬文，工詩，與程編修夢星齊名，補邑學生員，以五經應試未第，遂出其才治鹽業。上官知其能，檄為總商。凡重事，皆與擘畫。乾隆十六年，上巡幸江浙，揚州迎駕典禮，距聖祖時已遠，無故牘可稽，公剙立章程，營繕供張，纖細畢舉。二十二年南巡，駐蹕金山，召對稱旨，親解賜金絲荷包，授內務府奉宸苑卿。三十年南巡，修治紅橋東之淨香園，蒙御書『恰性堂』額，賜福字、金玉如意。城東南高阜曰『康山』，相傳為明康海讀書處，公茸新之。四十五年、四十九年南巡，上喜平山之外得近處小憩，遂再幸其地，賜額、賜詩。公理鹽務四十年中，凡祇候南巡者六，祝皇太后萬壽者三，迎駕天津山左者二，最後入京赴『千叟宴』。國家有大典禮及工程、災賑、兵餉捐輸，上官凡有所籌劃，惟公是詢。公才裕識超，專心國事，不顧私計，指顧集事。又更事久，彊記善用人，苟有益於各省轉運者，知無不為，規遠利而不急近效。周急濟貧，加意於書院、養老院、育嬰堂諸事，務本堂給貧月銀有增無減。每發一言、畫一策，群商拱手稱諾而已。群商之受指揮不便其私者，或退有怨言。然而兩淮提引案發，逮治群商，首總黃源德，老疾不能言，餘皆自危於斧鑕，公毅然請當其事。廷讞時，惟叩頭引罪，絕無牽引。上知公無私，罪官而不及商，所保全兩淮之人甚眾。太監張鳳以銷毀金冊，捕逃頗急。鳳至揚州謁公，公於杯酒間縛之。上飭封疆大吏之失察者，特授公布政使司。上深知公誠藎有長才，每見之，輒加詢問。公貧無私蓄，辦公力絀，上賞借帑金三十萬兩。公運鹽之號

日『廣達』，每醵使者出都，必論曰：『江廣達，人老成，可與商辦。』
前後被賜御書、福字、貂緞、荷包、數珠、鼻煙壺、玉器、藏香、拄杖
便蕃不可勝紀，加級誥封至光祿大夫。公偉岸，豐頤美鬚髯，喜吟詠，
好藏書，廣結納，主持淮南風雅。北郊鐵佛寺，荒寒多紅葉，公數招杭
太史世駿諸詩老，清齋賦詩終日。蘇文忠公生朝，與諸詩人懸像寒香館
賦詩，一時文人學士如錢司寇陳群、曹學士仁虎、蔣編修士銓、金壽門
農、方南塘貞觀、陳授衣章、陳玉幾撰、鄭板橋燮、黃北垞裕、戴東原
震、沈學子大成、江雲溪立、吳橋亭烺、金棕亭兆燕，或結縞紵，或致
館餐，虛懷卑節，人樂與遊。過客寓賢，皆見優禮，與玲瓏山館馬氏相
埒。所著有《黃海遊錄》一卷、《隨月讀書樓詩集》數卷。公感國恩，竭
力圖報，治公事，戴星出入，暇即從事詩酒，不自持籌算私積。言事投
書者數十輩林立，隨方應付，食頃已畢。或曲劇三、四部，同日分亭館
燕客，客至以百數許。恒以長物付質庫，分給數庖應之。公以乾隆五十
四年積勞致疾，卒年六十九。卒之日，家無餘財，賜帑未繳，鬻產及金
玉翫好以足數。公無子，以弟昉次子振鴻為嗣。上知其卒後貧，復賜帑，
諭振鴻業醵，以繼其父。振鴻弱冠能文，勤謹儉約，力圖起其家，不敢
負上垂念舊商之恩也。」（《淮海英靈集》戊集卷四）

管松崖巡漕任滿，特旨仍令留任，甌北以詩賀之，並與張水屋道渥時有
交往。

《松崖留任巡漕，再到揚州，喜贈》：「瓜期不代為勤宣，破例相留帝鑒
懸。馳節兩年衣短後，轉漕萬舸纜爭先。春流預祝桃花水，舊雨重賡錦字箋。
我以避荒公奉使，客中頻聚也良緣。」（《甌北集》卷二九）

《觀舞燈》、《探梅》、《題張水屋分司僧服小照》（《甌北集》卷二九），均
寫於此時。

【按】李調元《雨村詩話補遺》卷三謂：「浮山張水屋道渥，能書畫，善為
諧詩，在京有『張風子』之號，好騎驢，自言果老家祖。由揚州謫官至蜀，
羅兩峰為畫《騎驢入蜀圖》，侍御吳穀人亦為作《細雨騎驢入劍門賦》。署
金川崇化屯巡檢，移判簡州，與余晤於成都丁字街，出所刻《蠻鄉臥還吟》
一卷，最賞其《重陽》一聯云：『不可以風輪落帽，不能免俗悔彈冠。』為
集中之冠，以『風』、『俗』二字作對，俱用成語，可稱巧合。」

張道渥，字水屋，一字竹畦，山西浮山人。官崇化監州，後官通州

分司。有《水屋剩稿》。《揚州畫舫錄》卷三謂：「張道渥，字竹畦，浮山人。工詩畫。為人傲岸不羈，官通州分司，於郡城官舍書其門云：『楊柳江城臨畫稿，梅花官閣寄詩魂。』」《桐陰論畫三編》下卷將張道渥列為「逸品」，並載述其生平及作品曰：「張水屋道渥，山水秀潤，邱壑畦徑，隨筆所至，有時繁益加繁，有時簡而又簡，脫盡窠臼。余於嚴子壽寓見一巨幅，層巒疊嶂，筆意飄灑，皴擦之密，間不容髮，可稱迥不猶人，卓然塵表。」「封紫，山西浮山人，自號張風子。好騎驢，又號騎驢公子。官兩淮運判，後任簡州。工詩善山水，嘗寫華山小幀，山麓畫水環之，曰『蓮花當生水中』也。有鏡中對鏡小影。後又任金川屯田使。」清沈濤《匏廬詩話》卷中，謂：「渾源張水屋刺史道渥，工書善畫，性不羈，人呼『張風子』，刺史即以自號。詩未能成家，而亦時有佳句。梧門祭酒嘗稱其『庭鋪曉日坐捫虱，池濯春流婢釣魚』二語，余尤愛其『崇化屯署即景嵐，翠一庭山孕屋之』句，惜對語不稱耳。又《春日過紫荊關》云：『暖律蘇邊艸，晴光活亂山』，亦佳。」張問陶《送簡州州判張水屋道渥之任》四首題下注曰：「自號張風子，好騎驢，故又號騎驢公子。」詩謂：「驢背逢人笑不休，到無蟹處作監州。憑君畫盡奇山水，莫負天教劍外遊。」「萬里鄉心繞夢思，送君重憶別家時。關情情盡橋邊柳，付與風人好護持。」「雁行小吏逼人來，十樣蠻箋信手裁。如此驪官如此筆，西川節度要憐才。」「窨酒花豬太等閒，巴歌渝舞不開顏。故鄉無物堪持贈，只有盤空十萬山。」（《船山詩草》卷一一）孫星衍詩《水屋道人張道渥以畫幅見贈，風景甚似竹裏江乘之路，因憶舊遊，口占二首題之》謂：「棲霞山下曾遊路，水木清華畫幅如。不為烏私愁未報，早拋簪骽換樵漁。」「廿載江湖落魄名，肎教局促了平生。他時會約騎驢叟，同向棲霞道上行。」（《孫淵如先生全集》「濟上停雲集」一卷）又與吳錫麒、法式善有交，錫麒有《張水屋〈細雨騎驢入劍門圖〉序》（《有正味齋集》駢體文卷九《序七》）、《答張水屋書》（《有正味齋集》駢體文卷一七《書》）、《張水屋道渥之簡州別駕，任兩峰為畫〈劍閣圖〉贈別，余題此詩》（《有正味齋集》詩集卷一〇《重夢集上》）。法式善《梧門詩話》多有述及，交往詩見《存素堂詩初集錄存》卷三、卷四、卷五、卷九、卷一六、卷二〇。

嚴冬，甌北由揚州至常往返途中，路見饑民凍餓而死，頓生悲憫之心。

官府雖設粥廠賑濟災民，但饑民甚眾，難以濟事。常州府抑制米價，當地米船反而運往鎮江。甌北建議官府放開米價，以吸引糧商來常，不料，引發米價上漲。百姓誤解其意，糾集數百人至甌北家搶糧。事平後，甌北求官府對亂民從寬發落。

《舊譜》：「會先生自揚州歸，見途次米船反由常州往鎮江，問之，因常州有平糶之令，故不敢泊而卻回耳。先生及告於夏守，夏守使人探市河，果無一船停泊，乃自知其誤，亟弛其禁。於是市價驟增，每升賣至二十六七文。小民無知，謂先生一言使我輩食貴米，遂相聚數百人至先生家肆掠。先生姑避之。律以城市聚眾劫搶，罪當置重辟，先生憫其無知，轉語地方官薄懲之。而弛禁後，河已涸，雖高價以招，米船不能至矣。未幾，市價每升至五十文且不可得，於是始服先生先見。倘初貴時無此屬禁，則米船到常者多，地方收買充裕，當不至如此之缺而益貴也。」

《書所見》：「霜威似刀風似鏃，五更齊趁賑廠粥。廠猶未開冷不支，十三人傍野垣宿。急則生智計亦奇，謂可彼此互借燠。肩背相貼臂相抱，一團翻似屏風肉。豈知久餓氣各微，那有餘溫起空腹。天明過者赫然駭，都作僵屍尚一簇。籲嗟年饑少炊煙，猶冀冬暖喘稍延。豈天欲盡窮黎命，奇荒奇冷並一年。獨憐此輩總無告，生平詎有惡孽報？災來偏殺無罪人，更從何處論公道！掩埋方悲無敝帷，有人又剝屍上衣。非忍王孫竟裸葬，死無用此生尚資。明知旋亦供人剝，且救須臾未死皮。」（《甌北集》卷二九）

【按】《舊譜》所敘此事，在甌北本卷詩中無一反映。其回常時間，也僅載發生在冬日，故繫於此。

新春將至，唐再可思以油炸花生及糖蹄相饋。時，長子已返鄉，餘三兒則隨甌北在揚州過年。

《唐再可以油醡生果及糖蹄饋歲，賦謝》：「長生果子醡油新，中饋君家出上珍。便當唐山安世曲，侑筵每飯頌夫人。」「蘇式豚肩仿製精，敢加賈誼杜園名。糖蹄合作唐蹄喚，此是長安本色筵。」（《甌北集》卷二九）

《揚州度歲》：「故鄉不忍聽號呼，度歲今宵在客途。也似流民離井邑，聊師君子遠庖廚。老無氣力為馮婦，貧但稽留類賈胡。桑梓千村半溝壑，此身敢獨歎饑驅。」「旅窗風味一燈寒，聽到江城爆竹殘。薄產不收聊旅食，奇荒難救但旁觀。繞庭兒勸迎年酒，款戶人來饋歲盤。略似四禪清淨地，毘嵐風起不相干。」（《甌北集》卷二九）

【按】《唐再可以油醉生果及糖蹄饋歲，賦謝》詩「此是長安本色旌」後注曰：「糖蹄以蘇州製者爲上，君夫人宋本蘇人，故所製極精也。」唐再可，見本譜乾隆四十九年考述。《揚州度歲》詩「老無氣力爲馮婦」句後注曰：「指吾鄉乙未勸賑事。今復舉行，余老矣，不復能身任也」，「繞庭兒勸迎年酒」句後注曰：「大兒已回，餘三兒皆侍。」甌北本年不願還鄉度佳節，多半與搶糧風潮有關，爲兒女安全起見，暫避揚州。

乾隆五十一年丙午（1786） 六十歲

【時事】 正月，緣江楚商販來江西糶米過多，使當地糧價上漲，江西巡撫據實上奏。乾隆帝稱其「意存遏糶」，訓飭曰：「民間遇有災歉，自應以此省之有餘，補彼省之不足。爲督撫者，皆當以民食爲心，不分此疆彼界，籌辦得宜，俾得均勻接濟。且鄰省到境採買，小民等得價售賣，可沾餘潤，尚不應稍有居奇，何況封疆大臣迺竟存彼此之見耶？」（《清史編年》第六卷）二月，臺灣淡水（今新竹縣）同知潘凱出城驗無名屍，被殺。乾隆帝命嚴加究治。據趙翼《平定臺灣述略》記載，「雍正元年以諸羅北境遼闊，增設彰化縣及北淡水同知。六十餘年以來，地大物博，俗日益淫侈，奸宄因芽蘖其間，官斯土者又日事朘削。會漳、泉二府人之僑居者各分氣類，械鬥至數萬人，官吏不能彈治。水師提督海澄公黃仕簡率兵至，以虛聲脅和，始解散。自是民狃於爲亂，豎旗結盟，公行無忌。淡水同知潘凱者，方在署，忽報城外有無名屍當往驗，甫出城，即爲人所殺，並胥吏殲焉。當事者不能得主名，則詭以生番報，謂番性嗜殺，途遇而戕之也。使人以酒肉誘番出，醉而掩殺之，奏罪人已伏法，而殺人者實脫然事外。於是民益輕視官吏而番亦銜刺骨。」（《皇朝武功紀盛》卷四）《清史稿》卷二六一《黃梧傳附仕簡》謂：「淡水生番戕同知楊凱，復渡海督兵捕治」，「楊凱」或爲「潘凱」之誤。三月，命李侍堯爲戶部尚書，伊齡阿爲浙江巡撫。帝嘗訓諭伊齡阿曰：「爾係內務府人員，久任鹽政，俸廉甚厚，自必積有餘貲。今既擢用浙江巡撫，若再於地方鹽務內稍思染指，不但不能承受朕恩，並恐不能保其素有。」（《清通鑒》卷一四三）四月，命大學士阿桂往江南籌辦河工。本月，帝就《八旗通志·忠烈傳》所撰提要之內容，降旨，略曰：「凡陣亡人員無論漢人及旗人之用於綠營者，總與旗人一體給與世職。即襲次已完亦照例給恩騎尉，俾得賞延於世。蓋以官員等力戰敵愾、効命疆場，

其義烈實堪嘉尚，是以特沛殊恩，使其子孫永承恩澤，懋答前勳，甚盛典也。
乃《通志》內竟未登載，則將來此書之旨何足以羽翼國史，昭示來茲。」還針
對編書時官名照搬於前史而不加注解，訓諭曰：「今以本朝之書敘本朝之事，
乃止仍原文開載，不爲分晰注明，列凡例以定章程，是爲前史盡改正，而於本
朝反不經意，不幾貽笑將來，傳疑後世？辦理太屬疏漏。此書著交軍機大臣會
同該館總裁重加輯訂，詳悉添注、加按進呈，候朕披閱定後，再將文淵等閣陳
設之書一體改正。所有原辦此書之總裁及纂修等，俱著逐一查明，交部議
處。」（《欽定八旗通志》卷首之十二《勅諭六》）浙江學政竇光鼐因浙江虧空
案查辦不力，多次上疏，請求徹查。先是，浙江州縣倉庫多虧缺，帝命察核，
「光鼐疏言：『事主殺竊盜，律止杖徒。近來各省多以竊盜拒捕而被殺，比罪
人不拒捕而擅殺，皆以鬥論，寬竊盜而嚴事主，非禁暴之意。應請遵本律。』
議行。二十七年，上以光鼐迂拙，不勝副都御史，命署內閣學士。授順天府府
尹。坐屬縣蝗不以時捕，左遷四品京堂，仍留任。旋赴三河、懷柔督捕蝗，疏
言：『近京州縣多旗地，嗣後捕蝗，民爲旗地佃，當一體撥夫應用。』上從所
請，以諭直隸總督楊廷璋。廷璋言自方觀承始設護田夫，旗、民均役。上復以
詰光鼐，召還京師，令從軍機大臣入見。問：『民爲旗地佃，不肯撥夫應用，
屬何人莊業？』光鼐不能對，請征東北二路同知及三河、順義知縣質證。退又
疏請罷護田夫，別定派夫捕蝗事例。上以光鼐所見迂鄙紕繆，下部議，奪職。
居數月，諭光鼐但拘鈍無能，無大過，左授通政司副使，再遷宗人府府丞。復
督浙江學政，擢吏部侍郎」（《清史稿》卷三二二《竇光鼐傳》）。五月，富勒渾
褫職。據史載，富勒渾調任兩廣後，「粵海關監督穆騰額入覲，上詢富勒渾操
守，對：『未敢深信。』及命軍機大臣詰之，又發富勒渾縱僕殷士俊納賕狀，
下巡撫孫士毅按治。士俊常熟人，並令江蘇織造四德等籍其家資累萬；士毅奏
亦發富勒渾與士俊等關通納賄事實，上奪富勒渾官，遣尚書舒常如廣東會訊。
大學士阿桂方按事浙江，又命士毅逮富勒渾監送阿桂鞫治，論斬，下刑部獄」
（《清史稿》卷三三二《富勒渾傳》）。六月，山西道監察御史曹錫寶劾奏大學
士和珅家人劉全衣服、車馬、房屋逾制。「時協辦大學士和珅執政，其奴劉全
恃勢營私，衣服、車馬、居室皆逾制。錫寶將論劾，侍郎南匯吳省欽與錫寶同
鄉里，聞其事，和珅方從上熱河行在，馳以告和珅，令全毀其室，衣服、車馬
有逾制，皆匿無蹟。錫寶疏至，上詰和珅。和珅言平時戒約嚴，或扈從日久漸
生事，乞嚴察重懲。乃命留京辦事王大臣召錫寶問狀，又令步軍統領遣官從錫

湊等起義擒之。是以府城、鹿港兩海口俱未失。」（《皇朝武功紀盛》卷四）是月，兵部尚書王杰在軍機處行走。

本年，江都焦循作《荒年雜詩》，反映此年淮揚大災荒，農民餓死郊原，無人過問，遺體爲鷹犬攫食殆盡。

淮揚大災荒中，米每石售至銀六兩餘，山陽吳進述以文，年七十三。

淮北苦饑益甚，災民以草標插婦女首出賣。吳縣蔣世煥作《插草吟》，云「君不見官府連朝宴僚屬，千金新買人如玉」。

吳江史善長自西安還，作《歸德道中》詩，述其地災重：「百錢賣小兒，千錢賣少婦。」

武進莊忻、陽湖洪亮吉、嘉定錢坫等所校《一切經音義》刊行。

陽湖孫星衍復入陝，館莊忻咸寧縣署中，纂《咸寧縣志》，秋還。

青浦王昶、寶應王希伊、婁縣廖景文等所纂《青浦縣志》書成。

甘泉江藩爲弘曆詩集作注，攜京進獻，圖以此進身，以臺灣林爽文義師起，京中混亂，失意還。

武進胡文英刻所著《屈騷指掌》四卷、《詩經逢源》十卷。

程晉芳卒後，妻孥無以爲養，袁枚爲致書畢沅，慨然籌三千金，交桐城章淮樹代爲營運。晉芳舊欠袁枚五千金，枚焚其券，人稱風誼。至是，復作《畢尚書撫孤行》，推美於畢沅，不自居功也。（《隨園先生年譜》）

錢維喬復攝鄞縣，有《入四明境》詩，中謂：「身輕半載爲無官，重向樊籠意未安。」本年，譜《乞食圖》傳奇（一名《後崔張》），寫明張靈與崔瑩故事。（陸萼庭《錢維喬年譜》）

無錫自去年四月無雨，至今春正月廿三日始得雨，旱甚。煮賑已兩月，行鋪麥米寥寥，勢將不給。而四廠疫氣流行，城外之道殣相望也。顧光旭只得再支捐束脩半年，與眾主廠再爲設法於各廠，廣賑數日。一面商議置藥、備棺，以待疫病。（《響泉年譜》）

春，洪亮吉偕錢維喬等買舟至杭，遊龍井、天竺、淨慈、靈隱諸名勝。歸而抵開封節署。秋，遊嵩山。本年，著《東晉十六國疆域志》，修《登封縣志》。（《洪北江先生年譜》）

蔣和寧病逝於杭，趙懷玉以詩痛悼。《哭侍御蔣丈和寧》曰：「公赴九月至，林葉霜初披。於時猶廢業，未能述哀辭。雨雪今沍寒，惻惻無窮期。憶年十有七，即辱公見知。軒曾過李賀，口必說項斯。洎公歸田後，晨夕長追

隨。有文即就質，凡事皆得師。公亦若谷懷，相與同析疑。家雖寒素風，心
鄙齷齪兒。一肴烹必精，三徑蕪則治。室常眾花繞，衣絕纖塵緇。長身而玉
立，望若神仙姿。垂老每好客，發言多解頤。有兄逾大耋，白首同怡怡。親
串四五家，或待公舉炊。豈無鼎茵貴，亦擁卓鄭資。十叩鮮一應，公反緩急
之。人嫌道太廣，我愛中無疵。人識公者淺，我見公之奇。風流傷頓盡，雞
酒空自持。昨已哭諸寢，後忍披其帷。人亡繫邦國，匪為感激私。」（《亦有
生齋集》詩卷九）

【本事】喜逢新春，年屆花甲，為詩以賀。

《丙午元旦》：「花甲今成六十翁，少年回首太匆匆。去官久免朝元早，
報國惟餘祝歲豐。退盡蝕痕仍午景，掃他沴氣有春風。韶光不為災荒減，梅
蕾窗間已綻紅。」（《甌北集》卷三〇）

《六十自述》之一：「流年俄屆杖鄉期，樗散生平概可知。傳世料無青史
分，歸田曾及黑頭時。聞增手錄書頻校，瘦減腰圍帶屢移。老嫗縱然思再嫁，
頗慚面已皺生皮。」之八：「頗思隨俗一稱觥，儉歲家家食藿羹。安得點金施
小惠，自嫌畫餅剩虛名。身無半畝憂天下，眼有千秋愧此生。米貴恰宜師辟
穀，好教年老漸成精。」（《甌北集》卷三〇）

另有《兒戲》、《喜雨》、《送湯松齋赴任彰德別駕》、《寄述菴按察》（《甌
北集》卷三〇）諸詩。

【按】湯松齋，《清代人物生卒年表》、《江蘇藝文志‧常州卷》皆未收。
張惠言撰有《公祭湯松齋文》，曰：「嗚呼！聞天道之聽邇，恒善福而順
祐。何生民智多囏，曾所信之不售。維夫君之淵哲，毓殷子之懿胄。嘉
信國之駿烈，世載緯乎維舊。基潯州之卓絿，裕詩禮之堂構。挺英姿以
煥發，恭清芬而時懋。洵山暉而璞潤，實林蟠而條秀。扶章質以規獲，
粲華文而刻鏤。肇起家以載采，列河壖以通守。最上考之舊課，試雄州
之新授。瞻青嶽而城專，擁朱幡而斧繡。政優平而美化，澤遊豫而充究。
導善氣於敲撲，載和風於耕耨。時維君之家督，職句宣於奔奏。簡南蕃
之雄服，奉中旨之渥厚。雖叔出而季處，猶圮忉而怙恃。君陳情以將父，
帝嘉誠而許副。循陔蘭之馥馥，采陵華之茂茂。偉移忠以成孝，信為政
之兩就。何嚴霜之易催，迫大椿之夜僕。繼獲心於資父，效反哺於烏戲。
春秋忽以迅逝，日月驚其若驟。風雕柯而未靖，霜隕草而仍覆。傷棣華
之萎落，懼傾陽之頹漏。招搖指於隅孟，陽管中於太簇。愴原薶之晞露，

燉淹刻而再遘。胡夜臺之相逐，羌母先而子後。聞在毀而滅性，固禮教之所陋。實懸天之偪促，非並命於嬡疢。罄終天於短晷，掩苴忱以屬柩。嗟有終而不終，胡宜壽而不壽。行路猶其相閔，況銜哀於北首。思人生之難恃，等寓形於浮漚。惟生安而死順，若入傳而出儩。繄哲人之執孝，實如毛之德輶。承前修之丹臒，裕後慶於俎豆。澤流引而澄泉，光日新而常晝。喆嗣蔚其蘭玉，文孫翩其鸞鷟。佇承家而褒大，若勿幕之並收。以此慰夫下壤，庶損悲而開疢。神彷彿而下臨，鑒生芻於氣臭。嗚呼哀哉，尚饗！（《茗柯文補編》外編卷下）未知是同一人否？

因大旱，沿江一帶發生饑荒，道殣相望，甚而出現鴉、犬爭奪屍肉之事。

《鴉犬爭肉行》：「烏鴉啄屍血不紅，饞犬來逐鴉飛空。有人又驅饞犬去，人肉供人豈汝供。犬既怒嘷鴉亦罵，大似鷸蚌遭漁翁。」（《甌北集》卷三○）

旱情慘重，乾隆帝遣副都統阿彌達來淮上，至各廟祈雨。至二月十二日，普降大雨，「春麥得滋，饑嬴可活」。甌北喜不自勝，欣感不已。

《二月十二日大雨如注，一年來所未見也。後數日，知皇上遣副都統阿彌達齎香至黃淮各廟祈雨，正以是日行禮，乃知此雨實帝心所感召也。春麥得滋，饑嬴可活，草莽微臣，欣感不已，敬記以詩》：「經年不聽簷端溜，旱災比戶饑腸吼。璿霄晴老碧無縫，恨不鑿破使穿漏。今朝甘澍何滂沱，其霢如繩密如羅。雲氣漆黑雨氣白，恍見雨師行雨蹟。手中一滴地一尺，叩頭多乞滴數滴。殺盡百花吾不惜，有人忍死待春麥。雨過旋聞淮信報，朝廷遣官禱諸廟。計期破塊大沾濡，正值瘞圭虔祭告。乃知此雨非自來，全是九重默感召。憶昨炎暵蒸蘊隆，焚巫暴尪術亦工。有司不過修故事，此意豈得回蒼穹。君不見御香一到雨滲漉，至誠格天抑何速。災荒必待帝親救，不知公等可食祿。卻看土脈才春融，山神社鬼又言功。」（《甌北集》卷三○）

甌北攜諸子客居揚州教館，因米價昂貴，不得不節縮飲食。

《米價日增，旅食不免節縮，書此一笑》：「未試仙家辟穀方，且謀節食為空囊。梅花瘦我疑孤鶴，菜把驕人食萬羊。門館漸稀留客飯，奴童竊誚減軍糧。卻慚書卷空填腹，不抵充饑一核糠。」（《甌北集》卷三○）

春間，甌北曾回常州探望，旋即返揚州。上巳日，達鎮江，暫泊金山寺。次日，大風，由丹徒口出江，抵瓜洲。

《上巳日過江小泊金山》：「六幅江帆拂曉煙，采蘭時節嫩晴天。弦生上巳初三月，茶試中泠第一泉。修禊壺觴傳晉帖，觀潮士女競吳船。那知倦客心情減，寂寞來參佛印禪。」（《甌北集》卷三○）

此時尚寫有《江邊鷗鷺》、《大風，從丹徒口出江至瓜洲》、《菜花》（《甌北集》卷三○）諸詩。

【按】乾隆乙巳（五十年，1785），甌北在揚州過年，有《揚州度歲》詩可證。然次年春，又寫有《上巳日過江小泊金山》、《大風，從丹徒口出江至瓜洲》諸詩，知其春節後當曾回常州探望。上述詩乃歸途所作。

四月，謝未堂溶生、秦西巖鐀、張松坪坦、沈既堂業富、吳杜村紹浣、悔菴諸友人，於九峰園宴請漕運使管松崖幹貞，邀請甌北同陪，又並為湖上之遊。

《未堂、西巖、松坪、既堂、悔菴、杜村招陪松崖漕使讌集九峰園並為湖舫之遊，作歌》：「半年不上游湖艇，為怕出城見荒景。四月麥熟已食新，適遇佳招吾可領。巡漕使者將還京，此間地主皆多情。九峰園中大設宴，招陪折簡到老儋。九峰中有一品石，八十一竅透寒碧。傳是米顛昔所遺，其餘八峰亦奇闢。綺寮砥室交掩映，最玲瓏處集裙屐。烹鮮斫鱠炊雕胡，主人稱觴客避席。酒闌乘醉泛漾洄，去探芍藥開未開。東風一夜萬花發，到此始歎天公才。是日輕陰半寒暖，滿湖珠翠紛往回。水學眉孿綠微皺，山分鬢色青濃堆。似為遊人助清悅，襟塵一掃何快哉。黃昏歸來再曲宴，興酣忘卻街鼓催。嗚呼此會不易得，勝地名流兩相敵。蘭亭修禊漢陂遊，俯仰人間幾今昔。江山常新人易老，樂事轉眼即陳蹟。可少題詩記登歷，一為歌行歌主客。」（《甌北集》卷三○）

另有《湖上》（《甌北集》卷三○）一詩。

【按】上引該詩稱，「巡漕使者將還京，此間地主皆多情」，知此次設宴於九峰園，蓋為管幹貞餞行。管即將離任，內調另有委派。《清史稿》卷三二四《管幹貞傳》，述其事甚簡，僅言其「命巡漕天津、瓜儀凡十二年」，「又奏請治駱馬湖，使運河水有所蓄泄，並得旨議行。遷內閣學士」。此次還京，或即膺內閣學士之命。

九峰園，《揚州畫舫錄》卷七「城南錄」曰：「九峰園大門臨河，左右子舍各五間。水有牂牁繫舟，陸有木寨繫馬。門內三楹，設散金綠油屏風，屏內右折為二門，門內多古樹。右建廳事，名曰『深柳讀書堂』。

堂前構玻璃房，三四折入『穀雨軒』，右爲『延月室』，其東南閣子，額曰：『玉玲瓏館』。是屋兩面在牡丹中，一面臨湖。軒後多曲室，車輪房結構最精，數折通御書樓。樓右爲雨花菴，菴屋四面接簷，中爲觀音堂，右爲水廊，廊外即市河。樓前門上，石刻『硯池染翰』四字。門外石版橋，過荷塘至堤上方亭，顏曰：『臨池』，東構小廳事，顏曰『一片南湖』，至此全湖在目。旁爲『風漪閣』，左有長塘畝許，種荷芰，沿堤芙蓉稱最。最東小屋虛廊在叢竹間，更幽邃不可思擬。閣後曲室廣廈，軒敞華麗，窗檻皆置玻璃，大至數尺，不隔纖翳。窗外點宣石山數十丈，賜名『澄空宇』扁額，廳右小室三楹，室前黃石壁立，上多海桐，顏曰『海桐書屋』，屋右開便門，門外乃園之第二層門也。」

汪劍潭端光由汴歸，出示其所作《汴中古迹》組詩，甌北和《博浪沙》一首。

《汪劍潭自汴歸，見示汴中古蹟詩，戲和博浪沙一首》：「道旁一擊若竟中，劉項紛紛俱不用。正惟澒池璧未來，遂覺倉海椎輕動。十日大索羅網張，兩人飄然終遠揚。此段屈伸變化處，已賽荊卿秦舞陽。一試不效身再出，子房終把嬴秦蹶。獨怪持椎狙伺人，勇於猛虎俊於鶻。何以群雄虎鬥時，不復起事豎突兀。將毋此亦大英雄，識幾甘避沛大風。神龍見首不見尾，去作海外虬髯公。」（《甌北集》卷三〇）

【按】汪端光（1748～1826），《揚州畫舫錄》卷一五謂：「汪端光，本名龍光，字劍潭。辛卯舉人，官國子監學正。工詩詞，書法米襄陽。母梁氏，字蘭漪，工詩。」《蒲褐山房詩話》曰：「汪端光，字劍潭，江都人。乾隆三十六年舉人，官廣西府同知，有《沙江》、《晚霞》、《才退》諸集。」《梧門詩話》卷二謂：「汪劍潭學博端光，詩筆清豔處皆去俗萬里。徐州道中桃花盛開，路人有折枝相贈者，因賦詩云：『長堤風日帶晴沙，來往眞成道路賒。莫是去年人面改，江南驛使寄桃花。』『託根無地欲如何，縱有芳時亦浪過。洛女湘妃原自好，美人生不見黃河。』『曹騰卯酒醉顏酡，相見於今別有坡。紅在衣裳香在手，不知何處馬蹄多。』劍潭塡詞極工，稚存、鐵夫俱稱之。」法式善尚有《寄懷汪劍潭端光司馬》詩三首，曰：「君本神仙姿，十年餐苜蓿。全家勾漏赴，丹砂倘盈谷。行見驂鸞客，縹緲桐山宿。胡爲鬱鬱久，慣作窮途哭。琴鶴典已盡，硯穿筆亦禿。妻孥屢告饑，先生一捧腹。」「憶君出都日，我方寒閉門。未能造廬

溝，作詩侑清樽。相憐逐相念，淒慘傷心魂。粵西山水佳，風俗古拙存。
窮燈榕桂間，句法從頭論。及時保令德，遄計飽與溫。」「兩郎十成立，
氣象果出眾。橋門昔蹁躚，人稱大小鳳。聞今益折節，不復矜吟弄。空
山下鶴書，交柯玉堂貢。君仍渡黃河，沙暖蹇驢控。重對詩龕竹，一聽
春禽哢。」（《存素堂詩初集錄存》卷一一）又有《汪劍潭司馬》詩，謂：
「瀟灑不似寰中人，一枝筆掃千秋塵。掉鞅詞場三十載，少年結習老頗
悔。槐市賣字心焉傷，爲貧又復監官倉。藏書盡付兩兒子，君請冥情百
姓理。謂兩郎君全泰、全德也。」（《存素堂詩初集錄存》卷一六）蔣士銓《懷
人詩》謂汪劍潭：「風流立朝彥，此是神僊人。一第屢蹣跚，觸手雲山新。
漢廷用文才，孺子寧長貧。」（《忠雅堂文集》卷二五）可見其人風度。
又與洪亮吉、張問陶、陳文述等有交，見《卷施閣集》詩卷一、卷三、
卷一五、卷一七、文乙集卷四，《船山詩草》卷一四、一五、《補遺》卷
四、卷六，《頤道堂集》詩選卷一四、卷一八、卷二二、外集卷三、文鈔
卷一、卷五、卷一三。事亦見《國朝正雅集》卷二七。《江蘇藝文志·揚
州卷》著錄其作品有：《才退集》、《晚霞集》、《涉江集》、《劍潭詩鈔》、《據
梧書屋詩鈔》、《叢睦山房未刻詩稿》等多種。

甌北在揚，時而看戲，對伶人軼事漸有耳聞，且爲之作歌。

《坑死人歌，爲郝郎作》：「孔雀東南飛，共愛毛羽好。其雌但觳觫，五
采必雄鳥。乃知男色佳，本勝女色姣。揚州曲部魁江南，郝郎更賽古何戡。
出水杲蓮初日映，臨風緒柳淡煙含。廣場一出光四射，歌喉未啟人先憨。銅
山傾頹玉山倒，春魂銷盡酒行三。遂令天下父母心，不重生女重生男。以是
得佳號，坑死人，滿城噪。胭脂陣上倒馬關，花月場中陷虎窖。坑縱不死死
亦拚，深窜當前甘自蹈。古來掘地作塹坑，或殺腐儒或降兵，不謂煙花有長
平。以此類推之，妙悟觸緒生。宋坑可作宋朝謔，秦坑應換秦宮名。老夫老
來怕把坑字說，況聞美男能破舌。兢兢若將墜諸淵，惴惴惟恐臨其穴。豈知
一見也低迷，不許廣平心似鐵。目成幾忘坎窞凶，有人從旁笑此翁。驅而納
之莫知避，教書人未讀中庸。」（《甌北集》卷三〇）

此時尚寫有《題春閨睡起圖》（《甌北集》卷三〇）詩。

【按】坑死人，即當時名伶郝天秀。《揚州畫舫錄》卷五曾記載：「郝天秀，
字曉嵐，柔媚動人，得魏三兒之神。人以『坑死人』呼之，趙雲崧有《坑
死人歌》。」又曰：「郡城自江鶴亭徵本地亂彈，名春臺，爲外江班。不

能自立門戶，乃徵聘四方名旦，如蘇州楊八官、安慶郝天秀之類；而楊、郝復采長生之秦腔，並京腔中之尤者，如《滾樓》、《抱孩子》、《賣餑餑》、《送枕頭》之類，於是春臺班合京、秦二腔矣。」甌北又曾於《冬至前三日，未堂司寇招同鶴亭方伯、春農中翰奉陪金圃少宰夜宴，即事二首》（《甌北集》卷二九）詩「敢歎鬢絲逢短至，久拚肉陣設長平」句下注曰：「歌者郝金官色藝傾一時，有坑人之目，故云。」

阿桂為治水來淮上清口，約前往一晤。五月初，甌北乘舟北上，沿岸所見，感觸頗深。

《自嘲》：「久謝時榮養病身，卻因知己上淮濱。點奴竊笑幽棲客，又出山來謁貴人。」（《甌北集》卷三〇）

《所見》：「行屍諧語本荒唐，不謂相逢滿道旁。皮骨僅存人似臘，知無粒米在他腸。」（《甌北集》卷三〇）

另有《淮遊》、《柳枝詞》（《甌北集》卷三〇）二詩，也寫於此時。

端午節，適至淮城。本與兒輩約定，在揚州共度佳節。而今，卻身在旅途。甌北思之，心緒悵然。

《午日泊淮城，憶兒輩揚州》：「已與兒曹約，書齋酒泛蒲。六旬扶老杖，五日辟邪符。豈謂逢佳節，翻教在旅途。老懷雖不惡，未免憶諸雛。」（《甌北集》卷三〇）

在淮城，再與同年友程沆相敘，又應新任漕帥毓竹溪奇之約，同全惕莊德、程沆諸人聚飲，觀伶人上演屈原故事戲，歡度端午佳節，高宴竟夕。

《再晤晴嵐》：「豈意重過漂母亭，扁舟暫爲故人停。一年再見逾頭白，千載相期有汗青。共作人間長樂老，敢關天上少微星。恰逢佳節來相訪，省爾匆忙治食經。」「履躓曾同館閣班，性情頗亦共疎頑。清談無用空捫虱，野性難馴早放鷳。詩酒老餘無事福，林泉生享太平閒。巢由不是陶唐世，那得從容箕潁間。」（《甌北集》卷三〇）

《是日竹溪漕帥招同惕莊、晴嵐置酒過節，高宴竟夕，賦詩志雅》：「折簡欣叨雅誼親，蒲觴泛座酒千巡。恰逢笙管娛佳節，誰肯雲宵念故人。戰壘重談滇驟信，戲場正演楚靈均。欲知留客情深處，宴罷歸來已向晨。（《甌北集》卷三〇）

【按】此次甌北赴清口，明明是應阿桂之約，如《自嘲》詩末自注所謂：

「時因雲岩相公至清口，寄聲招晤，故往謁。」然詩中卻未透露其任何消息，且阿桂亦未與宴，皆令人費解。阿桂此來，除河工事宜外，是否還與廉察地方吏治、清查倉帑虧空有關，則不得而知。

毓奇，《國朝御史題名》：「（乾隆三十八年至四十一年）毓奇，廂黃旗滿洲人，由工部郎中補授江南道御史轉吏科給事中，仕至漕運總督。」《八旗詩話》謂：「毓奇，字鍾山，一字竹溪，滿洲人，官至漕運總督，有《靜怡軒詩集》。河漕政績，懋著身後，淮人立祠祀之，刻吳香亭所撰遺傳。其感人之深如此。詩特其餘事耳。」《清代人物生卒年表》據《清代詩文集總目提要》著錄毓奇其人曰：「毓奇（1737～1791），字鍾山，一字竹溪，滿洲鑲黃旗人。」官至漕運總督，有《靜怡軒詩草》。《清史稿》未收此人傳略，事見《國朝詩人徵略初編》卷四一。《欽定八旗通志》卷三三九《表三》謂：「滿洲鑲黃旗人，乾隆四十八年二月任漕運總督，五十四年六月革。」乾隆《賜漕運總督毓奇》詩曰：「驄馬巡漕運，恰遭河決危。毓奇由給事中派出巡漕，旋擢內閣學士，仍兼巡漕。值辛丑青龍岡漫口，尚未合龍，毓奇往來督察，漕運無誤，因擢授漕運總督。贊參頗中要，來往不辭疲。遂命今職領，幸當故道隨。幫期速踰月，昨歲據毓奇奏，漕船尾幫於十月二十三日全數渡黃，核計各幫回空抵次，較常年可早月餘等語。所辦甚為妥速。盡力更逢時。」（《欽定八旗通志》卷首之五《天章五》）其生平藉此略見一斑。《甌北集》卷三〇附毓奇和詩曰：「廿年舊雨此重親，卮酒寧辭一再巡。往事猶驚嘶陣馬，清歌喜對倚樓人。平蠻經濟留聲遠，課士文章報國均。暢好竹西風雅地，歐蘇千古共昏晨。」

五月中旬，回揚州，與蔣春農宗海唱和。

《將至揚州口占》：「濃陰添綠上楊枝，來往俄驚十日期。誤了汪園紅芍藥，不曾看得盛開時。」（《甌北集》卷三〇）《醉時歌贈春農同年》：「春農先生我老友，武庫胸中無不有。貫穿經史羅百家，碑牓文章推巨手。江北江南四十年，乞文車馬滿門前。其門如市文如水，不擇地湧萬斛泉。昌黎諛墓金無數，皇甫酬碑絹論千。腰纏壓得鶴背重，坐令不得飛上天。有官不補主壇坫，龍門聲望青雲巔。一年一年風氣變，米價日高文日賤。貞琯讚頌錦屏詞，昔是嫁衣今棄扇。黃紙豈屑寫表送，織屨漸稀修贄見。生平手積萬卷書，饑來一字不堪咽。噫嘻乎！百足之蟲一足歇，各自得食不偏瘦。人間只有賣文錢，其技雖工計則謬。時來紙貴洛陽城，運去窗糊酒家牖。明知雞肋已無

味，老矣肯改花樣繡。昨見高門去請醫，或有誌銘來相救。」（《甌北集》卷三〇）

【按】蔣宗海，生平見本譜乾隆四十九年考述。其附詩曰：「興酣落筆推我友，嬉笑怒罵無不有。有時揮作醉時歌，卻是曾遮西日手。昔在京華最少年，公卿倒屣侯王前。萬言可待看倚馬，一石亦醉如流泉。解事舍人紫微冠，探花及第名經千。平生知己盡長德，吹噓有力飛登天。一麾出守布條約，威名早馳粵嶠巔。大吏欽君達時變，世俗拘牽皆所賤。身處脂膏能不染，海南到處仁風扇。課耕不鄙農民愚，講學嘗與文士見。觀察官高品益高，菜根滋味饑時咽。懶向泥中看鬥獸，自分歸來食蛙瘦。與君相見在揚州，山長頭銜殊不謬。示我新詩三百篇，爽氣朝來溢戶牖。我亦諸仙一導師，金針錯把鴛鴦繡。閉門十日只尋常，不須裹飯來相救。」（《甌北集》卷三〇附）世風之嬗變與二人之交情，藉唱和詩可見。《揚州畫舫錄》卷三謂：「以安定肄業諸生掌梅花書院者，唯蔣宗海舍人一人。掌安定書院者，唯王嵩高太守一人。」甌北詩稱春農「有官不補主壇坫，龍門聲望青雲巔」，非信口指說也。甌北《將至揚州口占》詩謂：「濃陰添綠上楊枝，來往俄驚十日期」，知其往返淮揚，大致用去十天。至揚州之時間，當在五月中旬。

應江鶴亭春之約，同管松崖幹貞、謝未堂溶生、張松坪坦、金棕亭兆燕、蔣春農宗海、陸蓬菴瑗諸人，遊康山名迹。此處本僅數椽破屋，經江春經營，竟成廣陵佳構。甌北睹之，感慨頓生，作長歌以記其事。

《江鶴亭方伯招同松崖、未堂、蓬菴、松坪、棕亭、春農遊康山即事》：「揚州城外園無數，探奇須約出城去。城中乃有好岩阿，傳是對山流寓處。對山已往池館空，誰擅此勝鶴亭翁。購時不過數椽屋，因之試手開玲瓏。有如滄浪蘇子美，四十千買地百弓。後歸蘄王子孫手，結構遂甲三吳中。主人開筵大召客，邀我來遊覽名蹟。一重一掩徑紆回，絕似旋螺入深碧。簾櫳都學宛委局，岩洞必選皺瘦石。有泉偏在層椒巔，有樹多長峭崖隙。匠心占天不占地，更向半空壘文碼。曲欄倚險峰欲飛，平臺凌虛星可摘。千里川原入俯瞰，雉堞雖高不能隔。始信南垣平遠山，不如縮本畫家格。對山當日彈琵琶，未必有此境奇闢。鶴亭特借對山名，自寫胸中丘壑情。對山翻藉鶴亭力，風流從此垂徽聲。豈惟遊人盡仰止，並邀御筆題軒楹。對山對山爾何福，預結他生韻事續。然諾雖徇李崆峒，才調未逾何大復。倘非素熟權閹門，安能

一言解危獄？可知人品亦草草，何以獨幸播芳躅。由來此事有宿緣，異代偏逢地主賢。生前詎有樗里智，身後翻邀峴首鐫。不知我輩今朝樂，可亦他年作話傳？」（《甌北集》卷三〇）

【按】蘧菴，似爲陸蘧菴瑗，《清代人物生卒年表》、《江蘇藝文志・常州卷》等均未收。《（光緒）武進陽湖縣志》卷二二謂：「陸瑗，字蘧菴，乾隆二十七年舉人，三十四年會試取中正榜，授內閣中書，入直軍機，升刑部郎中。四十九年隨大學士阿桂剿回逆，蕆事，又隨閱視河工，奏請以瑗護將軍印回京，值郎中俸滿，加四品銜留部。瑗在樞廷垂二十年，小心勤愼，贊畫機務，當軸咸倚重之。擢浙江溫處道，旋卒。子香森，性慷慨，有干濟才，由廣東陽江縣丞洊擢山西平陽知府，逢瑞，乾隆五十一年舉人，湖南醴陵知縣。孫恩壽，福建甌寧知縣。」《樞垣記略》卷一八謂：「陸瑗，字耕芳，江蘇陽湖人，乾隆己丑中正榜，三十六年五月由內閣中書入直，官至溫處道。」《樞垣題名》：「陸瑗，江南武進人，乾隆三十六年五月由內閣中書充補（漢軍機章京）。」馮培《陸蘧菴、方葆岩還京喜贈，時同赴關隴者劉退谷、汪首禾、裘可亭，復值睢州河口漫溢，往豫襄事，並以寄懷》詩曰：「翩翩才調賦從軍，隴右論功得五君。人醉蒲桃初罷燕，秋深瓠子又離群。朝家事重河渠志，官秩榮登戰伐勳。諸君皆以軍功晉級。媿我不才空握槧，編書想見柵摩雲。時承纂《石峰堡紀略》。」（《樞垣記略》卷二〇）又據錢維喬《竹初詩文鈔》詩鈔卷一四《同年陸觀察蘧菴勸予置妾，詩以謝之》，知兩人爲同年。

康山，《揚州畫舫錄》卷一二記載曰：江春住南河下街，建隨月讀書樓。又移家觀音堂，「家與康山比鄰，遂構康山草堂。郡城中有『三山不出頭』之諺：三山謂巫山、倚山、康山是也。巫山在禹王廟，倚山在蔣家橋今茶葉館中，康山即爲是地，或稱爲康對山讀書處」。

寄頓揚州，頻繁與各類人等交往，世情飽諳，感慨頗多。

《一蚊》：「六尺匡床障皀羅，偶留微蠛失譏訶。一蚊便攪人終夕，宵小原來不在多。」（《甌北集》卷三〇）

《故人》：「故人多臈仕，快若凌風舸。建牙乘朱輲，曳履躡青瑣。門列榮戟森，家擁金玉瑳。偶念及腐儒，知其掩關坐。或憐范叔寒，遙贈綈袍裹。或笑杜甫瘦，賦詩嘲飯顆。豈知此老頑，解衣磅礡裸。心方古人期，頤肯諸公夥。生前不如他，死後不如我。」（《甌北集》卷三〇）

自入六月，連日大雨，平地成河。至立秋，甌北與唐再可思時有唱和。

《和再可立秋日感懷之作》：「秋懷兩首見心期，頓使羈人起旅思。貧病偏當臨老日，功名已過少年時。支撐荒歉多餐粥，愛惜精神少作詩。莫爲西風感搖落，晚香應在菊花枝。」（《甌北集》卷三〇）

在此前後，寫有《自入六月，大雨連旬，數年不見此甘澍矣，喜賦》、《舟行絕句》、《九峰園之宴，園主人汪茂修未在座也。後聞余有詩，以素冊來索書，書罷戲題於後》（《甌北集》卷三〇）諸詩。

【按】九峰園主人汪茂修，即汪長馨，安徽歙縣人。清鄭慶祐《揚州休園志》卷八載汪氏《春暮集休園二首》，詩曰：「林亭到處愜幽尋，況復芳園結契深。小院雨餘饒積蘚，高槐日午足層陰。壁間懷古尋名蹟，簷角占晴悅野禽。屈指春遊成幾度，最憐谷口一開襟。」「蠟屐重來不待招，居然林壑絕塵囂。紆回竹徑通山閣，宛轉溪流跨石橋。繞砌尚生書帶草，隔窗仍種美人蕉。平泉風景渾如昔，歲歲鶯花慰寂寥。」曾因協助承辦乾隆南巡差務，官升一級。《光緒重修兩淮鹽法志》卷六《王制門》：「乾隆二十七年二月十四日奉上諭：朕此次南巡，所有兩淮商眾承辦差務，宜沛特恩以示獎勵。其已加奉宸苑卿銜之黃履暹、洪徵治、江春、吳禧祖，各加一級；已加按察使銜之徐士業、汪立德、王勘，俱著加奉宸苑卿銜；李志勳、汪秉德、畢本恕、汪熹，著各加按察使銜；程徵棨，著賞給六品職銜；程揚宗、程玓、吳由玉、汪長馨，俱著各加一級，欽此。」九峰園，《揚州畫舫錄》卷七「城南錄」曰：「『硯池染翰』在城南古渡橋旁。歙縣汪氏得九蓮菴地，建別墅曰南園。有『深柳讀書堂』、『穀雨軒』、『風漪閣』諸勝。乾隆辛巳，得太湖石九於江南，大者逾丈，小者及尋，玲瓏嵌空，竅穴千百。眾夫輦至，因建『澄空宇』、『海桐書屋』，更圍『雨花菴』入園中，以二峰置『海桐書屋』，二峰置『澄空宇』，一峰置『一片南湖』，三峰置玉玲瓏館，一峰置雨花菴屋角，賜名九峰園。御製詩二，一云：『策馬觀民度郡城，城西池館暫遊行。平臨一水入澄照，錯置九峰出古情。雨後蘭芽猶帶潤，風列梅朵始敷榮。忘言似泛武夷曲，同異何妨細緻評。』一云：『觀民後彎度蕪城，宿識城南別墅清。縱目軒窗饒野趣，遣懷梅柳入詩情。評奇都入襄陽拜，筆數還符洛社英。小憩旋教追煙舫，平山翠色早相迎。』注云：『園有九奇石，因以名峰，非山峰也。』」據此可知，汪茂修乃來揚貨賣的歙縣商賈，已寄籍於揚。唐再可，見本

譜乾隆四十九年考述。

八月，阿桂七十壽誕，甌北為詩以賀。

《壽雲岩公七十》：「使節來當介壽期，老人星正耀南維。望兼勳德裴中立，身繫安危郭子儀。謨畫久抒溫室內，精神如在戰場時。從知天下蒼生幸，平格方增福履綏。」「最高官爵最勞身，三十年來驛騎塵。鐵甲平戎荒徼外，金堤障水大河濱。白頭勳舊朝無輩，青史功名代幾人。一德堂廉真盛事，古稀天子古稀臣。」（《甌北集》卷三〇）

另有《秋齋為都閫時，桂林陳文恭公方撫吳，深相器重，嘗手箚獎勉。今文恭歿已十餘年，秋齋裝潢其箚屬題，敬書於後》（《甌北集》卷三〇）一詩。

【按】據王昶《太子太保武英殿大學士一等誠謀英勇公諡文成阿公行狀》，西域平定，圖五十功臣像於紫光閣，阿桂居第十七。乾隆帝贊曰：「阿克敦子，性頗健敏，力請從戎，宜哉惟允。身不勝衣，心可干城，楚材繼出，為國之楨」，以元初功臣耶律楚材相比擬。時，阿桂年方四十多歲，平定金川之亂，帝賜宴瀛臺紫光閣，又繪五十功臣像，公居第一。帝復賜詩曰：「西師參贊，經歷多年。茲為巨擘，掄掌兵權。誠而有謀，英弗恃勇。集眾出奇，成勳克奏。」並評價曰：「公器識宏遠，智計沈密，遇大事必籌其始終得失，計出萬全，然後行之。雖在萬乘之前，不輕為然諾。」「及其肩荷大任，次第措置，有時詔書敦迫，從容陳奏，亦不肯苟且以就功名，故所作必有成。而聖明專心委任，雖延時日，必令其悉心展布，不強為催促也。生平善知人，自大帥以至偏裨，咸稔其才，具察其性情，隨所宜而任使之。又均其勞苦，差其等第，從不以喜怒加人，故為所用者，皆得其死力，戰勝攻克，各疏其功。以上之故，將校中封公侯，出為將軍、都統、提督、總兵者甚眾。及為宰執，管尚書事，聞人廉潔勤幹者，輒以陳於當寧。二十年來，總督、巡撫，亦公密薦者為多。自少留心史事，凡古今成敗治亂之蹟與邪正進退之機，皆默識其所以然。遇有績學勵行之士，教以修身直節，以成大器，而於佻巧營求之輩，必痛絕之。」該文又載：「五十一年四月，再勘清口堤工。八月，公壽七十，復賜『平格延祺』匾額，及御製對聯。九月，按浙江平陽縣黃梅重徵之案。十月回京，總理兵部事務。」（《春融堂集》卷六二）阿桂在清口，事務繁劇，可謂辛苦。知甌北詩中所云，皆有根據，並非虛與

委蛇。秋齋，白雲上，見本譜乾隆五十年考述。

陸朗夫耀病逝於乾隆五十年六月二十三日。時隔年餘，甌北始得聞，思及同直軍機三年之情誼及朗夫清白為官之道，悲從中來。

《哭陸郎夫開府》：「紫薇紅藥老同年，開府才登訃已傳。生有立身千仞壁，死無遺橐一文錢。曉衙鼓散心如水，夜館金來手指天。遙識湖湘清德在，有人墮淚峴碑前。」「一官平進總循資，素節冰霜凜自持。禍起苞苴公不與，仕無梯筏帝偏知。三年樞院追隨地，千里歸航邂逅時。細數交遊論人物，九原可作更誰師？」（《甌北集》卷三○）

次子廷偉年十九，補弟子員。甌北乘舟返鄉，賦詩以勸勉。

《扁舟到家，適次兒廷偉補弟子員，賦以勉之》：「買舟歸故里，挾冊念諸郎。兒敢來迎楫，吾知已在庠。始基通籍路，遠緒讀書香。年恰符衣缽，家需肯構堂。阿咸名早擢，文度譽初彰。紅紙欣頻報，青箱稍有光。也勞諸友賀，欲起老夫狂。角粽堆盤滿，襴衫制服忙。最憐癡阿母，似辦嫁新娘。初級登雖捷，前程赴正長。一層棲革鵠，十載束脩羊。尚是初禪地，須經古戰場。我非難跨竈，汝豈始扶床。植品持圭璧，探經遍縹緗。士當先器識，國可報文章。勉矣修途奮，而翁願待償。」（《甌北集》卷三○）

另有《金山詠韓忠武事》（《甌北集》卷三○）諸詩。

【按】《扁舟到家，適次兒廷偉補弟子員，賦以勉之》詩「挾冊念諸郎」句後注曰：「大兒廷英、姪廷賢俱科試，廷偉童子試」，「年恰符衣缽」句後注曰：「余年十九補諸生，兒今年亦十九」，「阿咸名早擢」句後注曰：「廷賢前歲補諸生。」

雖忙於教事，然仍刻苦讀書，尤其是對史籍多有涉獵，並認真思索。

《詠史》（六首）其三：「古制謁長者，脫屨始造請。見君更不襪，左氏傳可證。蕭何履上殿，殊禮出特命。迨乎唐以來，朝靴始漸盛。乃其習用慣，遂乃著為令。設使跣入朝，翻成大不敬。泥古有難通，即事朗可鏡。所以周官書，或貽後世病。」其五：「荊公變祖法，志豈在榮利？蓋本豪傑流，欲創富強治。高可追申商，蘇綽乃其次。及思法必行，勢須使指臂。羣小遂競進，流毒不可制。推原其本懷，固與權奸異。始知功名心，亦足禍人世。」（《甌北集》卷三○）

復歸揚州，就飲於康山草堂，與京師名伶王炳文、沈同標相遇於席上。

《康山席上遇歌者王炳文、沈同標，二十年前京師梨園中最擅名者也，

今皆老矣，感賦》：「燕市追歡夢已賒，近遊欣此度紅牙。豈期重聽何戡曲，恰是相逢劇孟家。歌舞夜闌看北斗，江湖身遠憶東華。當年子弟俱頭白，忍不飛騰暮景斜。」（《甌北集》卷三〇）

另有《納涼》（《甌北集》卷三〇）詩。

【按】王炳文、沈同標二伶人之事，《揚州畫舫錄》均有記載，卷五謂：「二面之難，氣局亞於大面，溫暾近於小面，忠義處如正生，卑小處如副末，至乎其極。又服婦人之衣，作花面丫頭，與女腳色爭勝。務功（按：馬文觀，字務功）兼工副淨，能合大面、二面爲一氣，此所以白面擅場也。其徒王炳文，謹守務功白面諸出，而不兼副淨，故凡馬務功之戲，炳文傚之，其神化處尚未能盡。」又謂：「大面王炳文，說白身段酷似馬文觀，而聲音不宏。朱道生工《尉遲恭·揚鞭》一齣，今失其傳。二面姚瑞芝、沈東標齊名，稱國工。東標《蔡婆》一齣，即起高東嘉於地下，亦當含毫邈然。趙雲崧《甌北集》中有《康山席上贈歌者王炳文沈東標》七言古詩。」據此，「同標」當爲「東標」，以音近而誤。同書卷一一又曰：「蘇州大喉嚨之在揚州者，則有二面鄒在科，次之王炳文。炳文小名天麻子，兼工弦詞，善相法，爲高相國門客。按清唱鼓板與戲曲異，戲曲緊，清唱緩；戲曲以打身段下金鑼爲難，清唱無是苦而有生熟口之別。此技蘇州顧以恭爲最。先在程端友家，繼在馬秋玉家，與教師張仲芳同譜《五香球傳奇》。」

甌北兩臂風痺之疾，自春間已復發，入秋天涼，更難以屈伸，多方治療，終不見效，痛苦異常，乃回常調養。

《兩臂風痺復發，自春及秋療治不效，殆將痼疾矣》略曰：「我不能挽彊弓、挺長戟，奮臂軍前立勳績。尚思左持螯、右揮毫，掉臂林下游逍遙。胡爲風痺欺我老，患起肘腋費攻討。昔年發幸痊，今年纏不了。酸疑釀醋淬，痛甚頑石搗。屈伸僅餘腕可運，轉旋難與項俱拗。有衣不能披，如兒待人褓。背癢不能搔，想殺麻姑爪。曲肱尋樂翻苦辛，張拱作禮欠端好。」（《甌北集》卷三〇）

九月初，袁枚攜弟子劉霞裳出遊武夷，道經常州，泊舟河側，前來拜訪。甌北喜出望外，設宴款待，把酒燈前，互傾肺腑，徹夜不眠。

《子才過訪草堂，見示近年遊天台、雁蕩、黃山、匡廬、羅浮諸詩，流連竟夕，喜賦》：「薄暮君忽至，令我喜欲顛。與君兩年來，書問月幾箋。終

不如見面，快吐所欲宣。何期有今夕，把酒明燈前。當年驚蛺蝶，逸態猶翩翩。髭鬚雖已白，狂過惡少年。醉後起談鋒，岩電目炯然。妻孥亦驚吒，私睮門隙邊。不知是才子，但疑老神仙。」「趙州年八十，打包始行腳。君亦近七旬，忽思訪名嶽。攬雲黃海深，看桃臺洞灼。旋支盧阜筇，復躡羅浮屩。攀崖臂爲猿，穿松身化鶴。顛趾倘不虞，虀粉付一落。求榮求利耶，爲此童駿樂。及歸倒錦囊，奇句森歊薄。青山千萬古，生面一朝擴。始知此老黠，重輕早自度。好詩拼命換，雖癡固未錯。」「我最愛君詩，君亦愛我句。他人豈不賞，不著痛癢處。惟此兩老翁，交融水投乳。情爲成連移，曲經周郎顧。中宵姑婦棋，數著局已悟。徐夫人七首，不待血如注。賞奇意也消，中病手無措。微言澹相對，銀河耿斜度。僮奴侍兩旁，不知是何故。但覺雙白頭，燈前點不住。」「文人例相輕，反唇互瑕尤。楊恥王後居，邢笑任集偷。嘲杜飯顆山，壓李黃鶴樓。豈知皆小見，氣矜群兒咻。茫茫大宇宙，聽人各千秋。蓋棺論自定，睊睊有萬眸。劣難彊加膝，優難禁出頭。所以君與我，彌覺意氣投。尹邢不避面，翻欲同羅幬。君才駇颺輪，我力破浪舟。一代詩人內，要自兩蛟虯。」（《甌北集》卷三〇）

另有《兒侄三人赴江寧鄉試，余欲以送考往遊，適俗事羈揚州，不果》、《劉霞裳秀才美姿容、工詩，嘗偕子才爲名山之遊，今又同舟來謁，喜而有贈，並調子才》（《甌北集》卷三〇）二詩。

【按】袁枚寫有《八月二十八日出遊武夷》詩，曰：「半生夢想武夷遊，此日纔呼江上舟。山抱文心傳九曲，水搖花影正三秋。神仙半面何時露，錦幟諸君識我否？擬唱賓雲最高調，支筇直上碧峰頭。」（《小倉山房詩集》卷三一）知袁枚八月底始動身出遊，抵達常州，當在九月初。又，甌北《劉霞裳秀才美姿容、工詩，嘗偕子才爲名山之遊，今又同舟來謁，喜而有贈，並調子才》詩，既稱劉霞裳與袁枚「同舟來謁」，知此次袁氏出遊，仍由劉生作陪。《隨園先生年譜》未敘及此，恰可補其闕漏。

劉霞裳，江寧人，諸生。袁枚《隨園詩話》多所敘及，如卷二曰：「唐人詩話：『李山甫貌美。晨起方理髮，雲鬟委地，膚理玉映。友某自外相訪，驚不敢進。俄而山甫出，友謝曰：「頃者誤入君內。」山甫曰：「理髮者即我也。」相與一笑。』余弟子劉霞裳有仲容之姣，每遊山必載與俱。趙雲松調之云：『白頭人共泛清波，忽覺沿堤屬目多。此老不知看衛

蚧，誤誇看殺一東坡。』」卷六謂：「霞裳從余遊琴溪歸。次日，同遊之盛明經復初以二律見投。余問：『盛公何句最佳？』霞裳應聲云：『惟「赤鯉去千載，青山留一峰」。』余曰：『然。果近太白。』後三日，路遇雨。霞裳曰：『偶得「雨過濕雲忙」五字。』余極稱其得雨後雲走之神，代作出句云：『風停乾鵲噪。』家春圃觀察曰：『「噪」字對不過「忙」字，為改「喜」字。』霞裳《過鄱陽湖》云：『風能扶水立，雲欲帶山行。』亦佳。」《補遺》卷四載：「方明府於禮從京師來，說高麗國史臣樸齊家以重價購《小倉山房集》及劉霞裳詩，竟不可得，怏怏而去。亡何，金畹香秀才來，又說此事，與前年方公維翰所云相同，但使者姓名不同耳。余按：史稱新羅國請馮定撰《黑水碑》，吐谷渾有《溫子升文集》。外夷慕化，往往有之，況高麗原有箕子之餘風乎？霞裳聞之喜，賦詩曰：『劉頒何幸侍歐公？姓氏居然海外通。蟬附高枝聲易遠，鶯初調舌語難工。毛萇詩自傳門下，闞澤名疑在月中。多謝蠻姬能識曲，弓衣繡勝碧紗籠。』」等等。

　　又，《舊譜》謂：「會袁簡齋枚來訪，備談武夷、天台、雁蕩諸勝，先生將以明年春往遊。」據此而論，似在遊武夷歸來之後。然由《子才過訪草堂，見示近年遊天台、雁蕩、黃山、匡廬、羅浮諸詩，流連竟夕，喜賦》來看，袁氏所述，乃遊天台、雁蕩、黃山、匡廬、羅浮諸名勝之事。據《隨園先生年譜》，子才乾隆四十七年遊天台，四十八年遊黃山，四十九年遊廬山、羅浮等處。本詩又編排在五十一年秋，故該詩應寫在袁氏出遊武夷經常州之時。袁枚遊武夷歸來，已是臘月，由《臘月七日蘇州張君止原招遊靈岩山館，次日往寒山、天平登中白雲看雨》（《小倉山房詩集》卷三一）可證。《舊譜》所載不確。此時，袁枚很可能歸而又訪甌北，故甌北有「袁子才自武夷歸，以勝遊夸於余」（《甌北集》卷三一）之說，但袁氏詩集中未敘及此事。

大水過後，甌北於九月上旬再來淮上，探望同年程晴嵐沆，亦為韃使全惕莊德內遷熱河總管送行，其間為程吾廬司馬設宴演劇款待。

　　《再過淮上，晴嵐留飲荻莊即事》：「潦後重來訪荻莊，西風踏葉遍籬牆。行廚酒屢斟重碧，留壁詩猶掛硬黃。家幸未沈河伯婦，人傳已作水仙王。衰年何意頻相見，把臂寧辭放老狂。」（《甌北集》卷三〇）

　　《送惕莊韃使內遷熱河總管》：「淮南秋老雁飛時，正送嚴裝謁玉墀。劉

晏所營皆久計，韋丹雖去有餘思。頻年心力勞輸挽，今日情懷感別離。稍喜官班依紫籞，鶯遷迥在上林枝。」「熱河形勝擁千山，此去常欣奉帝顏。宮闕行都清暑地，簪裾仙界侍晨班。官閒燕寢凝香坐，身健龍沙射獵還。是我當年舊遊處，憐今不及共追攀。」（《甌北集》卷三〇）

此時另寫有《連日飲晴嵐家賦贈》、《程吾廬司馬招飲觀劇，賦謝》、《晴嵐以余六十，枉詩稱祝，次韻奉答》（《甌北集》卷三〇）諸詩。

【按】甌北《再過淮上，晴嵐留飲荻莊即事》詩有「西風踏葉遍籬牆」句，《連日飲晴嵐家賦贈》又謂「正在菊花天」，知此次赴淮當在九月上旬。此來雖說是探詢老友水災後生活狀況，但大概主要是爲即將移任的全德送別。《甌北集》卷三〇附有程沆的兩首和詩，一曰：「鍾鼎靡豪俊，山林亦養賢。歸爲雲臥客，老作地行仙。筆灑千峰雨，胸流萬斛泉。曾傳綿竹頌，廣樂奏鈞天。」一曰：「歲華功業及詩新，早戀南湖千里蓴。白髮承平詩是史，青山壽考日皆春。過江名士有公論，曠代雄文無古人。幽澗蒼松二千尺，百年長此歲寒身。」可以參看。

　　程吾廬，甌北《題程吾廬小照》（《甌北集》卷三三）詩「不寫新園寫故園」句後注曰：「君歙人而家於淮。」林開（字玉珂，號霏厓，大田公長子，補博士弟子，後援例爲國學生。美須髯，顧視清峻，讀書勵節，善吟詠，工臨池，久客淮陰，中年爲岱嶽之遊，年四十八卒。所著有《霏厓漫草》四卷）《題程吾廬可以園次韻》詩曰：「林亭饒古意，幽賞客來頻。樹色侵簷密，禽聲到耳新。登樓邀素月，倚檻淨紅塵。好景憑誰記，風流憶潁濱。」（《淮海英靈集》戊集卷四）

次子廷偉入贅河南固始縣令謝聘官署，婚禮已畢。

　　《兒偉就婚固始謝明府署中，已諏吉成禮，喜賦》：「千里書傳合巹杯，琴堂花映繡屏開。家貧不免爲齊贅，婦好原來是謝才。一觚檳榔須有報，雙棲玟瑁定無猜。尚平婚嫁剛完半，又向名山展限來。」（《甌北集》卷三〇）

【按】據《西蓋趙氏宗譜》：廷偉著有《鎮安詩稿》一卷，所聘謝聘女亦有詩才，著有《林下詩稿》一卷。甌北詩稱：「家貧不免爲齊贅，婦好原來是謝才」，是據實而寫，非虛譽也。

　　謝聘，「字耕寧，又字晨隴，清武進人。世勳孫。乾隆三十一年（1766）進士。歷官河南固始、武安知縣、許州知州等。乾隆五十年許州大旱，大力賑饑度荒。在武安任所，繞太行山麓，開渠引水數十里，灌溉高地

民田，民頌其德」。著有《春及堂稿》，並有《重修固始縣志》。(《江蘇藝文志・常州卷》)。

《粟香二筆》卷七：「先母謝太淑人，為羅墅灣謝氏。外高祖耕於先生名聘，乾隆丙戌進士，官河南鄭州知州，歷任牧令，有政聲。著《春及堂稿》，詩僅四十餘首，皆分題詠青山莊遺蹟者。《歸雲岫》云：『朝雲出無心，暮雲歸何主。斜臨一朶山，朝夕散還聚。岩際漏餘暉，前林方作雨。』《涵碧池》云：『雨晴池上來，望望渺無極。倒浸蔚藍天，澄泓如一色。碧溪閒釣雲，落花浮寸紅，回溪漾一碧。手把珊瑚竿，來就煙波宅。策策見魚遊，行行倚岩石。迎日紛可數，跳波倏無蹟。修纖得自如，空明瞭不隔。垂釣亦何心，叩舷澹將夕。』《天放居》云：『眾綠被幽渚，晴雲媚遙岑。窗前好鳥語，適我無機心。悠然起獨酌，自醉還自吟。蘧廬觀造化，何用求知音。』《新月廊》謂：『新月娟娟映空碧，清輝初射珠簾隙。須臾流影轉長廊，河漢無聲露華白。園中四望皆幽深，美人時來橫素琴。嫋娟竹柏盡穿漏，微風吹動交陰森。由來好景屬清夜，況逢片月當空瀉。僊人長攀桂樹枝，羿妻正奉纖阿駕。從茲金鏡開熒熒，飛光三五臨虛明。青天萬里浩孤往，不使一點浮雲生。舉杯屬月意縹緲，雙眸披豁忩吟眺。遊魚忽躍浪沄沄，驚禽欲翻枝嫋嫋。誰道風光秋復春，石欄延佇草如茵。廊前月色還如此，不見蛾眉拜月人。』其他著作並無存者。謝氏為郡西望族，前常兄弟、叔姪同舉鄉、會試，科名仕宦，豔稱一時。余髫齡就塾外家，弦誦之聲，猶徹里閈。今亂後少衰矣。余《甲戌春至羅灣》詩有云：『童年舊事不堪論，就傅曾從通德門。四載滄桑前度認，百年喬木幾家存』，蓋不禁感慨繫之也。」據此，知聘乃字耕于，曾官鄭州知州。《江蘇藝文志・常州卷》稱謝聘「字耕宁」，與文獻所載有異，當作耕于。又，聘與張九鉞有交。九鉞乾隆辛亥、壬子編年詩集《倦遊集》題下注曰：「先生遊河南七年，有歸志。固始令同年謝耕于聘主蓼城書院。蓼城接壤漢南，因出洛，倩汜水徐秉文作《夢采三花圖》。辛亥，耕于卒，歸漢南，著《倦遊集》。」(《紫峴山人全集》詩集卷二十五) 由此可知謝聘卒於乾隆辛亥 (五十六年，1791)，可補《江蘇藝文志・常州卷》所未逮。

張九鉞尚有《抵固始縣飲同年謝耕于明府署二首》，謂：「峰削青螺轉，城橫玉幾孤。雲山綿九塞，風壤雜三吳。被地皆蘭蕙，迎門半稻蒲。

水鄉繁旅食，差足慰窮途。」「故人爲吏久，而我此傳經。夙好因文字，衰年乞典型。碑荒孫叔邑，水亂詔虞亭。扶病還相約，秋高訪遠坰。」（《紫峴山人全集》詩集卷二十五）又有《謝耕于出其新得晉先太傅白描像，卷有東坡、紫陽兩先生書贊，敬題其後二十六韻》（《紫峴山人全集》詩集卷二十五）。又，清王嘉曾撰有《爲謝耕于題〈海山長嘯圖〉，即送之官河南鎮平縣》六首，詩曰：「勃碣風雲總萬靈，逌然長嘯入蒼溟。蕭條迸散寒空裏，應有魚龍徹夜聽。」「海山爲口一舒襟，不辨鸞音與鳳音。誰與評量終古事，蒼茫閱盡去來今。」「高空結響振林柯，足躡靈鼇萬丈波。一洗嘈嘈箏笛耳，始知爽籟得秋多。」「海色西風動碧梧，蓬萊往日集靈銖。煩君指點空蒙處，金闕銀臺事有無。」「杜亭謝客异籃輿，海嶠登臨興未除。此去攀蘿尋少室，河聲嶽色定何如。」「一片天光海鏡圓，褰裳何遽學飛仙。長風利涉須忠信，他日題公萬里船。」（《聞音室詩集》卷三《閱水集》）可知謝聘又曾官河南鎮平，爲《江蘇藝文志‧常州卷》所未及。

　　《清代人物生卒年表》所收謝聘（1638～1688），字志尹，一字莘園，乃江西瑞金人，當爲另一人。

身處名利場，仍刻苦讀書，並時而有所思，以詩志之。

　　《雜書所見》：「詩人好吟詠，無論所遇殊。在朝歌卷阿，在野譜康衢。卷阿豈不佳，未免詞多腴。若寫太平象，烹葵斷瓜壺。此豈可懸擬，須識字耕夫。所以卿雲曲，或輸齒風圖。」「文章與政事，並營必鹵莽。吾友三四人，俱早辭塵網。績學推王錢，工詞數袁蔣。去官事著述，冥心縱孤往。彼皆曠代才，猶難力兼兩。卻觀韓、歐、蘇，仕不廢吟賞。文成吏牘餘，詩就訟堂上。至今所流傳，光焰炳穹壤。毋乃眞天人，固絕人意想。」「後人觀古書，每隨己境地。譬如廣場中，環看高臺戲。矮人在平地，舉頭仰而企。危樓有憑檻，劉楨方平視。做戲非有殊，看戲乃各異。矮人得意歸，自謂見仔細。樓上人聞之，不覺笑歆鼻。」「山僧例趨勢，向我發歎嗟。苦道酬應冗，身不脫袈裟。方參達官署，又迎貴客車。廚催香積飯，爐選頭綱茶。其詞若有憾，其意實自誇。一笑語山僧，毋乃路已差。爾旣厭煩囂，何不出了家？」「才士例好色，風懷托所寄。少年貧作客，緼蒸且拋棄。及夫仕宦成，粉黛力可致。清晨自覽鏡，苒苒老已至。乃知薄劣姿，此樂難妄冀。金釵十二行，本非書生事。奈何服硫黃，拚以性命試。」「何處夫已氏，作吏印懸肘。望門計民貲，

掩取魚人筍。嗚呼百金產，中人豈易有。饑腸忍吼牛，勞筋羨眠狗。銖銖積
數世，方期保敝帚。一朝咸攫之，空空剩兩手。竭彼祖父力，貽我子孫守。
天道果有知，此物可能久！」（《甌北集》卷三〇）

《一枕》、《哭蓉龕前輩病歿杭州》、《門人管南英落解後，金圃少宰特舉
優生貢入禮部，喜賦》、《陳繩武司馬招同春農寓齋讌集，女樂一部，歌板當
筵，秉燭追歡，即事紀勝》、《題戚繼光自寫詩卷，中有「新月如鈎不釣魚」
之句，頗有風趣》、《買燈十二掛，皆舊家物也，書示兒輩》、《壽金丈志達八
十》、《送姚秉璋中翰赴補》（《甌北集》卷三〇）諸詩，均寫於此時。

【按】管南英，肄業安定書院，歷試高等。鄉試落榜，爲學使謝墉薦爲優
等生。清凌廷堪有《過溧陽，張夔軒明府招飲，座中閱順天鄉試錄知鮑
雙五、何春林、王畹馨、管南英、畢蘊山、英煦齋諸人獲雋，喜賦》詩
二首，曰：「雙鯉南來滿座春，遙看鷹隼出風塵。漫愁才士無知己，更喜
師門有替人。煦齋爲德定圃師嗣君。雲外曾穿楊葉舊，月中爭折桂花新。琴
堂此夕燈前酒，百罰深杯不厭頻。」（《校禮堂詩集》卷八）

金志達，《粟香隨筆》卷一謂：「（程）文恭公既負笈來學，綱軒先生
極器賞，以女妻之。與高祖志達先生、高叔祖行達先生爲異姓昆仲，以
道義文字相切磋，往來詩詞，至今僅有存者。《寄金志達內兄》詩云：『皖
國江山控上流，客行到日及清秋。風塵誰辨干將劍，書記空隨博望舟。
壯志十年慚入幕，鄉心千里怯登樓。等爲人子輸君樂，早著萊衣罷遠遊。』
又《和金行達內弟原韻寄贈》云：『南鴈飛從水一涯，銜將芳訊到京華。
天倫樂事三春草，人世浮名十里花。雷雨須時終躍浪，風雲計日候乘槎。
少游鄉思非君意，莫歎長羈下澤車。』『飛騰暮景去如奔，下直蕭然靜掩
門。老我鬢絲虛弱息，輸君湯餅弄文孫。高堂矍鑠人歡慶，暖閣團圞日
晏溫。顧影自憐成底事，還如蕉鹿夢山村。』」由此可知，金志達、行達
與程景伊之關係。清尹嘉銓有《和金志達留別原韻》詩，曰：「蘭譜論交
二十春，西曹共事倍相親。白雲亭上嚶鳴遠，綠野堂中燕笑頻。歸去秋
高臨月午，言旋日永度花晨。行吟最喜椿萱茂，南望江天曙色新。」（《偶
然吟》卷四）亦可參看。

姚秉璋，清金甡《渡江示外孫姚養重祖恩、秉璋祖同》謂：「童年橐
筆試求名，第一江山第一程。歸到祖庭應失喜，桐孫移得兩枝榮。」「從
宦何由得張軍，秋期方近桂香聞。不須空下思親淚，養志先看共采芹。」

（《靜廉齋詩集》卷一九）知姚秉璋，即姚祖同（秉璋爲祖同字），乃金姓外孫。《清代人物生卒年表》據張履《積石文稿》，著錄其生卒年爲 1762～1842，字秉璋，一字亮甫，浙江錢塘人。《槐廳載筆》卷七謂：「乾隆四十九年三月二十八日，內閣奉上諭：浙江福建進獻詩冊考取一等之張師誠、費錫章、何金、姚祖同，俱著特賜舉人，授爲內閣中書，學習行走，與考取候補人員挨次補用。」《樞垣記略》卷一八載述其生平簡歷曰：「姚祖同，字亮甫，浙江錢塘人。乾隆四十九年召試內閣中書，六十年九月入直，官至河南巡撫、都察院左都御史。」《樞垣題名》亦曰：「姚祖同，浙江錢塘人。乾隆六十年九月由內閣中書充補，官至河南巡撫、都察院左副都御史。」《兩浙輶軒續錄》卷一四敘其生平較詳，謂：「姚祖同，字亮甫，祖恩弟，錢塘人。乾隆甲辰召試舉人，官至左副都御史，祀名宦。《府志》：祖同持躬端介，當服闋入都，道經邗上，有欲代籌行資者，急解纜去。在軍機日，敝車羸馬，或不能具車，往往策馬莅任。及以事行部，必飭所過州、縣，毋許遠迎，撤供應、絕饋遺，輕輿簡從，夫馬皆自給價。及去任，宦橐蕭然。以年老乞歸。《杭郡詩三輯》：亮甫秉性勁直，有彊項風。乾隆四十九年純廟南巡，召試，欽賜舉人。由內翰外擢，歷撫豫、皖二省，矢勤矢愼，望傾中外，上頗倚重之。嗣被吏議，轉九卿。陳臬陝西，開藩粵東，以副憲致仕歸。」秉璋父姚立德（字次功，號小坡），以蔭歷官河東河道總督。

冬，學使謝金圃墉視學期滿將歸，詩以送之。

《送金圃少宰視學期滿還朝》：「使旌兩度莅江關，手挽斯文正始還。四海共瞻壇坫峻，七旬猶未鬢毛斑。鎖廳曉試傳簽肅，橡燭宵吟點筆閒。要識士心傾戴處，孤寒多少欲追攀。」「名場回首感難忘，早退深慚負所望。尚許散人聯齒序，敢爲處士作牙行。一編我就丹鉛老，雙闕公歸劍履光。到日定知榮畫接，相麻宣喚入平章。」（《甌北集》卷三〇）

《秋燕》：「落木風高葉漸稀，人家刀尺促寒衣。生憎燕子炎涼甚，春便飛來秋便歸。」（《甌北集》卷三〇）

《卜居》：「卜居未久白雲溪，坊曲平時過從稀。怪底鄰家肯賒酒，先生將有束脩歸。」（《甌北集》卷三〇）

【按】《清史稿》卷三〇五《謝墉傳》：「四十八年，復督江蘇學政。五十一年，任滿，還京師。上問洪澤湖運河水勢，墉奏：『洪澤湖漸高，民間

傳說「昔如釜，今如盤」，請加疏濬。』」史書未載其何時還京。由甌北
　詩可知，謝墉視學期滿之時間，當在本年十一、十二月之間。
歲杪，辭揚州安定書院講席。

　　《舊譜》：「先生年六十。辭揚州講席歸。」

　　《歲暮將歸，留別揚州諸同好，並示院中諸生》：「近遊忽已兩年淹，歸
思頻隨白髮添。莊助偶膺梁苑聘，穆生非慮楚人鉗。二分明月如相送，十里
朱簾本未湛。自爲衰遲難作客，閉門只合故山潛。」「皋比敢忝坐論文，深愧
陳蕃下榻殷。時過官更新令尹，客孤我亦故將軍。離懷塞北宵寒月，倦蹟江
東日暮雲。記取河梁攜手處，幾行別淚落波紋。」「招呼到處荷賓筵，多感留
髡地主賢。夜月笙歌功父宅，春風書畫米家船。氣豪直賜虀肩酒，量小豈勝
雞肋拳。此段風流也佳話，他年或有畫圖傳。」「草綠庭階畫掩關，諸生偏喜
共追攀。學慚曹洞無衣缽，名敢韓門說斗山。鴻爪痕留詩唱和，牛腰卷謝筆
塗刪。他年爲我增榮處，蕊榜連翩玉筍班。」（《甌北集》卷三〇）

　　【按】據《舊譜》所載，甌北似乎本年初就辭教職，實則不然。就集中所
　　收詩來看，甌北除幾次赴淮之外，其餘大部分時間，均在揚州生活，與
　　諸多吟朋詩侶頻繁交往。所以，他辭安定書院講習，大概是在春節之前
　　的十二月份。

乾隆五十二年丁未（1787）　六十一歲

【時事】　正月，臺灣林爽文反清勢力漸漸壯大。「閩中聞變，黃仕簡率兵由廈
門渡海，入府城。陸路提督任承恩亦率兵由蚶江渡海入鹿港。副將徐鼎士，由
閩安渡海入北淡水。俱以五十二年正月初旬至」（趙翼《平定臺灣述略》，《皇
朝武功紀盛》卷四）。本月，調李侍堯爲閩浙總督。常青爲湖廣總督，仍留福
建督辦軍務。王杰爲東閣大學士，管禮部事。紀昀爲禮部尚書。二月，黃仕簡
命柴大紀北取諸羅，總兵郝壯猷南取鳳山。大紀連戰復諸羅，遂守之。壯猷南
出二十里，爲對方所阻。任承恩之至鹿港也，距大里杙僅四十里，亦以兵少不
敢進。壯猷頓兵幾五十日，以二月二十一日，始進鳳山。然鳳山城已空。三月，
鳳山城復陷，游擊鄭嵩死焉，壯猷等遁歸府城。先是二月中，上見兩提督彼此
觀望，恐難以取勝，有旨令閩督常青爲將軍往督師，至是適至府城，人心稍固。
閩督李侍堯甫蒞任，即預約廣督孫士毅調兵四千備緩急，而鳳山再陷之信至，

立即趣兵往，遂以三月末悉抵臺。(趙翼《平定臺灣述略》,《皇朝武功紀盛》卷四)本月，黃仕簡以貽誤軍機褫職。未幾，被逮下獄。四月，「以常青爲將軍，恒瑞、藍元枚爲參贊。調藍元枚爲福建水師提督，柴大紀署陸路提督」(《清史稿》卷一五《高宗紀六》)。丙午會試，浙江山陰史致光、江蘇陽湖孫星衍、揚州江都秦恩復等一百三十餘人進士及第，出身有差。五月，乾隆帝巡幸木蘭，至九月二十二日始回京。本月，帝諭令館閣眾臣對《四庫全書》詳加校閱，曰:「熱河文津閣所貯四庫全書，朕偶加翻閱，其中訛謬甚多，已派隨從阿哥及軍機大臣並部院隨出之。阮葵生、阿肅、胡高望、嵩貴、吉夢熊再行詳加校閱改正。因思文淵、文源二閣所貯四庫全書，其訛舛處所亦皆不一而足，除年老大學士嵇璜不派外，著派科甲出身之尚書、侍郎、京堂以及翰、詹、科、道、部屬等官分司校閱」。「除校出一二錯字即隨時挖改，毋庸零星進呈，如有語句違礙、錯亂簡編及誤寫廟諱並繕寫荒謬錯亂過多，應行換五頁以上者，再隨報進呈。仍查明原辦總纂、總校、提調、校對各員，分別治罪，並將業經議敘已登仕版之該謄錄，亦予斥革。俾甄敘不得濫邀，而藏書益臻完善。」(《國朝宮史續編》卷八三《書籍九》)六月，諸羅爲南北之中，林爽文必欲陷之。自六月中攻圍，連日夕不止。大紀與兵民共守。常青先後遣總兵魏大斌、參將張萬魁、游擊田藍玉、副將蔡攀龍、貴林等三度往援，皆被堵截。張、魏、田、蔡僅得入城，損兵大半，貴林及游擊楊起麟、都司杭富等皆被殺身死。諸羅之圍益密，入者不能再出。。(趙翼《平定臺灣述略》,《皇朝武功紀盛》卷四)乾隆帝稱:「林爽文等起事之由，皆因該地方官平日廢弛貪黷，視臺灣爲利藪，不以冒險渡海爲畏途，轉以得調美缺爲喜。督撫之無能者，又或徇情保薦，明知不察，暧昧牟利，皆不可知。而劣員等並不整頓地方，撫綏安戢，於作奸犯科者，又不及早查辦。惟知任意侵漁肥橐，以致斂怨殃民，擾累地方，遂使桀驁奸民，有所藉口。」(《康雍乾時期城鄉人民反抗鬥爭資料》下冊)八月，命福康安爲將軍赴臺灣督辦軍務。九月，調「柴大紀爲福建水師提督，以蔡攀龍爲福建陸路提督，並授參贊。辛卯，以諸羅仍未解圍，催福康安徑剿大里杙賊，並分兵進大甲溪」(《清史稿》卷一五《高宗紀六》)。十月，平亂所調蜀兵及粵西兵五千先至，有旨官兵不必至府城，當即往鹿港進。會颶風，不得渡，守風於崇武澳。二十八日，忽得順風，始抵鹿仔海口。(趙翼《平定臺灣述略》,《皇朝武功紀盛》卷四)十一月，福康安率兵抵臺。海蘭察協同作戰，先後攻取侖仔頂、牛稠山、嘉義諸處，起義軍受重創。十二月，「福康安劾柴大紀、蔡攀龍戰守

青山未遍遊。野店客魂雞膢臘，殊方蠻語鳥鈎輈。憑添一卷閩南草，翠壁題名處處留。」（《甌北集》卷三一）

《途中雜詩》：「簑笠寒江自刺篙，羽書曾不到蓬蒿。不知辛謹關何事，慷慨輕身赴杜慆。」「生平曾笑文長老，高士翻參幕府軍。今日侯門彈鋏去，有人又誦北山文。」「遙憶山茶曲檻前，此時繁蕊放紅嫣。正開花候身偏出，天爲先生省酒錢。」「百尺荒祠俯綠洄，客星遺蹟尚崔嵬。出山恐被嚴陵笑，連夜催船過釣臺。」「隔歲無端動遠思，此行也似有前期。可應天欠詩人債，遊武夷山吃荔支。」（《甌北集》卷三一）

另有《賦呈李制府》（《甌北集》卷三一）詩。

【按】據載，乾隆五十二年正月，李侍堯入覲，「時臺灣林爽文事起，命侍堯爲閩浙總督。抵閩後，駐箚蚶江，前總督常青赴臺灣督辦軍務」（《清代七百名人傳‧李侍堯》）。趙翼《平定臺灣述略》記載：「臺灣之變，總督欽齋李公赴閩，道過常州，邀余偕行佐其幕事，凡一年有餘。」（《皇朝武功紀盛》卷四）《甌北集》卷三一所收詩題目作《去歲袁子才自武夷歸，以勝遊誇於余，不覺見獵心喜。適制府欽齋李公以兵事入閩，過常州邀余偕往，遂襆被從行，先以詩報武夷》，知袁子才自武夷歸來，又曾與甌北晤面。然《小倉山房詩集》丙午年所作詩，未有此類內容。同樣，《甌北集》卷三〇所收丙午年詩作，也僅寫於袁氏出行時的《子才過訪草堂，見示近年遊天台、雁蕩、黃山、匡廬、羅浮諸詩，流連竟夕，喜賦》一詩。若甌北記載、表述均無訛誤，那麼，袁氏由武夷回返江寧的途中，還當與其有一次面晤，時當臘月上旬。餘見本譜乾隆五十一年考述。

登仙霞嶺，經漁梁驛、建陽、延津，來福州，稍作逗留，於二月十七日至泉州，偕李侍堯沿海察看地理形勢。李欲薦其入官，甌北婉拒。

《舊譜》：「先生以二月十七日偕李公至閩之泉州，詢察情形，與道路之言迥異。乃以實情入奏，又囑李公預致書廣督孫公，密備兵四千待用。閱十餘日，軍報狎至：總兵郝壯猷往收復鳳山，途次爲賊所阻，已五十餘日不得進。乃一面奏聞，一面飛調粵兵至廈門渡海。」

《李公欲奏余再起入官，敬辭志意》：「久慣鄉閭款段遊，多煩高誼勸鳴騶。受恩終被人穿鼻，垂老羞爲妓上頭。此客只宜吹鐵笛，有人早已卜金甌。挑燈自顧頹唐影，古井如何再起漚。」（《甌北集》卷三一）

《仙霞嶺》、《漁梁驛韓蘄王擒劉正彦處也》、《建陽市謝疊山賣卜處》、《延
津》、《王審知墓》、《萬安橋畔有夏將軍廟，即傳奇所稱入海投文之醉隸夏得
海也。事見〈明史・蔡錫傳〉中，戲書其事於壁》、《海上望臺灣》（《甌北集》
卷三一）諸詩，均寫於此時。

【按】仙霞嶺，《欽定大清一統志》卷二三三《衢州府》謂：「仙霞嶺在江
山縣南一百里，又南去福建浦城縣一百二十里，或曰即古泉山之嶺也。
周百里，登之者凡三百六十級，歷二十四曲，長二十里。唐乾符五年，
黃巢破饒、信、歙等州，轉掠浙東，因刊山開道七百餘里，直趨建州，
即此嶺也。宋紹興中，史浩征閩過此，募人以石甃路，自是鑱除鏟削舊
時險阨，少就寬平。《南行記》：仙霞之為嶺，一而南北有名之嶺凡五，
一曰窯頭，在仙霞北十五里；一曰茶嶺，在仙霞南三里；一曰大竿嶺，
在仙霞南八里；一曰小竿嶺，在仙霞南三十六里；一曰梨嶺，在仙霞南
五十六里，與仙霞為六大嶺。盤紆峻拔，岡麓相接。六嶺之旁，大山深
谷，接岫連峰，不可勝紀。東接處州，西互廣信，林巒綿錯，略無斷處。
《輿程考》：自馬頭嶺南至窯嶺，峰勢突起。行近仙霞，則高峰插天，旁
臨絕澗，隘處僅容一馬。至關嶺，益陡峻。蹊徑回曲，步步皆險。又南，
即茶嶺，松篁相接，夷險相乘。又南里許曰楊姑嶺。又南即大竿嶺，突
然高峙，南去小竿嶺二十里，坡陀曠衍，寬平處可屯列萬騎。小竿嶺童
然隆起，廣一百五十丈，延袤十餘里，北趨婺州，西達廣信，皆可取途。
又南五里，一峰傑出，謂之楓嶺。楓嶺北為浙閩分疆處，地名南樓。又
南十五里即梨嶺。又南二十餘里為魚梁嶺。過此則去險就平矣。蓋六嶺
之險，止在七十餘里之中，故皆以仙霞目之。」

漁梁驛，《欽定大清一統志》卷三三一《建寧府》謂「漁梁山」：「在
浦城縣西北五十里，宋置漁梁驛於此。建炎三年，韓世忠追討苗、傅
二賊，自衢、信進至漁梁驛。《舊志》：天下十大名山，漁梁其一也。為
通衢所經，其地寒甚。諺云：無衣無裳，莫過漁梁。有瀑布窣地數百
尺，天下瀑居第三。其水南流為建溪，北流為信溪，昔人多堰水養魚其
中。」

延津，就甌北《延津》詩中「雷煥劍」典故而論，此當為延平津。《晉
書》卷三六《張華傳》：「初，吳之未滅也，斗牛之間常有紫氣，道術者
皆以吳方彊盛，未可圖也，惟華以為不然。及吳平之後，紫氣愈明。華

聞豫章人雷煥妙達緯象，乃要煥宿，屏人曰：『可共尋天文，知將來吉
凶。』因登樓仰觀。煥曰：『僕察之久矣，惟斗牛之間頗有異氣。』華
曰：『是何祥也？』煥曰：『寶劍之精，上徹於天耳。』華曰：『君言得
之。吾少時有相者言，吾年出六十，位登三事，當得寶劍佩之。斯言豈
效歟！』因問曰：『在何郡？』煥曰：『在豫章豐城。』華曰：『欲屈君爲
宰，密共尋之，可乎？』煥許之。華大喜，即補煥爲豐城令。煥到縣，
掘獄屋基，入地四丈餘，得一石函，光氣非常，中有雙劍，並刻題，一
曰龍泉，一曰太阿。其夕，斗牛間氣不復見焉。煥以南昌西山北岩下土
以拭劍，光芒豔發。大盆盛水，置劍其上，視之者精芒炫目。遣使送一
劍並土與華，留一自佩。或謂煥曰：『得兩送一，張公豈可欺乎？』煥曰：
『本朝將亂，張公當受其禍。此劍當係徐君墓樹耳。靈異之物，終當化
去，不永爲人服也。』華得劍，寶愛之，常置坐側。華以南昌土不如華
陰赤土，報煥書曰：『詳觀劍文，乃干將也，莫邪何復不至？雖然，天生
神物，終當合耳。』因以華陰土一斤致煥。煥更以拭劍，倍益精明。華
誅，失劍所在。煥卒，子華爲州從事，持劍行經延平津，劍忽於腰間躍
出墮水，使人沒水取之，不見劍，但見兩龍各長數丈，蟠縈有文章，沒
者懼而反。須臾光彩照水，波浪驚沸，於是失劍。」延平津，在福建南
平縣東。

萬安橋，《欽定大清一統志》卷三二八《泉州府》謂：「萬安橋，在
晉江縣東北。《方輿勝覽》：一名洛陽橋。宋嘉祐中，太守蔡襄累址於淵，
立石爲梁，釃水爲四十七道，長三百六十丈，廣一丈五尺。」

甌北《王審知墓》詩題下注曰：「在福建布政使署後，相傳尚有神異。」
五代時，白馬三郎王審知被梁太祖封爲閩王，以福州爲大都督府。由此，
知趙翼曾在福州逗留。《清代七百名人傳・李侍堯》記載曰：五十二年二
月，李侍堯「馳抵泉州，飭屬碾米解貯廈門等處接應，並防範內地各隘
口，上嘉之」。

聞知湯緯堂大奎死於臺灣之亂，賦詩以憑弔之。

《弔湯緯堂殉難鳳山》：「一官海外正班春，伏莽無端起劫塵。絕徼岩疆
城守責，名場詞客陣亡身。民皆相率登陴哭，賊也群驚按劍瞋。定有他年樂
社祭，傳芭曲裏送迎神。」「訟堂閒處富吟箋，不以才傳以節傳。宦遠似飄羅
剎國，魂歸好附賈胡船。生前詩有題襟集，身後家無負郭田。漫讀孝經堪退

賊，可憐兒死父屍邊。」（《甌北集》卷三一）

《自泉州至漳州道中作》七首之一曰：「閩遊未訪武夷君，先踏泉南瘴海雲。添得生平蛇一足，白頭出作老參軍。」（《甌北集》卷三一）

此時尚有《盆蘭》、《食荔支》、《戲本所演八仙，不知起於何時。按王氏〈續文獻通考〉及胡氏〈筆叢〉俱有辯論，則前明已有之，蓋演自元時也。沙溪旅館有繪圖成軸而題詩於上者，詞不雅馴，因改書數語於後》（《甌北集》卷三一）諸詩。

【按】《清史稿》卷一五《高宗紀六》載曰：「林爽文陷鳳山，知縣湯大全死之」，誤。「湯大全」應作「湯大奎」。趙懷玉《福建鳳山縣知縣世襲雲騎尉湯君墓表》（《亦有生齋集》文卷一六）詳記其事，生平見本譜乾隆四十三年考述。

夏，經同安，至漳州，由龍溪，再回廈門，措辦軍需。

《舊譜》：「三月初，壯猷克復鳳山。甫三日，又為賊所陷。游擊鄭嵩被戕，壯猷遁歸臺府，是月之初十日也。臺府人心方驚懼，而粵兵前隊八百人以十八日至，知尚有後隊兵三千餘人繼發，人心始定。李公以是服先生預籌之精。軍需一切雖有則例，而亦有則例所無者，先生謂必先具奏，方免日後駁減。李公數嚴刻，先生諸事獨持大體，及奏入，悉報可。蓋聖明閱歷兵事久，知惜費則成功遲而費轉多，不惜費則成功速而費轉少。李公鳳以綜覈為政，不能見及此也。於是軍需悉聽先生擘畫。海運則奏請照內地下水之例給雇價。於是海舟咸集，渡兵運餉無誤矣。閩省皆山路，無騾馬可雇，惟恃丁夫挽運，而閩民習悍，非如滇、蜀之可以按田給價雇夫也。則奏請照出口之例，每夫雇直外再給回空口糧，而州縣雇夫稍免賠累矣。閩驛無馬，文書例以人夫齎送，謂之跑夫。每名日給十四文。先生謂若是安可速羽檄也。則奏請增設跑夫，每站數十人，人各照軍需例給雇值，而軍報得迅速矣。李公約計在臺兵將之數，按月撥運糧餉，蓋恐軍營多費也。先生謂糧餉至而軍營多費，自有任其咎者；若糧餉不至，則誤在主運之總督。臺府遠隔重洋，風水難以刻期，而可作此鰓鰓計乎？李公悟。於是撥解亦充裕。其軍營所需食用，常將軍既不敢奏，李公又以身不統兵非己責也，而諸將訴各兵之苦甚切。先生則請以各兵鹽菜銀，照出口例增加。帳房謂風雨所敝，過夏悉破爛，則請預製以給。臺地雖多暑，而夜宿甚寒，則又請製各兵棉衣運往。一一皆繕摺，趣李公上之。李公以先生所奏，無不當上意，遂一一具奏，果皆得俞旨。於

是軍營皆挾纊矣。李公倚先生如左右手,屢欲奏起先生在閩省補官。先生以家居已十四五年,年六十餘,再入仕途則無退休日。今暫在戎幕,事畢即可乞歸,且佐軍事即所以報國恩,亦不必服官而後宣力也。再四辭之。李公初意欲奏起先生,可長供臂指使,而先生不受也。是歲漳州有草賊竊發者再,先生皆隨李公往定變。冬十月,將軍福郡王康安渡海,解諸羅圍,乘勝攻破賊巢。林爽文遁。」

《海上》:「極目蒼茫水接空,兵氛遙指海天東。人油作炬燃宵黑,魚眼如星射浪紅。炎徼無村非瘴癘,戰場有鬼是英雄。紛紛伏莽何時定,翹望征南釁鑠翁。」(《甌北集》卷三一)

《即景》、《啖荔戲書》、《同安道中遇雨》、《漳州木棉菴懷古》、《龍溪曉行》、《廈門水師提督署昔靖海侯施襄壯公琅駐師地也。公平金、廈兩島及臺灣後,鎮此凡十餘年。署後有涵園,公所手闢。余來登覽,慨然想見其為人,因賦二詩》、《戲書》(《甌北集》卷三一),均寫於此時。

【按】《清代七百名人傳・李侍堯》敘侍堯事甚詳,可資參看。同安,在福建省南部,明清時屬福建泉州府。漳州,今屬福建省。龍溪,南朝梁置龍溪縣,明清皆為福建漳州府治。清漳州總兵駐此。據《清史稿・地理志》,龍溪屬漳州府。《欽定大清一統志》卷三二九《漳州府》謂:「木棉菴,在龍溪縣南二十里。《舊志》:宋鄭虎臣殺賈似道於此。」

十月中旬,連日大風,福康安所率官兵已至廈門,欲航海渡臺而不得。

《鷺島大風即事》:「海聲連日吼,颶母發狂飈。信有水皆立,兼疑山亦搖。樓船依古嶼,烽火隔秋潮。安得鞭驅石,排成萬里橋。」(《甌北集》卷三一)

此時另寫有《颶風歌》、《移寓玉屏書院作》(《甌北集》卷三一)諸詩。

【按】據乾隆帝《聖製剿滅臺灣逆賊生擒林爽文紀事語》中「八月初,即命福康安、海蘭察率百巴圖魯及各省精兵近萬,往救諸羅,是又未遲也」句後小注曰:「常青雖固守郡城,未能親統大兵往救諸羅。藍元枚正籌會剿,旋以病亡。又幸予於六月內早令福康安來覲熱河,即命於八月初二日同海蘭察率巴圖魯侍衛章京百餘人馳赴閩省,並預調川湖黔粵精兵近萬人,分路赴閩。維時諸羅被圍日久,糧餉、火藥道梗不能運送,若非天啟予衷,及早命重臣統勁旅前往,幾至緩不濟事。」據此,知福康安偕同海蘭察率兵赴閩,啟程日為八月初二。又,該文「福康安等至大擔

門，開舟阻風，風略定而啓行。又風遮至崇武澳不能進，是又遲矣。然而候風之際，後調之兵畢至，風平浪靜，一日千里，齊至鹿仔港，是仍未遲也」句下小注謂：「福康安到廈門，於十月十一日自大擔門開船，被風打回。十四日得風，駛行半日，又以風轉，遮至崇武澳停泊，似覺遲滯。然當此候風之際，四川屯練二千，廣西兵三千俱至，而風亦適利，遂於二十八日申時放洋，至二十九日申時兵船齊抵鹿仔港，千里洋面，一帆直達，其餘之兵，亦陸續配渡。」（《國朝宮史續編》卷八五《書籍十一》）知福康安曾於十一、十四兩日乘船渡海，均未成功。直至月末，始至臺灣。可補正史記載之不足。

玉屏書院，據《欽定大清一統志》卷三二八《泉州府》載，「康熙二十七年修、乾隆十七年重修玉屏書院，在同安縣廈門城內」。

十一月，諸羅城被困數月，形勢危急。乾隆帝命改諸羅為嘉義，對守城官兵、百姓以示嘉獎。甌北賦詩記其事。

《諸羅守城歌》：「諸羅城，萬賊攻，士民堅守齊效忠。邑小無城只籬落，眾志相結成垣墉。浸尋百日賊益訌，環數十里屯蟻蜂。援師三番不得進，山頭連夕惟傳烽。是時矛戟修羅宮，陣為天魔車呂公。吼聲轟雷震遙嶽，噓氣滃霧迷高穹。孤軍力支重圍中，草根樹皮枯腸充。翻飛鳥雀不敢下，恐被羅取為朝饗。裹瘡忍餓猶折衝，壯膽寧煩蜜翁翁。百步以外不遙拒，待其十步方交鋒。一炮打成血衚衕，尺腿寸臂飛滿空。戈頭日落更夜戰，萬枝炬火連天紅。何當范羌拔耿恭，赴援艦已排黃龍。會有長風起西北，揚帆直達滄溟東。」（《甌北集》卷三一）

《擬老杜諸將五首》之二：「絕島桑麻久太平，僑居人總買田耕。但存清吏埋羹節，那有奸民歃血盟？諧價苞苴官判牘，曼聲絲肉妓傳觥。釀成一片塗膏地，太息憑誰問主名！」之三：「提兵鷺島發峨舸，家世通侯鎮海波。韜略可施何太緩，萑苻初起本無多。懸軍翻慮為猿鶴，列陣徒聞仿鸛鵝。自是軍謀要持重，幾時聽奏凱旋歌。」（《甌北集》卷三一）

《詠古》之四：「閒翻青史幾悲涼，功罪千秋少尺量。讀到曲端呼鐵像，恨他何不死沙場。」（《甌北集》卷三一）

此時尚寫有《寓齋獨坐作》、《廈門偕章湖莊、沈百門遊小普陀、萬石岩、虎鹿洞諸勝》、《贈李茝洲孝廉》（《甌北集》卷三一）諸詩。

【按】據史載，將諸羅改作嘉義，為本年十一月初三之事。《諸羅守城歌》

小序既有「上以諸羅士民力守孤城，特改縣名嘉義」之語，知此詩當作於十一月間。

章湖莊，即章銓。字拊廷，號湖莊，浙江歸安人。甌北《簷曝雜記》卷二《軍需各數》、卷四《肩輿牽纜》、《甘肅少水》條提及。與顧宗泰有交，見《月滿樓詩文集》詩集卷三六、卷三七。《兩浙輶軒續錄》卷一〇敘其生平較詳，謂：「章銓，號湖莊，歸安人。乾隆辛卯進士，官廣東糧儲道。著《湖莊詩集》。《府志》：銓由翰林改主事，升郎中。出爲寧夏知府，諗知渠水最關民瘼，爲漢渠、唐渠、惠農渠。引水溉田，渠被河套水沖決，捐廉修堵，民德之，立碑於張政橋。著有《吳興舊聞補》。《藤陰雜記》：智化寺，爲王振建。梵宇巍峨，振留土偶。乾隆初沈侍御廷芳奏毀，寺近舉場，章湖莊太守銓寓此，賦詩淋漓感慨，可作一則史論讀。」《藤陰雜記》卷一〇錄其詩兩首，曰：「各省公車至京，場後同鄉讌集，吾鄉向在陶然亭設宴，飲酒論文。孫宮允人龍、嚴都諫源燾、吳比部岩在座，尤轟飲盡致，不醉無歸。此舉四十餘年不廢。自庚寅以後，余倡議應京兆試亦循此例。章湖莊銓會必有詩，《庚子秋燕》詩云：『高秋爽氣入高樓，放眼雲山藉此遊。桑梓誼均座上客，荻蘆環似水中舟。德星聚共文星炯，吳下人爲日下留。預識榜花開四照，聲名爭奮鳳池頭。』《甲辰會》詩：『暫借江亭作下菰，芳郊勝集共提壺。席間高會枌榆社，檻外平懸清遠圖。萬里歸來聯舊雨，三年老去認今吾。出守寧夏，降補來京。回思七度隨裙屐，惹起鄉情到五湖。』」同書卷四亦錄其詩一首。清孫爾準《章湖莊先生染翰堂文敘》謂：「余七八歲時，於敝簏中得一編，題曰《章湖莊時文》，凡十數藝，初不知其何人，中作何語也。稍長，能舉其詞，輒喜諷誦之，略上口，然仍不知其爲何人，中作何語。既而知湖莊先生者，以翰苑改省郎，出爲粵東觀察，心慕之而不相識。越四十年，始識先生哲嗣枚舫秋部於閩，授以全稿，擷之，凡幼時諷誦者，咸在焉。見益喜，疾讀，既卒業而言曰：『世之論時文，尊之者謂代聖賢立言，非抉經之心而精研於程朱之理不足以稱其體；卑之者則以爲腐爛庸陋，不足以言文，直擯之祝史巫卜之下。有爲調停之說者，又以爲明之守溪、毗陵、震川、思泉，是能抉心而研理者也。而揣摩以投一時之好尚者，乃不免腐爛庸陋之譏。余獨以爲不然。夫文者，亦貴於適時致用而已。御狐貉於蘊隆，雖暖勿貴；表龍章於裸壤，雖麗勿珍，以其違時而無用也。

惟文亦然！是以宋時有科舉之學、有決科之文，議論如蘇氏兄弟，經術如陳止齋，學問如呂伯恭、王深寧，而《策略詳說》、《玉海》、《八面鋒》紛紛作焉。以是知揣摩之說，雖鴻駿君子有所不廢，不可以其發端於蘇季而陋之也。國家歲進士數百人，帖括著之功。今士之挾策求仕者，雖魁奇英特之才，舍此無由以進。範一世之聰明才力於八股之中，亦欲其就我繩尺，以觀其能濟用否耳，顧必偃蹇迂盤爲不合格以鳴高，嗚呼，其果能之不屑爲耶，抑亦爲之而不如志耶？……先生文蓋深於揣摩者，而本之經學，以植其根柢，參之諸儒之說，以觀其會通，不必與世殊嗜而要不悖於守溪、毗陵、震川、思泉之軌，則信乎神明於揣摩者矣。余鹵莽於學，而於時文致力尤淺，惟於先生文自幼即有神契，慕之數十年而不得一見，故於枚舫之以敘見屬也不辭，而弁諸簡端。」（《泰雲堂集》文集卷一）。

沈百門，《簷曝雜記》卷四《苗倮陋俗》謂「嘉禾沈百門」，知其籍貫爲浙江嘉興。

李莪洲，浙人，常客李侍堯幕府，與張雲璈、王文治有交。張雲璈《杭州往還雜句十七首》之七謂：「邂逅湖塘笑語歡，故鄉且復暫團欒。杜陵舊識雲卿面，不許尋常把臂看。湖上遇仇一鷗、李莪洲兩孝廉。李時居中丞幕中，不復再見。」（《簡松草堂詩文集》詩集卷一二）王文治有《上巳日朱春泉昆季招同仇一鷗、李莪洲、高青士龍泓修禊，歸泛西湖有作》詩，曰：「一夜春雷鳴不已，曉起春溪漲春水。卻憶諸君折柬招，同向龍泓作上巳。辨才此間昔退居，文字交親秦太虛。焉知閱世七百載，勝賞更容我輩俱。霏霏小雨沾衣袂，日光穿林忽破碎。連朝頗苦書細字，且掬清流洗目瞖。晚來乘興呼扁舟，柳邊窣堵波上樓。舟行南北信風漾，波意櫓聲相與柔。旅鴻到處隨棲食，此樂十年不可得。一日陰晴互變更，桃花賞遍空中色。諸君於我情太深，深卮愧我難同斟。吳娘按拍歌一曲，白髮青春何限心。」（《夢樓詩集》卷二一）

萬石岩，《欽定大清一統志》卷三三四《福寧府》：「萬石岩，在寧德縣東三十里，石岩如室，可容數百人。兩崖之間，有石橋橫跨。」

李侍堯以料理軍務得體，帝賜其戴雙眼孔雀花翎，甌北為詩以賀。

《閒詠史事六首》之二：「炙手權門百賄填，古人眼孔究堪憐。區區黃雀青魚鮓，屋棟雖充值幾錢？」之五：「拗項橋瞻最上層，力求宦達果飛騰。官

高無奈身如舊，日食依然只半升。」(《甌北集》卷三一)

《欽齋李公蒙恩賜雙眼孔雀翎奉賀》、《莪洲以陝中游草見示，和其五首》、《又和荊州詠古四首》、《又和三垂岡韻》、《戲書》、《再擬老杜諸將五首》、《裙帶魚臭如醃鮝，莪洲、百門乃酷嗜，詩以調之》《甌北集》卷三一)諸詩，均寫於此時。

【按】《清代七百名人傳‧李侍堯》載曰：乾隆五十二年，「十一月，加太子太保，奏接奉發交常青諭旨，恐常青宣露，致府城人心惶惑，擬節錄發寄。得旨深合機宜，特得大臣之體，著賞戴雙眼花翎，以示優眷。時福康安劾提督柴大紀，又侍郎德成，自浙回京面奏大紀貪瀆狀。上以侍堯有心徇隱，申飭之，命據實查參。」

除夕，在漳州度過，見當地人們盡享天倫，遂牽動思鄉之愁。

《漳州除夕》：「汗漫何妨戲九州，豈因兒女動閒愁。聽他阿囝呼郎罷，不覺衰年感獨遊。」(《甌北集》卷三一)

《臘月蚊》：「信有閩南氣候溫，不須曝背向朝暾。冬裘夏葛書生眼，誰識人間臘月蚊？」(《甌北集》卷三一)

另寫有《再贈莪洲》(《甌北集》卷三一)詩。

【按】據趙翼《平定臺灣述略》，十一月，海蘭察率巴魯圖侍衛攻下鹿仔頂，又奪下牛稠山、嘉義城。林爽文義軍退守大里杙，尚有數萬人與官軍抗拒。後，中官軍伏擊，損失慘重，又退守集集埔。至本月初，再受重創，始於藏匿子女後，遁入深山密林。至此，戰局已定。

乾隆五十三年戊申（1788）　六十二歲

【時事】　正月，林爽文兵敗被擒。《平定臺灣述略》記載道：「五十三年正月四日，林爽文潛出覓食，遂擒之。而莊大田之在南也，雖與林爽文同逆，又各自號召不相下。乘官兵未南下，益焚掠聚糧爲旅拒計，已又思出降。計未定，而將軍已於十六日至牛莊，大田倉猝出拒，敗而走。官軍連躡之，於大武壠、大目烽、南潭中洲、大小岡山、水底寮，累戰皆捷。極南有地名郎嶠者，負山臨海，最遼阻，莊大田力不支，與其黨潛匿焉。將軍先遣水師由海道繞而截之於水，自以大兵環山圍之。賊衝突不得出陣，殺者數千，溺海者數千，擒而戮者亦千餘。莊大田亦就獲，臺灣平。」(趙翼《皇朝武功紀盛》卷四) 本

月，參贊大臣柴大紀褫職逮問，福州將軍常青以徇隱柴大紀，亦褫職。月末，乾隆帝諭曰：「起事之初，柴大紀於巡察彰化時，若一聞資訊，即親自帶兵剿捕，何難即時撲滅，乃轉托稱派兵回至郡城。及聞彰化失陷，柴大紀仍觀望遲徊，並不速往援救，直至數日，始帶兵起程，復於離城三里地方即行駐紮，致逆匪得以輾轉蔓延，日肆鴟張。是柴大紀不但平日貪縱營私，廢弛營伍，而且怯懦遷延，釀成巨案。現經朕面詢押解臺灣逆匪到京之侍衛額爾登保，據稱逆匪攻擾嘉義時，俱係義民等出力守禦，並非柴大紀之功，其不肯帶兵出城一節，亦係義民等不肯將伊放出，柴大紀亦畏賊不敢出城等語。……柴大紀既貪縱釀變於前，又復巧詐欺罔於後，種種劣蹟，難以枚舉，……是以即將柴大紀革職拿問。至常青在閩浙總督任，已及年餘，且渡臺灣後，身為將軍，近在府城，豈無聞見？乃於柴大紀劣蹟，並無一字奏及，實屬辜恩，特將常青交福康安審訊。又李侍堯原欲俟蕆功之日，給還伊原襲伯爵，乃此事經朕節次降旨詢問，李侍堯知難隱飾，始行具折陳奏。似此有心徇隱，更為辜負重恩，李侍堯不應出此也。前已晉加官銜，賞戴雙眼花翎，已為僥倖，豈可復膺懋賞，並著交部嚴加議處。琅玕並不自行陳奏，及降旨詢問，始將風聞柴大紀各款具奏，亦難辭咎，琅玕亦著一併交部分別嚴加議處。」（《欽定平定臺灣紀略》卷五二）而《嘯亭雜錄》卷六《臺灣之役》，在敘及此事時則稱，福康安率兵來臺，解諸羅之圍，「惟大紀以功高，與福康安抗行賓主禮，康安銜之，遂密奏其人奸詐難信。會侍郎德成自海上監修城垣歸，復媒孽大紀之短。上信其言，遂以前貪縱事，逮大紀及永福入，先後正法。」《清史稿》卷三二九《柴大紀傳》亦記載，乾隆五十二年十一月，「福康安師至，嘉義圍解，大紀出迎，自以功高拜爵賞，又在圍城中，侘傺不具橐鞬禮，福康安銜之，遂劾大紀詭詐，深染綠營習氣，不可倚任。」起初，乾隆帝對此並不認可，諭略曰：大紀駐守嘉義，身陷重圍，仍督率兵民，力為捍衛，竭力固守，確乎不易。「時縣城存亡未可知，安怪大紀過甚其詞耶？大紀屢荷褒嘉，在福康安前禮節或有不謹，致為所憎，直揭其短。福康安當體朕心，略短取長，方得公忠體國之道。」結果，「侍郎德成自浙江奉使還，受福康安指，訐大紀。上命福康安、李侍堯、徐嗣曾、琅玕按治。福康安臨，致書軍機大臣，言：『大紀縱兵激民為變，其守嘉義，皆義民之力。大紀聞命，欲引兵以退，義民不令出城，乃罷。』事聞，上諭謂：『守諸羅一事，朕不忍以為大紀罪，至其他聲名狼藉、縱兵激變諸狀，自當按治。』命奪大紀職，逮問。福康安尋以大紀縱弛貪黷、貽誤軍機，議斬，送京

師。上命軍機大臣覆讞，大紀訴冤苦，並言德成有意周內，迫嘉義民證其罪。下廷訊，大紀猶力辯。」至七月，柴大紀被棄市。可見，柴大紀之死，尚有隱曲不明之事。二月，大學士和珅晉封三等伯爵，孫士毅輕車都尉世職。三月，乾隆帝針對士子浮華學風，諭曰：「近日士風浮靡，即呈進詩文，僅屬末藝，尚不免丐求贗筆，未能出自心裁，而遇有考試，輒百計鑽營，甘心戲法。」並表白道：「朕所作詩文皆關政教，大而考鏡得失，小而厪念民依，無不歸於紀實，《御製詩》俱在，試隨手披閱，有一連十數首內專屬尋常流覽、吟風弄月浮泛之詞，而於政治民生毫無關涉者乎？」（《清史編年》第六卷）四月，諭令遏制械鬥事件蔓延，曰：「如有遇械鬥之事，必當嚴切根究，盡法懲治，其地方官如有諱飾掩匿者，即嚴參治罪，務使相沿惡習盡行革除，奸徒斂蹟，以戢奸宄而安善良，海疆永期綏靖。」（《清史編年》第六卷）五月，乾隆帝於十九日由圓明園啓鑾，至熱河小住，再往木蘭秋獮，至九月中旬回京。六月，安南人阮惠等叛，逐其國王黎維祁，維祁來求救，命孫士毅赴廣東撫諭之。七月，湖南耒陽生員賀世盛《篤國策》案發，被處斬。據查，賀世盛「負性狂誕，自謂抱負不凡，因科名未遂，常懷忿懣」，「抑鬱無聊」，「平日既與鄉黨族戚因事訐訟，素不相能，即於是年避棄妻子，獨居城中祠屋，託名養靜，實係潛身縣城，代人寫作詞狀」。其「平日鄙薄捐納官員，謂其不由科目，居然民上，指爲阻滯正途，心懷忿恨，因獨居無聊，妄思著書立說，摭拾平時記誦故事、成語及邸抄內一二事，並闌入催科聽斷以及遠年詞訟，逞其狂誕，拉雜攢湊，名爲《篤國策》，以見其學問淹博，兼通時務，又自作序文稱爲陳策序，意欲於書成之後赴京進獻，圖賞官職以邀榮寵」。「書內指斥官員，妄議朝政，文詞繁複，語句支離，而其顯然悖逆肆行狂吠者不一而足」。湖南巡撫浦霖據以上奏。經大學士、九卿會同法司核議，擬依律將賀世盛凌遲處死。正犯之子孫、兄弟及兄弟之子，年十六以上皆斬，十五以下及正犯之妻、若子之妻給付功臣之家爲奴，正犯財產入官，知情隱藏者斬。乾隆帝斥曰：「賀世盛身列膠庠，據供嘗閱邸報，豈五十一年朕訓飭李世傑等之旨伊獨未之見耶？乃輒敢因科名未遂，心懷忿懣，逐私自著書怨望，大學士等擬以凌遲緣坐實屬按律辦理。此等狂悖之人，若竟從寬典，俾安坐囹圄，勢必更肆狂吠，又如曾靜之罪大惡極，寸磔不足蔽辜，反足以累及伊家屬。第念該犯究因失志場屋，貧苦無聊，摭拾傳聞，私自抄寫，藉以抒其抑鬱，與顯肆悖逆者尚屬有間，賀世盛著從寬改爲斬決。至伊子賀家瑞見伊父所抄之書中多違礙，屢次跪勸燒毀，尚爲知禮

諸勝，唱和甚多。後汪中、方正澍、章學誠亦先後抵署，談燕之雅，不減關中。（《洪北江先生年譜》）

十月二十八日，莊存與卒，年七十。莊存與（1719～1788），字方耕，號養恬，江蘇武進人。「乾隆十年一甲二名進士，授編修。四遷內閣學士。二十一年，督直隸學政。按試滿洲、蒙古童生，嚴，不得傳遞，群閧。御史湯世昌論劾，命奪存與官。上惡滿洲、蒙古童生縱恣，親覆試，搜得懷挾文字。臨鞫，童生海成最狡黠，言：『何不殺之？』上怒，立命誅之。閧堂附和者三人，發拉林種地；四十人令在旗披甲；不得更赴試。並以存與督試嚴密，仍命留任。擢禮部侍郎。遭父喪。服除，補內閣學士，仍授原官，直上書房。遭母喪。服除，補原官。五十一年，以衰老休致。五十三年，卒。存與廉鯁。典浙江試，巡撫餽金不受，遺以二品冠，受之。及途，從者以告曰：『冠頂眞珊瑚，直千金！』存與使千餘里返之。爲講官，上御文華殿，進講禮畢，存與奏：『講章有舛誤，臣意不謂爾。』奉書進，復講，盡其旨，上爲留聽之」（《清史稿》卷三〇五《莊存與傳》）。潛心學術，尤精於經學，爲常州今文學派創始人。其《春秋正辭》一書，爲常州學派奠基之作。另著有《易說》、《八卦觀象解》、《尚書說》、《毛詩說》、《樂說》、《月官記》、《四書說》、《味經齋文稿》等十數種。（《江蘇藝文志·常州卷》）

趙懷玉赴汴梁，遊相國寺、吹臺、鐵塔、龍亭等名勝，歸而至揚州。（《亦有生齋集》詩卷一〇）

【本事】春節後，閒暇無事，遊漳州開元寺。

《遊開元寺》：「經月漳州未眺登，開元古寺此支藤。多年殿閣詹無瓦，新歲城坊店有燈。遊戲已成歡喜佛，行藏肯問懶殘僧。芒鞋將遍東南勝，先試芝山最上層。」（《甌北集》卷三一）

平定臺灣戰事將息，歸鄉有日，詩以見意。

《軍事將蕆，余歸有日矣，詩以志喜》之一：「久作華陽陶隱居，豈期老出治軍書。廉頗已自三遺矢，馮婦何堪再下車。鄉夢迢迢千里外，塵蹤碌碌一年餘。稍欣奏凱期將近，計日歸尋舊草廬。」之四：「本爲遊山附羽翰，久留軍府最無端。肯從殷鐵還干祿，翻似劉綿尚戀官。萬斛樓船兵渡海，兩甄桴鼓將登壇。天教倦客歸期速，一戰先聞定百蠻。」（《甌北集》卷三一）

《桃花》、《泉州提督署昔清源軍節度使建牙地也。基廣五百餘畝，想見舊時節鎮規模，爰記以詩》（《甌北集》卷三一）二詩，皆寫於此時。

林爽文兵敗受俘，檻送京師，路經泉州，甌北賦詩記其事。

《軍中擒獲逆首林爽文，檻送過泉紀事》：「木籠裝囚語啾唧，兵衛簇成片雲黑。不須露布曳長練，夾道爭看海東賊。海東賊本一細民，豈讀兵書習部勒。結交無賴匿亡命，官索逋逃竟不得。半夜無端嘯挺戈，殺吏攻城血流赤。是時鼎沸雖披猖，猝起猶堪減朝食。後先航海諸宿將，持重養威示不測。隔海調兵動幾旬，兵添一萬賊添億。孤城遂困重圍中，糠粃俱空煮履革。三番赴救陣未開，兩路繼援途又塞。倘非廟算決大舉，絕島妖氛幾時熄。即今就縛入檻車，不過圈牢一豚膈。若論經歲軍資費，千兩黃金一兩骨。時清豈許伏莽滋，事緩幾成燎原燄。一黿乃煩千鈞弩，此事誰當任其罰。」（《甌北集》卷三一）

【按】《清代七百名人傳·海蘭察》記載：五十三年正月，擒林爽文於老衢埼，俘獻京師，帝念海蘭察功，親解佩囊賜之。此處記載有誤。據趙翼《平定臺灣述略》、昭槤《嘯亭雜錄》卷九《臺灣之役》等文記載，林爽文是在五十二年十二月十三日，為福康安所率官兵俘獲。京師獻俘，則是在次年正月。

在軍幕，忙中偷閒，亦讀歌詩，並訂正查初白慎行詩考訂不確之疏漏。

《偶閱查初白集，中有汴梁雜詩八首，但稱梁、宋遺墟，殊未詳考。按：汴州自朱梁以宣武軍得天下，始建為東都，然溫僭位猶在洛也，末帝方即汴為京，後唐仍遷於洛，石晉至汴，以其地便漕運，乃定都焉。漢、周、宋因之。劉豫受封亦嘗遷於此，金海陵謀南伐、宣宗避北侵又皆來都。此汴京沿革故事也。爰補其缺，而以明之周藩附焉》（八首）之五：「戎衣一夕換袍黃，返旆從容上御床。得國也從孤寡手，傳家難料弟兄腸。基開忠厚流終遠，運啟文明勢不彊。遺澤試看南渡日，魚羹老嫗亦從王。」之七：「一樣南遷兩不同，氈車塵土繡旗風。勢彊飲馬長江外，運去遊魚沸鼎中。喬木陰猶秋色碧，幽蘭軒已火光紅。可憐一片青城月，又照蛾眉出故宮。」（《甌北集》卷三一）

此時另有《閩言》、《食江瑤柱》、《戲筆》、《臺灣俘囚絡繹檻送內地，再作凱歌》（《甌北集》卷三一）諸詩。

【按】《嘯亭續錄》卷二載查初白事曰：「國初詩人，以王、施、宋、朱為諸名家，查初白慎行繼以蘇、陸之調，著名當時。其詩句亦頗俊逸峭勁，視西崖、義門諸公自為翹楚。公以晚年入翰林，嘗隨駕木蘭，褒衣襜服

行山谷間。仁皇帝望而笑曰：『行者必查某也。』其風度如此。晚年家居，以弟嗣庭獄，縲繫入京。憲皇帝閱其詩曰：『查某每飯不忘君，杜甫流也。』因免其罪焉。」

三月上旬，留別幕中諸友，擬北歸。

《舊譜》：「先生以軍事已畢，乃辭李公歸。以三月十一日起行，由浙江之溫州、處州、金華，泛舟錢塘江，遊覽山水歸。」

《留別湖莊、莪洲、百門諸同人》：「荔枝花開蘭草秀，一曲驪歌別交舊。歸期方喜酒餞尊，離緒翻催淚盈袖。憶昨相隨使節來，正值海東嘯群寇。帆檣轉粟臺祭風，羽檄調兵程記埃。諸公綽有帷籌運，老我已無囊智扣。道旁苦李社邊櫟，久托散材養衰壽。兩錢錐豈勝干將，十指槌偏令刺繡。主人官高能下士，相倚不殊手左右。雖免鞠躬磬腰折，也須笑面靴皮皺。炭冰事鏨策屢更，星火書催章急就。幾番乞歸歸不得，要待鐃簫凱歌奏。此時羈思損眠餐，賴有素心共昏晝。東西廂對屋數間，甲乙籌支夜三漏。竹頭木屑妙使才，老鼠大蟲戲作詬。得暇楸枰偶爭劫，消閒簺簺或射覆。經年客裏幸不孤，此樂人間亦難又。今因蕆事我得還，卻起離愁中酒後。爲陪戎幕苦共嘗，不覺朋簪誼逾厚。千里川原望遠勞，一天風雨懷人瘦。吳江水碧越山青，載酒何時重邂逅？」（《甌北集》卷三一）

【按】本編此詩前，另有《桃花》詩，謂「清明雨過淨無塵」。清明在農曆三月初，本詩排於其後，故甌北與諸幕友告別，當在三月上旬。

三月中旬，幾經磋商，最終確定歸期，遂辭別總督李侍堯等人回返。遊武夷情切，星夜兼程，經莆田北折前往。

《北歸》：「屢改歸期始定期，郵亭露布正班師。千軍萬馬紛馳處，一個閒人訪武夷。」「孤客遊山一笠雲，也勞驛館授餐勤。韓康本欲逃名姓，翻遣人間婦稚聞。」（《甌北集》卷三二）

《夜行曲》：「雞未鳴，月先墮。陰風蕭騷滿天黑，夜迷失道踏坎坷。暗中有鬼不露形，但閃金睛赤如火。老夫獨持正法眼，定光自放青蓮朵。天明但見塚累累，斷碣無名草沒髁。」（《甌北集》卷三二）

【按】依照常理，甌北應於遊武夷後，直接經仙霞嶺抵浙江。然因當時臺灣平定，將士回返。輜重、人役塞途，不便行走、食宿，故先遊武夷，折而回福州，由沿海岸諸城北往，穿越崎嶇峻險山路，東北而行，入浙江界。程途雖遠些，但較爲安靜。《山行雜詠》之一曰：「我歸江南道，

應出仙霞關。時當兵凱旋，喧哄滿市闤。乃遵海而北，路入千萬山。出郭首北嶺，陡入霄漢間。」（《甌北集》卷三二）可證。

登武夷山，遊覽沖祐宮、仙蛻岩、煉丹臺諸名勝。

《武夷山》：「生平踏遍天南戒，一隅尚缺甌閩界。武夷欠我遊山緣，我欠武夷作詩債。天風借我便羽翰，雙鳥飛墮來崇安。正當春水發，刺篙可以泝急湍。路如螺紋旋，一曲一改觀。懸崖奇巇不可狀，畫手欲寫愁荊關。想當開闢初，天神早有倕、扁、般。各出新意弄狡獪，運斤斯斧斫出千巑屼。幔亭峰更在天際，傳是錢鏗曾孫夜宴地。僊人亦有故鄉情，招飲山下之人萬千計。雲璈朗奏碧月清，錦幄高張彩霞麗。當時廚饌太狼籍，鳳肺麟脯屬饜到奴隸。笑他後世秩祠官，一片乾魚也供祭。勝會一散三千年，至今寂寞空雲煙。太白廬山謠，東坡羅浮篇，名山例有名人傳。茲山雖有考亭棹歌句，儒家氣象不稱上清八洞仙。老夫偶來過，或亦天假緣。笑語武夷君，倘可與君兩連翩。」（《甌北集》卷三二）

《沖祐宮》、《仙蛻岩》（《甌北集》卷三二）亦寫於此時。

【按】《欽定大清一統志》卷三三一《建寧府》謂：「武夷山，其在崇安縣南三十里，邑望山也。相傳昔有神人武夷君居此，故名。《史記·封禪書》：漢武帝祀武夷君，用乾魚。《索隱》引顧氏《地志》云：建安縣有武夷山，有僊人葬處。《寰宇記》：山在建陽縣北一百二十八里。蕭子開《建安記》云：山高五百仞，岩石悉紅、紫二色，望之若朝霞，有石壁峭拔數百仞於煙嵐之中，顧野王謂之地仙之宅。半岩有懸棺數十，漢武嘗祀之。又曰：漢祀山。王應麟《地理通釋道書》以此爲第十六洞，名升眞化元之天。《舊志》：其山綿亙一百二十里，有三十六峰、三十七岩，溪流繚繞其間，分爲九曲。朱子有《九曲棹歌》。」

沖祐宮，查愼行有《沖祐宮》（《敬業堂詩集》卷二四）、《重遊武夷沖祐宮》（《敬業堂詩集》卷四四），朱彝尊有《武夷沖祐宮》（《曝書亭集》卷一八）。仙蛻岩，朱彝尊有《仙蛻岩》詩，謂：「魚家姊妹趙家兒，雜坐歌師間板師，莫唱人間可哀曲，山阿遺蛻也堪悲」（《曝書亭集》卷一八）查愼行《和竹垞仙蛻岩》詩曰：「生前不煉紫金丹，身後何須白玉棺。已向虛岩委枯骨，癡兒尙掃漢家壇。」（《敬業堂詩集》卷二四）

遊武夷畢，折而南返，回福州，與早年京師舊僕張忠相遇，又爲戚曉塘觀察熱情款待。在福州小住，遊鼓山、懷安、桐口、大安山，憑弔宋名

臣忠定公李綱墓。

《至福州，有一僕來見，自道姓名，乃余昔在京師未第時童奴張忠也。蒼顏白髮，幾不可識。撫今追昔，感歎久之》（三首）之一曰：「三十年前青翰舟，相逢欲認屢凝眸。看他綠鬢今斑白，不唱何戡也淚流。」（《甌北集》卷三二）

此時尚寫有《戚曉塘觀察席上賦西施舌》、《鼓山》、《李忠定公墓在福州懷安桐口大安山》（《甌北集》卷三二）諸詩。

【按】鼓山，《欽定大清一統志》卷三二五《福州府》謂：「鼓山，在閩縣東三十里，延袤三十里，府之鎮山也。山巔有巨石如鼓，故名。南麓屹峙江濱，為戍守要地。其最高者曰大頂峰，一名屴崱峰，正東可望見海。中又有小頂峰，與大頂相去二里。又有浴鳳池，池右又有海音洞、白雲洞。其餘峰嶺岩洞之屬稱名勝者，不可勝紀。其南支隴曰鳳山。《通志》：支隴有蓬岐山，多奇石，有蛇洞。南至於江，有石如劍，曰劍山。」懷安，本為縣名。故城在今福建閩侯縣北，明移入福州府郭內，尋廢。桐口，鎮名，在福建閩侯縣西北東峽江北岸。

戚曉塘，即戚蓼生，曾為《石頭記》作序。《兩浙輶軒錄》卷三二謂：「戚蓼生，字念切，號曉塘，德清人。乾隆己丑進士，官福建按察使，著《竺湖春墅詩鈔》。」與德清諸生蔡重光（字荀慈，著有《荀慈詩稿》，困於諸生者四十年，家貧力學，手不釋卷，士林以此益重之。人謂其「原出大曆十子，而緣情綺靡處則又兼三十六體之長」）為中表弟兄，「往來唱和，殆無虛日」。（參看《兩浙輶軒錄補遺》卷七）又據《德清縣續志》等記載，戚氏「乾隆二十七年（1762）舉人；三十四年進士；三十九年以戶部主事充任四川鄉試副考官；四十七年出任江西南康知府，不久擢升福建鹽法道；五十六年為福建按察使；五十七年（1792）『以勞悴卒官』」。（馮其庸、李希凡主編《紅樓夢大辭典》）

辭福州，經寧德，抵福寧，為福寧守江淑齋及方孝亭總戎、陳迪菴明府輪番設宴款待，並遊覽望海樓等名勝。

《寧德道中》：「萬山深處總犁荒，始信民生瘠土良。當脊開門人字屋，攔坡築壘水田牆。牛羊自識晚歸路，婦女不知時樣妝。但使有司能撫字，茅簷何物不安康。」（《甌北集》卷三二）

《至福寧，江淑齋太守、方孝亭總戎、陳迪菴明府更番設宴，兼同遊望

海樓諸勝》：「踏盡千峰到福寧，奴欣飯白馬芻青。留行已蕢招魂紙，出險應名至喜亭。歌板新聲催曲部，弓刀小隊叩禪局。誰知經歲兵塵慣，有此歡場累日停。」（《甌北集》卷三二）

　　另有《題淑齋官署》（《甌北集》卷三二）一詩。

　　【按】寧德，在今福建東部，瀕臨東海。福寧，即今福建霞浦，亦爲沿海城市。江淑齋，即江琅，見本譜乾隆四十四年考述。

甌北擬雇竹輿行山中，輿夫知是官府所雇，乘機索取高價，並以拒載相要挾。

　　《山行雜詠》（七首）之二：「有司雇輿夫，送我遞郵舍。輿夫見官雇，知從憲府下。將我作奇貨，傭直索高價。停肩不肯行，求益恣嚇詐。名士值幾錢，竟似將我賣。民轉脅官資，此事殊可詫。輿夫前致詞：使君幸勿訝。平時官朘民，錙銖弗肯赦。惟此聊取償，稍嘔老饕炙。」之四：「遙山最深處，想必無人居。一縷炊煙起，乃亦有室廬。始知生齒繁，到處墾闢劬。虎豹所窟宅，奪之爲耕畬。尚有傭丐者，無地可把鋤。民生方愈多，地力已無餘。不知千歲後，謀生更何如？」（《甌北集》卷三二）

因是來自總督府署，各地有司舟車相送，關照備至。甌北本不喜「因人熱」，反有「假虎威」之嫌，不禁啞然失笑。

　　《一路舟車，有司供設頗具，以余從制府來也，書以一笑》：「累他一路館餐儲，爲是平津舊主書。始悟洛官趨賈謐，豈眞邛令重相如。已無按部雙華轂，且當遊山一筍輿。堪笑不因人熱者，此行翻假虎威餘。」（《甌北集》卷三二）

至分水嶺，入浙江地，舟行甌江，經溫州泝流至青田，訪誠意伯劉基故居，未得，又赴處州。至金華換江山船，入富春江，再經嚴灘。

　　《分水嶺》：「峻嶺名分水，郵簽記短亭。春泥山虎蹟，曉市海魚腥。一澗雙流碧，諸峰不斷青。方言鄰越俗，入耳已堪聽。」（《甌北集》卷三二）

　　《嚴灘》：「去年過嚴灘，子陵向我笑。久作林下人，胡出逐旌纛。得非白頭嫗，塗粉思再醮。今來過嚴灘，我向子陵誚。披裘蹟近衒，加腹氣非傲。特特故人恩，巧立高士操。緊余慕武夷，隨人入閩嶠。適當有軍事，借箸聊一效。非特酬知交，兼藉國恩報。事定仍拂衣，一路快登眺。出不爲求名，歸不失高蹈。比君弔詭處，稍覺襟懷浩。湖天有一曲，去披綠簑釣。」（《甌北集》卷三二）

此時尚寫有《永嘉舟行》、《自溫赴處沂流作》、《樂清北境，可入天台，歸途不及往遊，賦以解嘲》、《戲書》、《青田道中》、《過青田訪劉誠意故居，土人云在南田山頂，去地千百丈，其上平疇千頃，村落相望，皆公子孫也。質之縣令趙君，亦云。惜匆匆不及往遊，賦此以志》、《麗水題卻金亭》、《桃花隘》、《金華換江山船》、《江行》（《甌北集》卷三二）諸詩。

【按】《欽定大清一統志》卷三三一《建寧府》謂：「分水嶺，在崇安縣西北七十里，爲入閩第一山。上有分水關，其水西流者入江西界，東流者入福建界，即崇溪上源也。又有黃泥嶺、大安嶺、大漿嶺、小漿嶺、佛嶺，附於城者爲溫嶺，即邑人所謂營嶺也。」分水嶺，一在福建崇安縣西北分水嶺上，接江西鉛山縣界，爲閩、贛之襟要。一在浙江蒼南縣西南、福建福鼎縣東北部，爲閩、浙分界處。由甌北詩「曉市海魚腥」、「方言鄰越俗」來看，當是後者。由福建往溫州，必經此地。

桃花隘，《欽定大清一統志》卷二三六《處州府》謂：「桃花隘，在麗水縣東北七十里，與縉雲縣分界。」又謂：「桃花隘，嵯峨險仄，勢接雲霄，周圍叠石三四里，容百十人，山麓去郡城不過二十里，亦曰桃花嶺，即古桃枝嶺。」

至杭州，恰同鄉原溫處道陸蓬菴以事罷官居此，招遊天竺、龍井，又作湖上之遊。

《同鄉陸蓬菴觀察招遊天竺、龍井諸勝，午後泛舟遊湖即事》略曰：「我從浙東歸，恃君爲地主。我到君已去，頗歎獨行踽。豈知西湖遊，仍費君資斧。言尋上天竺，大士有琳宇。花開優曇香，鳥葉迦陵譜。濛濛空翠裏，一聲齋粥鼓。香火日夜熏，弗黯清淨土。我雖不佞佛，幾欲此賃廡。得隴更望蜀，龍井啜甘乳。涓涓石罅流，不作飛瀑怒。有泉山乃活，如龍點睛舞。修廊折以登，虛亭瞰而俯。流連勝賞新，俯仰陳蹟古。惜無辯才師，送過風篁阻。是時樹影圓，坐久日卓午。主人又招呼，湖舫泛柔櫓。行廚已具饌，饞殺老菜肚。醉歌凌中流，時復傍堤滸。人生遇美好，數見亦不嫭。獨兹西子湖，我來亦已屢。一到一回新，不厭三四五。始識無盡藏，今覽非昔睹。快哉此清遊，乃落兩僊父。自非塵外身，曷翔雲中羽。君已拋手版，我亦久解組。無著與天親，天遣作儔伍。期君早還鄉，蓉湖共泛雨。」（《甌北集》卷三二）

《西湖雜詩》（六首）之三：「一抔總爲斷腸留，芳草年年碧似油。蘇小

墳連岳王墓，英雄兒女各千秋。」（《甌北集》卷三二）

【按】陸蘐菴，見本譜乾隆五十一年考述。

同年平姚海聖臺、孫星士嘉樂、葉古渠藩、陳受粢玉敦等於吳山丁仙閣宴請，並有詩相酬。

《庚午同年平姚海、孫星士、葉古渠、陳受粢招飲於吳山丁仙閣，姚海有詩，即用其韻》：「白首同年尚五人，那禁握手倍情親。步聯謝客登山屐，醉濕陶家漉酒巾。地盡羽流無奉佛，坐仍齒序不論賓。居民驚見鬚眉古，只道群仙戲降真。」「早登解額正難量，回首俄驚四十霜。已歎飛蓬雙鬢短，猶餘食粟一身長。地傳丁令歸來鶴，石是初平叱後羊。合改山名稱五老，年年來此續歡場。」（《甌北集》卷三二）

《顧藩伯、歸按察、盧運使枉招佳宴，梨園皆蘇州子弟也，一年來不曾見此景色矣，即席有作》、《重遇盲女王三姑賦贈》（《甌北集》卷三二）諸詩，均寫於此時。

【按】《甌北集》卷三二附平聖臺原作曰：「意外相逢世外人，同年年老倍情親。吳山勝處堪攜屐，閩海歸來喜墊巾。草草前程成漫仕，匆匆後閣走窮賓。天涯還許留青眼，覆醆纏綿興味真。」「雲霄失路等亡羊，塵鞅消磨兩鬢霜。問舍求田豪氣盡，登山臨水別懷長。蝸頭舊直悲華屋，盾鼻新詩弔戰場。收取閒身且行樂，一筇台宕費商量。」平聖臺，即平瑤海，見本譜乾隆二十九年考述。

孫星士，孫嘉樂，字星士，浙江仁和人，乾隆二十六年進士。

葉古渠，即葉藩（1727～1806）。《兩浙輶軒續錄》卷六曰：「葉藩，字登南，號古渠，晚號皋亭山農，仁和人。乾隆辛未進士，官廣西思恩知府。《杭郡詩續輯》：古渠由翰林歷官知府。歸田後，主講楚北、江漢、新安、紫陽、四明、月湖諸書院。居家與昆季及老友時為湖山之遊。」《文獻徵存錄》卷七載述其生平甚詳，謂：「葉藩，字登南，仁和人。幼能自檢，侍母疾，足不出戶。十六為諸生，試高等，補府學生。於昆弟居第六，於是葉六之名甚噪。中乾隆十五年鄉試，次年成進士，改庶吉士，習國書。散館，補江西建昌令。居官口不言阿堵物，避俗如仇，人以為迂，而民甚安之。遭喪去官，服闋，補陝西同官縣知縣。移蒲城，鞫獄不恃三木，反覆初供，以求得實。同官多指為弛，然為所治者輒心服，曰：『此真健吏也！』卓異，遷廣西太平府同知。定雇夫法，人以為便。

再遷廣東廉州府知府，調廣西思恩府知府。土官桀黠者輒斥不見，咸嚴憚之。歲饑，民多粥子，給直養之官。比歲稔歸其父母。民大悅。藩狀貌臞瘠甚，趨府白事在公所，罕與人言。人常怪之。一日值貨郎在坐，藩不耐之。閉目坐久，同官問何爲閉目不答。微語曰：『癡人去否？』貨郎大恨，卒爲所中，以微譴罷歸。家纍貧，教授生徒以自給。屢爲吳楚間書院院長，門內行甚飾，昆弟老而友愛，撫諸孤侄有恩，卒年八十。有詩文集如干卷。子之朗、之田，能守之。」清陳琮有《葉藩古渠》詩，曰：「仁草攜來制廣傳，未經火出即名煙。灰飛可是因吹管，醉味渾如已得仙。學士最宜吞篆際，幽情閒點撋雲前。從今蒻圃多珍重，果號寧惟小識編。」（《煙草譜》）知其嘗嗜煙。其在上江學幕時，「患吐症，久不愈，凡學使按臨之郡，必召其名醫診治，兩年餘，更醫十數，病日甚」（《續名醫類案》卷一〇），後終得醫治痊愈。與楊鸞、陳兆崙有交，見《邃雲樓集六種》邃雲四編、文集卷四，《紫竹山房詩文集》詩集卷一一、《兩浙輶軒錄》卷二三。

陳受棻，即陳玉敦，浙江錢塘人，乾隆四十年八月二十八日任蘇州府總捕同知。（《（同治）蘇州府志》卷五五）《甃餘詩話》卷四謂：「庚午歲，我宗同舉浙榜者十人，座主新建公所以有『仇十洲』之雅謔也。人問公何以中周姓如此之多，公笑曰：『此之謂「仇十洲」。』聞者哄堂。辛未四月朔日，十人會於解元心羅兄寓，別書小錄，相約子姓世世以齒敘，各賦詩紀事。十人者，烈，字配三。錢塘，天度族叔。翼洙，字迪文。嘉善禮同懷兄。天度，字心羅。錢塘。灃，字芑東。嘉善。之璿，字聖期。仁和。復培，字以升。仁和。履陛同懷兄。寬，字敬敷。仁和。履陛，字庭賡。仁和。春，字芐兮。海寧。元涪，字漢川。山陰。是榜同懷兄弟凡五家，『四周』外尚有汪大榮，字晉庭。永錫，字孝傳。錢塘。汪孟鋗，字康古。仲鈖，字豐玉。秀水。陳玉藻，字泰宇。玉敦，字受棻。錢塘。亦自來所少，可入樂子正《廣卓異記》也。」

吳山，在浙江杭縣治西南隅，亦名胥山，上有子胥祠，左帶大江，右瞰西湖。

丁仙閣，《欽定南巡盛典》卷八六《名勝》謂：「瑞石洞，在瑞石山麓，有宋米芾書『第一山』三字，由半山亭而上爲觀音洞、壽星石、青芙蓉石，再上即瑞石洞。洞頂有飛來石，旁爲丁仙閣，元道士丁野鶴棲

真於此。」

四月末，至蘇州，泊舟虎丘。拜訪故交王西莊鳴盛。

《閶門晤王西莊話舊》：「握手論交紫塞塵，春明一出見無因。每逢後進思前輩，喜聽貧官作富人。讀史共推糾謬細，著書爭祕論衡新。形容別久猶堪認，知是閒居養益馴。」「書生老不肯干休，福不如人名要留。愧我沈冥空廿載，如公著述已千秋。江湖遊釣餘青笠，人世推排到白頭。乞得士安佳序在，他年或可附名流。」（《甌北集》卷三二）

又寫有《虎丘夜泊》（《甌北集》卷三二）詩。

端午節，抵常州。同鄉蔣立菴、余佩珩、程香遠、趙緘齋諸同好，於雲窩閣為甌北接風，恰顧光旭亦由錫來常，同席共飲。後又泛舟水上，流連忘返。

《同鄉蔣立菴、余佩珩、程香遠、家緘齋諸人為余洗塵，置酒雲窩閣，適顧晴沙至郡，並邀入會，又泛舟作竟日之遊，即事紀勝》：「遠歸正及五月五，素心為我相勞苦。軟腳宴開謀樂方，巧趁龍舟沸簫鼓。良緣忽來顧虎頭，大笑今堪鬥龍虎。雲窩小閣催飛觥，脫略幾忘孰賓主。斯須也不敬鄉人，屢舞傲傲昧童羖。投壺擊矢驍掣電，拇陣沖拳亂灑雨。老夫方謝軍事歸，豈意又遭酒兵侮。少焉龍舟欲北去，隻隻遊船力爭努。恰如神物將騰雲，多少魚蝦送前浦。逢場作戲吾從眾，也喚艑郎奮柔櫓。是日火傘張炎威，士女汗流勇猶賈。千艘珠翠打水圍，兩岸巾裾疊牆堵。齊紈萬扇一齊揮，並作龍鱗片片舞。笙歌未散日將夕，燈火又開夜如午。茲番真成樂上樂，一日歡場足千古。歸來仍約盡餘樽，飲到四更山月吐。」（《甌北集》卷三二）

《繁華》：「繁華局裏一年春，差喜歸來未染塵。公瑾有醇堪醉客，劉興猶膩解汙人。一經可教聊存素，八口無多易救貧。慚愧親朋說高尚，無官豈即許巢身？」（《甌北集》卷三二）

另有《抵家觀競渡》、《題閩遊草後》、《將軍凱旋，地方官供張甚盛，而將軍舟行迅速，未嘗一寓目也》、《夜坐》（《甌北集》卷三二）諸詩。

南北奔走，飽諳世事，齋居讀書，時有所思，仍筆之於詩。

《齋居無事，偶有所得輒韻之，共十七首》之三：「維人與萬物，靈蠢固迥異。獨至利害間，趨避同一智。大而鳥與獸，微而及蠅蚋。謀食斯競趨，遇警則急避。何況人之靈，肯淡害與利。營私本常情，遠禍亦至計。必以義為閒，此特儒者事。王政治萬民，本不到此細。」之八：「周公創治具，以柔

致太平。豆訓禮讓，玉帛聯會盟。納之謙和中，隱使銷亂萌。老子五千言，亦以柔道行。守雌兼守黑，去競自息爭。世儒斥異端，漫加非聖名。豈知道德意，實通官禮精。一以法漸摩，一以教陶成。」之十：「坑儒焚詩書，陰謀起李斯。心知古神聖，道高不可幾。欲盡滅其蹟，自作萬代師。其志則已雄，其計良亦癡。後來章蔡輩，嚴禁蘇黃詩。事小雖不侔，妒心同此私。生不許宦達，死不許名垂。誰料坡谷集，至今薄海知。」之十四：「袞袞趨勢徒，乞憐權貴側。上壽千黃金，修贄雙白璧。猶恐未得當，屏息伺顏色。一笑非常榮，偶怫終夜戚。使其將此心，事親供子職。但須十一二，大孝已莫及。何爲舍所生，去附勢炎赫。所得能幾何，奴顏婢其膝。」(《甌北集》卷三二)

回鄉未久，鹺使全德又蒞任兩淮，遣使請甌北仍主安定書院講席。

《舊譜》：「而鹺使全公再蒞兩淮，聞先生歸，即遣使請再主安定講席。先生以全公交好有素，又應其聘。自是常往來常、揚兩郡。」

《再到揚州遊紅橋》：「兩年不見廣陵春，依舊紅橋景色新。並舫笙歌垂柳岸，隔簾金粉畫樓人。履綦有蹟重移屐，詩壁無紗半沒塵。風物不殊人漸老，且宜長作浪遊身。」(《甌北集》卷三二)

同年友程沆病逝，甌北過淮弔唁，並遵囑爲其編定遺稿。

《過淮哭晴嵐老友》：「攜手河梁僅隔年，荻莊亭館故依然。重來風雨聯床地，淒斷江湖載酒船。白首交遊同輩少，青門文采後人賢。定文敬禮猶遺命，忍惜挑燈仔細編。」(《甌北集》卷三二)

另寫有《相逢》(《甌北集》卷三二) 一詩。

【按】程沆之生卒年，《清代人物生卒年表》未收。其生年，本譜乾隆五十年已考定爲康熙五十五年丙申 (1716)，卒年據本詩斷爲乾隆五十三年戊申 (1788)，其生卒年爲 1716～1788，享年七十三歲。

張荷塘五典明府專程來揚訪甌北，未遇，留贈詩集而去。

《張荷塘明府訪余揚州不值，留詩集見貽，卻寄》：「枉訪偏相左，瑤編荷見貽。官爲彊項吏，詩比折肱醫。聲氣三生癖，江山六代奇。何當一握手，各慰十年思。」「義門猶百忍，仕路只孤行。自是能持法，非關好立名。賜環恩命重，脫屣宦情輕。從此登臺閣，風棱已宿成。」(《甌北集》卷三二)

【按】張五典 (1734～？)，字敘百，號荷塘，陝西涇陽人。「乾隆十七年舉人，官上元知縣，有《荷塘集》」(王昶《蒲褐山房詩話》)。與袁枚有

交,《隨園詩話》卷六載其事曰:「張君五典,字敘百,秦中人,九世同居,蒙恩題獎。作宰上元時,時攏詩袖中,入山見訪,絕非今之從政者。《祁陽訪友》云:『示病手揮群吏散,著書心喜好朋來。』《示安奴》云:『孺人日課郎君讀,去就書聲認畫船。』孺人亡,乃悼之云:『好我果能長入夢,把君竟可當長生。』安奴者,遣接家眷船也。」又,《隨園食單》卷四《天然餅》條謂:「涇陽張荷塘明府家製天然餅,用上白飛麵加微糖及脂油爲酥,隨意搦成餅樣,如碗大,不拘方圓,厚二分許,用潔淨小鵝子石襯而熯之,隨其自爲凹凸,色半黃便起,鬆美異常,或用淡鹽亦可。」交往詩見《小倉山房詩集》卷三三、《小倉山房詩集》補遺二卷。其《荷塘詩集》,有楊鸞、姚鼐序。

　　楊鸞《張敘百〈荷塘詩集〉序》謂:「余幼承庭訓,即嗜聲詩。所與朝夕者,先叔父一人而已。及受知王交河夫子,與同門王紫亭、胡靜菴、劉繼貢三君子交相切劘,多所裨益。宦遊四方,師事、友事者,當代固不乏人,益聞所未聞。俟罪長沙,校刻先曾祖《潼水閣集》,而以先祖詩附焉,蓋仍不敢忘家學也。客京師日,涇陽張子敘百方試南宮,因與訂交。敘百固名家子,高祖以來疊膺寵命,兩世父觀察閩浙,而敘百抑然善下,時枉過從,商確著述。余以久客尠歡,藉詩文自娛,良朋燕集,酒闌燈炧,輒抵掌縱談,娓娓不倦,敘百獨心許之,余固知敘百爲出群雄矣。既而敘百簡發山西,以縣令用,上游稔其才聲,稱出同輩右。敘百乃請假歸里,復省兩世父於任所,因得縱覽吳、楚、閩、粵諸名勝。航海至臺陽,所過綺麗瑰奇、可喜可愕之境以及土風人情、今古盛衰之感,一發之於詩,故其詩湛然以清、油然而光、不懈而及於古,瀰瀰乎得山水之助焉!至補官後,才優於事,益肆力於筆墨書畫,琴酒之外,篇什遂多。茲承惠寄《荷塘詩集》,余得伏而誦之,薈萃群言,獨標風旨,有類元和者、有類韋柳者,而其宗法於宋則東坡,於元則遺山,於本朝則漁洋王文簡公,瓣香斯在,成一家言,當不虛已。視明之高談漢魏與近時之專摹唐音者,槩乎其未有當也。蓋其天性淳至,素無間於家庭,故視民如赤子,而詩之豈弟樂只、穆如清風者,亦往往不期而合。然其中懷爽朗、豪邁不羈之氣,又未嘗不流露於行間,夫豈可限以所至哉?余自跧伏以來,疊遭大故,筆墨久疎,兼以舊交凋零如落葉晨星,不可復聚,居恒兀兀,漠然無所嚮。敘百不忘舊好,謬許以識途之馬,屬爲

商訂，且索弁言，此田光所謂徒知盛壯之時、而不知其精之銷亡者。已然得附名大雅，以托之不朽，亦予疇昔之志也夫。」（《邀雲樓集六種》文集卷一）

姚鼐《荷塘詩集序》曰：「古之善爲詩者，不自命爲詩人者也。其胸中所蓄高矣，廣矣，遠矣，而偶發之於詩，則詩與之爲高廣且遠焉，故曰善爲詩也。曹子建、陶淵明、李太白、杜子美、韓退之、蘇子瞻、黃魯直之倫，忠義之氣，高亮之節，道德之養，經濟天下之才，舍而僅謂之一詩人耳，此數君子豈所甘哉？志在於爲詩人而已！爲之雖工，其詩則卑且小矣。余執此以衡古人之詩之高下，亦以論今天下之爲詩者，使天下終無曹子建、陶淵明、李、杜、韓、蘇、黃之徒則已，苟有之，告以吾說，其必不吾非也。適來江寧，識涇陽張君，君以累世同居義門之子，負剛勁之氣，兼治煩之才，雖爲一令，廿餘年屢經躓起，而志不可抑，今世奇士也。而耽於詩，政事、道途之間，不輟於詠。出其詩示余，余以爲君之詩，君之爲人也。取君詩而比之子建、淵明、李、杜、韓、蘇、黃之美，則固有不逮者，而其清氣逸韻見胸中之高亮而無世俗脂韋之概，則與古人近而於今人遠矣！夫詩之至善者，文與質備，道與藝合，心手之運，貫徹萬物而盡得乎人心之所欲出，若是者，千載中數人而已，其餘不能無偏。或偏於文焉，或偏於質焉，就二者而擇之，愚誠短於識，以爲所尙者蓋在此而不在彼，惟能知爲人之重於爲詩者，其詩重矣。張君殆其倫歟。」（《惜抱軒詩文集》文集卷四）二人交往見《惜抱軒詩文集》詩集卷四、卷九。

又與沈初、王文治有交。沈詩《上元張令以〈荷塘詩集〉見貽復枉長句次韻爲答》曰：「孝友能傳小雅詩，張令家七世同居。更披新什啓新知。輸君高致秋風發，伴我微吟夜月窺。得意人論千載上，放懷山對六朝時。行囊珍重攜冰雪，持贈何勞辨一癡。昔人辨借書一癡，還書一癡。癡當作鴟，蓋以酒云。」（《蘭韻堂詩文集》詩集卷一〇《西曹後集》）王詩《次韻答張荷塘明府過余快雨堂顧曲留贈之作二首》曰：「蔬筍留賓異肆筵，雛鶯學語豈嬋娟。老來萬事隨緣過，祇是家常不是禪。」「宰官難得是詩人，信筆揮來絕點塵。昨遣雙鬟齊勸酒，綺羅隊裏看吟身。」（《夢樓詩集》卷一八）

師退乃蔣心餘第三子，時隔二十載，來見，當年之童稚，而今已成青年

才雋。甌北為蔣氏事業有繼乃喜不自勝。

《心餘第三子師退來謁，少年雋才，英英欲發，心餘為不死矣，感賦》：「猶記荷衣出拜時，廿年重見有餘思。祥琴轉瞬初除服，宿草關心未刻詩。死有佳兒應瞑目，去為才鬼又撚髭。虎賁曾動中郎感，況對王家玉雪姿。」（《甌北集》卷三二）

八月十八日，乃畢沅六十壽誕，甌北賦詩祝賀。

《寄畢秋帆制府六十》：「幕府長筵介壽卮，恰逢使節漢江移。幾人科第名能冠，廿載封疆鬢未絲。大雅有輪扶氣類，仁風在扇活瘡痍。從知景福如川至，正是觀濤八月時。」「東華珥筆記同遊，獨際風雲層壯猷。雅量千秋追謝傅，高名四海慕荊州。蹐堂父老盈甋酒，作頌賓僚滿屋籌。近日狀元多宰相，佇看枚卜協金甌。」（《甌北集》卷三二）

此時尚寫有《題蔡呂橋進士江樓喚鶴圖》、《松坪足生熱瘡未愈，近復火燒旁舍數間，詩以調之》（《甌北集》卷三二）二詩。

【按】蔡呂橋，即蔡曾源。《歷代畫史彙傳》卷五三記載蔡曾源事曰：「號呂橋，四川人。進士，寫蘭竹，疏快異常。」清王培荀《聽雨樓隨筆》卷一載：「蔡呂橋曾源，崇寧人。乾隆庚子進士，官山西翼城縣知縣。工詩，惜未多見。《和錢南亭明經蘆花原韻》最見才思：『雲垂澤國思依依，花正開時葉漸飛。著地無心鷗欲夢，沿堤有影雁初歸。晴天漠漠留殘月，秋水茫茫淡夕暉。化作兜羅綿更好，肯教塵滓汙仙衣。』『歲月堂堂疾似蓬，無端浪蹟任西東。遙青抹去初疑霧，淺白吹來乍有風。輕點暮山林薄外，遠浮斜照水村中。故人分袂吟秋色，煙冷叢深一畝宮。』『卜居無竹亦何妨，花滿園亭興欲狂。揮塵自能團作玉，壓梢翻覺重於霜。半痕水落明秋氣，一片雲寒接大荒。不夜乾坤人睡起，雪天吟望泊潯陽。』『合伴詩人骨相孱，蕭蕭冷豔照酡顏。最宜點綴楓林晚，不似輕狂柳絮斑。天地有情飄泊外，江湖幻蹟渺茫間。鳴榔莫怨霜華重，木落山空任往還。』『尋常花片撲塵襟，雨過江鄉愜素心。光黯淡疑鋪遠陌，韻飄蕭欲滿層陰。波回淨練秋搖櫓，葉卷清笳夜搗砧。一望海天如此闊，知他藻荇自浮沈。』『沈寥無際碧虛寬，霽色波光耐久寒。涼已化雲秋淡淡，暖疑烘水夜漫漫。有人遙浦悲霜鬢，何處孤舟倚釣竿。粘地無根容易長，莫愁江上夕陽殘。』『雲是心情雪是痕，隨波漂蕩渺無垠。遠川晴漾白沙渚，高閣水明黃葉村。不向蓼汀誇麗彩，偏從梅塢逗冰魂。千紅萬紫春

風過，如此秋光與誰論。』『西風瑟瑟玉壺澂，兩岸飛花積幾層。吹去飄搖偏似雪，供來清冷衹宜僧。又驚天上青霜落，那管人間白髮增。三十六灣秋正好，凌虛仙子欲飛升。』」龔大萬（字體六，號荻浦，武陵人。乾隆辛卯進士，改庶吉士，授檢討，充武英殿三通國史館纂修，與試廣西，大考休致。純廟東巡，召試行在，授中書，補內閣典籍，假歸不復出。檢討少孤，家貧力學，矜尚氣節，初充乙酉拔貢，官永順訓導，即有盛名。暨入翰林，浮沈玉署二十年未展所蓄，人咸惜之）有《讀蔡呂橋進士三樹堂七古題後》詩，曰：「我友銀臺錢南園，談敲直欲窮河源。文章盛推楚人後，須數西蜀人才繁。我思此語非杜撰，竊取其義縱橫言。老莊屈宋誇接武，相如子雲追高騫。六朝蟬噪不足貴，唐初子昂巍然尊。同時李杜兩作者，光焰萬丈扶桑暾。蘇家父子橫宋代，濂溪立說開南軒。勝朝西涯雄館閣，升菴振響摅煩冤。國初掇科重制藝，熊劉首出昭蒙屯。靜林翰林出蜀產，大科六十魁中原。二千年來壇坫主，楚蜀疊長稱雄藩。豈乏海內鴻俊彥，一似鼻祖先雲孫。我交蜀賢頗云夥，海山歿後蓮果存。一紀前識蔡進士，青城家世清華門。翩然少年負俠氣，長安歌館忘朝昏。千金用盡蘇季子，一石亦醉淳于髡。爾來客遊江漢上，心神契闊殊寒暄。示我長句剛十首，大筆莽莽波濤喧。巴峽一瀉千萬里，雲夢已足八九吞。十年不見何拓落，一夕快讀傾瑤尊。我慚拳曲不中墨，君才幹霄蔽日蟠仙根。我詩錚錚同細響，君如黃鍾大呂偕簴簨。我是轅下駒局促，君眞追風絕蹟天馬奔。籲嗟！蜀人才調今如此，使我重刷舌本恣瀾翻。會聞飯顆山前作詩苦，至今齒冷青蓮魂。文章盛衰關氣運，亦助山水橫乾坤。便欲移君高峰三十六，置我武陵桃花源。更欲倒傾瞿塘灩澦三峽水，滴滴手障歸湘沅。再展胸臆狂騰掀，與君騎鶴排天閶。對樹旗幟鏖鞭韄，一埽塵世煙煤痕。銀臺近司文事吾省垣，馳兩人詩重評論。」（清鄧顯鶴輯《沅湘耆舊集》卷一〇六）蔡曾源與袁枚、王文治、李調元、法式善、張問陶、張五典、謝啓昆、茹綸常、葉紹本等人有交，見《小倉山房詩集》卷三二、《夢樓詩集》卷一八、《童山集》詩集卷一七、卷一九、《存素堂詩初集錄存》卷一九、《船山詩草》卷一二、《荷塘詩集》卷一五、《樹經堂詩初集》卷七、《容齋詩集》二七、《白鶴山房詩鈔》卷六。

　　清代同題蔡呂橋《江樓喚鶴圖》者，尚有袁枚、張五典、謝啓昆、

王文治，葉紹本等人。袁枚《蔡呂橋江樓喚鶴圖》詩曰：「一樓漢江水，八面風窗開。黃鶴久飛去，青蓮今又來。喚鶴鶴不鷹，喚起江心月。照見謫僊人，憑欄吹玉笛。」（《小倉山房詩集》卷三二）張五典《題蔡呂橋江樓喚鶴圖二首》詩謂：「黃鶴樓前月滿墀，登登函道瑱聲遲。上頭也爲題崔顥，長嘯臨風不詠詩。」「乘興沿江作戲遊，客蹤萬里自詧州。故應重見橫飛鶴，翅掠黃泥阪下舟。」（《荷塘詩集》卷一五）謝啓昆《題蔡呂橋江樓喚鶴圖即送其赴都謁選二首》謂：「樓頭喚起謫仙無，孤鶴橫江賦大蘇。萬里橋西清興發，一千年後夢魂俱。金樽玉笛邀明月，芳草晴川入畫圖。我欲從之生羽翼，白雲搔首望躊躇。」「摹勒少霞碧落篇，一琴相伴客蕭然。墨磨盾鼻曾書檄，福忠勇公征臺延君入幕。筆點梅梢自擘箋。君善畫梅，貽予一幅。黃鶴高歌如昨日，虹橋小住又三年。僑寓維揚三載。腰無萬貫驅車去，豈是鳧飛葉縣仙。」（《樹經堂詩初集》卷七《補梅軒草上》）

金兆燕有《張松坪患癤在足，又驚家人不戒於火。趙雲松以詩慰之，屬餘次韻》詩，謂：「蹢踔繞閨累起居，蠻攸俄駭迫階除。似同樂正多憂色，敢向參軍有賀書。性定形骸消疢薱，心空天地即蘧廬。室中身內全無恙，氣朔憑他大小餘。」（《棕亭詩鈔》卷一八）

聞袁枚稱，松江秀才張鳳舉繪有《拜袁、揖趙、哭蔣圖》，甌北爲詩以寄意。

《手才書來，有松江秀才張鳳舉，少年美才，手繪拜袁、揖趙、哭蔣三圖，蓋子才及余，并亡友心餘也。自謂非三人之詩不讀，可謂癖好矣。書此以復子才，並托轉寄張》：「唐初詩人各標置，品題乃定旗亭妓。千年佳話復見今，不是女郎是佳士。蓮花如面好風姿，香草題詩豔才思。拜袁揖趙哭蔣君，手繪成圖供清閟。衛軍同日進三公，敬則武夫出不意。老韓合傳縱被嘲，亮瑜並世豈須忌。得君一揖已足幸，敢望五體俱投地。我觀李杜兩大家，吹臺同遊早結契。青蓮落落賦飯顆，少陵惓惓慮魑魅。當時聲望李獨高，後世才名杜寧次？貴不可卿賤乃卿，人心何容設軒輊。獨羨隨園文字交，福比香山白居易。居易名先元九齊，晚更劉郎觴詠繼。遂稱元白及劉白，陽五伴侶隨時異。翁昔買鄰有心餘，近復把我入林臂。前呼袁蔣後袁趙，恰與醉吟同故事。舊遊已記三徑開，新知兼數一樓倚。天生詞垣兩後輩，似爲此翁助聲氣。張郎作繪定可人，雅尚所存非漫戲。繡絲已肖平原像，聞笛兼下山陽淚。

三分鼎豈吾所堪，一瓣香知渠有寄。座有揖客自增重，我亦本非折腰吏。」（《甌北集》卷三二）

【按】此類事亦見《甌北詩鈔》卷首所附程拱字《拱字少時喜讀簡齋、雲崧、心餘三先生詩，嘗欲繪三人眞張之座右，未果也。他日讀〈甌北集〉，見有古詩一首，題曰『得子才書述拱字曾手繪〈拜袁揖趙哭蔣圖〉』。此不知何人所傳，果若此，亦佳話也。行當作一圖，以實其事，先次韻奉答》，由此可知，欲繪《拜袁、揖趙、哭蔣圖》者，當非一人。程春廬拱字，見《甌北集》卷三四、卷四四相關詩作。春廬生平，見本譜乾隆五十七年考述。尚鎔《三家詩話》曰：「近日論詩競推袁、蔣、趙三家，然此論雖發自袁、趙，而蔣終不以爲然也。試觀《忠雅堂》集中，於袁猶貌爲推許，趙則僅兩見，論詩亦未數及矣。」「三家生國家全盛之時，而才情學力，俱可以挫籠今古，自成一家，遂各拔幟而起，震耀天下，此實氣運使然也。」「子才學楊誠齋而參以白傅，苕生學黃山谷而參以韓、蘇，雲松學蘇、陸而參以梅村、初白。平心而論，子才學前人而出以靈活，有纖佻之病；苕生學前人而出以堅銳，有麤露之病；雲松學前人而出以整麗，有冗雜之病。」

錢璵沙琦年已八十，致政在家，偶讀甌北詩，推為奇才。甌北為詩答謝。

《錢璵沙方伯爲余十科前輩，余入詞館，方伯已敭歷於外，未及一謁也。今致政家居，不知從何處見拙集，謬加激賞，輒成四詩，從子才處轉寄，通懷宏獎，令人想見前輩風流，而八十老翁，才思橫溢，尤所未見也。敬次原韻奉復》：「星辰屢不到三臺，爲愛編襴戲老萊。館閣我慳投刺謁，湖山天許掛冠回。圖書左右千秋業，領袖東南一代才。霖雨蒼生心事了，名山一席又分來。」「韻語何關著述身，柯亭蒙賞亦良因。不曾見面成知己，如此關心有幾人。書幌一燈吟夜雨，詩筒千里寄郵塵。始知老輩通懷處，柴桔俱歸藥籠春。」「耆舊聲名碧落雲，十科前輩敢同群。擬從穎士稱夫子，翻辱曹公說使君。年老好尋絲竹樂，才高應勉鼎鐘勳。笑公二者何俱澹，只愛吟詩寫練裙。」「江國相望兩草廬，履綦隨處澹容與。前途富貴雙蓬鬢，末路英雄一卷書。老樹著花逾旖旎，曉星如月漸稀疎。終當一棹來修謁，花港同觀策策魚。」（《甌北集》卷三二）

【按】本詩後附錢琦原作曰：「忽墮文星下斗臺，聲華籍籍冠蓬萊。探花

春看長安遍，投筆身從絕域回。風雅名誰爭後世？乾坤我欲妒斯才。登壇老將推袁久，不道重逢大敵來。」「問是仙身是佛身，荊州一識竟無因。漫論館閣叨前輩，合讓風騷作主人。李杜光芒新日月，歐蘇丰骨絕埃塵。幾回未敢輕開卷，先釀薔薇玉露春。」「只隔吳江一片雲，蒹葭瑟瑟雁群群。誰憐白髮猶留我，昨夢青燈似訪君。八斗才分曹子建，三生詩寫杜司勳。何緣乞與新排纂，書破榴花十幅裙。」「我傍西湖小結廬，何期君亦賦歸與。驚看慧業先成佛，恨不前生多讀書。一日三秋空悵望，百年萬事坐虛疎。只餘結習難除盡，垂老臨淵尙羨魚。」

錢琦（1709～1790），字相人，號嶼沙，又號述堂，晚號耕石老人，浙江仁和人。乾隆二年丁巳（1737）進士，歷官福建布政使。《國朝詩人徵略》卷二八：「錢琦，字相人，號璵沙，浙江仁和人。乾隆二年進士，官布政使。有《澄碧齋詩鈔》。公常言平生自勉者，惟虛心實力四字。（《小倉山房文集》）公文名振天下而性尤好爲詩。（《朱梅崖文集》）」袁枚《福建布政使錢公墓誌銘》載錢琦事曰：「公諱琦，字相人，號嶼沙，晚年自號耕石老人。以乙卯舉人、丁巳進士入詞林，轉河南道御史、工科給事中。出爲常鎭道，調江安糧道，升江蘇按察使，再升四川布政使。」引見，調江西，再調福建。後因年邁，以原品休致。幼年，家境貧寒，無錢讀書，爲縣令胡作炳所知，一力扶持。「胡每月集諸生會文，公所居渙堂離縣署廿里許，四鼓即起，從武林城外走西湖長堤，候靖波門開。天雨則脫屨踏亂石中，兩踵血流。胡公憐之，留署中讀書。未幾，胡公罷官。公益困，謀生市廛，手一卷偷吟。有族叔某哀其志，挈以歸，命卒業焉。公自幼攻苦食淡，於人世紛華名利視若浮雲。」「性尤眞摯，人有誣諉，不可者面覆之，已負諾責，則終夕拳拳，必踐之而後即安。所得清俸，葬戚里二十餘棺。雅不喜陰陽佛老家言。」有《澄碧堂詩集》行世。（錢仲聯主編《廣清碑傳集》卷八）

趙者庭欲以玉杯易得常熟趙氏祖上故物兕觥，甌北詩以紀其事。

《兕觥歸趙歌》詩前小序曰：「觥爲吾宗常熟文毅公劾江陵廷杖出都時許文穆贈行物，上有銘詞，所謂『文羊一角』者也。後流轉於黃端伯、陳潛夫、章藻功、何龑音諸家，近又在曲阜顏衡齋處。翁覃溪詹事以告文毅五世孫者庭，者庭將以玉杯易歸，而乞覃溪文爲乘韋先，並遍丐諸名士作詩張之，以要必得。余故者庭父謹凡先生門下士，且群從行也，不可無詩，爰爲作歌。」

（《甌北集》卷三二）

《和者庭見贈韻兼祝其七十壽》：「青史家聲二百年，倚樓才調又承先。昔曾同侍談經座，老各吟歸擊壤篇。先世笏尋顏巷內，去思碑滿汶河前。與君白首爲兄弟，好比茅家共學仙。」（《甌北集》卷三二）

【按】趙者庭，即趙王槐。據小序可知，者庭乃明賢臣趙用賢（謚文毅）之後，甌北師趙永孝（字漢忠，號謹凡）之子。《（道光）濟南府志》卷三八載述其生平曰：「趙王槐，字者庭，江蘇常熟人。舉人，乾隆二十八年知淄川縣，善折獄，改建關帝廟，修理縣署，各壇壝亦次第修復。捐俸三百金，生息爲書院膏火。定正附課額，按日支給。立條規懸講堂，規模大備，調益都。」

金兆燕有《兕觥歸趙詩》，詩前小注曰：「明趙文毅公用賢，劾張居正，杖謫出京。許相國贈以兕觥，後屢屬他姓，今在曲阜顏氏家。常熟趙者庭，文毅裔也，誑誘翁太史覃溪乞之以歸。覃溪爲之序，遍索同人賦之。」詩謂：「忠孝杯棬世所稀，故家重到倍歔欷。幾年曾作顏瓢伴，今日眞看趙璧歸。名世文章成契劵，英魂俎豆載靈威。憑君好護千秋寶，常向宗祊鎭碧暉。」（《棕亭詩鈔》卷一七）其他題詠者尙有錢大昕（《趙文毅兕觥詩爲者庭明府賦二首》，《潛研堂集》詩續集卷七）、謝啓昆（《兕觥歸趙詩四首》，《樹經堂詩初集》卷五）、潘奕雋（《兕觥歸趙歌》，《三松堂集》詩集卷一五）、劉嗣綰（《兕觥歸趙歌爲趙者庭明府作》，《尙絅堂集》詩集卷一〇）、沈叔埏（《兕觥歸趙賦有序》，《頤彩堂文集》卷一）、吳嵩梁（《兕觥歌爲常熟趙文毅公五世孫者庭刺史賦》，《香蘇山館詩集》古體詩鈔卷一）、吳翌鳳（《兕觥歸趙歌，爲趙輮軒司馬賦有序》，《與稽齋叢稿》清瀏雜詠下）、張九鉞（《和翁覃溪學士兕觥歸趙歌應趙輮軒邑侯索》，《紫峴山人全集》詩集卷二六）。此一故實，《鄉園憶舊錄》卷三記述較詳。中謂：「曲阜顏衡齋藏犀杯，銘辭云：『文羊一角，其理沈黝。不惜剖心，寧辭碎首。黃流在中，爲君子壽。』按萬曆五年十月十七日，吳公中行疏劾張居正奪情，次日趙公用賢疏上，皆被廷杖。許文穆公爲行人刻玉杯贈吳，以犀觥刻是銘贈趙，其後流轉頻易主，乃爲顏君所得。山東學使翁覃溪以書告趙文毅五世孫者庭，者庭將以玉杯易之，乞覃溪爲文並求諸名士作詩以爲介紹，杯遂復歸趙氏。趙雲松詩云：『杖瘡忍疼祖宗烈，棬澤興懷子孫孝。此意應蒙觥主憐，會見完璧速歸趙。』事隔

二百餘年，乃爲吾東留一故實。」翁方綱《爲常熟趙氏乞曲阜顏衡齋歸
兒觥序》，見《復初齋文集》卷二。

十月九日，周小濂購菊千株，欲作展重陽會，邀李嗇生、葉芝山、毛泰
交共舉此事。

《十月九日，周小濂買菊千株，邀同嗇生暨葉芝山、毛泰交爲展重陽會
即事》：「展重陽會到君家，紅紫駢羅十萬花。秋學春華爲爛熳，蘇兼揚俗倍
豪奢。明燈焰奪三更月，錦幕光浮五色霞。欲笑柴桑太寒儉，幾叢冷蕊傍籬
笆。」（《甌北集》卷三二）

【按】周小濂，清張雲璈有《挽周小濂四首》，謂：「江風江雨滯歸橈，凶
問傳來隔遠潮。永訣早從千里別，予以營葬歸杭，而君即不起。羈魂難作四方
招。維摩久病心先懶，吳質長愁骨易消。淪落人間三十六，豈緣騎損玉
龍腰。用唐詩人潘祐事，君年適當是數。」「客裏心情感歲華，江東才調總堪誇。
已憐阿稱悲仙管，長吉學語，呼太夫人曰『阿要，』亦曰『阿稱』，見《義山詩注》。
剩有平陽怨落花。君無子，惟孤女三人。流水前身空駐影，芙蓉小郡暫爲家。
寢門風義如君少，回首人琴重歎嗟。」「寒燈塵影手空持，追憶前歡淚更
滋。嘉會難分明月句，戊申冬，君集同人以『二分明月揚州』分韻賦詩。交情長
負菊花時。予和君菊詩八章，由是訂交。誰言天上差偏樂，其奈人生鬢易絲。
莫喚菴名作離相，而今諸相已全離。離相庵，君書室顏額也。」「陟堂圖史尙
縱橫，已覺重看似隔生。賓閣乍虛苔有蹟，琴歌初斷燕無聲。寫書空博
頭銜署，焚草終留身後名。君臨終時，盡焚其詩草。繐帳風來靈欲語，如煩
倒屣一相迎。」（《簡松草堂詩文集》詩集卷一○）由此知小濂三十六歲
即卒。《甌北集》卷三三所收《周小濂挽詞》一詩，寫於乾隆五十五年庚
戌（1790），此當爲周小濂卒年，生年即爲乾隆二十年乙亥（1755）。張
雲璈尙寫有《次韻周小濂賞菊八首並引》、《題周小濂載書圖》、《雪後周
小濂招同金棕亭、應叔雅、李嗇生、王少峰集離相菴，以『二分明月揚
州』爲韻，分得明字，時予方有泰安之行，棕亭亦將歸全椒，即此留別
兼送棕亭》詩，均見《簡松草堂詩文集》詩集卷九。

與同年王露仲大鶴相會於揚州。

《揚州晤王露仲同年喜賦》：「此會非非想，初聞尙覺疑。蹟分千里遠，
別已廿年期。館閣懷簪筆，江湖老釣絲。欲言千萬緒，相見轉無詞。」「一晤
已非望，遑期更對床。交遊徵士頌，年輩丈人行。聊藉三杯暖，多留一刻長。

臨分何所囑,書尺好頻將。」(《甌北集》卷三二)

　　【按】王露仲,即王大鶴,見本譜乾隆二十一年考述。

族孫趙懷玉,去汴州,經蘭考,至嶧縣,過臺莊,來淮安,於十月中,再至揚州,訪甌北於安定書院。

　　【按】《甌北集》戊申所作詩,未見有記載。趙懷玉《亦有生齋集》詩卷一○「著雍涒灘」(戊申)年,收有《過揚州訪家觀察翼於安定書院》一詩,曰:「從戎才卸七閩鞍,都講重登邗上壇。弟子盡傳新獲句,先生渾似再除官。二分明月疑私照,十里平山且飽看。我亦近來蹤莫定,累人經歲饋豬肝。」詩編排於《十月十二日舟中》之後,知懷玉來安定書院,當在本月中旬。

秋冬之際,教讀之暇,時漫步於郊原。

　　《野步》:「峭寒催換木棉裘,倚杖郊原作近遊。最是秋風管閒事,紅他楓葉白人頭。」(《甌北集》卷三二)

　　另寫有《即事》(《甌北集》卷三二)一詩。

是年,廷英捐職府同知,廷俊補弟子員。

　　【按】《甌北集》所收編年詩,無相關表述。此據《舊譜》。

乾隆五十四年己酉(1789)　　六十三歲

【時事】　正月,「以元旦受賀,朝班不肅,褫糾儀御史等職,尚書德保摘翎頂,都察院、鴻臚寺堂官均下部嚴議」(《清史稿》卷一五《高宗紀六》)。又據載,「五十四年正月,諭曰:『朕於元旦臨御太和殿受賀,見東邊第三四班內有越至甬道上行禮者,本日據鴻臚寺堂官奏請,將排班之引贊官阿勒精阿交部議處,並自請交部。而糾儀之御史百慶、范衷參折內,則稱係蒙古臺吉等行禮錯誤,請敕交理藩院查明議處等語。朝賀大典,鴻臚寺設有引贊官員,御史復有糾儀之責,理應敬謹排定,以肅朝班,乃行禮各宮內,竟至有越上甬道者,該管官員所司何事?而御史百慶等,尚復靦顏委之蒙古臺吉等,以卸其不能稽查之咎,尤屬非是。百慶、范衷、阿勒精阿俱革職,尚書德保係管理鴻臚寺大臣,咎實難辭,著革去翎頂。其餘鴻臚寺堂官,俱著交部嚴加議處。』」(《清代七百名人傳·德保》)。二月,以京察屆期,予大學士阿桂等議敘,內閣學士謝墉等下部議處,理藩院侍郎福祿原品休致,予總督福康安等議敘。以巴延三

署陝甘總督。和闐領隊大臣格繃額以婪索鞫實，處斬。調蘭第錫爲江南河道總督，李奉翰爲河東河道總督。（《清史稿》卷一五《高宗紀六》）三月，以上書房阿哥師傅等無故曠教，遭訓斥。乾隆帝諭曰：「朕閱內左門登載上書房阿哥等師傅入直門單，自三十日至初六日，所有皇子、皇孫之師傅竟全行未到，殊出情理之外，因召見皇十七子同軍機大臣並劉墉等面加詢問，如係阿哥等不到書房，以致師傅各自散去，則其咎在阿哥，自當立加懲責。今據皇十七子奏稱，『阿哥等每日俱到書房，師傅們往往有不到者。曾經阿哥們面囑其入直，伊等連日仍未進內』等語。皇子等年齒俱長，學問已成，或可無須按日督課，至皇孫、皇曾孫、皇玄孫等，正在年幼勤學之時，豈可稍有間斷？師傅等俱由朕特派之人，自應各矢勤愼。即或本衙門有應辦之事，亦當以書房爲重，況現在師傅內多係閣學、翰林，事務清簡，並無不能兼顧者，何得曠職誤功、懈弛若此？皇子爲皇孫輩之父叔行，與師傅等胥有主賓之誼，師傅等如此怠玩，不能訓其子侄，皇子等即當正詞勸諭，如勸之不聽，亦應奏聞，乃竟聽伊等任意曠職，皇子等亦不能無咎。至書房設有總師傅，並不專司訓課，其責專在稽查，與總諳達之與眾諳達等無異。師傅等有怠惰不到者，總師傅自應隨時糾劾，方爲無忝厥職。今該師傅等竟相率不到，七日之久無一人入書房，其過甚大。而總師傅復置若罔聞，又安用伊等爲耶？此而不嚴加懲創，又復何以示儆？嵇璜年已衰邁，王杰兼軍機處行走，情尚可原，著從寬交部議處。劉墉、胡高望、謝墉、吉夢熊、茅元銘、錢棨、錢樾、嚴福、程昌期、秦承業、邵玉清、萬承風，俱著交部嚴加議處。至阿肅、達椿，身係滿洲，且現爲內閣學士，毫無所事，其咎更重，均著革職，仍各責四十板，留在書房效力行走，以贖前愆而觀後效。」又曰：「謝墉在學政任內，聲名平常，本係獲咎之人，前京察議處時經吏部議以革職，念其學問尚優，是以從寬留任，仍令在上書房效力。伊更當知過感奮，乃亦復偷安，七日不到，更屬有乖職守。謝墉著降爲編修，革職留任，不必復在上書房行走，著在武英殿修書處效力贖罪。」（《國朝宮史續編》卷三《訓諭三》）阿桂充上書房總師傅。（《清代七百名人傳·阿桂》）以彭元端爲吏部尚書，孫士毅爲兵部尚書。本月，據閩浙總督等咨呈，凡與林爽文之亂有牽連之親屬，「有年在十五歲以下者，應交內務府閹制，以備內廷灑掃之役」，僅名單開列五歲至十五歲幼童，就有三十七名，均起解在案。（《康雍乾時期城鄉人民反抗鬥爭資料》下冊）四月，本年恩科，胡長齡等九十餘人進士及第，出身有差。閏五月，乾隆帝木蘭秋獮。六月，命兵部尚書孫士毅軍機

處行走。七月，「巡漕御史和琳參奏湖北按察使李天培，私交湖廣糧船，分運材木。訊得福康安寄書索購情事，嚴旨令自劾，尋諭罰總督養廉三年，仍加罰公俸十年，並帶革職留任」（《清代七百名人傳・福康安》）。九月，賑江蘇銅山等十一州縣水災。十一月，四川總督李世傑病，以孫士毅署之。本月，乾隆帝十女固倫和孝公主下嫁和珅之子豐紳殷德。僅過婚翌日，輦道器玩，論值不止數百萬金。

本年，無錫顧光旭作《悲失路》長詩，寫一離家謀食、流寓僧寺、爲眾僧所迫逐的士子。

吳江徐爔刻所著《寫心雜劇》十六種。

吳縣張塤編次所著爲《竹葉菴文集》，得三十二卷。

南匯吳省蘭刻所著《文字辨訛》。

吳縣范來宗解京職還，此際以所著《洽園詩鈔》寄請江西謝啓昆爲序定。

直隸翁方綱解江西職還，刻《兩漢金石記》二十二卷。

元和江聲爲鎮洋畢沅審訂《釋名疏證》刊行。

金匱錢泳自鄂東還，遊石鍾山，聽舟人唱「荒城正對白沙洲，但聽江聲日夜流，人家富貴無三代，每有清官不到頭」民歌，作記。

陽湖孫星衍在翰林院任事，此年出爲刑部主事，校刊《晏子春秋》。

江都秦恩復據孫星衍錄本，刻梁陶弘景注《鬼谷子》。

金壇段玉裁到北京，高郵王念孫初與相晤，共商訂古音。

浙江盧文弨主講常州龍城書院。

武進臧庸至龍城書院從盧文弨學，以臧琳遺著《經史雜記》質文弨。

山陽阮葵生死，年六十三。

吳縣張塤死。

洪亮吉入都，居孫星衍琉璃廠寓齋，應禮部試，不售，歸里。時李廷敬官常州，延修府志，並選《唐百家詩》。（《洪北江先生年譜》）

趙懷玉因肝病復發，春節前後，一直居家調養。至夏，始出遊杭州，覽淨慈、靈隱、天竺、孤山、鳳凰山諸名勝。（《亦有生齋集》詩卷一一）

【本事】春二月，攜子侄五人至揚州，來安定書院讀書。

《攜兒侄五人俱至安定書院讀書》：「客授仍攜子侄多，館人先爲掃庭莎。我慚穎士稱夫子，人笑承天似妳婆。一味分甘忘旅食，半窗拈韻有清哦。如

何身自誇恬退，偏望兒曹早決科。」（《甌北集》卷三三）

【按】甌北同時之《野步》（《甌北集》卷三三）詩，有「看他桃柳爭妍處，絕似穿紅著綠身」之句，知其去揚州，當在二月間。

船行至瓜洲，恰值李侍堯家眷扶其柩歸里，甌北以詩哭祭。

《瓜洲江上遇欽齋制府歸柩，哭奠以詩》：「告別才春暮，哀音到及冬。勤勞軍事蕆，贈卹主恩濃。身遍八州督，官還五等封。飄飄丹旐返，江上泣相逢。」「胸次有千卷，目中無一人。面常寒似鐵，鬢已白如銀。料事洞觀火，防奸濕束薪。生平師太嶽，或果是前身。」「人情憎貴倨，帝眷鑒精誠。久擁八驪唱，頻驚五鼎烹。賜環無喜色，仗節又咸聲。海國終資奠，功收赦孟明。」「臨分尚留客，爲未了儲胥。失我渾身膽，催公發背疽。歸艎長路冷，贈賻故交疏。何限存亡感，憑棺一慟餘。」（《甌北集》卷三三）

【按】《清史稿》卷三二三《李侍堯傳》載述曰：「侍堯短小精敏，過目成誦。見屬僚，數語即辨其才否。擁几高坐，語所治肥瘠利害，或及其陰事，若親見。人皆悚懼。屢以貪黷坐法，上終憐其才，爲之曲赦。十月，疾聞，命其子侍衛毓秀往省。旋卒，諡恭毅。」甌北詩中所寫侍堯之爲人，與此處記載相符。李侍堯卒於乾隆五十三年戊申十月二十三日。至本年春，其眷屬始扶柩還鄉。

家口日多，兒女漸大，花費亦多，除執教養家外，亦藉潤筆文以貼補家用。

《賣文》：「賣文錢稍入慳囊，欲破休糧秘密方。揚子江中水雖淺，舀他一勺亦何妨。」（《甌北集》卷三三）

《紅橋》、《遊秋雨菴，慧安上人以詩冊乞題，率書》、《桃花》、《送漕使項豫齋光祿還朝》（《甌北集》卷三三）諸詩，亦寫於此時。

【按】項豫齋，《清代人物生卒年表》未收。《國朝御史題名》謂：「（乾隆四十七年）項家達，字仲兼，號豫齋，江西星子人。乾隆辛卯進士，由翰林院編修考選山東道御史，仕至太常寺少卿。」工制藝。《北江詩話》卷二載曰：「應制、應試，皆例用八韻詩。八韻詩於諸體中又若別成一格，有作家而不能爲八韻詩者，有八韻詩工而實非作家者，如項郎中家達，貴主事徵，雖不以詩名家，而八韻則極工。項，壬子年考差題爲『王道如龍』，首得龍字，五六云『詎必全身現，能令眾體從』。貴，己酉年朝考題爲『草色遙看近卻無』，得無字，五六云『綠歸行馬外，青入濯龍無』，

可云工矣。」又據翁方綱《送王蓮府編修典四川鄉試三首》之一：「遠使
三年後，來題萬里橋。浣花迎絳節，彩筆下丹霄。衡鑒趨庭得，尊甫少詹
公屢主文柄。論詩並轡要。時與項豫齋郎中同使。夢中壬子詠，時復補行轺。昔
王漁洋先生以壬子典蜀試，而蓮府昨亦壬子出使，故恰有此句，非敢竟目漁洋《蜀道集》，
是補作也。」（《復初齋詩集》卷四十七）知其曾典四川鄉試。

五月間，江春病卒，甌北詩以憑弔。

《江鶴亭挽詩》：「須髯皓白地行仙，領袖淮綱數十年。身列卿班榮組紱，
家邀帝輦憩林泉。鄭莊好客常盈座，卜式輸財為佐邊。今日康山亭館冷，忍
來重聽琵琶弦。」（《甌北集》卷三三）

【按】江鶴亭，即江春，見本譜乾隆五十年考述。江春病逝的確切月份，
阮元《江春傳》僅稱「公以乾隆五十四年積勞致疾，卒年六十九」（《淮
海英靈集》戊集卷四）。袁枚《誥封光祿大夫奉宸苑卿布政使江公墓誌
銘》，僅「公卒時年六十九」數字，然據《甌北集》所收詩文之編年，《送
漕使項豫齋光祿還朝》詩作「絳節還朝五月中」，本詩即排列其後，故江
春或卒於本年五、六月間。另，袁枚《誥封光祿大夫奉宸苑卿布政使江
公墓誌銘》，對江春與時下文人之關係多有載述，謂江春「性尤好客，招
集名流，酒賦琴歌，不申旦不止。邗江地當衝要，公卿士大夫，下至百
工伎藝，得珍怪之物及法書名畫，無不從從然屨及公門，如龍魚之趨大
壑。公一與申納周旋，必副其意使去。以故賓從藉公起家者無慮數十輩，
而公轉屢空。身歿之日，家無餘財，人以之比樊靡卿、陳孟公一流，而
風雅過之」（《廣清碑傳集》卷八）。由此可見一斑。

擬分體重編《甌北集》，請郡博李保泰代為審訂。保泰對其詩推崇有加，
甌北賦詩作答。

《酬魯生郡博見贈韻》：「力不能千仞鑿山通，功不能九年面壁窮。三錢
筆作千古想，原是天地一愚公。甌北老生好吟者，墨瀋淋漓快奔瀉。作詩不
到古人處，正坐貪多難割捨。晚知掊摭百無成，設版擬築焦瑕城。十七史從
何處說，時已秋獲方課耕。先生鑒裁擅隻眼，苦心肯為披沙揀。不辭格佞作
諍友，要證千年鐵門限。編成更贈琳琅篇，榮逾四明呼謫仙。深源倖免高閣
束，後山翻托瓣香虔。古人著作不容贊，堯典舜典供點竄。化工著色真妙手，
紅霞一染半天爛。堆盤火齊光眩眸，干將出匣萬鬼愁。長鯨尾掉碧海動，大
鵬背負青雲浮。我於其間敢充數，食蓼搬姜只默喻。曉妝顧影枉自妍，未足

招他尹邢妒。感君謬許爲傳人，牝牡驪黃賞有神。用李諧短吾技淺，藏魏公拙君意眞。獨慚耄學眯雌蜺，炳燭餘光徒剿說。少年精力不焚修，垂老方覓燒丹訣。」(《甌北集》卷三三)

【按】本詩後附李保泰原作，詩曰：「文章運與天地通，一番開闢思無窮。神慳鬼瞰祕不出，前古後今歸數公。雲松先生今健者，崑崙盤鬱銀河瀉。雄氣欲翻鸚鵡洲，挱得車前八驪舍。三十卷詩編年成，傳觀不異璧連城。殿頭班馬盛著作，田家儲王述歸耕。未論千秋先隻眼，粃糠簸揚砂礫揀。天吳顚倒體重分，才大何止八斗限。許渾廋材窘數篇，七言況復困謫仙。學成八面縱橫敵，難並美具神尤虔。春秋本非遊夏贊，呂覽誰容賓客竄。先生雅意珍筠蕘，寶光岩電閃爛爛。晃眩五色劣容晬，朔風凍雪寒雲愁。高歌半夜萬籟息。元精一一字上浮。疾徐淺深殆有數，甘苦酸鹹惟默喻。殺青更換面目奇，死蔣生袁定遭妒。名家當代凡幾人，斯文不朽最入神。偶然造化泄眞宰，長庚睒睒星向晨。王筠未辨沈約霓，阿難慣聞如來說。寶山長惜空手回，換骨還從授仙訣。」可以參閱。

運使倉恕亭致政歸里，鹿馥園繼其任，甌北均有詩贈之。

《贈運使鹿馥園》：「職方遺績史編摩，繼起名賢理海艖。光弼聲名旗幟變，士安轉運舳艫多。一江水隔猶歌袴，萬竈煙濃競煮波。試手鹽梅展康濟，璿霄元鼎待調和。」(《甌北集》卷三三)

《送運使倉恕亭致政歸里》：「遂初榮拜主恩新，爲念賢勞許乞身。從此釣遊多暇日，古來出處幾完人。家鄰洛社堪攜杖，澤在邗江已刻瑉。祖道東門車馬溢，早聞歎羨遍儒紳。」「三品官班七秩筵，昇平人瑞地行仙。十年花月揚州路，一棹圖書汴水船。香滿階蘭籠彩服，春生池草引吟箋。遙知笠屐清遊處，團扇家家作畫傳。」(《甌北集》卷三三)

《武林黃翠篕自閩中寄書索題滌硯圖，爲書二絕句》(《甌北集》卷三三)亦寫於此時。

【按】倉恕亭，趙翼詩謂其「家鄰洛社」。

鹿馥園（？～1792），河北定興（今屬保定）人。焦循《祭故鹽運使司馥園鹿公文》曰：「嗚乎！太上立德，其次立功。惟公之懿，功良德豐。上勤軍國，下惠商工。窮操冰鑒，化協金鎔。矯矯穆穆，和而不同。其在先世，宏莊倉豈。俠著東林，亭彰北海。醴須芝茹，揚光發采。瑰奇之槪，天鍾秀靈。淹通六藝，明費諸經。甫官鄉校，繼宰邑廷。河汾之

側，士謹民安。自北徂南，蒞臨江浙。天子命之，來司鹺梟。布乃公誠，修其直節。鹽丁竈賈，歡忭躍悅。清儉之風，侯冰侯雪。惟茲講院，建立有年。自公之來，振怠扶顚。延師論學，拯我之偏。嚴其獎罰，生我之虔。鼓我壯志，寡我過愆。給我薪火，安我誦弦。閒我器識，恬我性天。我功賴課，我守賴堅。我粥公粥，我饘公饘。我非木石，能無感焉。嗚乎哀哉！長松春槁，德星晨流。三年未遠，頓反於幽。杳杳之神，將何以求。哲人往矣，我心悠悠。敢履公廷，率我同儔。我哀聊泄，公其鑒不。」（《雕菰集》卷二四）由此可見其生平梗概。

黃翠箈《滌硯圖》，《兩浙輶軒續錄》卷一七錄張振采（字鑒園，仁和人）《題黃翠蒩滌硯圖》一首，謂：「清光散四隅，微風動煙筱。陰森松徑幽，隔絕閒花鳥。溪水聽潺潺，一窪自環繞。主人愛澄澈，靜瞰雙眸瞭。古硯素所藏，滌之愈瑩皎。宿墨來魚吞，殘瀋濺紅蓼。臨流正徘徊，斜陽逗林杪。對此興何極，獨屛塵氛擾。」清余集亦有《黃翠箈滌硯圖》詩，曰：「居肆商執業，學稼須謀田。不如保片石，惡歲無凶年。拂拭重拂拭，珍比金珠璿。微塵慮黖黯，積墨傷清妍。臨流發古篋，持向清湍湔。紅絲煥彩色，碧眼逾新鮮。良友比親昵，師儒資磨研。平生石交意，惟此同精堅。高文麗錦綺，妙翰揮雲煙。一生用不竭，貽我後嗣賢。籯金與廣宅，於人何有焉。側聞王子敬，故物乃青氈。」（《憶漫菴剩稿》）

為洪稚存亮吉題《寒檠永慕圖》。

《題洪稚存寒檠永慕圖》：「慈母機上絲，孤兒案上書。併入寒檠影，映壁光黝如。此是景盧舊流寓，老屋三間白雲渡。即今青熒一炷燈，化作萬丈光芒吐。著書藜照太乙分，博物犀然百怪懼。幕府銀釭供草檄，鎖廳橡燭待奏賦。此檠好棄牆角邊，偏寫殘輝志哀慕。覓火常思束縕時，映窗肯忘燃糠暮。非是母不生是子，始信義方教有素。我來買宅雲溪濱，君已別移通德門。里中老嫗尚能說，君家籌火連朝曛。悔不早遷依孟母，師他家法教兒孫。」（《甌北集》卷三三）

《偶得》、《郊外見殘菊》、《題柳柳泉春山采藥圖》（《甌北集》卷三三）均寫於此時。

【按】甌北移居郡城後，雖與洪氏同里，然二人從未謀面。文字之交，此爲發端。據《洪北江先生年譜》記載，亮吉六歲喪父，貧無所依。外祖

母龔太孺人，遂命亮吉母蔣太宜人攜子、女來依。「時外家亦窘，蔣太宜人率諸女勤女工自給，並儲修脯，俾先生就外家塾受經，率夜四鼓方就寢」。亮吉《過舊居賦》，謂其舊居在縣南中河橋之側，爲已歷三世之老屋，「夏水甫盛，則萍藻帶於舟廬；秋霖乍淫，則莓苔生於陰牖。出戶之棟，鼪鼯與室鼠競馳；頹鄰之垣，枯株與薜荔交翳。室既荒陋，器亦敝敗。其木之刓而曲者，太夫人之織具也；其甄之方而折者，予童時之啗几也。過之者色不怡，居之者樂自若。蓋始生焉，少長焉，及授室焉，生子焉，歷二十八寒暑乃徙」（《卷施閣文》乙集卷二）。依舅氏後，居南樓。「南樓者，外王母龔太孺人所居也。余以孤童，幼蒙鍾愛，年未毀齒，從母移居。姊越十齡，弟才匝歲。魯國男子，方驚毀巢；漢陽孤生，未歌窮鳥。由春徂冬，衣無單復之制；以夜繼日，瓶無逮晨之糧。煢煢焉，踽踽焉，蓋十五年於此焉」（《南樓憶舊詩序》，《卷施閣文》乙集卷七）。亮吉《附塾篇》詩曰：「送爾書堂去，窗疏尚見星。母勤三歲績，兒受一年經。影小扶簾入，聲長隔院聽。敝衣經數補，莫訝未純青。」（《附鮚軒詩》卷一）另，《歲歉篇》謂：「十三知歲歉，十四忍朝饑。母病連師俸，兒長著父衣。瘦憐親串職，貧覺館僮譏。冷巷歸來晚，書聲出破扉。」（《附鮚軒詩》卷一）甌北詩所記，即爲亮吉早年之經歷，感洪母之賢，故爲此詩。

秋，張塤病歿京師，其子孝方扶柩南歸，經揚州。甌北憑棺灑淚，詩以祭之。

《吟薌歿於京邸，其子孝方扶柩過揚，廿年老友遂成永別。憑棺漬酒，不自知涕之無從也》：「歸櫬來千里，嗟呼我瘦銅。神清如叔寶，詩峭學涪翁。偕隱言猶在，聯吟願竟空。長安重回首，曾共一燈紅。」「久趨薇省直，終乏草堂貲。死有飛蠅弔，生常借馬騎。又停方朔米，誰斷蔡邕碑。稍幸名山業，刊成廿卷詩。」「聚散眞難測，交深會忽慳。幾年同硯席，一別邈河山。官閣論文罷，蠻江送客還。豈今才永訣，廿載隔容顏。」「平生數交契，張蔣最綢繆。忽忽俱黃土，茫茫剩白頭。招魂悽欲斷，顧影邈無儔。歎逝兼悲老，彌催暗淚流。」（《甌北集》卷三三）

另有《題程吾廬小照》（《甌北集》卷三三）一詩。

【按】本詩編排於《郊外見殘菊》（《甌北集》卷三三）一詩之後，該詩既稱「黃葉江村木盡凋，尚餘冷豔耐商飇」，知孝方扶柩至揚，應在九月中

旬前後。又，趙懷玉寫有《哀張三舍人塤》一詩，曰：「昨歲書來今乍報，
忽傳噩耗自長安。殺青手定千秋業，垂白身終七品官。君以己丑入中書，今
二十年矣。老遂客懷孫抱久，貧憐遠道殯歸難。春明舊會頻傷逝，歲辛丑，
同人有詩酒之會。心餘、魚門兩前輩相繼殂謝，及君而三矣。存篋遺詩忍再看。」（《亦
有生齋集》詩卷一一）此首詩前之《答方大薰》謂：「富春江樹經霜好，
乘興還期載酒行」，明言秋季。上引懷玉詩亦爲編年體。藉此可知，張塤
乃亡於本年秋。程吾廬，見本譜乾隆五十一年考述。

冬，十月初七日，孫忠弼生。廷偉所出。

【按】《西蓋趙氏宗譜》曰：「忠弼，行一，初名和羹，字作梅，國子監生。
嘉慶戊寅（1818）恩科順天鄉試挑取謄錄國史館官，議敘授安徽徽州府
婺源縣知縣，加三級，誥授奉直大夫，敕封文林郎翰林院庶吉士，誥贈
中議大夫，浙江金華府知府，加二級。乾隆五十四年乙酉十月初七日辰
時生，咸豐六年丙辰十一月十六日酉時卒，壽六十八，葬循理鄉三十四
都四圖贊墩社右新阡主穴壬山丙向兼子午分金，縣志有傳，有行述、墓
誌銘，著有《山茶室詩稿》一卷。聘劉氏，乾隆壬辰進士廣東鹽運司運
同印全女，配錢氏，乾隆壬午科舉人、浙江鄞縣知縣維喬孫女，候選布
政司理問中釚女。乾隆五十五年庚戌九月初三日申時生，嘉慶二十三年
戊寅十月初二日辰時卒，年二十九，葬金壇夏宵村昭穴，丑山未向兼艮
坤分金，誥贈宜人，敕贈孺人，誥贈淑人，有行略。繼配呂氏，浙江義
烏縣典史逢熙女，乾隆五十八年癸丑正月十五日酉時生，咸豐三年癸丑
八月初二日丑時卒，壽六十一，合葬，誥封宜人，敕封孺人，誥贈淑人，
有行述。側室孫氏，嘉慶三年戊午三月十二日寅時生，同治十年辛未三
月十五日辰時卒，壽七十四，葬草塘濱蒔墅大章家頭乙山辛向兼辰戌分
金。子六，長祿保、次獻保、三曾泰，俱錢淑人出。四曾向、五曾逵，
俱呂淑人出。六曾采，側孫孺人出。女二，長適五品銜候選通判劉祐，
誥贈宜人；次適候選從九品保齡，俱錢淑人出。」

乾隆五十五年庚戌（1790）　六十四歲

【時事】　正月，以乾隆帝八旬壽辰將近，普免各省錢糧。《石渠餘紀》卷一《紀
蠲免》曰：「五十五年，上八旬萬壽，按年輪免各省錢糧二千七百七十萬有

奇。次年正月，有普免天下錢糧四次之諭。」二月，直隸總督劉峨降調兵部侍
郎。起初，「巡城御史穆克登額等獲建昌盜，自列嘗劫建昌錢鋪，有同爲盜
者，繫清苑獄，二年未決。上責峨廢弛，遣侍衛慶成逮清苑知縣米復松詣京
師，下刑部論罪；奪峨孔雀翎、黃馬褂，降調兵部侍郎」（《清史稿》卷三二四
《劉峨傳》）。三月，駐庫倫治俄羅斯貿易事大臣松筠，以事被褫職。「先是，
俄屬布哩雅特人劫掠庫倫商貨，俄官不依例交犯，僅罰償，流之遠地，檄問未
聽命，詔停恰克圖貿易。松筠至，尋充辦事大臣。閉關後，邊禁嚴而不擾，遇
俄人皆開誠待之。擢戶部侍郎。俄羅斯以貿易久停，有悔意，撤舊官，屢請開
市，未許。卡倫兵出巡，復爲布哩雅特人所殺。松筠曰：『舊事未了，又生旁
支，然亦了事之機也。』檄俄官縛送三人，親訊於界上，斬其二，流其一，請
兩案並結。詔斥專擅，褫職，仍留庫倫效力」（《清史稿》卷三四二《松筠
傳》）。四月，江蘇巡撫閔鶚元被罷免，調福崧爲江蘇巡撫，何裕城爲安徽巡
撫。起初，「高郵巡檢陳倚道察知書吏僞印重徵，知州吳瑛置不問；牒上，鶚
元亦置不問，揭報戶部。上詰鶚元，鶚元猶庇瑛不以實陳，乃遣尙書慶桂、侍
郎王昶按治；責鶚元欺罔，奪官，逮鶚元等下刑部治罪。巡撫福崧劾鶚元得句
容知縣王光陛牒發糧書侵挪錢糧，但令江寧府察核。上責鶚元玩視民瘼，徇情
黷法，命置重典。獄具，擬斬立決，命改監候。五十六年，釋還里」（《清史稿》
卷三三七《閔鶚元傳》）。兩江總督書麟亦受嚴譴。史載，「書麟素行清謹，出
巡屬邑，輕騎減從，民不擾累，特詔嘉之。和珅柄政，書麟與之忤。未幾，有
高郵巡檢陳倚道揭報書吏假印重徵事，遣重臣鞫實，坐書麟瞻徇，下部嚴議；
又失察句容書吏侵用錢糧，褫職，遣戍伊犁。尋起爲山西巡撫。」（《清史稿》
卷三四三《書麟傳》）。本科會試，欽定江南吳縣石韞玉、江南陽湖洪亮吉、江
南青陽王宗誠爲三鼎甲。進士出身、同進士出身者凡九十餘人。五月，乾隆帝
巡幸，但因八旬萬壽慶典故，僅駐蹕避暑山莊，未往木蘭行圍。六月，調孫士
毅爲兩江總督，保寧署四川總督。另，原江蘇巡撫閔鶚元於姻親處寄存銀錢回
鄉被查究。乾隆帝諭曰：「各省大小官吏每年祿糈所入，積有餘貲，置買田產，
原屬例所不禁，即與富戶等締結姻親，亦事所常有，但以本省大吏置買本省田
產，與所屬部民鄉宦富家結親往來，實爲大干法紀之事。試思巡撫統轄全省，
一切催徵錢糧等事，俱應秉公稽察，乃於所屬置買田畝，則完糧納稅，該縣豈
敢實力催徵，並有代爲完繳之事，皆不可知。而紳士富民等倚恃與巡撫誼屬姻
親，假其聲勢，必至包攬詞訟，武斷鄉曲，其弊更無所不至！」（《清史編年》

第六卷）七月，以朱珪爲安徽巡撫。兵部尚書李世傑以江蘇句容吏侵蝕錢糧漕米，帝責其失察，命以原品休致。八月十三日，乾隆帝八十壽辰，御太和殿受賀，「王、貝勒、貝子、公、文武大臣，蒙古汗王、貝勒、貝子、公、額駙、臺吉，回部王、公、臺吉、伯克，哈薩克、安南國王、朝鮮、緬甸南掌貢使，各省土司，臺灣生番等行慶賀禮。禮成，寧壽宮、乾清宮賜宴如儀」（《清史稿》卷一五《高宗紀六》）。據稱，僅此次慶壽大典，即花去白銀一百四十萬四千餘兩。九月，山東巡撫長麟以讞獄不實褫職。史書載，先是，「劾萊州知府徐大榕治平度州民羅有良獄，誤擬，大榕訴於京，刑部尚書胡季堂等往鞫，不直長麟。帝以防河有勞，特寬之。復以審擬濱州舉人薛對元罪失實，褫職，留修城工。未幾，授江蘇巡撫。嘗私行市井間訪察民隱，擒治彊暴，禁革奢俗，清漕政，斥貪吏，爲時所稱」（《清史稿》卷三四三《覺羅長麟傳》）。此次長麟被褫職，主要緣「審擬濱州舉人薛對元罪失實」。十月，帝諭稱，爲皇子、皇孫選擇師傅應以品行爲先。曰：「朕批閱臣工等所進萬壽歌頌，內有上書房行走、侍講吳壽昌《恭紀九言詩》一冊，上、下句用韻分敘，體制新穎，詩句藻麗，其辭章雖屬可觀，不免有騁博見才之意，因思上書房翰林入教皇子、皇孫等讀書，惟須立品端醇，藉資轉導，原不同應舉求名者，僅在文藝辭章之末，況皇子及皇孫年長者學業已成，其年幼之皇孫、皇曾孫、玄孫等，甫經就傅，不過章句誦讀之功，尚屬易於啓迪，選擇師傅祇以品行爲先，與其徒藉詞藻見長、華而不實，轉不若樸誠循謹之人，尚可資其坐鎮。即如阿肅，學問雖未優長，而資格已深，人亦謹飭，於皇子師傅頗屬相宜。現在皇子等俱已年長，上書房翰林等皆係皇孫、皇曾孫、玄孫之師傅，若以外間師弟世誼而論行輩，多屬相等，且有誼屬晚輩者。在皇子師傅親身訓課，自不至交結干求，而輩行較晚之師傅，等分同賓友，恐不安本分之人，藉以結納交通，致有如前秦雄襃與皇孫綿德往來交結之事，不可不防其漸。向來上書房師傅缺出，係掌院學士揀選，僅會同內閣帶領引見。今阿桂、嵇璜，俱已年老，精力不周，嗣後著大學士等公同揀選，不必專取才華，務擇資深立品之員帶領引見，候朕簡用。至皇子、皇孫等與上書房師傅朝夕晤對，只須勸勉訓課，不得泛論文藝，相聚閒談，爲俗例唱和之舉，致啓夤緣。倘或該員等有營求干請之事，一經發覺，朕必照綿德、秦雄襃之例，從重治罪，決不寬貸。」（《國朝宮史續編》卷四《訓諭四》）以福崧爲浙江巡撫，起長麟署江蘇巡撫。十一月，以浦霖爲福建巡撫，馮光熊爲湖南巡撫。尹壯圖以言受譴。《清史稿》卷三二三《尹壯圖傳》記載：「高宗

信其言爲眞，認定來年必死。於本年向諸友朋預索挽詩。(《隨園先生年譜》)

洪亮吉進士及第後，授職翰林院編修，七月派充國史館纂修官。本年與同年張問陶唱和頗多。(《洪北江先生年譜》)

武進趙懷玉校刊《韓詩外傳》十卷，附所輯補遺一卷，並作《題嚴上舍蔚六經注我圖》詩，曰：「六經如日月，學者矜爝火。畫疆殊斷斷，立議徒瑣瑣。自從金卯後，簡編積叢夥。豈知我注經，經亦堪注我。嚴安本筆精，儒術自擔荷。遊好既已周，尤復邃盲左。遺文獨抱殘，賈服存猶頗。森森杜武庫，義竟失其妥。忽契子靜言，如風掃塵堁。高揖漢宋人，使之同就坐。冥心苟知道，無可無不可。胡爲輕著書，立言多意果。」(《亦有生齋集》詩卷一一)

大興舒位於本年作《詠史二首》、《五代十國讀史絕句三十首》，詠朱溫謂：「繫履歸來汗一身，朱三本是碭山民。全家作賊偷天下，忽有投杯捉賊人。」(《瓶水齋詩集》卷三)

【本事】春初，白秋齋雲上病歿，甌北爲衰年失此良友悲痛不已。

《白秋齋總戎挽詞》：「擁旄江國幾經春，威在軍中愛在民。官好境常無吠犬，時平功豈必圖麟。老爲林下鋤瓜叟，歿有碑前墮淚人。太息衰年惟此友，更誰茗椀話蕭晨。」(《甌北集》卷三三)

【按】白秋齋，白雲上，見本譜乾隆五十年考述。

是春，子廷彥補弟子員。

《舊譜》：「廷彥補弟子員。」

老友張廉船舟來揚州，闊別三十載，驟然相聚，喜不自勝。甌北本擬請其代爲編訂詩集，然廉船已受畢秋帆制府之約，將赴楚地，分別在即，戀戀不捨。

《廉船老友不見者三十年矣，茲來晤揚州，流連旬日。喜其來而又惜其將去也，斐然有作，情見乎詞》：「卅年前共踏京塵，別久形容認始眞。風雨雞鳴逢故友，關山馬蹟老才人。翻來近作還吟興，話到同遊一愴神。已分此生無見日，相看彌覺白頭新。」「少小論交志激昂，便思翔步到天閶。誰知出匣干將氣，都倦登場傀儡裝。敬禮定文期後世，正平懷刺向何方。只應互祝加餐飯，長聽平安有報章。」(《甌北集》卷三四)

【按】據《清史稿》卷三三二《畢沅傳》：「五十三年，(沅)復授湖廣總督。江決荊州，發帑百萬治工。沅奏：『江自松滋下至荊州萬城堤，折而

東北流，南逼窖金，荊水至無所宣洩。請築對岸楊林洲土壩、雞嘴石壩，逼溜南趨，刷洲沙無致雍遏。』又請修襄陽老龍堤、常德石櫃堤、潛江偃人堤，鑿四川、湖北大江險灘，便雲南銅運。」《清代七百名人傳‧畢沅傳》，與此表述相合。王昶《兵部尚書都察院右都御使湖廣總督贈太子太保畢公沅神道碑》（《碑傳集》卷七三），對乾隆五十五年之事，僅籠統敘過，未交代其任職狀況。查《清史稿‧疆臣年表》，自乾隆五十三年七月至五十九年八月，畢沅一直任湖廣總督。畢沅善待他人，禮賢下士，為時所稱。或謂：「公性寬平，官陝西久，諸細事或弛廢。適上命原任大學士李公侍堯以三品銜署理陝甘總督，駐西安，久不去，意欲翻駁數案。及鈎考諸屬吏，公以李故相也，不敢與鈞禮，每日平明即撤儀從，上謁，到皆在司道前。李知公之敬己也，屬威嚴不得發，留數日，意不懌，馳去，於是諸惕息者始安。嗣李以重罪逮入都，公送之獨遠，復執手流涕乃別。李在刑部獄語人曰：『一路來，愛我者惟畢公耳！』公之處同官、友朋類皆若此，然人不能學也。公愛士尤篤，聞有一藝長，必馳幣聘請，惟恐其不來，來則厚資給之。余與孫兵備星衍留幕府最久，皆擢第後始散去。孫君見幕府事不如意者，喜慢罵人，一署中疾之若讎，嚴侍讀長明等輒為公揭逐之，末言：「如有留孫某者，眾即卷堂大散。」公見之不悅曰：『我所延客，諸人能逐之耶？必不欲與共處，則亦有法。』因別構一室處孫，館穀倍豐於前，諸人益不平，亦無如何也。」（洪亮吉《畢宮保遺事》，《碑傳集》卷七三）張舟往投，或為晉身計。

此時，張舟與甌北多所唱酬，附見趙翼本詩後，特轉述於下：《至廣陵喜晤甌北》：「卅年岐路愴離群，忽漫相逢淚轉紛。日下貧交餘有我，人間勇退孰如君。簫聲何處尋三撅，明月偏多占二分。為洗客塵慰愁緒，天涯聊借酒顏醺。」《讀甌北集題贈》：「頭黑歸田雪半簪，閉門時作瘦蛟吟。險真破鬼應寒膽，奇必驚天欲嘔心。薦達當時輕狗監，購求他日重雞林。如何一管生花筆，只向江淹夢裏尋。」「扛鼎龍文氣食牛，珊瑚鐵網更縋幽。何人許易千金字，有爾能輕萬戶侯。瑜亮生前真勁敵，應劉逝後少同儔。故交剩有寒郊在，石鼎城南與唱酬。」《次韻留別》：「碧玻璃瀚白衣塵，來訪高軒舊季真。作郡何勞還笑鬼，工詩未必盡窮人。雪泥鴻踏都無蹟，風水萍逢信有神。料待輞川裴迪到，右丞集附幾篇新。」「萬里甌波羨子昂，依人我愧入金閶。早知不擢羅橫第，也肯來攜陸賈

裝。將相酬恩原有志，神仙辟穀竟無方。琅函書寄衡陽雁，可抵昌黎薦
士章。」（《甌北集》卷三三）可見二人交情之深厚。

兵部尚書慶樹齋桂、刑部侍郎王述菴昶奉命來高郵查辦書吏僞印重徵
案，甌北乘舟前往，晤談竟日。

《樹齋大司馬、述菴少司寇奉使秦郵，扁舟往晤，流連永日，別後卻寄
三十韻》：「老懶寡送迎，忽焉泝淮浦。難得兩使星，皆是我舊雨。一見不可
無，別緒要傾吐。憶昔共樞曹，趨值日接武。蹤蹟負蠠螢，意氣食牛虎。神
索夜草箋，朝靴曉踏鼓。退直偶得暇，餘勇尚堪賈。催詩走竿牘，折束衍尊
俎。征逐豈厭頻，諧謔或致侮。人間朋遊樂，此可入畫譜。宦轍一朝分，相
望萬里阻。使節漠南庭，價藩日北戶。勞深官亦高，雲霄果簹羽。開府門列
戟，馳傳吏負弩。即今兩名卿，天下仰臺輔。而我早歸田，一編守環堵。不
敢尺素通，爲慚在塵土。卻荷故人誼，屢書問良苦。今朝獨何緣，握手覽湖
遊。五色蔍函來，似爲茲一聚。乍見看鬖眉，深談罄肺腑。巢痕緬鎖闈，履
聲憶丹廡。陳蹟宛猶昨，舊交已難數。當時列仙班，半入點鬼簿。天留我輩
在，要作秋容圍。升沈途雖分，衰晚力須努。立言有名山，策勳有盟府。在
朝與在野，均貴桑榆補。名恐湛蠆同，功肯噲等伍。皓首各勉旃，相期在千
古。」（《甌北集》卷三三）

《青陽陳豹章秀才訪余揚州，詩以贈別》、《題褒忠錄》（《甌北集》卷三
三）亦寫於此時。

【按】《清史稿》慶桂及王昶二傳，皆未敘及此事。僅《閔鶚元傳》稱：「遣
尙書慶桂、侍郎王昶按治；責鶚元欺罔，奪官，逮鶚元等下刑部治罪。」
慶、王二人，爲此案而來。

慶桂（1735～1816），字樹齋，章佳氏滿洲鑲黃旗人，大學士尹繼善
子，以蔭生授戶部員外郎，充軍機章京，超擢內閣學士。乾隆三十二年，
充庫倫辦事大臣，遷理藩院侍郎。三十六年，授軍機大臣。居二載，出
爲伊犁參贊大臣，調塔爾巴哈臺。五十一年，召授兵部尙書，歷署盛京、
吉林、烏里雅蘇臺將軍。嘉慶四年，授刑部尙書、協辦大學士，復直軍
機。授內大臣，監修《高宗實錄》，加太子太保。拜文淵閣大學士，總理
刑部。慶桂性和平，居樞廷數十年，初無過失，舉趾不離跬寸，時咸稱
其風度。（《清史稿》卷三四一《慶桂傳》）

王昶事蹟，見本譜乾隆三十年考述。

　　陳豹章，即陳蔚。《隨園詩話》卷二謂：「青陽秀才陳蔚，字豹章，
能文愛客，受業隨園。《江行雜詠》云：『日沈遠樹青，煙起遙山失。何
處艤孤舟，一燈古渡出。昨發螃蟹磯，今泊針魚觜。秋風一夜生，吟冷
半江水。』隨其兄芳鬱庭遠行云：『江梅開遍雨霏霏，同駐郵亭整客衣。
今日反嗟人似雁，一行齊向異鄉飛。』鬱庭有《草堂雜詠》云：『處士應
門惟使鶴，高人去榻更無賓。小橋時有雲遮斷，不使遊人過水西。』兄
弟俱耽吟詠，人以雙丁、二陸比之。」

　　其妾吳荔娘亦能詩。人謂：「吳荔娘，莆田人，秀才陳蔚之妾，早卒，
有《蘭陂剩稿》。《隨園詩話》云：『莆陽有吳荔娘者，庖人之女也。性愛
潔而能詩，陳豹章聘為旁妻，未三年卒，豹章為寫其《蘭陂剩稿》。有《春
日偶成》云：『曈曨曉日映窗疏，荏苒韶光一枕餘。深巷賣花新雨後，沿
門插柳嫩寒初。鶯兒有語遷喬木，燕子多情覓舊廬。那用踏青郊外去，
芊芊草色滿階除。』又《詠牡丹》句云：『國色日來描不得，世人空自費
胭脂。』又《題吳興女士嚴靜甫墨竹句》云：『我為丹青先比較，此君風
韻卻輸卿。』皆從題外設想，運筆自是不凡。」（《閩川閨秀詩話》卷一）
事又見清沈善寶《名媛詩話》卷三。陳蔚與朱筠有交，見《笥河詩集》
卷一七。

為秦西巖龑子敦夫所藏汪蛟門《少年三好圖》題詩，敦勵其奮發有為，
及時進取。敦夫時年三十一歲。

　　《秦敦夫編修得其鄉先輩汪蛟門少年三好圖長卷，題句者孫豹人、杜于
皇、施愚山、梁清標、尤西堂、朱竹垞、陳迦陵諸人皆在焉，亦近時一名蹟
也。編修來屬題，為書於後》：「蛟門三好書音酒，尺縑繪作荒淫藪。吹簫度
曲皆嬋娟，展帙催杯亦姣首。一時才士盡留題，百餘年落秦郎手。前丁未到
後丁未，楚弓楚得事非偶。摩挲重是名人蹟，又為徵詩欲垂久。少年狡獪吾
已厭，豪士放誕君勿取。古人此樂亦有方，鄴架圖籤埒二酉。東山絲竹遣中
年，綠野壺觴娛老壽。要皆餘事傳風流，豈此歡場便不朽。君今修途方發
軔，何暇徵歌醉花柳。聲華再世繼蓬瀛，勳歷他年竚臺斗。此卷偶存前輩
韻，或恐虛描本烏有。閒情莫寄一瓣香，遺蹟聊享千金帚。」（《甌北集》卷
三三）

　　另有《題敦夫調鶴坐花圖》（《甌北集》卷三三）詩。

　　【按】為汪蛟門《少年三好圖》題句者，皆一時名流。如阮元有《題汪蛟

門先生少壯三好圖》，見《琅嬛仙館詩》。

孫豹人，孫枝蔚，三原人，字豹人，清初詩人，有《溉堂集》。

杜于皇，杜濬，黃岡人，字于皇，號茶村，亦爲明末清初詩人，詩文豪健，有《變雅堂集》。

施愚山，施閏章，宣城人，字尙白，號愚山，詩文有名於時，與宋琬齊名，號「南施北宋」，有《學餘堂詩文集》等。

梁清標，維樞子，眞定人，字玉立、蒼岩，號棠村，明崇禎進士，入清官至保和殿大學士，有《蕉林詩文集》、《棠村詞》等。

尤西堂，尤侗，長洲人，字同人，又字展成，號悔菴，晚號艮齋、西堂老人，詩、詞、文均擅長，時有新警之思，有《鶴棲堂文集》、《西堂雜組》等。

朱竹垞，朱彝尊，秀水人，字錫鬯，號竹垞，詩與王士禎齊名，詞與陳維崧稱「朱陳」，爲浙西詞派之祖，有《曝書亭全集》、《經義考》等。

陳迦陵，陳維崧，陽羨人，貞慧子，字其年，號迦陵，才力富健，以詩詞馳名，著有《湖海樓詩集》、《迦陵詞》等。

汪懋麟，江都人，字季角，號蛟門，康熙進士，授內閣中書，曾與修《明史》，才氣縱橫，有《百尺梧桐閣集》。《揚州畫舫錄》卷一六謂：「汪懋麟，字季角，號蛟門，生於前明。城破日，母赴井死，家人繼出之。及父死，李氏自課其子，茹素五十餘年，稱賢母。蛟門幼聰慧，童時登蜀岡憑弔歐陽文忠公，遊賞勝概，慨然有復古之志。及冠，與兄耀麟請於守令議復，以他事見阻。尋蛟門以康熙丁未進士官舍人，每入直，攜書卷竟夜展讀。有楚人朱二眉，號神仙，傾動公卿。蛟門著《辨道論》，力詆其妄。夢十二硯入懷，遂以名齋，朱竹垞爲之記。自號覺堂居士。癸丑中，汝守金長眞以移知揚州府事來京，寓蛟門，遂請以復山堂爲急務。金公性好古，守汝時，考淮西舊碑，勒段、韓二文於碑之陰陽。迨移守揚州，軍興旁午，公日觴詠蜀岡，興文教，繼風雅。值蛟門丁母憂歸里，膺薦舉博學不赴，遂捐貲修復山堂。蛟門以八分書平山堂額，夜夢歐公命書聯句云『登斯樓也，大哉觀乎』八字，故祇園菴僧藥根詩有『一聯曾入詩人夢，兩字長留太守吟』之句。同時儀徵黃北垞因宋劉原父出守是州，與蛟門修復山堂時皆官舍人，故黃詩有『終始全憑兩舍人』

句。山堂落成，金公有《朝中措》詞云：『烽煙鍾磬總成空，往事夕陽中。重構雕欄畫檻，還他明月清風。　廬陵杳邈，千年此地，精爽猶鍾。留我名山片席，還教做主人翁。』其時和者吳蘭茨、程崑崙、毛大可、孫豹人、宗鶴問、彭桂、華龍楣、歸允恭、龔半千、黃石闉，凡此皆一時之勝。後金公遷按察，驛傳道移江寧，按部過郡，與蛟門構眞賞樓祀宋諸賢。停車蓋，步曲巷，訪寧都魏叔子禧，其折節下士，有古人風。蛟門眞賞樓有《人日大雪同人賦四十韻》詩，又同人展拜歐陽木主，各賦七言古詩。其時同作爲孫豹人、宗鶴問、華龍楣、程穆倩、鄧孝威、陶季深、王仔園諸人。服闋，以主事銜入史館與修《明史》，三年補刑部，著《百尺梧桐閣集》二十三卷，復以鄭樵《通志》浩繁，手爲刪訂。死後葬於山堂側。康熙間，土人以王文簡公從祀眞賞樓；雍正間以金公及蛟門從祀。土人唐心廣於修復山堂時任鳩工之役，竹頭木屑，纖毫無遺憾，蛟門記云：『心廣勞不可沒，例得書。』兄耀麟，字叔定，著《抱耒堂集》二十六卷。」《郎潛紀聞二筆》卷五謂：「汪蛟門懋麟、田綸霞雯、宋牧仲犖、曹頌嘉禾、丁幼華又旦、顏修來光敏、葉井叔封、曹升六貞吉、謝千仞重輝，同稱詩輦下，時號『十子』。」

秦敦夫，即秦恩復（1760～1843）。《國朝先正事略》卷三五載曰：「秦君恩復，字敦夫，一字澹生，江都人。乾隆丁未進士，官編修，讀書好古，所居五笥仙館蓄書萬卷，丹鉛不去，手校刊陶宏景《鬼谷子注》、盧重元《列子注》及隸、韻諸書。與人謙抑，口不談學問，是以世無知者。」《國朝詞綜續編》卷三謂：「秦恩復，字近光，號敦夫，江都人。乾隆五十二年進士，官編修，有《享帚詞》。」《江蘇藝文志·常州卷》載其事較詳，可參看。

秦敦夫《調鶴坐花圖》，翁方綱有《秦敦夫調鶴坐花圖》詩，曰：「舞彩娛親始盛年，邗江才子玉堂仙。花如內景滋培足，鶴取中孚信誓傳。言行樞機占氣誼，文章根柢發暄妍。在陰和應孫枝兆，博得詩翁一粲然。末句寄魯甫西巖觀察。」（《復初齋詩集》卷三九）

四月，曹竹虛文埴入京祝嘏，路經揚州，與甌北會晤。

《送曹竹虛大司農以慶祝入都》：「儒臣優遇冠朝端，得請循陔詠采蘭。一品歸來親尚健，九如人慶帝尤歡。巢痕劍履層霄迥，法曲笙璈湛露溥。溫室從容頻晝接，寵光彌慰北堂餐。」（《甌北集》卷三三）

【按】《清史稿》卷三二一《曹文埴傳》曰：「（乾隆）五十二年，文埴以母老乞歸養，俞其請，加太子太保，御書賜其母。五十四年，上以明年八十萬壽，命文埴毋詣京師。文埴疏言：『母健在，明年當詣京師祝嘏。至時如未能遠離，當自審度。上體聖意，下順親心，諸事皆從實。』得旨：『卿能來，朕誠喜，但毋稍勉彊。』五十五年，文埴詣京師祝嘏，上賜文埴母大緞、貂皮。」又，《甌北集》卷三三收有文埴和詩，曰：「廣長舌自在毫端，勢若層波氣若蘭。甌北一編吟已熟，閩南二卷見尤歡。柳營蓮幕持籌倚，粵情黔雲被露溥。樂育即今開講席，風人仍不素殘餐。」（《甌北集》卷三三附）

與錢嶼沙琦前輩以文字得以結識，首尾不過一年。四月十六日，先生竟遽然長逝，甌北感荷其推許之情，詩以悼之。

《哭錢嶼沙先生》：「不曾識面荷推衷，此意真令感弗諼。碩果枉教生並世，束芻仍欠死登門。八旬人尚江淹筆，二品官無庾信園。不哭先生復誰哭？後今老輩更無存。」（《甌北集》卷三三）

【按】錢仲聯主編《中國文學家大辭典・清代卷》稱錢琦生於康熙四十三年（1704），卒年不詳。袁枚有《哭錢嶼沙先生》詩，小序曰：「四月十六日，余將還山，行李已發，念嶼沙先生之病，繞道作別，不料五鼓已亡，尚未殮也。」詩謂：「才別西湖又別君，入門僮僕換衣巾。方知昨夜聞雞候，已是先生駕鶴辰。易簀餘聲猶在耳，長眠善氣尚迎人。夷衾揭起重攜手，未忍匆匆了宿因。」「平生風骨最闌珊，獨有交情重似山。一紙彈章驚海內，黃制府威震兩江，時君特疏劾之。滿車甘雨在人間。官高不改書生面，詩健能忘鬢髮斑。寄語九原隋武子，他生趙孟再追攀。」（《小倉山房詩集》卷三二）據此，知錢琦病逝於本年四月十六日凌晨。嶼沙得壽八十七歲，與甌北詩所稱「八旬人尚江淹筆」相合，甌北詩乃取其約數。

同年胡豫堂高望，甌北在京任職時，與其交往頗密，內子往來不絕。而本年八月視學江南，得見甌北，並設宴款待。

《同年胡豫堂閣學視學江南，相見話舊賦呈》：「三十年前共館閣，薇省花磚履交錯。三十年後重相逢，公作名卿我老農。感公不隔同年面，尊酒留髠恣談宴。此日雲泥尚弟兄，當年閨閣如親串。話舊重添骨肉傷，撫時各歎鬚眉變。鬚眉雖變亦何悲，丈夫出世要有為。如公遭際最堪羨，獨以精白結

主知。子公氣力能援進，公於權要不通問。彥升晚節爭詩名，公於壇坫不角聲。迴翔散地無營競，十年偏屢持文柄。似水心懸物論平，無花眼在文風正。陸氏莊前豈問荒，孫山榜外俱安命。九霄月旦品題高，一代斗山聲望敻。致身至此亦足豪，報國文章功已炳。愧我辭榮太作顛，早抛簿領守丹鉛。乘軒野鶴知無分，舐掌孤熊只自憐。只慚如此昇平世，徒把精神耗一編。」（《甌北集》卷三三）

【按】胡高望（？～1798），《兩浙輶軒錄》卷三三載曰：「胡高望，字希呂，號昆圃，又號豫堂，仁和人。乾隆辛巳進士，一甲第二人及第，授編修，歷官都察院左都御史，諡文恪，入祀賢良祠。《自訂年譜》略曰：『余居仁和興福社里。吾宗自文定公後，世居新安，先高祖善涵公遷於杭。余於乾隆癸酉領鄉薦，丁丑補內閣中書，辛巳進士一甲二名，授編修，升翰林院侍讀，充日講起居注官，上書房行走。己丑會試、戊戌武會試、庚子甲辰會試，俱充同考總裁。辛卯、己亥山東，丙午順天，戊申、己酉江南，俱充鄉試主考。視學湖北、江西、江蘇，歷詹事，充文淵閣直閣事。嘉慶元年丙辰預千叟宴，充經筵講官，升都察院左都御史。』」

才女吳靜嫻正肅，能詩擅畫，甌北為其《秋山讀書圖》題詩。

《題靜嫻女史自寫秋山讀書圖》：「天壤王郎恨事多，美人才子只鷗波。人間又有神仙侶，婦寫生綃婿作歌。」「只寫林巒不寫顏，恐教省識到人間。誰知我已窺眉嫵，一抹煙痕有遠山。」（《甌北集》卷三三）

【按】吳正肅，「字靜嫻，號僑楊女史，江蘇江都人，諸生黃履岳室。靜嫻工畫山水，得沈石田筆意」。「筆墨蒼勁，無纖穠之習，詩如《看白菊》句云：『傲乃成貞骨，香能愜素心。』足以覘其胸次矣」。（《清代閨閣詩人徵略》卷三）

甌北酷愛元遺山，對其蒐訪文獻之功、詩歌創作成就，均多所推許。

《題元遺山集》：「身閱興亡浩劫空，兩朝文獻一衰翁。無官未害餐周粟，有史深愁失楚弓。行殿幽蘭悲夜火，故都喬木泣秋風。國家不幸詩家幸，賦到滄桑句便工。」（《甌北集》卷三三）

《周小濂挽詞》、《燈下翻閱瘦銅詩集》（《甌北集》卷三三）亦寫於此時。

【按】《甌北詩話》於卷八曾專論遺山詩，稱其「以精思銳筆，清煉而

出，故其廉悍沈摯處，較勝於蘇、陸。蓋生長雲、朔，其天稟本多豪健英傑之氣；又值金源亡國，以宗社丘墟之感，發爲慷慨悲歌，有不求而自工者，此固地爲之也，時爲之也。同時李冶，稱其『律切精深，有豪放邁往之氣。樂府則清雄頓挫，用俗爲雅，變故作新，得前輩不傳之妙』。郝經亦稱其『歌謠跌宕，挾幽、并之氣，高視一世。以五言雅爲工，出奇於長句、雜言，揄揚新聲，以寫怨思。』《金史》本傳亦謂其『奇崛而絕雕刻，巧縟而謝綺麗』。是數說者，皆可得其真矣」。「構思窅渺，十步九折，愈折而意愈深、味愈雋，雖蘇、陸亦不及也。七言律則更沈摯悲涼，自成聲調。唐以來律詩之可歌可泣者，少陵十數聯外，絕無嗣響，遺山則往往有之。如《車駕遁入歸德》之『白骨又多兵死鬼，青山原有地行仙』，『蛟龍豈是池中物，螻蟻空悲地上臣』；《出京》之『只知灞上真兒戲，誰謂神州遂陸沈』；《送徐威卿》之『蕩蕩青天非向日，蕭蕭春色是他鄉』；《鎮州》之『只知終老歸唐土，忽漫相看是楚囚。日月盡隨天北轉，古今誰見海西流』；《還冠氏》之『千里關河高骨馬，四更風雪短檠燈』；《座主閒閒公諱日》之『贈官不暇如平日，草詔空傳似奉天』。此等感時觸事，聲淚俱下，千載後猶使讀者低徊不能置。蓋事關家國，尤易感人」。甌北此時讀遺山詩，或爲《甌北詩話》的纂著作資料準備。

周小濂，見本譜乾隆五十三年考述。

汪秀峰啟淑與蔣士銓、張塤皆爲好友。此次來揚過訪，令甌北念起前塵往事，唏噓不已。

《汪秀峰駕部過訪寓齋賦贈》：「暑窗卻掃靜煙蘿，忽喜汪倫款戶過。老友應劉京國少，才人王李部曹多。江湖風過知名姓，笠屐雲遊恣嘯歌。幸得相逢何恨晚，劇談不覺舞婆娑。」「跌宕名場五十春，鬢絲雖白尚精神。結交及見諸前輩，刻集能傳眾美人。架有賜書簽勝鄴，篋多古印篆探秦。只應此福神仙妒，何許人間自在身。」（《甌北集》卷三三）

此時尚寫有《題子才續齊諧小說》、《寄晴沙》（《甌北集》卷三三）二詩。

【按】《汪秀峰駕部過訪寓齋賦贈》詩「老友應劉京國少」句後注曰：「亡友心餘、瘦銅皆與君交厚」，「刻集能傳眾美人」句後注曰：「君刻《擷芳集》，選本朝閨媛詩已八十卷」，「架有賜書簽勝鄴」句後注曰：「四庫館

徵天下書，君所進至五百餘種。上以其能藏書，特賜《古今圖書集成》一部」，「篋多古印篆探秦」句後注曰：「收藏古銅玉印數千，成《印譜》百餘卷。」汪氏之事迹約略可見。又，據相關文獻記載，汪啓淑（1728～1799），字愼義，又字秀峰，號訒菴，歙綿潭人。業鹽於浙，寓居錢塘（今浙江杭州）。性情古雅不群，工詩好古，與顧之珖、朱樟、杭世駿、厲鶚諸人相唱和。乾隆時援例捐資入仕，爲工部郎，擢兵部職方司郎中。或稱其官刑部員外郎。（《揚州畫舫錄》卷一〇）家有開萬樓、飛鴻堂，藏書甲江南。乾隆三十七年開四庫館，徵訪天下遺書，他進呈五百餘種。以獻書有功，得賜《古今圖書集成》一部。著述甚夥，有《水曹清暇錄》、《焠掌錄》、《訒菴詩存》、《小粉場雜識》、《集古印存》、《飛鴻堂印譜》、《印人傳》等，刻有《許氏說文繫傳》、鄭樵《通志》、《擷芳集》一百卷。編《擷芳集》，徵詩來揚州，持論與汪中多所牴牾，拂衣而去。事見《碑傳集補》卷四、《藏書紀事詩》、《中國藏書家考略》、《杭郡詩輯》、金天翮《汪啓淑傳》（《廣清碑傳集》卷九）等。

初秋，曾親往蘇州，與錢竹汀大昕面晤。此前，曾請其為詩集作序。

《晤錢竹汀宮詹話舊》：「握別京華廿五春，相逢彌覺白頭新。手成百卷專門學，身是千秋列傳人。海外購書來賈舶，門前著錄遍儒紳。故交也得餘光乞，一序三都價便珍。」「研摩結習自諸生，館閣歸來業益精。兩漢淵源劉貢父，歷朝金石趙明誠。胸懷人喜披朝爽，目力天留禁夜明。樽酒論心同一笑，傳人未必盡公卿。」（《甌北集》卷三三）

【按】錢大昕《甌北集序》謂：「耘菘天才超特，於書無所不窺，而尤好吟詠。早年登薇垣，直樞禁，遊翰苑，應制賡和，頃刻數千言，當寧已有才子之目。及乎出守邊郡，從軍滇徼，觀察黔西，簿書填委，目不暇給，而所作益奇而工。歸田十數年，模山範水、感舊懷人之詞，又日出而未有艾也。最耘菘所涉之境，凡三變，而每涉一境，即有一境之詩以副之。如化工之賦艸木，千名萬狀，雖寒暑異候，南北殊方，枝葉無一相肖，要無一枝一葉不栩栩然含生趣者。此所以非漢魏、非齊梁、非唐、非宋，而獨成爲耘菘之詩也。或者以耘菘老於文學，在京朝，循資平進即可升秩槐棘；且在方面有循良聲，不久當膺開府之寄，乃退而以詩自名，疑若未展所抱者。予謂古人論『三不朽』，以『立言』居『立功』之次，然功之立，必憑藉乎外來之富貴；無所藉而自立者，德之外唯言耳。

姚、宋、郭、李諸公，非身都將相，則一田舍翁耳。吾未見『言』之次於『功』也。『書有一卷傳，亦抵公卿貴』，耘菘嘗自道之矣。知難而退，從吾所好，耘菘蓋自知其材、其趣、其學之足傳，而不欲兼取，以托於老子之『知止』焉耳。試質之耘菘，其以吾言爲然乎否？」（《潛研堂文集》卷二六）「序」寫於「庚戌四月」。據此推知，甌北赴蘇州，蓋爲取序文而至。徐世昌輯《晚晴簃詩彙・詩話》謂：「竹汀詩溯源漢魏，出入唐宋，舂容淵雅，蔚爲大宗。晚年優游林下，得意成詠。性情之蕭曠，議論之確核，較少壯時又過之。論者謂其詩格在白太傅、劉賓客之間。」與甌北詩中所論，亦頗相合。

回常州，與地方官譚紅山亦偶有交往。

《贈邑侯譚紅山》：「印床紅映百花開，樂只歡聲頌有莪。他日定膺循吏擢，多年無此好官來。一杯清飲江南水，滿路香傳嶺外梅。互作部民難比較，迂疎那及濟時才。」（《甌北集》卷三三）

【按】據《（道光）新會縣志》卷九，此譚紅山應爲譚大經，紅山或是其號。該書謂：「譚大經，字祝敘，天河人。父厚懷，有隱德。大經少有至性，年十一，母胡、祖母黃相繼沒，哀毀如成人。乾隆三十九年舉人，明年成進士，五十一年知如皋縣。先是，如皋典史與教職某素不法，初下車，即首劾之，皆奪職。名震一時，豪強斂迹。顧某妻葛氏與所私醢其夫，覆諸河，事甚秘，案莫結。大經偕隸微訪，偶憩破廟中，見一人酣臥神座下，忽囈語曰：『我殺人而逃，無苦我。』即命隸拘之，一鞫而服，即與葛氏通姦者。富人谷德興逸馬殺人，其弟上訴，既廉知其悞，卒釋之。其折獄明察多類此。治未三年，比戶皆置清水一盂、明鏡一奩，以比其廉明。五十四年調武進，百姓請留，不得去，曰：『送者塞途。』士大夫多爲詩歌，有『慈母中道去，赤子何所之』之句，聞者皆爲悽惻。至武進，治孟瀆、德勝二河，通江轉運，溉田數千頃，論者以爲有西門豹、賈逵之風。再調奉賢，百姓聞之咸曰：『譚青天來，吾屬無憂矣。』譚青天者，如皋民所呼也。縣東郊有草田數千畝，環居各族以刈草爲業，歲輒爭草殺人，至是咸相謂曰：『毋復以是累吾慈父母。』遂成和睦。嘉慶元年，遷雲南羅平州知州，旋改嘉興府通判兼緒平湖知縣，由是循吏之聲遍大江南北。大吏將以知府薦，旋丁艱歸，不復出。二十一年卒，年六十六。」由此知譚大經卒年爲嘉慶二十一年丙子（1816），生年爲乾

隆十六年辛未（1751）。

《（光緒）廣州府志》卷一六二《雜錄三》引《新會志》：「新會進士譚大經，爲嘉興別駕，以公事往村落，行至山徑間，有犬嚮之咆哮，公知有異，隨犬而行，至一新墳，復咆哮而去，乃密稟大憲，欲啓墳看驗。憲笑其迂，然公素有清正之名，姑允其請，戒之曰：『無控告而輒爾啓墳，奈何？』對曰：『若事不實，願荷罪。』逐拘其親黨及妻鞫之，皆言酒醉暴死，驗其屍，並無證佐。方疑慮間，恍惚有人告曰：『冤在脊梁裏。』叱工人翻驗之，有二三黑蟲躍出。嚴訊其妻，供言與所私謀殺其夫，以竹管藏毒蟲，俟夫醉臥，吹入鼻中云。案既結，聞於朝，嘉美之。命注於籍，爲驗屍者鑒。」

八月十三日，乾隆帝壽誕，賦詩祝賀。

《皇上八旬聖壽恭紀》：「虹電祥光耀大瀛，八旬聖壽際昇平。祥開地久天長節，歡溢山呼嶽拜聲。十賚文多看屢錫，七簽笈滿又重更。史書翻遍無今比，普集繁禧助慶成。」「神功聖德筆難陳，敬在高穹愛在民。壞賦幾回全詔免，郊禋每歲必躬親。縹緗四庫書三校，河海雙堤駕六巡。五十五年如一日，固應蕃祿自天申。」「雄圖廣運靖戎蠻，暨訖眞看遍九寰。犂掃久過蒲類海，冊封新到傘圓山。桄榔夜雨連銅柱，楊柳春風度玉關。總是恩威協天處，羽干柔遠斧誅頑。」「但從御極紀春秋，已過梁唐晉漢周。揮翰尚傳金翅劈，據鞍時馭玉驄遊。芝苓不覓天台藥，蓬閬遙添海屋籌。信有至人凝命永，共天行健自無休。」「二千年內只三朝，還遜吾皇景運遭。重譯萬方胥象表，一堂五代袞龍袍。屢豐比戶倉箱滿，偃武多年弓矢櫜。都是昇平極盛事，璿圖鴻福接天高。」「行都先敕綺筵開，漠北諸王進壽杯。膜拜共尊天可汗，唄音齊頌佛如來。仙韶樂奏班行肅，王會圖成版宇恢。添個朱鳶新國主，日南花又上林栽。」「鑾回絳殿舉鴻儀，多少鵷鷺集玉墀。露湛衢尊千斛酒，香霏月桂萬年枝。金銀宮闕僬人島，錦繡江山織女絲。此景古來曾幾見，有生眞幸及昌期。」「豈徒京國祝鼇虔，巷舞衢歌遍海埏。燈火樓臺城不夜，琉璃世界月將圓。軒襲曲裏長春景，乣縵雲中復旦天。見說靈椿八千紀，如今八秩尚初筵。」（《甌北集》卷三三）

此時尚寫有《題王少林郡丞松石間小照》（《甌北集》卷三三）詩。

【按】王少林，即王嵩高，王懋竑（白田）之族孫。《揚州畫舫錄》卷三：「王嵩高，字少林，寶應人。進士，官知府。乞終養歸里，以詩鳴於

時。」王昶《蒲褐山房詩話》：「字少林，寶應人。乾隆二十八年進士，官平樂府知府。少林門第清華，如樓村殿撰、白田庶子，皆其大父行。文學之傳，師承有自，故發於詩者，或幽靜而閒止，或奔騰而排奡，皆音節自然，駸駸入前賢之室。吟編甚富，今所采摭者，止《遊梁》一集耳。以郎中出守粵西，未及歲，以乞養歸，後遂不復出，一爲安定書院院長而卒。聞其詩多散佚者。」《國朝詩人徵略》卷四〇引畢沅《吳會英才集》謂：「王司馬江左清門，學有源本，早年得第，譽滿長安，咸以未入承明爲惜。薄遊南北，攬古探奇，詩格駸駸日上。既而謁選，歷宰繁區。鞅掌之餘，吟卷益富，眞可爲此事便廢者一雪斯言。」《淮海英靈續集》庚集卷三：「王嵩高，字少林，寶應人。乾隆癸未進士，官慶遠知府。王小村云：『少林詩守家學。』《大梁懷古》，《隨園詩話》稱之。著《小樓村集》。」

九月間，祝芷塘德麟晉京祝嘏畢南回，至揚州拜謁甌北。

《芷塘南回謁我於揚州喜贈》：「一十五年才一見，見來又隔十年面。今朝何幸得相逢，握手卻驚顏貌變。憶君二十登蓬瀛，干將出匣千人驚。簜節掄才半天下，新陰桃李多豪英。分得餘光到裝睥，門生門下見門生。改官柏臺筆如帚，白簡威聲震朝右。瘦羊官乃索肥羊，合口椒難禁開口。立仗馬鳴雖可怪，蹲池鳳噤實所醜。人情欲比王拱宸，臣力尚慚朱伯厚。呼嵩禮畢乞身歸，金爵觚棱茶回首。書生命不到公卿，且擁萬卷當百城。他人去官便無事，我輩官外尚有營。死後榮名生前福，二者未知孰重輕。老夫年來效喑啞，白首掩關同調寡。舊交已看零落盡，後生又以老耄舍。君來頓覺起我衰，豈但離懷得傾寫。敢從行輩說後魚，先比旌麾有前馬。櫬材遣向文湖州，雲氣長從孟東野。東南吟社自此開，一笑人間誰健者。」（《甌北集》卷三三）

法時帆式善與甌北素不相識，對其詩格外推崇，且以歐陽許之。

《法時帆學士素未識面，遠惠佳章，推許過甚，愧不敢當，敬酬雅意》：「聞名猶未面，神賞荷孫陽。世有此知己，吾難作報章。何當攜手共，豈敢賭身彊。五字長城在，精嚴逼盛唐。」（《甌北集》卷三四）

【按】法式善原詩曰：「吏治海南盛，詩才甌北彊。江湖閒嘯詠，天地大文章。下筆有袁蔣，讀書無漢唐。東坡在門下，公不愧歐陽。」（《甌北集》卷三四附）

　　王昶《蒲褐山房詩話》載述道：法式善（1753～1813），「本名運昌，奉旨改今名。蒙烏吉氏，字開文，號時帆，蒙古正黃旗人。乾隆四十五年進士，今官侍講。有《存素堂稿選》十首。時帆自登仕版，即以研求文獻、宏獎風流爲事，故在詞垣著《清秘述聞》、《槐廳載筆》，在成均著《備遺錄》，其餘有資典故著而未刻者甚多。所居在厚載門北，背城面市，一畝之宮，有詩龕及梧門書屋。室中收藏萬卷，間以法書名畫；外則移竹數百本，寒聲疎影，翛然如在岩谷間。經師、文士，一藝攸長，莫不被其容接。爲詩質而不癯、清而能綺，故問字求詩者，往往滿堂滿室。」

　　《國朝先正事略》卷四三《法時帆先生事略》略曰：「生平以詩文爲性命，士有一藝之長，莫不被其容接。主壇坫幾三十年，人以爲西涯後身不愧也。其爲詩質而不癯、清而能綺。論詩用漁洋三昧之說，主王、孟、韋、柳，尤工五言。與王鐵夫交最善，嘗自刻詠物詩一種。鐵夫偶弗之，善遂止不行，其莫逆如此。所著曰《存素堂稿》。」

　　《國朝詩人徵略》卷四七引諸書謂：「學士以詩文爲性命，意氣爲雲霞，宏獎風流、主持名教者幾三十年，接蹟西涯，允無愧色。詩清醇雅正，力洗淫哇。（《群雅集》）王鐵夫最賞法時帆祭酒『淡花開不濃』之句，余則喜誦『黃葉打門響，青山生暮寒』二語，因論詩清，如先生可謂清到骨矣。（《香石詩話》）時帆用漁洋三昧之說，言詩主王、孟、韋、柳，又工爲五字。一篇之中，必有勝句。一句之勝，敵價萬言。嘗刻其詠物詩一種，予偶弗之，善遂止不行。（《惕甫未定稿》）丁卯余寓都門，秦小峴侍郎招同時帆學士暨諸詞人拜淮海先生像。越日，學士過余寓齋，茶話良久，且曰：『朋好多在城南，吾常出城，子勿拘往還之禮，吾所居甚遠也。』其待人溫厚如此。旬餘，余乃報謁。……歸途過李公橋，望積水漣漪，令人想見西涯之流風焉。（《聽松廬文鈔》）時帆先生索余詩，欲選入《詩龕及見錄》，余方欲改定數十篇，覓人寫正與之，會偕友南旋，匆促未果，後因便寄去一帙。未幾，聞先生歸道山，令嗣亦下世，所寄詩不知入目否。《及見錄》一書，聞未刊行，今不知歸於何所也。（《聽松廬詩話》）『但有梅花看，何妨長閉門。地偏車馬少，春近雪霜溫。老剩書藏篋，貧餘酒在樽。說詩三兩客，往往坐燈昏。』此梧門學士詩也。蕭寥澄澹，如見其人。（《同上》）」

趙懷玉有《將出都門述懷兼別同志·法式善》詩四首，曰：「甘蔗海南植，牛乳薊北產。自然氣味投，詎人所料揀。獻賦試上等，君昔多白眼。賤子蒙青睞，春風托醲醳。忽忽二十年，握手增愧赧。偃蹇荒澗柳，蕭疎雲不綰。幸未失舊業，一燈事述撰。屈宋作衙官，亦復持手板。」「茹膏既苦肥，食骨復嫌硬。君能渾剛柔，交者久而敬。詎惟閱歷熟，肫懇實天性。官不論大小，凜凜朝廷命。側聞恭毅公，流風與善政。凡事宗家法，清光百年映。世方出新意，花樣一時競。造物深忌才，慎勿名太盛。」「昔年文成公，愛君筆墨潔。欲薦直樞庭，忌者肆詆訐。低首試禮闈，不肎通關節。鋒芒雖屢挫，心自堅金鐵。陽春大地回，深澗無冰雪。幽谷蘭芷花，獨與桃李別。快慰南陔歡，且自東州悅。多謝金閨彥，慎勿笑蹉跌。」「我自與君交，始治散體文。君力主雅正，弗事搜典墳。五城十二樓，何嘗輪奐紛。眞氣自結構，隔絕人間氛。方謂一瓣香，可以時時薰。忽然天風來，吹君入青雲。櫻下舊講堂，至今期會勤。廬陵暨眉山，卓卓治行聞。官閣松廚開，宿醲梅花醞。脫稿倘相贈，望遠情殷殷。」（《亦有生齋集》詩卷一九）

蔣士銓詩詞（三十卷本）在京師刻竣，謝蘊山啟昆覓得一部，寄示甌北。

《心餘詩已刻於京師，謝蘊山太守覓以寄示，展閱累日，為題三律》：「邢尹同時要比妍，今朝得睹豹斑全。死疑靈運先成佛，生本青蓮是謫仙。才大已推香象渡，名高久壓野狐禪。凌雲意氣談天口，彷彿音容尚眼前。」「談忠說孝氣崚峋，卅卷詩詞了此身。於世僅增倉一粒，斯人已轂弩千鈞。三年刻楮成何事，六博呼盧大有人。太息儒冠眞自誤，可憐無補費精神。」「蓋棺難更句雕搜，後死應堪勝一籌。歎我亦將成弩末，比君仍未進竿頭。生前遊蹟餘鴻爪，老去名心付貉丘。詩草兩家俱在世，不知他日孰長留。」（《甌北集》卷三三）

【按】《忠雅堂集校箋·前言》謂：蔣氏詩集，據尚鎔《三家詩話》，云「一刻京師，再刻於揚州，皆在身後」。（第16頁）甌北之詩，又為蔣氏詩詞最早刊本之考據，提供重要佐證。知京師刊本，乃詩詞並收，凡三十卷。

袁枚因腹疾而久不愈作歌自挽，並約好友不拘體、不限韻和其自挽詩。久候不至，大概於冬十月間來揚州，催友朋預作挽詩。

《子才到揚州預索挽詩，戲和其韻。意有未盡，又增二首》：「薤露如何可預支？渡江來似別交知。得詩恐爾真歸去，不覺低徊下筆遲。」「年壽何人不祝延，怪君撒手獨超然。可應舊籍樵陽在，謫限完時又作仙。」「君果飄然去返真，讓儂無佛易稱尊。只愁老境誰同調，獨立蒼茫也斷魂。」「生平花月最相關，此去應將結習刪。若遇麻姑休背癢，恐教又罰到人間。」「修短終須聽太空，莫將殘錦散諸公。還防老學菴燈火，絆住山陰陸放翁。」（《甌北集》卷三三）

【按】袁枚《諸公挽章不至，口號四首催之》：「久住人間去已遲，行期將近自家知。老夫不肯空歸去，處處敲門索挽詩。」「挽詩最好是生存，讀罷猶能飲一尊。莫學當年癡宋玉，九天九地亂招魂。」「休怪斯人萬念空，一言我且問諸公。韓蘇李杜從頭數，誰是人間七十翁？」姚鼐亦和詩曰：「龍飛四歲一詞臣，嘯詠江山五十春。莫怪尊前未了語，當時同輩久無人。」「一代文章作漢家，爭求珠玉散天涯。替人未得公須住，天上寧無蔡少霞。」「宮闕前朝蹟惘然，隨園花竹獨清妍。滄桑憑弔雖難免，且願從遊更數年。」「起行拋杖坐吟詩，豈是膏肓不可治。自此但留貞疾在，也堪談笑卻熊羆。」「氣聚升成五色霓，倏將散與太虛齊。海山兜率猶粘著，那更投生向玉溪。」（《小倉山房詩集》卷三二）又，《隨園先生年譜》於「乾隆五十五年」下記曰：「春掃墓杭州，寓西湖孫氏寶石山莊，臨行賦云：『……』孝思交誼，至老益篤。復疾久不愈，作歌自挽，遍索和詩。」未敘及去揚州事。甌北詩稱「子才到揚州預索挽詩」，知其本年曾到揚州，可補袁氏年譜記載之不足。

十二月，《陔餘叢考》編竣，將付梓。

【按】《陔餘叢考·小引》謂：「余自黔西乞養歸，問視之暇，仍理故業。日夕惟手一編，有所得，輒箚記別紙，積久遂得四十餘卷。以其為循陔時所輯，故名曰《陔餘叢考》，藏篋衍久矣。睹記淺狹，不足滿有識者之一笑。擬更廣探經史，增益成書，忽忽十餘年，老境浸尋，此事遂廢。兒輩從敝篋中檢得此稿，謂數年心力，未可拋棄，遂請以付梓。博雅君子，幸勿嗤其窵陋。其中或有謬誤，更望賜之駁正，俾得遵改焉。」末署「乾隆五十五年庚戌嘉平月趙翼識」。知此書成於本年臘月。嘉平月，即陰曆十二月。《史記·秦始皇本紀》：「三十一年十二月，更名臘曰嘉平。」

本年，為廷俊娶婦湯氏。是年冬，又辭揚州安定書院教席。

《舊譜》：「是年爲廷俊娶婦湯氏。」

【按】廷俊娶妻時間，未見確切記載。又，甌北於辛亥年（乾隆五十六年）所作詩，僅兩處與揚州有關，一爲賀秦西巖七十大壽，一爲祝李保泰五十初度。余則敘夏季遊廬山詩居多，或去吳門、江寧訪友。若仍身兼教職，不可能如此悠哉遊哉。筆者以爲，甌北爲償登覽廬山之夙願，當暫卸安定書院之教職。姑繫於此。

乾隆五十六年辛亥（1791）　六十五歲

【時事】　正月，尹壯圖被撤職治罪。《嘯亭雜錄》卷七《尹閣學》條，曾載查勘庫藏虧空之事原委，稱：「尹閣學壯圖，雲南蒙自人。成丙戌進士。久歷部曹，始洊至內閣學士。時和相專擅於內，福文襄豪縱於外，天下督撫習爲奢侈，因之庫藏空虛，民業凋敝。公夙知其弊，故上疏詳之，純皇帝爲之動色。和相忌公所爲，因奏即命公馳傳普查天下府庫虧空，而令侍郎慶成監之。慶固貪酷者，每至省會，初不急爲盤查，而先遊宴終日。惟公枯坐館舍，舉動輒爲肘掣，待其庫藏挪移滿數，然後啓之榷對，故初無虧絀者。慶以公妄言劾之，降爲主事，公即告終養歸。當其草疏夜，秉燭危坐，竟夕抄錄，其弟英圖代爲之危，屢窺其戶。公笑曰：『汝照常困眠，不必代兄憂慮，區區頭早懸之都市矣！汝代余養老親之天年可也。』其忠鯁也如此。」本月，調劉墉爲禮部尚書，紀昀爲左都御使。二月，御試翰林詹事等官，擢阮元、吳省蘭爲一等，餘升黜有差。三月，乾隆帝諭示國史館，稱張元錫不應列入《貳臣傳》。謂：「張元錫於任直隸總督時，值孫可望降附，學士麻勒吉齎勅往迎。至順德府，元錫出迓，麻勒吉責其失儀，加以呵辱，元錫歸，引佩刀自刺，以家人救，未絕。經巡撫董天機奏聞，命學士折庫納往究，並令赴京質對。元錫具陳麻勒吉苛索凌辱情狀，下九卿科道，議將麻勒吉革職，旋經降級留任。數月後，元錫復自縊身死等語。朕閱此情節，當時開國之初，滿漢不無意存歧視，此案自係祖護滿洲，故於麻勒吉議從末減。試思張元錫接見麻勒吉時，若非任意需索、肆行呵斥，種種受辱難堪，何至以總督大員遽爾輕生自刎。迨赴京對鞫，復未將伊屈抑之處爲之申理，致張元錫含冤莫雪，仍復自縊。麻勒吉妄作威福，情罪甚大，設在此時，朕必當寘之重典，決不稍爲寬貸。至張元錫服官本朝，並無劣

蹟，雖係明季庶吉士，未經授職，與曾任前明清要靦顏改節者不同，非但不應列入《貳臣》乙編，並不應編列《貳臣傳》內。乃國史館臣不加詳審，輒與馮銓、龔鼎孳諸人一例編輯，該總裁亦不免存偏護附和之見。著飭行該館從前所辦諸臣列傳，有身事本朝而在勝國時僅登科第未列仕版者，均著查明改正，毋庸概列貳臣，以昭信史。朕彰善癉惡，一秉大公，於偷生貪祿、行同犬彘之流，即身後亦不能幸邀寬假。而覈其事蹟，與貳臣有間者，則必加以區別，使薰蕕不致混淆。」(《國朝宮史續編》卷八八《書籍十四》)四月，彭元瑞以瞻徇降侍郎，命孫士毅為吏部尚書。以書麟為兩江總督，長麟暫署。調馮光熊為山西巡撫。以姜晟為湖南巡撫。(《清史稿》卷一五《高宗紀六》)五月，乾隆帝秋獮木蘭，駐蹕避暑山莊，八月中旬始至木蘭行圍，九月初始迴避暑山莊。六月，蔣兆奎以甘肅布政使調任山西。八月十一日，帝於避暑山莊，命皇子、皇孫、曾孫校射，玄孫載錫年方八歲，竟五發三中，帝賜以黃褂。遂憶及己十二歲時，隨皇祖康熙帝校射連中五矢之事，以為後繼有人，甚為快慰。九月，諭示內務府衙門等，不得將南府學藝人等入於包衣旗下，曰：「南府學藝人等，乃國家歲時宴會備用音樂所必需。內務府包衣人等，皆朕之旗下臣僕，其俸餉皆有定額。若將京師漢人、蘇州優伶及太監等之弟、姪、子、孫入於內府，三旗勢必分占包衣人等挑錢糧地步。但此項人內，如果實心黽勉、效力有年者，或將其一、二人酌入包衣尚可，第不得任意多入。是以朕臨御以來，將此輩入於包衣者甚少，從未有因其懇恩即行率准者，此事在朕躬可以自保，惟恐後世子孫偶失檢點，或因若輩乞請，率意准行，難為豫必。著交總管內務府大臣加意存記，將來朕之子孫不得任意多將此項人等入於包衣旗下，倘諫勸弗納，必欲將此輩入旗，可執朕此旨毅然諫阻。著將此旨於阿哥書房、軍機處總管、內務府衙門各錄一道尊藏。」(《國朝宮史續編》卷四《訓諭四》)本月，命劉墉署吏部尚書。十月，宥閔鶚元罪，命金簡、彭元瑞為滿、漢工部尚書。十一月，授福康安為將軍，海蘭察、奎林為參贊，征廓爾喀。以陳淮為貴州巡撫。十二月，原浙江巡撫覺羅琅玕，「坐監修浙江海塘工程損壞，琅玕在任未親勘，詔責賠修，應銀二十二萬七千有奇，免其半」(《清史稿》卷三五八《覺羅琅玕傳》)。

本年，吳縣潘奕雋在里觀演火焰山收服紅孩兒及濟顛僧服虎醒妓二劇，紀以詩。

陽湖洪亮吉自榜所居為「上下三千年縱橫二萬里之軒」，張問陶貽以「謗

諛滿耳盡無端」詩。

四川張問陶還蜀，道洛陽，與武進徐書受會櫻桃溝。

武進趙懷玉刻唐獨孤及《毗陵集》二十卷。

嘉定錢大昕纂《元史藝文志》四卷、《元史氏族表》三卷、《唐學士年表》一卷、《五代學士年表》一卷、《宋中興學士年表》一卷，此年有成稿。

吳縣石韞玉官北京翰林院，以詩題所見徐霞客像。

嘉定王鳴盛目瞽三年，由針醫閔生治癒，趙懷玉賀以詩。

浙江吳錫麒主真州書院，儀徵詹肇堂（石亨）從學。

直隸舒位遊浙江石門，作長詩《蘭州水煙篇》。

武進莊繩祖死，年七十五。

阮元升授詹事府少詹事，旋奉旨南書房行走，修纂內府各書畫為《石渠寶笈》。（《雷塘菴主弟子記》卷一）

焦循館於牛宅，識吳縣周采岩（名瓚），效其作工筆畫。（《焦理堂先生年譜》）

王念孫作《晉授奉政大夫福建邵武府同知沈公墓碑》。（《王石臞先生年譜》）

【本事】正月中旬，往揚州，為賀秦西巖鐄七十大壽。

《西壩前輩七十壽詩》：「燈節才過月未斜，長筵燕喜泛流霞。廿科臺館真前輩，兩世蓬瀛有幾家。稷下荀卿推祭酒，城南韋曲擅名花。稱觴恰好添佳話，桃李門前到使車。」「帝識臣家住舊城，讀書氣味老逾清。和詩不肯為降將，飲酒常嫌對老兵。九曲湘猶歌惠澤，二分月每助吟情。蒲輪故事看他日，會見耆儒對邇英。」（《甌北集》卷三四）

【按】詩稱「燈節才過月未斜」，知甌北此次來揚州，當在正月二十日之前。

此後未久，為五子廷彥完婚。是年，廷彥年十九。

《舊譜》：「廷彥婦徐氏童養於家，是年完婚。」

《彥兒完婚》：「花燭交輝又一時，男婚已畢女猶遲。如何垂白龍鍾叟，頻向名山展限期。」（《甌北集》卷三四）

近年，柔媚圓滑、崇尚豪奢之風甚熾。甌北目睹世風日下，慨然有作。

《詠火》：「五行性各殊，惟火最英烈。遇剛必柔之，汁金而灰石。又使柔者剛，淖泥炙成甓。所秉只陽明，陶鑄見神力。古來豪傑流，誰不本此德。

不爾當艱鉅，何以有豎立？奈何世風趨，脂韋日成習。徒誇圓而神，已愧生也直。所以有志士，耿耿一腔熱。與爲劉棉彈，寧作石爆烈。」（《甌北集》卷三四）

《借兒衣見客戲筆》：「我性愛樸素，尚有官時衣。兒輩偶出門，或來借一披。及兒既婚娶，各裁紅女絲。我出揖貴客，乃反一借之。俯仰十年間，奢儉頓異規。家風已如此，家運概可知。」（《甌北集》卷三四）

《所見》：「登徒縱好色，不愛白髮婆。奈何六十翁，千金買青娥。燈下見粲者，興酣方顏酡。豈知對面人，已窺兩鬢皤。芳情早不屬，暗滴紅淚多。此復有何歡，盍誦斧伐柯。」（《甌北集》卷三四）

此時尚寫有《忽夢鎮安舊遊》、《美人風箏》（《甌北集》卷三四）諸詩。

正月末，赴江寧，謁訪袁枚於隨園，並拜訪兩江總督孫士毅。

《遊隨園題壁》：「名園欲訪屢愆期，到及梅花正滿枝。惟恐長爲門外漢，特來親賦畫中詩。林亭曲折文人筆，牆壁淋漓幼婦詞。名滿九州身一壑，輞川莊遂屬王維。」「結構憑何粉本摹，危欄絕磴路縈紆。峰回巧作東西崦，水復流爲裏外湖。喬木十圍人共老，名山一席客爭趨。問渠何福能消受，四十年來住畫圖。」（《甌北集》卷三四）

《謁補山制府奉呈》：「三江行省駐蜿蜒，帝爲南邦簡老成。令肅百城無墨吏，官高一品尚書生。回瀾力大關風氣，霽月光澄見性情。騎竹兒童扶杖叟，何人不識玉壺清？」「敭歷崇班廿載長，濟時偉略益恢張。潞公精力逾年少，韓尉勳名重晚香。地步獨爭千仞壁，子孫自有百株桑。封疆入相尋常事，要看他年史冊光。」「鬅鬙才蒼面渥丹，天人姿稟世驚看。望高已共尊三老，才大疑兼用五官。餘事作詩還倚馬，殊方著錄有駼騹。始知佛說神通現，樓閣華嚴一指彈。」「滇徼黔疆忝弟昆，雲泥猶荷念寒溫。書來問訊皆親筆，話到存亡有淚痕。庾信自傷枯樹賦，鄭公還訪浣花村。趙承能不心傾盡，半爲勳高半誼敦。」（《甌北集》卷三四）

【按】《遊隨園題壁》詩稱，「到及梅花正滿枝」，知當在春初正月末。杜甫《江梅》詩曰：「梅蕊臘前破，梅花年後多。」（《全唐詩》卷二三二）所寫正是此季候。又，據載，「句容書吏冒徵事覺，總督書麟獲罪，上以江蘇爲財賦重地，官吏最易滋弊，必老成幹練者始克勝任，非孫士毅不可，遂調兩江總督。士毅初到江南，民遮訴者，多涉官吏，奏請別其重輕，親提研鞫。上鑒江蘇吏治廢弛已久，敕士毅毋稍徇隱，以整官方。

徐州王平莊漫口未合，士毅馳抵毛城鋪修築堤堰，碭山、蕭縣、宿州、靈璧及睢寧之十三社皆被水，力籌疏泄與撫恤事，胥稱旨。五十六年夏，授吏部尚書、協辦大學士」（《清代七百名人傳·孫士毅》）。又據《清史稿·疆臣年表》，乾隆五十五年五月，兩江總督書麟被革職，由福崧暫署。至六月，孫士毅出任兩江總督。又至五十六年四月，孫士毅內遷，仍由書麟任兩江總督。由此可知，甌北拜訪孫士毅，是在其上任半年多後。

錢竹汀大昕、王西莊鳴盛皆患目疾，特往蘇州探視，並對其才學推崇不已。

《反曜目篇，壽西莊七十》：「好書如好色，遇輒與目成。當其悅心處，不減對傾城。所以耽文史，亦名為書淫。淫則必有罰，咎惟兩目任。先生探浩博，萬卷羅縱橫。晝竭一線晷，宵爐五寸檠。有如訪佳麗，欲遍姬姜嬴。乃招天公妬，彊奪雙青睛。有花使霧看，無燭使夜行。謂可示懲報，陳編難披尋。豈知盲其目，不能盲其心。翻令收視中，覃思益專精。照幽慧燈朗，記事胸珠明。盂掩且射覆，鏡聽兼卜聲。遂比那律多，冥觀洞八瀛。天公顧而笑，困之乃益亨。由來禁好色，莫禁相思情。還他正法眼，炳燭追荀卿。拔釘淬速去，刮錔翳弗縈。依然兩清矑，秋水光盈盈。宋豔消永日，黃奶娛深更。直至方瞳年，岩電常晶熒。」（《甌北集》卷三四）

《吳門晤西莊、竹汀》：「握手相看鬢各皤，那禁老子此婆娑。後來良晤知猶幾，海內名流漸不多。世以博聞推敬播，天留微疾養維摩。朋簪最羨居相近，同在吳門步屧過。」（《甌北集》卷三四）

【按】《吳門晤西莊、竹汀》詩「天留微疾養維摩」句後注曰：「二公皆有目疾。」

查映山瑩，以擅書馳名，然仍虛懷若谷，作《學書圖》。甌北欣然題句，為映山謙虛好學之態度而讚歎不已。

《題漕使查映山侍御學書圖》：「捉襟太好奇，濡頭亦作顛。惟有雅人致，含毫意逸然。先生金閨彥，臨池數十年。絹必書始染，硯因磨欲穿。古香寶晉墨，重價收唐箋。卓然自成家，健筆凌雲煙。宮榜屬韋誕，殿壁資誠懸。虛懷乃自下，猥曰願學焉。作圖寄清興，白描倩龍眠。疎梧蔭高齋，揮翰何翩翩。尺幅百丈勢，雙腕千鈞權。想見心手調，神行貫中邊。擁節來揚州，行臺依老禪。令蕭政多暇，楷法彌精專。丐書戶屢滿，不取潤筆錢。一笑公

清絕，筦漕百萬船。翻寫乞米帖，佳話良可傳。」(《甌北集》卷三四)

另有《蝦簾四十韻》(《甌北集》卷三四)一詩。

【按】查瑩(1745～1803)，字韞輝，又字映山，浙江海寧人。《國朝御史題名》：「查瑩，字韞輝，號映山，山東海豐籍，浙江海寧人。乾隆丙戌進士，由翰林院編修考選山西道御史，升吏科給事中。」又曾官湖北學政。(《長蘆鹽法志》卷一七)清汪如洋《題查映山先生學書圖》詩謂：「海寧書派祖香光，詹事聲名老擅場。此日蘭臺餘韻在，范家傳硯墨痕香。」「卅年姻婭兼同譜，先子交情翰墨知。太息生平同此嗜，一衫如皀苦裁詩。」「匆匆韜管賦皇華，拋卻書堂竹蔭斜。好去襄陽虹月舫，驛亭山寺早籠紗。」(《葆沖書屋集》外集卷二)王文治有《查映山黃門學書圖四首》：「草聖書仙夙擅場，玉堂灑翰爛銀光。誰知高館梧陰下，猶自臨書日數行。」「鵝鶒雲淶晝漏移，豸冠凜凜退朝時。諫書盛世由來少，餘事從容寄墨池。」「聞說東坡有定論，讀書萬卷始通神。若參本分書禪破，萬卷還應隔一塵。」「歲晚滄江變二毛，每勞旌葢賁蓬蒿。頻年閒卻扶犂手，霧眼昏花怕染毫。」(《夢樓詩集》卷二一)

夏四月，離家出遊，經滁州、清流關、大柳驛，渡淝水，往黃梅。

《黃梅驛遇雨》：「行盡灊山天宇空，地名物候巧相同。黃梅時節黃梅雨，正在黃梅驛路中。」(《甌北集》卷三四)

此時尚寫有《滁陽王廟》、《清流關》、《大柳驛相傳爲趙韓王授徒處》、《淝水》(《甌北集》卷三四)諸詩。

【按】濠州，今安徽鳳陽。《明史》卷一二二《郭子興傳》曰：郭子興「任俠，喜賓客。會元政亂，子興散家資，椎牛釃酒，與壯士結納。至正十二年春，集少年數千人，襲據濠州。太祖往從之。門者疑其諜，執以告子興。子興奇太祖狀貌，解縛與語，收帳下。爲十夫長，數從戰有功。子興喜，其次妻小張夫人亦指目太祖曰：『此異人也。』乃妻以所撫馬公女，是爲孝慈高皇后。」《欽定大清一統志》卷九〇：「滁陽王廟，在州(滁州)東沙河上。王圻《續文獻通考》：洪武二年立滁陽王廟，以祀郭子興。」

清流關，安徽滁縣西北二十五里有清流山。山上有關，當諸山缺口，據江淮之沖途，後周趙匡胤襲南唐，破李璟兵十五萬於此。明李賢等撰《明一統志》卷一八謂「清流關」：「南唐置關，地極險要，其將皇甫暉

與周師戰敗，欲退保滁州，尋被擒，即此地也。」清查慎行有《清流關》詩，曰：「低迷野氣中，路斷遇崖嶮。陡然拔千丈，直上非由漸。行子中州來，岩關此爲險。其西道尤惡，石滑破馬膽。步行到關門，一往生勇敢。長風卷林薄，敗葉撒雨點。豁達眼界開，晶熒日光閃。少休得古寺，徐使神氣斂。想當割據初，外戶晝長揜。寧知暉鳳擒，猿鳥就籠檻。邇來幾易代，地僻設防減。僧房同啓閉，鎖鑰誰複檢。經過亦偶然，形勝窮一覽。」（《敬業堂詩集》卷二○）

大柳驛，《欽定大清一統志》卷九○：「在州（滁州）西北六十里，有丞。」宋王銍《默記》（卷上）曾載：「藝祖仕周世宗，功業初未大顯，會世宗親征淮南，駐蹕正陽，攻壽陽劉仁贍未下，而藝祖分兵取滁州，距壽州四程，皆大山，至清流關而止。關去州三十里則平川，而西澗又在滁城之西也。是時江南李璟據一方，國力全盛，聞世宗親至淮上，而滁州其控扼，且援壽州，命大將皇甫暉、監軍姚鳳捷提兵十萬扼其地。太祖以周軍數千，與暉遇於清流關險路，周師大敗。暉整全師入憩滁州城下，令翌日再出。太祖兵再聚於關下，且虞暉兵再至，問諸村人，云有鎮州趙學究在村中教學，多智計，村民有爭訟者，多詣以決曲直，太祖微服往訪之。」趙匡胤採用趙普計，下滁州、壽州，盡收淮南之地。《欽定大清一統志》卷八九《穎州府》：「淝水，自蔡河分流經太和縣北九十里、亳州南八十里、阜陽縣北一百十里，又東經潁上縣東北六十里，又東南流至壽州入淮，即古夏淝水也，亦名淝河。」

甌北詩之用典，既與其史學研究相關，亦受清中葉考据學風之影響。

由柴桑南去，抵東林寺，登廬山，遊秀峰寺、昭明讀書臺，賞棲賢寺瀑布，夜宿棲賢禪院。次日，又遊白鹿洞書院，觀明王文成陽明紀功碑，弔岳母墓，遠眺剝皮山。

《廬山紀遊》：「廣陵濤接潯陽濤，夜夢五老來相招。趣辦芒鞋青竹杖，要我去踏廬山高。山靈此約意良厚，那禁屢及窒皇走。遊山不憚千里遙，癡興古來亦罕有。江西詩派江西人，大都少肉多骨筋。廬山亦復犯此病，青屛片片摩穹旻。要其靈秀有獨絕，雲爲海綿瀑天紳。必逢蘭若始一憩，不是遊山是遊寺。四禪林乃各擅奇，占盡泉聲與嵐翠。右軍墨池僅方塘，昭明書臺亦已荒。萬杉之杉不盈百，棲賢舍利黯不光。寺貧僧亦少粲可，蹟湮碑並無宋唐。惟有景光略不改，銀河仍掛三石梁。炮轟直與霹靂鬥，鼎沸不許蛟龍

藏。五老鬢眉更奇古，昂精所化頎而長。見我裹糧踐宿諾，似為拱揖相低昂。
我來歷遍諸方丈，移步換形莫名狀。興夫十二健驟九，如此遊山太豪放。當
年李、白、歐陽、蘇，未必有此行色壯。獨愧前賢寂寞遊，其人已往名長留。
未知今日扶筇叟，可有人傳趙倚樓。」（《甌北集》卷三四）

《王文成公紀功碑》：「粵西歸德峽，見公摩崖名。今讀廬山碑，駿烈彌
崢嶸。維時變猝起，稱戈出宗盟。殺吏據都會，欲徑趨陪京。公在震鄰中，
羽檄張虛聲，使之遲疑間，下游皆守城。迨賊沸唇出，急搗巢穴傾。攻其所
必救，邀之於歸程。鄱湖水流血，樵舍風偃旌。遂令老劉澤，一戰縻長纓。
偉哉儒者績，討逆談笑成。所率皆文吏，所用皆民兵。滔天禍變劇，一月手
削平。亂同張方壘，攻逾亞夫營。嗚呼豈異人，公亦一書生！」（《甌北集》
卷三四）

另有《昭明讀書臺》、《題秀峰寺即古開先寺所藏十王預修經圖並陀羅尼
經後》、《棲賢寺瀑布》、《夜宿棲賢寺》、《白鹿洞書院》、《岳母墓》、《剝皮山》、
《廬山雜詩》（《甌北集》卷三四）諸詩。

【按】據明嘉靖間桑喬《廬山紀事》（《豫章叢書》「史部三」）所載，東林
寺，在廬山北麓，翻經臺又南下為東林寺，乃晉沙門慧遠之道場。《欽定
大清一統志》卷二四四《九江府》謂：「東林寺，在德化縣南廬山麓。晉
太元九年慧遠創建，謝靈運為鑿池種蓮，號蓮社。初為律寺，宋改為禪
寺。紹興間毀，明洪武六年重修，本朝順治十三年重建。」

開先寺，在鶴鳴峰下。黃庭堅撰有《開先禪院修造記》，後改稱秀峰
寺。《明一統志》卷五二《南康府》謂：「開先寺在廬山下，舊傳梁昭明
太子棲隱之地。」《欽定大清一統志》卷二四三《南康府》載：「秀峰寺，
在星子縣西十五里廬山南麓，舊名開先。本南唐李中主書堂，後為寺。
宋太平興國二年賜名開先華藏，明天順初復舊名。本朝康熙四十二年聖
祖南巡至杭州，御書《般若心經》及梁江淹《從建平王登廬山香爐峰》
詩頒賜寺中。四十六年又賜御書『秀峰寺』扁額。四十八年重修，五十
七年又修大殿、建御書樓。」王文成陽明紀功碑，在開先寺。袁枚有《到
廬山開先寺，讀王文成紀功碑二十四韻》（《小倉山房詩集》卷三〇）一
詩，稱王陽明「學異朱元晦，功同周亞夫」，可與甌北詩對讀。《廬山紀
事》卷四「開先寺」注引王守仁題識曰：「正德己卯六月乙亥，寧藩宸濠
以南昌叛，稱兵向闕，破南康、九江，攻安慶，遠近震動。七月辛亥，

臣守仁以列郡之兵復南昌，宸濠擒，餘黨悉定。當是時也，天子聞變赫怒，親統六師臨討，遂俘宸濠以歸。於赫皇威，神武不殺，如霆之震，靡擊而折。神器有歸，孰敢窺竊？天鑒於宸濠，式昭乎皇靈，嘉靖我邦國。正德庚辰正月晦，提督軍務都御史王守仁書。」從征官屬列於左方，在讀書臺。昭明讀書臺，在開元寺後，或以爲中主讀書臺、梁昭明讀書臺，均爲附會。

棲賢寺，《欽定大清一統志》卷二四三《南康府》載：「棲賢寺，在星子縣五老峰下，南齊參軍張希之建。唐李渤嘗讀書於此，本朝康熙六年重修建。」寺以渤故，謂之棲賢，蘇子由撰有《棲賢寺記》。所謂棲賢寺瀑布，當爲寺東玉淵潭上之瀑布。「玉淵潭，在棲賢寺側三峽澗中。諸水合流，奔注潭中，驚波噴空瀉下。三峽潭上有白石如羊，橫亙中流。其南爲三峽橋，長幾百尺，橫絕大壑。橋下有龍潭，曰金井。兩崖石皆紫赤角立，軒軒然，如壯士戴橋立者。其東有招隱泉，泉出石龍首中，瀉下三峽澗，彙爲巨潭，曰石橋潭。唐陸羽《茶經》品其水爲天下第六，舊有陸羽亭，今廢」（《江西通志》卷一二《山川六‧南康府》）。

白鹿洞書院，唐李渤讀書處，在廬山五老峰南。

甌北每遊一處，必考其淵源、掌故，足見知識之淵博。

歸途，大雨連日，然遊興未減，登庾樓，宿九江能仁寺，弔橋公墓，經舒城（今屬安徽），追憶周公瑾道南推宅事。

《歸途連日大雨》：「沒髁泥深跋涉勞，歸途霪雨又風濤。僮奴竊笑老何苦，只爲遊山興太高。」（《甌北集》卷三四）

另有《庾樓》、《九江宿能仁寺》、《橋公墓》、《舒城有感於周公瑾道南推宅事》（《甌北集》卷三四）諸詩寫於此時。

【按】庾樓，《欽定大清一統志》卷二四四《九江府》謂：「庾樓在府治後，濱大江，其磯石突出江干百許步，相傳晉庾亮鎮江州時所建。按：此因《晉書‧庾亮傳》有秋夜登南樓之事而傅會也。亮時江州，自鎮武昌，不在潯城，史傳甚明。李白詩『清景南樓夜風流』，在武昌，亦未嘗誤。白居易詩云：『潯陽欲到思無窮，庾亮樓南潯口東』，自後遂爾傳訛。」能仁寺，《欽定大清一統志》卷二四四《九江府》載：「能仁寺在府治東，梁建，舊名承天院，明宏治中改今名。」《江西通志》卷一一三《寺觀三》「九江府」謂：「能仁寺在府治東，肇自梁武，舊名承天院。宋仁宗時白

雲端禪師大開法席，元祐間有鐵佛乘石船於江上託夢，寺僧相迎。元末兵毀，明洪武十二年重建，弘治改今名。崇禎七年，巡道王思任修，後僧古岩再修。」

　　橋公墓，《欽定大清一統志》卷七六《安慶府》載：「橋公墓在潛山縣北。《名勝志》：漢太尉橋元（玄）墓，在縣七里彰法山廣教寺後。按《後漢書·橋元（玄）》：梁國睢陽人。歷太尉，以病免，就醫里舍，至元和六年卒。是元（玄）未嘗退隱於皖也。《三國·魏志》：建安七年，曹公軍譙至濬儀治睢陽渠，遣使以太牢祀，元（玄）自為文以祭，是橋元（玄）墓固應在睢陽也。《三國·吳志·周瑜傳》：從孫策攻皖，拔之。得橋公二女，策自納大橋，瑜納小橋。又裴松之《注》引《江表傳》：策戲瑜曰：『橋公女雖流離，得我二人作婿，亦足為歡。』是時建安四年，去橋公之沒已十有六年，而其女或失所依，自梁遷皖，故策歎其流離，未可知也。《太平寰宇記》謂二橋即漢末橋公女。後人以橋公史不書名，又載破皖得二橋事，遂以橋元（玄）嘗遊寓於此。《志》載其居而並載其母墓，亦事之傳疑者歟？」《三國志·吳志·周瑜傳》謂：「瑜長壯有姿貌。初，孫堅興義兵討董卓，徙家於舒。堅子策與瑜同年，獨相友善，瑜推道南大宅以舍策，陞堂拜母，有無通共。」甌北詩所敘，即此事。

甌北著述數種，皆李保泰代為審訂。保泰五十初度，甌北為詩以賀。

　　《壽齒生郡博五十初度》：「婁東古學有遙津，一瓣香傳著述身。早歲便成名進士，中年漸作老詩人。門因問字常多客，壁可分光肯借鄰。黃菊正催新釀熟，為君釃酒祝長春。」「通籍先辭作吏緣，一官甘就廣文氈。已無賒願騎揚鶴，曾有遊蹤訪蜀鵑。吟稿歲增詩一寸，購書日損俸千錢。錦江春色邗江月，總與先生琢句傳。」（《甌北集》卷三四）

　　此時另有《題洪建侯梅花小照》（《甌北集》卷三四）一詩。

　　【按】《壽齒生郡博五十初度》「壁可分光肯借鄰」句後注曰：「拙刻數種皆君訂正。」

　　洪建侯，即洪錫豫。「江蘇人，年三十三歲由附貢生遵川楚善德籌備事例，捐納道員，分發廣西。嘉慶五年十二月內發往廣西試用道」（《清代官員履歷檔案全編》第 2 冊第 545 頁）。袁枚《隨園詩話》卷一四謂：「揚州洪錫豫，字建侯，年甫弱冠，姿貌如玉，生長於華腴之家，而性

耽風雅，以詩書爲鼓吹，與名流相過從。昔人稱謝覽芳蘭竟體，知其得於天者異矣。爲余梓《尺牘》六卷。寄詩請益，其《暮雨》云：『衰柳拂西風，蟲鳴亂葉中。片雲將暮雨，吹送小樓東。螢火生寒碧，簷花墜小紅。那堪終夜裏，蕭瑟傍梧桐。』《春日》云：『青蓑白袷了春耕，上冢人歸月二更。燈影半殘眠未穩，碧空吹落紙鳶聲。』意思蕭散，眞清絕也。」《贈揚州洪建侯秀才》詩又謂：「天瑞五色雲，人瑞鄭仁表。從來天上石麒麟，一落人間名最早。洪郎二十貌清華，生長膏腴舊世家。家有園亭迎聖主，門多冠蓋賞瓊花。孩提便把平原繡，服飾爭將臨汝誇。誰知郎意蕭然遠，一朵青蓮泥不染。朝披書卷誦愔愔，暮對幽人吟緩緩。自采香芹一莞然，肯將崔烈三公換。與儂兩代締雷陳，昨歲相逢臘底春。聲聆雛鳳心先喜，玉倚蒹葭意倍親。特借僧廚欵摩詰，代刊尺牘寵陳遵。蒙刻《隨園尺牘》。回思三十年前事，琴歌酒賦分明記。桃花扇底月三更，畫錦堂前人一世。己卯秋，令祖魏笏先生招看《桃花扇》。轉眼滄桑萬事空，抽黃轉綠夢重重。蘇蘷有子眞難得，張老雖衰頌未終。相期手折今秋桂，直上蓬山第一峰。」（《小倉山房詩集》卷三二）知其爲洪魏笏孫，生長於富裕之家，並曾爲袁枚刻《隨園尺牘》。「洪徵治，字魏笏，歙縣人。子肇根，字向宸；肇松，字奎芳，並世其父醠業。奎芳子錫豫，字建侯，工於詩」（《揚州畫舫錄》卷一〇）。湯貽汾作有《過庾嶺值梅花盛開，憩曲江祠，與僧定觀各鼓琴一曲，留題。時偕洪建侯觀察送暹羅使臣南旋》詩，曰：「山僧爲我拂征塵，愛問南還幾雁臣。是昨曾來原故我，便新相識總勞人。定觀與建侯初識面。彈琴一博梅花笑，題壁同防丞相瞋。明日篷窗堪寫照，者回剛見嶺頭春。予擬作《梅嶺逢春圖》。」（《琴隱園詩集》卷九）

秋，聞知王西莊鳴盛目疾已瘉，雙目復明，能觀書作字，欣喜不已。

《春間晤西莊於吳門，因其兩目皆盲，歸作反矄目篇，祝其再明。詩成尚未寄，秋初接來書，知目疾竟已霍然，能觀書作字。鄙人不禁沾沾自喜，竊攘爲拙詩頌禱之功，再作詩以貽之，西莊當更開笑眼也》：「七發能起病，一檄可愈風。少陵詠髑髏，癰鬼避血紅。彼皆待披讀，始祛劇疾攻。豈如鄙人詩，祝公明雙瞳。詩成未及寄，公已豁霧霵。捷於灰飛管，驗若霜鳴鐘。婆羅門善呪，無此大神通。道士拜赤章，枉費斗檢封。一笑呂子明，果非舊阿蒙。自茲正法眼，岩電逾昭融。目力所透處，牆壁洞幾重。撮蚤易拾芥，

懸虱便引弓。不畏騎瞎馬，仍堪數飛鴻。字毋煩手摸，花詎愁霧籠。重翻插架書，快比故舊逢。生平未定稿，戢戢束萬筒。蠅頭積細碎，牛毛散氍毺。挑燈自排纂，縷縷入紀緵。訂訛瞻奏叟，指迷瞽導童。遂使天下目，障翳盡掃空。人呼照天燭，自喜磨鏡銅。得不歸功我，一詩挽化工。公方開壽宴，廣坐笑眼同。速演玲瓏曲，滿酌玻璃鍾。待余來稱祝，敬酬刮膜功。」（《甌北集》卷三四）

錢竹初維喬新居落成，風景清雅，心向往之。

《賀錢竹初移新居有林壑之勝》：「精舍頻年構始完，移居人比葛洪看。城無山水堪攜杖，家有林巒值掛冠。別墅王維經一卷，小園庾信竹三竿。知君自寫胸中稿，付與工師築考盤。」「十笏香嚴結淨緣，養閒難得是中年。草堂將寫種司諫，州宅堪誇白樂天。絲竹肉應隨處設，畫詩書總後來傳。家門本占蓬瀛籍，君舍天仙作地仙。」（《甌北集》卷三四）

【按】錢竹初所築小園，在邗溝之東，名之曰「半園之半」。《竹初詩文鈔》文鈔卷二《半園之半記》略曰：「錢子既歸田，卜居邗溝東，蓋唐雲客先生半園之故址也。其西有池久湮，半存鄰宅，水猶淵然。錢子濬所有約數丈，渟泓紆折，居然有池之半矣。聞舊有卉木，鞠為茂草，其半則喬柯森蔚，陰垂隔垣。錢子從而植梧柳，樹梅竹，彼此掩映，居然有林木之半矣。雲客為世家子，負清才一時，名士多與過從燕宿。石谷子嘗繪半園守歲圖於便面，倡詶以詩，亦風雅之遺也。百餘年而錢子居之桑下，三宿殆有前緣歟？當云客之構此園，園故全也。而名之曰半，迨錢子所有不及半矣。然前賢遺業幸分其餘，敢有取盈之思乎？因以半園之半署之。夫數以十為全，浸假而倍十為廿，則十又只為半矣。是有可紀籌者，皆無盡境，而人之求全之心，皆無止期。」清莊述祖《錢竹初大令三幻銘》之二《半園之半記》謂：「幻宅非住，如鏡中影。相對忘言，此意獨永。我聞古人，宮成缺隅。平泉樹石，作戒已迂。是維摩室，而妙喜見。全吾所全，半園之半。」（《珍埶宧文鈔》卷六）洪亮吉《錢大令維喬》亦敘及半園之半情狀，「里中誰最憶，我憶竹初居。前年養痾歸，買地十畝餘。四邊何周遭，桃梅竹棕櫚。規高欲巢禽，掘地乃種魚。魚鳥既獲安，餘力營吾廬。一室開八窗，風日來徐徐。主人欲登樓，花氣為縈紆。主人欲出門，芳草攔衣裾。北巷呂秀才景尚。南頭畢居士涵。偶有剝啄聲，經旬一來此。」（《卷施閣集》詩卷九）趙懷玉《錢三大令維喬園亭落成，

病未能賀，詩以先之》一詩，編排在《六月二十三日飯僧天寧寺示方丈
了月》（《亦有生齋集》詩卷一二）之前，知錢氏園林落成當在本年的上
半年五、六月之間。甌北事後聞知，才賦詩以賀。

顧光旭長子顧永之，宰豫貧甚，告貸於甌北，甌北慨然相助。

【按】顧光旭《穎兒宰豫貧甚，告貸於甌北，甌北慨諾。戲效其體志感，
寄示穎兒》詩曰：「下考何辭撫字勞，債無臺避地無毛。子龍信有渾身膽，
癡虎頭添兩頰毫。篇什偶然偷格律，男兒終不論錢刀。他時完璧看歸趙，
左券還憑七字操。」（《響泉集》卷二六，乾隆五十七年金匱顧氏刻本。
清宣統二年顧氏刻本《響泉集》無此詩）此詩前有《與甌北夜話》，中有
「黃菊深秋又對君」句，後有《采菊得陶字十四韻》，知此事當發生在本
年九月之前。穎兒，當是顧永之小字。又據《響泉年譜》，顧光旭長子永
之，生於乾隆十七年（1752）四月十五日，於乾隆四十二年（1777）「捷
北闈」，乾隆五十二年（1787）丁未，「恩挑一等，奉旨簡發河南，以知
縣用。予以咨追所未了，懇當事移咨中州藩府，於永兒任內扣俸除之」。
又，顧光旭《乙酉三月十九日恭迎家嚴慈至潞河使署，是日雨霽，牡丹
適開雙花獻瑞，喜賦是詩》：「天邊湛露拜深恩，庭際雙葩發舊根。三月
小園春富貴，十年兩地長兒孫。余於壬申北上，時長男永之始生，今才見之。高堂座
並連枝樹，遲日香浮獻壽樽。自覺朱顏笑相映，穠花長帶五雲痕。」（《響
泉集》詩六《可耕餘稿下》）據此詩小注，顧永之當生於乾隆十七年壬申
（1752）。尹壯圖《顧母過太恭人家傳》曰：「乾隆丁酉，余分校順天鄉
試，得士無錫顧永之，晴沙觀察子也。余與觀察別二十餘年，見永之亟
詢觀察近狀，永之言甚詳。」（《湖海文傳》卷六六）據此，又知其乾隆
四十二年丁酉（1777）鄉試中舉，恰與顧氏之《年譜》所載相印證。此
時，顧光旭已辭官歸里。顧穎向趙翼借貸，大概是因償還前任縣令之「虧
帑」而貧困潦倒，不得已始告貸。《甌北集》中未提及此事。顧永之，王
昶《甘肅涼莊道署四川按察使司顧君墓誌銘》謂：「嘉慶二年閏六月二十
六日，署四川按察使司顧君卒於家。時長子永之在河南，會以川、楚寇
警，軍務方亟，久之乃得奔喪。於是先使其弟湛之來告曰：『吾兄將歸葬
府君於灊門山之黿頭渚，敢以墓誌為請。』」又謂：「子三：長即永之，乾
隆四十二年舉人，今官河南陽武縣知縣。次即湛之，監生。次葆之，貢
生。」（《春融堂集》卷五四）